U0519705

国家社科基金后期资助项目

张家口晋语语法研究

Grammar of the Zhangjiakou Jin Dialect

宗守云　著

商务印书馆
The Commercial Press
2018年·北京

图书在版编目(CIP)数据

张家口晋语语法研究/宗守云著. —北京:商务印书馆,2018
ISBN 978-7-100-15953-1

Ⅰ.①张… Ⅱ.①宗… Ⅲ.①晋语—方言研究—张家口 Ⅳ.①H172.2

中国版本图书馆 CIP 数据核字(2018)第 047143 号

权利保留,侵权必究。

ZHĀNGJIĀKǑU JÌNYǓ YǓFǍ YÁNJIŪ
张家口晋语语法研究
宗守云 著

商 务 印 书 馆 出 版
(北京王府井大街36号 邮政编码100710)
商 务 印 书 馆 发 行
北京艺辉印刷有限公司印刷
ISBN 978-7-100-15953-1

2018年4月第1版 开本787×1092 1/16
2018年4月北京第1次印刷 印张21½
定价:59.00元

国家社科基金后期资助项目
出版说明

　　后期资助项目是国家社科基金设立的一类重要项目,旨在鼓励广大社科研究者潜心治学,支持基础研究多出优秀成果。它是经过严格评审,从接近完成的科研成果中遴选立项的。为扩大后期资助项目的影响,更好地推动学术发展,促进成果转化,全国哲学社会科学规划办公室按照"统一设计、统一标识、统一版式、形成系列"的总体要求,组织出版国家社科基金后期资助项目成果。

全国哲学社会科学规划办公室

目　　录

绪论 …………………………………………………………………………… 1
　第一节　对象和任务 ……………………………………………………… 1
　第二节　理论和方法 ……………………………………………………… 11
　第三节　内容和语料 ……………………………………………………… 35
第一章　形态研究 …………………………………………………………… 37
　第一节　子尾：涿鹿县城话的子变韵现象 ……………………………… 37
　第二节　重叠：量度形容词的重叠表小格式 …………………………… 44
　第三节　屈折：舒入两读在矾山话中的语法功能 ……………………… 54
　第四节　派生：矾山话双音状态词的褒贬分立 ………………………… 71
第二章　实词研究 …………………………………………………………… 93
　第一节　方位词的多样性及其类型特征 ………………………………… 93
　第二节　情态动词"待"及其否定关联和意外性质 …………………… 105
　第三节　离位义趋向动词"转"及其来源和发展 ……………………… 121
　第四节　趋向结构"V起"的过渡性质及其相反演化 ………………… 133
　第五节　两套型指示代词及其组合方式 ………………………………… 143
　第六节　涿怀话的两个反身代词"一个儿"和"个人儿" …………… 149
第三章　虚词研究 …………………………………………………………… 161
　第一节　轻量程度副词"可"的逆转性和趋利性 ……………………… 161
　第二节　醒悟义"不X"类副词的知情状态及其熔合演成 …………… 169
　第三节　责怨和强化："还还VP"句的两种类型 ……………………… 188
　第四节　现实性对立和主观性差异：一些特殊形式的选择连词 ……… 200
　第五节　连词"紧自"在近代汉语和涿怀话中的用法 ………………… 219
　第六节　介词"往、朝、搁"的功能扩展 ……………………………… 228
　第七节　"往CV"结构的语义性质及形成过程 ………………………… 242
　第八节　后置原因标记"的过"及其词汇化 …………………………… 251
　第九节　万全话多功能后置词"先"及其演化历程 …………………… 260

1

目录

  第十节 表轻贬意义的句末语气词"还" …………………… 276
第四章 句子研究 ………………………………………………… 285
  第一节 程度句:程度副词修饰 VP 的几种构式 …………… 285
  第二节 焦点句:含焦点标记"让"的句子 …………………… 296
  第三节 否定句:几种常见的否定句 …………………………… 303
  第四节 疑问句:特殊的疑问句及其类型学价值 …………… 312

参考文献 ………………………………………………………………… 324
后记 ……………………………………………………………………… 337

绪　　论

第一节　对象和任务

本书研究对象为张家口晋语语法,主要是张家口晋语中特殊的语法现象;研究任务是对张家口晋语的特殊语法现象做出描写和分析,从语用、认知、语言共性等方面对其做出解释,并对这些特殊语法现象进行历时追溯,探究其演变的途径和动因。本节先谈张家口晋语及其研究,然后谈研究对象,最后谈研究任务。

1. 张家口晋语及其研究

1.1 晋语

一般认为,晋语指山西省及其毗连地区有入声的方言。晋语的分立涉及汉语方言的分区问题。汉语方言的分区研究,最早要追溯到章太炎的《章氏丛书》,章太炎把汉语方言分为九种,但他的分类是建立在语感上而不是以调查为依据,因此不甚可靠。后来有20世纪30、40年代赵元任、李方桂等对方言的划分。1955年,现代汉语规范问题学术会议通过决议,建议"在两年内完成汉语方言初步普查计划"。丁声树、李荣在会上做了《汉语方言调查》报告,指出:"不仅要调查语音情况,还要重视方言词汇和方言语法的研究。"(王福堂1998)1956年,方言普查工作在全国各省区展开。"方言普查完成后,人们对方言的情况有了新的了解,开始以新情况来检验过去所做的分区。"(王福堂1998)1963年,汉语方言正式被分为七大方言区:官话方言、吴方言、湘方言、赣方言、客家方言、粤方言、闽方言。山西及其毗连地区有入声的方言属于官话方言的次方言——西北方言(西北官话)。

1985年,李荣先生发表《官话方言的分区》。李荣(1985)主张把山西省及其毗连地区有入声的方言称作"晋语",并主张把"晋语"从"北方官话"中独立出来。随后出版的《中国语言地图集》(李荣等 1987/1989)体现了这一主张,把晋语从官话方言中划分出来,独立成区,和吴语、闽语、粤语、赣语、湘语、徽语、平话、客家话等成为平行的方言区。正如侯精一、沈明(2002)所云:"这是晋语研究历史中的重要里程碑,晋语的研究从此进入一个新的时期。"

晋语能否成为独立的大方言区,这在学术界是有不同看法的。李如龙(2001)说:"根据晋语的特点,至少足够在官话内把它立为一个二级区,与江淮官话、西南官话、华北官话等并列,这一点看来已经成为方言学界的共识。至于能否从官话方言中分立出来,成为另一个大区方言,这主要要看各区官话的共同特征能否把晋语包含在内。"李如龙(2001)对晋语分立的态度并不十分明朗,但从"至少足够"这样的字眼来看,晋语作为二级区是绝对没问题的,而作为一个大区方言也是有可能的。王福堂(1999)则对晋语的独立持反对意见,他根据丁声树、李荣(1956)提出的官话三条标准对晋语进行衡量,认为晋语基本符合官话特征,因此,"总的来看,晋语应该留在官话方言中,同时晋南方言也应该留在晋语中。换句话说,晋语应该降低一个层级,由一个独立于官话的方言,改变成官话方言中一个具有较多古老特点的次方言。这样的处理将是符合实际的"。

鉴于学术界关于晋语分立的分歧,本研究拟避开这一话题,不做定论。晋语究竟作为独立大区还是二级小区,都不影响本研究的进行,如果作为独立大区,那么下属各片就是二级区;如果作为二级区,那么下属各片就是三级区。无论怎样定论,都不会影响本研究的开展和结论。

1.2 张家口晋语

张家口是河北省下辖的一个地级市,位于河北省西北部,东靠河北省承德市,东南毗连北京市,南邻河北省保定市,西部和西南部与山西省接壤,北部和西北部与内蒙古自治区相邻。张家口处于京、冀、晋、蒙四省区通衢之地,不仅地理位置重要,而且方言复杂多样,有重要研究价值。

张家口晋语是指张家口市有入声的方言。张家口市原有四区(桥东区、桥西区、下花园区、宣化区)十三县(怀来县、涿鹿县、宣化县、赤城县、万全县、怀安县、阳原县、崇礼县、尚义县、沽源县、康保县、张北县、蔚县)。2016年1月27日,经国务院批复,张家口市撤销宣化县,与张家口市宣化区合并,设立新的张家口市宣化区;撤销崇礼县,设立张家口市崇礼区;撤销万全县,设立张家口市万全区。张家口各县区除蔚县以及涿鹿南部赵家蓬地区之外,以市区、县城及重要乡镇为代表的本地土话都是有入声的,归属晋语,属于晋语张呼片。

晋语研究,可以从各片着手,其主要依据是方言的内部特征,包括并州片、吕梁片、上党片、五台片、大包片、张呼片、邯新片、志延片;也可以从各地着手,其主要依据是行政区划,如山西晋语、内蒙古晋语、陕北晋语、晋东南晋语等。张家口晋语是从行政区划的角度着手开展研究的。

张家口晋语,一方面保留了晋语的基本特征,一方面又具有向官话过渡的性质。晋语的最基本特征是有入声,这是晋语和周边官话区分的基本标准,张家口晋语就是根据这个标准划分的。晋语有丰富的词缀,如"圪"("圪台、圪挤、圪溜、圪节")、"忽"("忽绕、忽隆")、"入"("入嚓、入能"),等等,这在张家口晋语中都还存在,即使靠近北京地区的怀来、涿鹿也是如此。晋语还有丰富的分音词,如"摆-薄来、蹦-薄楞、翘-圪料、秆-圪榄"等,在张家口晋语也有较为完整的保留。晋语有多样的重叠形式,名词、形容词、动词、量词等都有许多特殊的重叠形式,如"刀刀、尖尖、圪转圪转、比当比当(比划比划)、哭了二眼眼(哭了一阵儿)、睡了一门门(睡了一会儿)"等,在张家口晋语中依然保持着多样性特色。另一方面,张家口晋语在语音等方面又呈现出过渡性特征,一些晋语特征消失,代之而起的是附带了一些官话色彩。根据侯精一、沈明(2002),晋语有系统的文白异读,其中声母方面的文白异读表现在三个方面:古全浊声母今读塞音、塞擦音的平声字,白读不送气,文读送气;古全浊声母今读塞音、塞擦音的入声字,白读送气,文读不送气;崇母平声字,今白读有时读擦音声母。这些现象在张家口晋语中都不复存在。张家口晋语入声字呈现从北向南逐渐减少的态势,其过渡特征极其明显。比如,"月",在万全、怀安、康保、张北等西部和北部各县,都读入声;宣化、赤城、涿鹿"月亮、月饼"读为入声,但"坐月子"读为去声;怀来县则都读为去声。张家口晋语的特殊性,决定了其研究的重要性。

1.3 张家口晋语的研究概况

张家口晋语研究,肇始于20世纪40年代比利时神父贺登崧对张家口市、万全、宣化方言的调查研究。从地区看,张家口晋语研究主要以宣化方言研究成果居多;从对象看,张家口晋语研究有一些语音和语法文献,词汇研究文献极少。以下分两个问题谈,一是宣化方言的研究,二是语音和语法的研究。

1.3.1 宣化方言的研究

宣化方言研究的代表成果有:一部《汉语方言地理学》,一册《宣化方言地图》,一本《宣化方言及其时空变异研究》。

《汉语方言地理学》是贺登崧根据在宣化等地的方言调查写作的一项成果,宣化地区调查的部分以"宣化地区的语言地理学"为题于1958年发表在"中研院历史语言研究所集刊"上,后来编为论文集《汉语方言地理学》,先于

1994年译为日文(好文出版)，又在日文的基础上由石汝杰、岩田礼翻译为中文，2003年由上海教育出版社出版。《汉语方言地理学》第四章《宣化地区的语言地理学》主要调查了两个问题，一是第一人称代词单复数的语音差异及其地理分布问题，二是一些动物名称的地理分布问题。前者属于语法问题，后者属于词汇问题。

《宣化方言地图》是贺登崧的学生王辅世的成果。王辅世跟随贺登崧到宣化等地进行方言调查，1950年把调查结果写成硕士论文《宣化方言地图》，1994年由日本国立亚非语言文化研究所正式出版。

《宣化方言及其时空变异研究》(2007)为郭风岚所著，是作者在博文论文的基础上出版的一部著作。郭风岚深感"作为晋语张呼片一部分的河北省西北片晋语的专门性调查与研究则相对滞后"这一现实状况，对宣化方言语音、词汇、语法、方言的时空变异及发展方向都做了研究，成果相对比较厚重。如果说有稍显不足之处，就是语法部分过于单薄，而且所列重叠式、特殊的构词形式其实都是晋语普遍存在的语法现象。只有反复问句体现了过渡地区的特点，是其语法部分的一个亮点。

1.3.2 语音和语法的研究

在语音方面，主要有这样一些成果。李行健的《张家口、张北、宣化人怎样学习普通话》主要描写了这几个地方的音系，还列了103个常用词。金慧宁的《河北人怎样学习普通话》中有关于张家口各县易混声母和韵母的情况，特别是书中列出了张家口各县的声调调值，对张家口晋语语音的进一步研究有很好的参考价值。刘淑学的《中古入声字在河北方言中的读音研究》也涉及了张家口晋语的入声问题。此外，杨文会(2002)讨论了张家口方言的调类及连读变调问题，张锦玉、时秀娟(2009)讨论了张家口方言响音的鼻化度问题。

在语法方面，宗守云先后发表了系列张家口方言语法研究成果，包括：涿鹿怀来话两套指示代词的研究(2005)、万全怀安话两套指示代词的研究(2009)、张家口方言含焦点标记"让"的句子的研究(2010)、张家口方言轻量程度副词"可"的逆转性和趋利性的研究(2013)等。此外，宗守云在张家口晋语研究的基础上还有一系列相关的晋语语法研究成果，如晋冀方言后置原因标记"的过"的研究(2011)、晋方言情态动词"待"的否定关联和意外性质的研究(2015a)等。张家口晋语语法其他成果不多，主要有王国栓(2005a)以怀来话为基础的张家口晋语的重叠表小格式的研究。

总体来看，张家口晋语无论是语音研究、词汇研究还是语法研究，都显得比较分散，而且不够成熟。山西晋语有侯精一、沈明、乔全生、史秀菊、王临惠、李小平、郭利霞等的系列成果,内蒙古晋语和陕北晋语有邢向东、王雪梅等的系列成果,都比较成熟,广泛而且深入,而张家口晋语的研究还需要深入开展,如此,才能使晋语地区研究的成果达到平衡。本研究正是这样的一种尝试。

1.4 张家口晋语的研究价值

首先,丰富晋语研究。山西、内蒙古、陕北晋语的研究已经非常深入,而河北、河南晋语研究相对比较薄弱,尽管也有一些比较优秀的成果,如郭风岚(2007)关于河北宣化方言的研究、贺巍(1989)关于河南获嘉方言的研究等,但总体来看还不如人意。因此,河北、河南晋语研究也应该得到加强,这样可以扩大晋语研究的范围,使周边地区、过渡地区的晋语也能受到研究者的重视,使他们能够对这些地区的晋语进行充分的研究,力求全面描写,深入解释,从而丰富晋语研究。张家口晋语研究,可以和其他地区晋语研究关联起来,从而促进晋语研究的全面化。

其次,扩大区域比较。张家口晋语研究,还可以和山西、陕北晋语进行对比,找出它们之间的差异,描绘出各种语言点在地区分布上的连续性,为晋语的全面研究以及制定晋语全区的方言地图奠定基础。比如,表示递进关系的连词,在晋语许多地区是"徒",张家口晋语西北部地区也是如此,但东南部则是"饶",这和北京话相同,北京话"饶"也有递进义,根据陈刚等(1997),北京话有"她饶白跑了路,还没闹好儿"这样的用法。由此可见张家口晋语内部的过渡性质以及从晋语到官话的连续性特征。

张家口晋语是介于晋语和官话之间的方言过渡地带,一方面可以和其他晋语地区形成关联,一方面可以和北京话、河北官话等形成关联,对这些相关联的方言进行全面对比,可以发现方言发展演化的不同历史层次。乔全生(2008)对晋语和官话系统的关系进行了深入的研究,对晋语和官话非同步发展的情形进行了全面的描绘,并指出:"晋方言各片之间的发展也不平衡,核心与边缘、河谷与山寨的存古程度、官话影响不尽一致,有的现象涵盖面大,有个别现象只在两三个方言片中存在,但绝大多数特点是核心地区和边缘地区共存的现象。"由于张家口地处方言的过渡地带,张家口晋语可以和北京话、河北官话形成对比,从而揭示晋语边缘地区发展的不平衡性。

再次,推动理论发展。对过渡地带的方言语法进行研究,具有方言地理学和方言类型学意义,既可以得到这些当代方言理论的指导,也可以补充验证这些理论,从而推动这些理论的发展。贺登崧(2003)以宣化等地的方言调查为基础建立了方言地理学,郭风岚(2007)在其理论和方法的指导下对宣化方言做出较为全面的研究并取得了成功。如果对张家口晋语做更进一步的研究,能大大促进方言地理学理论的完善和成熟。张家口晋语的研究,也极具方言类型学价值。对于各种语言现象,既可以在方言内部划出各种类型,列出系统,又可以从不同方言划出各种类型,做出比较,这样能揭示语言现象的本质。正如李如龙(1996)所说:"有了全方位的类型分析,各方言之间(包括区与区之间、点与点之间)的关系便可以显现出不同的层次。同类型之间还有典型的极端、不典型的非极端以及模糊的中介。只有这种立体化的层次关系才能全面地反映出各方言之间的亲疏、远近的关系。"

最后,促进方言保护。2015年5月14日,教育部国家语委发布《关于启动中国语言资源保护工程的通知》,要求"在全国范围开展以语言资源调查、保存、展示和开发利用等为核心的各项工作"。之后,各地方言学者积极响应,全面配合国家语保工程的实施。

张家口市东南部紧邻北京市。张家口市各县区外出务工人员基本上都面向北京市流动,极少向晋语中心地区流动。在语言观念上,民众把共同语作为高级话语符号,有些外出务工人员即使返乡以后,还尽量用共同语交流。这就导致了张家口晋语的式微。尤其是青年一代,由于在城市居住、工作,方言已经淡化。农村里基本上都是中老年人,40岁以下的很少,方言面临着危机。应该说,张家口晋语所面临的形势更加严峻,在可预期的几代之内,张家口晋语逐渐削弱乃至消失都不是没有可能。对张家口晋语做出全面研究,在记录、保存张家口晋语方面具有现实意义,这也适应了国家语言保护工程的基本精神。

2015年7月31日,国际奥委会第128次全会在吉隆坡举行,投票选出2022年冬奥会举办城市,北京和张家口将携手举办第24届冬奥会。由于冬奥会的申办成功,张家口成为世界体育瞩目的焦点。在这样的社会背景下开展张家口晋语研究,能够使学术研究与社会活动同步发展,相得益彰。

以上我们讨论了张家口晋语的研究价值,由于张家口晋语研究相对比较薄弱,强化张家口晋语研究,既可以促进学术的进步,也可以促进地方文化的繁荣,这对学术和社会的发展都是有益的。

2. 研究对象

本书研究对象为张家口晋语特殊语法现象。特殊有两个方面,一是系统内部的特殊性,比如共同语语法,有一般语法现象,也有特殊语法现象;二是不同系统的特殊性,对一个系统而言是一般的,对另一个系统而言则是特殊的,这就牵涉到视角问题。张家口晋语特殊语法现象,是不同系统的特殊性,是相对于共同语语法而言的,对张家口晋语系统本身而言,是无所谓特殊的,但和共同语比较,就是特殊的。

张家口晋语的特殊语法现象,最理想的状况是,这些语法现象只存在于张家口晋语中,对内一致,对外区别。但这是不可能的。方言的区域分布是极为复杂的,从范围说,有的语法现象分布范围很广,有的则非常狭窄;从关系说,有的语法现象比较独立,有的却受到其他方言的影响。加之方言接触、历史层次等因素,使得特定方言区域语法现象表现得极其复杂多样,很难系统地建构一个独立的、对内一致对外区别的特定方言区域的语法系统。

就方言区域而言,张家口晋语特殊语法现象实际包括五种情形。

1)不但分布于晋语,也分布于其他官话地区,但不见于北京话。比如,后置原因标记"的过",除了分布于晋语,还分布于河北大部分官话地区。这种语法现象仍然属于特殊语法现象,因为在北方官话地区并没有普遍性,北京话、东北官话、中原官话、冀鲁官话许多地区都不存在,因此是方言区特殊语法现象。

2)广泛分布于晋语各片各区,在晋语内部比较一致(边缘地区除外),晋语外部未有见到(根据目前材料),这在晋语中是一般语法现象,但和其他官话相比,又是特殊语法现象。比如,"不AA、这么AA、多AA"("不大大、这么大大、多大大")表小格式,只见于晋语,不见于其他方言。

3)只分布于部分晋语地区,主要是张呼片和大包片地区的语法现象,这些现象在晋语中也不够普遍,只有在晋语部分地区是一般语法现象,但和整个晋语相比又是特殊语法现象。比如,"还还VP"句,主要分布于张呼片和大包片,并州片以及西部、南部各片都不存在,因此即使在晋语中也是特殊的语法现象。

4)从目前掌握的资料以及对其他方言区征询的情况看,只分布于张家口晋语的语法现象,这是张家口晋语特有的、特殊的语法现象,是最为典型的张家口晋语特殊语法现象。比如,表示"或者"意义的选择连词"无论",根据目前掌握的材料,只存在于张家口晋语。

5)只分布于张家口晋语的个别地方,即使在张家口晋语中也不够普遍,这是张家口晋语地区内部的特殊语法现象。比如,怀来县和涿鹿县矾山镇有表示全量否定的"没V一些儿"结构,只有怀来和涿鹿矾山镇存在,连涿鹿县城都不存在,更不必说其他县市。从地区看,这种语法现象最为特殊。

综上,张家口晋语特殊语法现象,其特殊性包括:和共同语语法相比的特殊性;和北方官话语法相比的特殊性;和晋语语法相比的特殊性;和晋语小片语法相比的特殊性;张家口晋语地区内部的特殊性。

本书研究对象除了张家口晋语语法以外,有的还扩大到整个晋语甚至相邻官话。虽然如此,本研究仍然还是关于张家口晋语语法的研究。

首先,张家口晋语语法是研究的起点。除个别章节以外,本研究主要是以张家口晋语语法为起点的研究,即使分布于大部分晋语甚至相邻官话方言,但在研究之初还是以张家口晋语语法为起点的研究,根据张家口晋语语法的情况拟出例句,展开研究。

其次,张家口晋语语法是研究的内容。无论研究的对象分布于晋语全部、大部还是小片,张家口晋语语法都必须被包含在本研究之内,不可能有其他晋语地区或北方官话地区存在而张家口晋语不存在的语法现象。

再次,张家口晋语语法是研究的界线。在本研究中,张家口晋语语法作为一条界线,把方言语法和共同语语法分开。本研究的底线是,必须是以张家口晋语语法为起点和内容的方言语法研究,除非为了进行比较、溯源,否则绝不触碰共同语语法,而且也尽量避开北京话语法,凡是共同语语法和张家口晋语语法所共同的内容,不在本研究范围之内。

3. 研究任务

方言语法研究的基本任务是:对方言语法事实做出全面的描写,对方言语法现象做出合理的解释。本研究也是如此。一方面,本研究拟对张家口晋语特殊语法现象做出描写;另一方面,还要对这些现象做出合理解释。另外如果能够对相关的语法现象进行源流追溯,理清其形成发展过程,也是非常有价值的。本研究任务主要有三个方面。

首先,对张家口晋语特殊语法现象做出描写。方言语法事实是客观存在的,方言语法研究者的任务是把这些客观存在的方言语法事实描写出来,作为知识的一部分呈现给同行和社会。方言语法事实本身是一回事,对方言语法事实的认识是另一回事。方言地区的普通人是方言语法事实的使用者、践行者,他们可能运用得很好,但不一定有很好的认识;方言语法研究者则不但应该会使用、能践行,还必须有深刻的认识,这样才能做出很好的描写。

方言语法事实可分为个别事实和系统事实,这两者是可以区分的,但并不是泾渭分明的。比如,描写某个张家口晋语的一个特定的语气词,这就是个别事实,尽管离不开系统的参照。如果对张家口晋语的语法系统做出全面的描写,就是系统事实,不可能是个别事实。但如果描写张家口晋语的副词系统、否定范畴、时间表达、系列句式等,就介于个别事实和系统事实之间,可以看作系统事实的次类,也可以看作个别事实的集束。本研究旨在从个别方言语法事实出发,逐步延伸到系统方言语法事实,从而对张家口晋语的语法做出比较全面的描写。但全面的描写将是一个庞大而系统的工程,就目前的研究来看还不能实现,但本研究尽量扩大研究的覆盖面,并力求使个别事实的研究得到深入。当然,方言语法研究也可以首先进行系统事实的全景构建,然后逐渐深入到个别事实,这在理论上是可行的,但并不是本书的研究方法。方言语法研究的基本目的都是把某个方言地区的语法详尽地描写清楚,张家口晋语语法研究也是如此。

其次,对张家口晋语特殊语法现象做出解释。方言语法研究,应该对某一方言地区的语法现象做出合理的解释。语法事实描写出来以后,就作为一种现象存在,这还不是研究的全部,研究者还应该对现象背后的本质进行探究,这就需要对所描写出来的语法现象做出合理的解释。比如,在张家口晋语中有这样的一种语法现象,动结式和动趋式有相应的"往CV"结构,如"吃饱-往饱吃,骂哭-往哭骂,揪断-往断揪,拿出-往出拿"等。作为方言语法研究者,首先应该对这类事实做出描写,哪些动结式和动趋式有相应的"往CV"结构,哪些没有,C有哪些成员和特点,V有哪些成员和特点,"往CV"的构式意义是什么,"往CV"和相应的"VC"有哪些不同,等等。描写要做到正确、全面,不能违背语言事实,也不能有遗漏,概括要准确、到位,如果做到这些,描写就是有价值的,即使没有解释,也不能否认描写研究的价值。事实上,早期的方言语法研究,基本上都是描写性质的,这些描写研究不仅丰富了方言语法研究,而且为后来的研究提供了材料,因而是有价值的,值得肯定的。但是,如果方言语法研究仅仅停留在描写的层次,那么其科学品位还不够高,还应该进一步达到解释的层次。就张家口晋语中的"往CV"结构来说,首先应该从共时系统的角度给出解释,即为什么这些方言中会出现这样的一种结构;其次还应该从历时演变的角度给出解释,即这样的结构是怎样发展来的。如果把问题放在汉语的宏观背景下审视,那么"往CV"结构的存在显然和汉语(尤其是西北诸方言)的"动前显著、动后限制"的特点有关(张敏2011),即小句中动词前成分不受限制而动词后成分受限制。从历时的角度看,"往CV"结构的形成过程是,先是出现"往N里V"结构,然后扩展延伸至"往C里V"结构,接着,附缀"里"脱落,于是就形成了"往CV"结构。

对方言语法现象做出解释,可以提高研究的品位。但解释是有高下之分的。低层次的解释是就事论事,其科学品位不高。高层次的解释则能够站得更高,看得更远。为此,方言语法研究者应该努力提高自己的理论水平,在先进语言学理论的指导下从事方言语法研究,从而提升方言语法研究的科学品位。理论框架可以为方言语法现象的解释提供依据,研究者以共性、语用、认知、历时等理论框架为指导,能够对方言语法现象做出合理的、适切的解释。另外,研究者还应该有敏锐的语感诉求,这可以在现象和理论之间搭起一座沟通的桥梁,研究者在敏锐的语感诉求中养成一种判断的直觉,当他看到一种现象的时候,能够在很短的时间内判定这种现象的所属范畴和理论价值,从而可以更有效地对这种现象做出理论的阐释。

再次,对张家口晋语特殊语法现象做出追溯。追溯方言语法现象的来源,探求方言语法现象的流向,也是方言语法研究的重要研究任务,对张家口晋语研究来说也是如此。如果能够对张家口晋语语法演变做出精确的刻画,探求其源头,追溯其发展,不但可以弄清楚其历时状况,而且还可以和古代汉语、现代汉语共同语联系起来,从而全面地了解语法现象的共时和历时情形。本研究不仅要描写张家口晋语语法现象的分布和使用规律,而且还尽量追溯这些语法现象的来源,通过历时材料和语言规律的相互印证来分析这些语法现象的演变过程、途径,揭示其演变的机制、动因。比如,张家口万全、怀安等地有表递进关系的连词"徒"(意为"不但"),应该是从"非徒"发展来的,"非徒"表示递进,和汉语中其他表示递进意义的连词是一致的,都是从否定限止发展为递进连词,如"不但、不仅、不只、不光","非徒"也有否定限止意义,例如:

(1)汤去其三面,置其一面,以网其四十国,非徒网鸟也。(吕不韦《吕氏春秋·孟冬纪》第十)

(2)比干剖,子胥烹,子路菹,天下极戮,非徒桎梏也。(王充《论衡》)

例(1)(2)"非徒"只有否定限止意义。"非徒"发展为递进连词,必须用在前一分句。如果前后分句只是并列关系,"非徒"仍然是否定限止的短语。例如:

(3)鄙人有以狐为狸,以琴为箜篌,此非徒不知狐与瑟,又不知狸与箜篌,乃非但言朔,亦不知后贤也。(桓谭《新论》)

(4)素女对黄帝陈五女之法,非徒伤父母之身,乃又贼男女之性。(王充《论衡》)

例(3)(4)"非徒"所在的前分句和后分句是明显的并列关系,"不知狐与瑟"和"不知狸与箜篌","伤父母之身"和"贼男女之性"语义上不分轻重,都是严格的并列关系。如果前后分句是递进关系,"非徒"就连词化了,成为表递进意义的连词。例如:

(5)离于群臣,则必危汝身矣。非徒危己也,又且危父也。(韩非子《韩非子·外储说左下》第三十三)

(6)助之长者,揠苗者也,非徒无益,而又害之。(孟子《孟子·公孙丑上》)

例(5)(6)"非徒"所在的前分句和后分句是明显的递进关系,例(5)是不但危及自己,而且还危及父亲;例(6)是不但没有好处,而且又害了它。例(5)"非徒"所关联的内容是肯定性的,例(6)是否定性的。在张家口晋语中,如果所关联的内容是否定性的,递进连词可以用"徒",相当于例(6)的"非徒",我们把例(6)后半部分用晋语语法形式表达就是:

(7)徒没有用,还害了苗了。

"徒"和"非徒"意义恰好相反,张家口晋语为什么用意义相反的"徒"表达递进意义?邢向东(2006)研究陕北晋语递进连词"徒"的时候认为,"当是通过反义引申形成的",张家口晋语"徒"应该也是如此,至少可以聊备一说。

方言语法研究除了基本目标外,还有更高的目标要求,比如,可以促进濒危语言的保护,可以推动地方文化的发展,等等。但方言语法研究的基本目标就是描写和解释,可及目标是追溯其演变过程,最高目标才是社会文化意义的。通俗地说,方言语法研究,就是要搞清楚某个特定方言地区的语法究竟是怎么回事,有哪些特殊现象,为什么会有这些特殊现象,这些特殊现象是怎么来的,等等。这是最现实的要求。通过一定的研究,这些目标都是完全可以达到的。

第二节　理论和方法

本节谈理论和方法,从事实描写、现象解释、源流追溯三个方面展开。

1. 事实描写的理论和方法

1.1 框架的参照

对方言语法事实做出描写,尤其是做出系统的描写,应该首先有个参照的框架,研究者根据调查框架对方言区的语法事实进行调查、征询,从而做出合理的、系统的描写。所参照的框架可分为三种:共同语语法、人类语言语法、方言语法。以下具体说明。

1.1.1 以共同语语法为参照框架

调查者可以根据共同语语法系统,对特定方言相应的语法事实进行对比,进而归纳方言的语法规律,对特定方言的语法事实以及语法系统做出描写。共同语语法事实和语法系统,可以参照朱德熙(1982)的《语法讲义》、吕叔湘主编(1999)的《现代汉语八百词(增订本)》、张斌主编(2010)的《现代汉语描写语法》等著作,还可以参照一些语法词典(动词词典、形容词词典、虚词词典等)以及一些有价值的研究论文。这方面有成功的范例。项梦冰(1997)的《连城客家话语法研究》,就是以朱德熙(1982)的《语法讲义》为研究框架描写连城客家话的,包括名词、代词、数词、量词、拟声词、动词的体、疑问句、反复问句、被动句、话题语标记"时"、话题句和常态句的差别、自指问题、形式趋同现象等。

以共同语语法为参照框架研究方言语法,好处是方便、丰富,不足之处是容易忽略一些特殊的语法现象,尤其是共同语中不存在而方言中存在的现象。

1.1.2 以人类语言语法为参照框架

方言语法还可以放在人类语言语法的大背景下展开研究,这样的研究往往具有类型学价值。这一参照框架的代表是刘丹青(2008)在 Comrie 和 Smith 编制的《Lingua 版语言描写性研究问卷》的基础上编著的《语法调查研究手册》,该手册对原问卷的内容进行了详尽的注释、例示、补充、分析,对原问卷的不足之处以及不适合中国语言之处进行了评述。该手册在篇幅上约相当于原问卷的十倍,对各种语法调查都极具实用价值。该手册在"卷首语"提到的用途之一,就是用于方言语法的调查,"为方言语法的调查和研究提供更具开放性、包容性的框架,便于突破现有普通话语法学框架的视野局限,将方言语法的研究直接置于人类语言多样性和共性背景之下,可以借此发掘出更多的方言事实并深化方言语法的研究。"

以人类语言语法为参照框架研究方言语法,好处是起点高,一开始就站在类型学的高度观照方言语法,用人类语言语法的普遍规律来指导方言语法的描写和分析,能做得更加深入、透彻。不足之处是所取所用也许非常有限,弱水三千可能只能取一瓢饮。当然,也许只这一瓢饮已经足矣。

1.1.3 以方言语法为参照框架

以方言语法为参照框架,并不是指以哪一种现成的方言语法为参照框架,而是指这样的情形:研究者在方言语法调查的基础上,编写一个方言语法调查的提纲,供自己和其他学者调查方言语法使用。比较重要的调查提纲有以下一些。

李荣(1957)的《汉语方言调查手册》。其中所涉及的语法调查问题,诸如怎样记语法例句等,有重要参考价值。

黄伯荣(2001)的《汉语方言语法调查手册》。该手册是汉语方言语法的调查提纲或调查表,其中的例句是从 250 个方言点的原始材料中精选出来的。该手册分十二个部分:句型、句法结构、语序和省略、名词、动词、形容词、数词和量词、副词、代词、介词和连词、助词、拟声词和叹词。该手册有两个特别突出的优点。一是相对完备性,由于涉及了语法的方方面面,为各个方言点的语法调查提供了便利;二是力求特殊性,正如手册的"前言"所说:"制订本手册的目的是让调查者花较少的时间调查到较多的方言特殊语法现象,争取大鱼、中鱼不漏网。要想发现更多的、细微的方言语法规律,可根据本书所提供的线索自己设计补充有各种语境、各种条件的调查例句。"

刘丹青、唐正大于 2003 年拟定的《现代汉语方言语法语料库调查方案》。该方案没有正式出版发行,但百度文库、豆丁网、道客巴巴等网站都有方案的全文,上网查询非常方便。该方案分词法、虚词、句法结构三部分,每个部分又分若干问题,都有详细的例句调查。比如疑问句,列出 38 个共同语句子,要求调查这些句子在方言中说不说,如果不说那么相应的方言句子是什么,等等。该方案力图使方言语法调查和类型学接轨,使用诸如前置词、后置词、话题化、关系化这样的术语,以方便和类型学研究对接。该方案例句的编制有很强的应用性,张安生(2013)利用该方案的例句编制对甘青河湟方言名词的格范畴进行了研究,并取得了预期的成果。

以方言语法为参照框架研究方言语法,应该说非常对口,尤其是这些调查提纲、手册、方案都是建立在汉语方言自身特点的基础上的,具有较强的适应性。当然,对调查者而言,无论采用什么样的现成框架,如果所调查的方言不是自己的母方言,调查者没有所调查方言语法的语感,还是有缺陷的。

1.2 语感的诉求

语感是人对语言的一种直觉和悟性,是人感知、理解语言的一种重要能力。语感有程度之分,大致可以分为一般语感和敏锐语感两种。具有一般语感的人,能够对合不合语法做出正确的判断,但不一定知道合不合语法的原因,更不可能知道所判断对象的研究价值。具有敏锐语感的人,不但能够正确判断合不合语法,还能够知道所判断对象合不合语法的原因,甚至知道所判断对象的研究价值。因此,所谓方言语法研究的语感诉求,是指敏锐语感的诉求,而不是一般语感的诉求。事实上,当我们讨论语感问题的时候,一般都把语感默认为敏锐语感,有些辞书正是这样为语感定义的,比如,董绍克等(1996)在《汉语知识词典》中是这样解释语感的:"(语感)是人们在长期的语言实践中,形成的一种对语言直觉的灵敏的判断能力。"以下谈到语感的时候,都是指敏锐语感。

对方言语法研究来说,研究者应该具有特定方言地区的方言语感,才能对方言语法做出深入的研究。方言语法的调查研究,比较理想的状况是,由母方言者参照一定的调查框架做出调查研究。对非母方言的调查者来说,由于缺少所调查方言的语感,对语法的调查总是存在缺陷的,大面上的问题比较容易把握,比如双宾句、比较句等,但特殊的或者同时拥有两种表达的方言现象往往调查不出来。方言语法调查的困难,陆俭明(2010)有很精彩的论说:"事实告诉我们,方言语法确实远比方言语音、方言词汇难调查,难研究。……语法,虽然规则性也很强,但比语音规则不知复杂多少倍,而且奥妙无穷。一种方言语法之错综复杂和精细奥妙之处,难以为非母方言者所体察,难以为非母方言者所了解,难以为非母方言者所调查,不像调查语音或词汇那样,三问两问就能问得出来的。而对于操该方言而又缺乏语法知识的人来说,习惯成自然,又觉察不到自己母方言者语法上的错综复杂和精细奥妙之处。因此,非母方言者难以全面、准确、深入地调查了解该方言的真实面貌;而操该方言但又缺乏语法知识的人也难以全面、准确、深入地调查了解该方言的真实面貌。"

那么,怎样才能解决这一矛盾呢?最好的办法就是,由具有语法知识的母方言者做出调查研究,一方面,由于研究者有极好的母方言语感,能够细致入微地洞察方言的语法现象;另一方面,由于研究者有系统的语法知识,熟悉语法理论,能够在充分掌握方言语法材料的基础上,建立起大大小小的体系。由具有语法知识的母方言者做出调查研究,还具有便捷性,不需要花费时间和精力去学习。理论上,如果非母方言者能够深入到所调查地区,长期耳濡目染地具备了当地方言语法的语感,也是完全可以做出像样的研究的,但这毕竟需要付出大量的时间和精力,远不如母方言者研究便捷。

语感诉求在方言语法研究中具有重要意义。

首先,可以发现有价值的现象。

具备母方言语感,可以细致入微地观察到一些特殊的语法现象。假如某一个不熟悉河北涿鹿、怀来话(涿怀话)的调查研究者去调查该地区的方言,当问及该地区吃喝住行类动词的时候,被调查者肯定说这些动词和共同语相同。殊不知,在该地区,还有一套以"丧"为后缀的表达贬义的对应动词系统——吃:填丧;快吃:叨丧;喝:灌丧;走离:刮丧;睡:死丧;哭:号丧;吵:嚷丧。这种对应表达相对比较系统,在涿怀话以外的其他方言,只有个别形式存在,比如"号丧",《现代汉语词典》收录了,但使用面非常狭窄,只用于旧俗中吊唁赴丧的场合,而涿怀话"号丧"用于一切"哭"的贬义。再比如"灌丧",《红楼梦》就有用例:

(1) 昨儿还打平儿呢,亏你伸的出手来!那黄汤难道灌丧了狗肚子里去了?气的我只要给平儿打抱不平儿。(曹雪芹《红楼梦》第四十五回)

北京话也有这一形式和用法,如"你吃什么好的了?灌丧起来没个完。"(陈刚等1997)至于这些带后缀"丧"表达贬义的动词是怎么形成的,涿怀话"X丧"动词系统是原本就有,后来个别扩展到北京话的,还是受北京话"灌丧"的影响又类推到其他动词的,还需要进一步的研究。

其次,可以进行较翔实的描写。

具备母方言语感,能够对方言语法事实做出较为详尽的描写。如果单单掌握一种理论框架,把这种框架套在方言语法中,不一定能做出详尽的描写,很可能只描写个大概,一些具体的特殊现象往往容易忽视。另外,一些多功能的语法形式,只有具备母方言的语感,才能贯穿起来,而不熟悉该方言的人调查,往往调查不出来。比如,河北涿怀话反身代词有两个,一个是"一个儿",一个是"个人儿",二者在分布、意义、用法上存在着一定的差异,而且"个人儿"还有表建议的副词用法,相当于"要不然",这是在反身代词的基础上虚化而产生的用法。这些现象对于非母方言者来讲,调查清楚是非常困难的,而如果具备母方言的语感,就可以详尽描写这些语法要素的差异、用法及其发展演变过程。

顺便谈谈语感和解释的关系。解释似乎和语感无关,只要掌握了理论,对现象做出合理分析,就达到了解释的目的。其实不然。解释仍然是需要语感的。对方言语法研究来说,如果不具备母方言的语感,就很难把方言语法事实和理论解释沟通起来,即使做出表面的解释,但还是不如母方言者建立在语感和理论双重基础上的解释更加牢靠。比如,晋方言情态动词"待"有表要求的用法,相当于共同语的"要",其否定式是"别待VP",这对于具备方言地区语感的人来说是没有任何问题的,但对于不具备母方言语感的调查者来说,就很难理解:"别"是"不要",那么"别待VP"就是"不要要VP",但"不要要VP"显然是说不通的。那么,可能的解释就是语法化中的磨损所导致的,由于"待"作为"要"的意义弱化,前面出现"别(不要)"就可以理解了。但是作为母语方言者,这样的解释显然是不符合语感的,因为本地人在语感上并不觉得"待"作为"要"的意义已经弱化,如果由懂语法的母语方言者来解释,那么"别待 VP"作为一种构式更加合理,因为不能从部分推知整体,而且"别待 VP"和"别 VP"还具有不同的语法意义。显然,能不能对方言语法现象做出最为合理的解释,还是需要诉求语感的,尽管理论是不可缺少的。

方言语感是非常重要的,但方言语法的调查也不能仅仅依靠语感,必要的时候还是需要征询长期居住在所调查地区的本地人。这是因为,个人语感有时是不甚可靠的,尤其是长期居住在外地的人,尽管他习得了母语方言,具有母语方言的语感,但由于长期不接触,有时还是会出现不可靠的情况。因此,在方言语法研究中,研究者还需要征询方言地区本地人,积极寻找发音合作人,通过广泛的征询来确定语法事实是否真实可靠。

1.3 理论的指导

对方言语法事实做出描写,还必须有理论的指导。没有理论指导,描写就成了无源之水无本之木。理论表现为一套命题系统。理论可能是事实归纳的结果,也可能是命题推演的结果。理论对调查研究具有指导作用。

有人会说,方言语法调查研究,不需要理论,只要把事实描写清楚就可以了。问题是,当你描写事实的时候,你已经不知不觉在运用理论了,只不过自己没有意识到而已。这就涉及理论的自觉性问题。一方面,研究者应该以事实为本,避免空谈理论;另一方面,研究者应该自觉运用理论,以理论指导调查研究,才能有效地揭示方言语法的本质规律。前人所拟定的方言调查的参照框架,其实都是有某种理论色彩的,黄伯荣(2001)的手册具有结构主义语言学理论色彩,刘丹青、唐正大(2003)的方案则具有类型学理论色彩。

对方言描写来说,在各种理论中,最基础最重要的是由美国语言学家布龙菲尔德(1980)开创的描写主义语言学理论。说到描写主义语言学,有人会觉得很简单,很容易把握,这其实是一种误解。描写主义语言学作为语法训练的基本理论,有着一套严密的操作手段,其分布分析法、层次分析法、对比分析法、变换分析法都是直接有效的分析语言的方法,具有永恒的学术魅力。当代学人在语言描写的方法上可能更加高明些,但仍然离不开这些最基础的理论和研究方法。而掌握这些理论和方法,必须通过严格的科学训练,深入到具体的语言事实进行分析,才能正确理解并运用。

在方言调查上,描写主义语言学理论是基本功。当我们发现方言语法现象以后,首先要考虑的就是该语法现象中成分的分布、意义和用法:这是什么性质的语法成分?在分布上有什么特别的地方?有多少语法意义?这些语法意义之间有怎样的共时和历时联系?在什么情况下使用,什么情况下不使用？等等。如果没有描写语言学的训练,就很难做到细致、准确。比如,"高低"和"贵贱"都是分布比较广泛的副词,根据侯学超(1998),"高低"作为副词用来修饰谓词性成分,有两个义项,一是"表示不因任何条件而改变,无论如何",二是"表示经过一个过程后发生,终究,到底",用于口语;根据朱景松(2007),"贵贱"作为副词用来修饰谓词性成分,义为"无论如何,不管怎么"。这两个副词在张家口晋语中用法不甚相同。首先,二者的句法分工非常鲜明,"高低"只修饰肯定性 VP,不修饰否定性 VP;"贵贱"只修饰否定性 VP,不修饰肯定性 VP。其次,二者语义趋同,都只表示"无论如何",没有其他意义。再次,二者都只用于他者(第三人称),不用于言者(第一人称)和听者(第二人称),因此都用于说话人对他者的主观评价和态度,表达强烈的语气。这些用法可以通过最简描写得到一些句法上的测试验证,例如:

(2) a. 他高低要去。
b. *他高低不去。
c. *他贵贱要去。
d. 他贵贱不去。
e. *他高低来了。
f. 他贵贱不来。
g. *他贵贱没来。
h. *我高低要去。
i. *我贵贱不去。
j. *你高低要去。
k. *你贵贱不去。
l. 老王高低要去。
m. 老王贵贱不去。

而对这些现象做出解释,正是建立在描写的基础上的,没有描写,就谈不上解释。

除此之外,还应该掌握和了解一些普遍流行的当代语法理论。如果要描写某方言的焦点成分,就必须对焦点理论的一整套命题有个深入的了解,描写情态成分也是如此。有关焦点的理论,至少应该掌握如下一些命题。1)焦点是新信息的重点,和作为旧信息的话题形成对立;2)焦点分为常规焦点和对比焦点,在汉语中,常规焦点总是位于句末的位置,对比焦点则通过重音、焦点标记词等手段实现;3)焦点成分可以通过焦点标记词或焦点敏感算子体现;4)在人类语言中,成分前置是表达焦点的重要标记手段;5)从系动词发展为焦点标记是语言中的常态现象,许多语言系动词和焦点标记都采用相同的语法形式。有关情态的理论,至少应该掌握如下一些命题。1)情态是说话人对命题的态度,情态成分是和命题成分相对立的表达说话人态度的语言成分,在人类语言中,情态可以通过形态变化、词汇形式、句法、韵律等表达,其中词汇形式以情态动词为主;2)情态包括认识情态、道义情态和动力情态等,许多情态词都是多义的,可以兼表认识情态、道义情态和动力情态的两种乃至三种,这些意义具有历时的联系,其发展途径为动力情态→道义情态→认识情态;3)从历时看,情态动词往往是从实义动词发展而来,具体过程为"实义动词→根情态→认识情态"或"实义动词→主语情态→言者情态/话语情态→认识情态",其演变机制和动因包括隐喻、转喻、语用推理、重新分析等。

总之,在方言语法研究中,自觉掌握一些前沿的语法理论,有助于从本质上揭示研究对象的本质。当然,我们也反对对理论的滥用,仅仅流于贴标签而不能深入到对象的本质,或者用方言事实硬套理论,都是不可取的。只有把理论和事实紧密结合起来,理论可以指导事实分析,事实可以验证理论,才能真正解决问题。

2. 现象解释的理论和方法

2.1 系统的解释

在结构主义语言学看来,语言是一个由成分(element,也作"要素")组成的系统,语言成分必须在语言系统中才能实现其价值,孤立的语言成分是没有价值的。因此,语言成分都可以在语言系统中得到解释。系统是由成分组织起来的有机整体,任何成分都不是个别、孤立存在的,都和其他成分相互联系、相互制约。语言系统也是如此。语言系统是动态系统,是开放的、发展的,处于不断变动之中。语言系统中的成分也是可变的、动态的。对语法成分来说,其存在和发展,都离不开语言系统的制约。

任何一种方言都是一个独立的开放系统,其语法成分都是这一系统的有机组成部分,语法成分的存在、运用,都应该在系统中得到解释。

从系统的角度看,语法成分存在的前提是:必须和其他语法成分形成对立。如果两个或几个语法成分不形成对立,任何条件下都可此可彼,就没有必要全部存在,只保留其中的一个即可,这样既经济又实惠。理论上,绝对等义词是不存在的,因为它们在语言系统中不形成对立。如果从语言系统的动态性来看,认为绝对等义词绝对不存在显然是绝对的,不合事实的。一般地,如果语言系统有需要,可以有两个或几个语言成分并存竞争,这个时候绝对等义词是可以存在的。有些并存竞争会长期存在,但多数并存竞争都是短期的,随着时间的推移,其中的某个战胜、淘汰其他的语言成分脱颖而出,成为语言系统中被选择的成分,从而和其他成分形成对立。

在方言语法成分中,有许多近义的语法成分,有时很难体察到它们的细微差异。但体察不到不等于不存在,如果具有系统语法观的意识,我们知道,任何近义的语法成分,只要不是处在并存竞争阶段,都一定存在差异。比如,张家口晋语中涿怀话表过去时间的助词有"那会儿"和"那个"两个,这两个助词给人感觉是没有差异的:

(3)a. 他念书那会儿可调皮的嘞。(他读书的时候很调皮。)
　　b. 他念书那个可调皮的嘞。(他读书的时候很调皮。)

实际上,"那会儿"是泛时助词,"那个"是远时助词,二者用法上有差异:

(4)a. 早起吃饭那会儿外头有人嚷。(早上吃饭的时候外面有人吵架。)
　　b. *早起吃饭那个外头有人嚷。

后面一句之所以不能说,是因为早上发生的事情是近时的,和远时意义有矛盾。另外"那会儿"作为泛时助词,还进一步发展为表过去虚拟意义的助词,而"那个"没有这样的用法:

(5)a. 那会儿我去么。(要是我去就好了。)
　　b. *那个我去么。

再比如,张家口晋语表示上面意义的方位词有两个,"上头"和"脑头",对于会说张家口晋语但没有语法知识的人,通常会认为没有区别,二者等同,可以互换。如果我们拥有系统的语法观,我们知道这是不可能的。实际上,"上头"是个随视角变化而变化的方位词,"脑头"是个不随视角变化而变化的附着方位词。两者用于物理空间,有时确实是可以互换的:

(6)a. 墙上头长了一墩山丹丹花。(墙上面长了一株山丹丹花。)
　　b. 墙脑头长了一墩山丹丹花。(墙上面长了一株山丹丹花。)

如果没有附着的意义,就只能用"上头",不能用"脑头":

(7)a. 山顶上头飞过一架飞机。
　　b. *山顶脑头飞过一架飞机。

　　一般地,"上头"相对比较泛化,在意义和用法上都是多样的,其负担比较重,方言中如果存在对应的表示附着意义的方位词,就可以分担"上头"的一些意义和用法,从而减轻其负担,这符合语言系统运作的规律。
　　语言的系统性还表现为,语言系统内的成分往往是成系列出现的。对方言语法成分来说,有时孤立地看是一个特定现象,其实细究起来却是一系列现象,整个系统都是如此。比如,在晋语中,"还"有句末语气词的用法,这是由于句子后部隐含(或省略)导致的语气词化现象,如果孤立地看,这是一个特殊的语法现象,实际上,晋语中有一系列现象都是如此,根据邢向东(2008),陕北晋语、内蒙古晋语的"得来"、陕北晋语的"是",也都是如此。可见,晋语有一系列语气词都是由于句子后部隐含(或省略)导致的,这类现象在晋语各地应该还有,还应该继续挖掘。

2.2 共性的解释

　　纵观语言研究的历史可以发现,语言研究有两种明显的价值取向,一种是基于语言特殊性的,一种是基于语言普遍性的。汉语研究也是如此。20世纪80年代有所谓的"文化语言学"研究,就是基于汉语的特殊性,力图从汉语特殊性出发研究汉语语法的。还有倡导所谓"中国特色"语法研究的,也具有相近的研究取向。而随着研究的不断深入,尤其是一些新兴语言学理论的传播和影响,研究者意识到,语言的共性远远大于语言的个性,任何所谓特殊的现象、个别的现象,在语言共性的观照下都显示出其普遍性的本质。21世纪的语言研究,可以说是以追求语言共性为基本取向的研究,无论是形式主义还是功能主义都是如此。形式主义和功能主义表面上差异极大,水火不容,但其基本研究取向还是有共同之处的,那就是对语言共性的追求。
　　语言类型学的创立和发展,为语言共性的研究提供了理论基础和实践范例,其蕴涵共性的研究方法,是解释人类语言普遍性的重要方法。比如,第一、二人称反身代词蕴涵第三人称反身代词,即如果一种语言有第一、二人称反身代词,则一定第三人称反身代词,反之则不然。再比如,双数蕴涵复数,即如果一种语言有双数范畴,则一定有复数范畴,反之则不然。蕴涵共性能很好地对未调查语言或方言做出预测,从而丰富和验证语言类型学研究。

有些方言语法现象孤立地看很特殊,但如果放在一种语言的大背景下来看,就没有任何特殊性了,反而是语言共性的一个例证。比如,汉语共同语中有拷贝式话题结构("打也打得,骂也骂得"),有的还是从古代汉语和近代汉语沿用下来的结构,这种结构在方言中非常发达,刘丹青、徐烈炯(1998b)对上海话的拷贝式话题结构进行了详尽的描写分析,发现"上海话拷贝式话题的种类更多,使用频率更高,语法化程度也更高"。郭利霞(2011)对山西山阴方言的拷贝式话题句进行了描写,发现有两种特殊的拷贝式话题句,一是对举式拷贝话题句,虽然共同语也存在,但山阴方言却更加复杂多样;一是谓词拷贝话题句。郭利霞(2011)在刘丹青(2007)对拷贝式话题句语法化途径构拟的基础上,通过对山阴方言拷贝式话题句的分析,验证了"条件小句＞含条件义的话题＞句法话题＞形态话题"的普遍规律。汉语拷贝式话题句是汉语中具有共性的句子类别,尽管不同方言有不同表现,但其共性基础是非常牢靠的,这其实是汉语作为话题优先型语言的必然产物。

晋语的构形重叠反映了重叠蕴涵共性的一种情形。构形重叠主要表现为动词重叠("研究研究")和形容词重叠("漂漂亮亮"),有表增量的情形,也有表减量的情形。构形重叠用来表示增量,是可以理解的,符合"数量象似动因",即形式越多内容越多;表示减量则是特殊情形。张敏(2008)提出了一条基于蕴涵共性的语言共性假设:语言中的构形重叠,表减量蕴涵表增量,即"若某个语言/方言的形容词重叠式(包括动词重叠式)有表减量的,则一定也有表增量的",反之则不然。这是一种"四缺一"的格局:1)既有表增量,又有表减量的,包括北京话、阳江话、广州话、泰语等;2)只有表增量,没有表减量的,包括古汉语、武汉话、忻州话、日语、Mokilese 等;3)既不表增量,又不表减量的,包括希腊语、拉丁语、哥特语等;4)只有表减量,没有表增量的,不存在。

张敏(2008)把山西忻州话作为第二种类型的例子,其实不只忻州话,整个晋语都属于第二种情形,即动词、形容词构形重叠只表增量,不表减量。晋语重叠也有表减量的情形,但仅限于两种情况。一是构词重叠。重叠名词往往具有表小的性质,如"刀刀"指"小刀","门门"指"小门"。重叠量词也是如此,"堆堆"指"小堆","一堆堆土"比"一堆土"小。如果是构形重叠,"堆堆"则表增量,"那一堆堆的土,真多"。量词构形重叠仅限于和数词"一"组合,而重叠量词(构词重叠)则不然,"三堆堆土"只能是构词重叠,不是构形重叠。二是构式重叠,包括"不 AA、这么 AA、多 AA",具体分析详见第一章第二节。因此,如果严格控制在构形重叠方面,晋语重叠应该属于只表增量不表减量的类型。

2.3 语用的解释

语用,简单说就是语言运用,涉及语境、交际者等诸因素。语言作为人类的交际工具,只有在交际中才能体现其价值和目的,从这个意义上说,语用比语言本体更加重要,正如方梅(2008)所言:"语法不是先天存在的,而是与实际交际活动相互作用、相互影响的,研究语法从根本上说不可能脱离语言的运用。这就意味着:语法是从交际需求中产生的。语法规则是相对的,变化才是常态。语言的研究实际上可以归结为对语言变化的研究。研究语言必须观察具体的实际环境和语言的运用,了解结构的动态变化,解释成因。"在方言语法研究中,语用也同样重要。研究者需要把语法成分放在具体的语境中,通过构想交际场景对语法要素的意义、用法做出分析。

在语境中,常态的最基本交际是由说话人和听话人组成的,而且最理想的状态是一个说话人和一个听话人;理想的话语则是由话轮组成,你一言我一语,依次循环往复,形成话轮的不断转换,从而维持交际的持续进行。问答是其中的一种情形。方言语法有许多构式都是和问答有关的,需要在问答的情形下做出解释。比如,涿怀话的"这叫你个 A?"构式,相当于共同语"你这还 A 啊?"只用于应答:

(8) A:我家可穷的嘞。(我家很穷。)
 B:咋穷嘞?(怎么个穷法?)
 A:才 5 间正房,18 亩地,30 菱苹果树。(才 5 间正房,18 亩地,30 棵苹果树。)
 B:这叫你个穷?(你这还穷啊?)

即使是因为语境触发的,也一定有引发:

(9) A:我家可穷的嘞。(我家很穷。)
 B:(仔细看了对方家里,发现对方生活条件不错)这叫你个穷?(你这还穷啊?)

因此,"这叫你个 A?"构式只能用于应答,只有在语用中才能得到理解,如果只追究每个成分的性质、意义,就没有办法对其整体做出合理的解释。

回溯推理是一种语用逻辑的推理,这种推理结论未必为真,却是人常规思维的一种反映,对多义语言形式以及语言成分的历时演化具有很强的解释力。回溯推理的基本形式为:如果 P,那么 Q;Q,所以 P。比如说,如果下雨,地面一定会湿;既然地面湿了,很可能是下雨了。这种推理只有可能性,没有必然性,因此并不适用于严谨的科学推断,但这对语言现象的解释却非常有价值。"少"用于祈使句,有两个意思,一是减少,少量("少吃点辣椒"),一是清零,不要("少来这一套"),后一意思是通过回溯推理获得的:如果清零了,一定是减少了;说话人说减少,很可能要表达清零的意思。"够"带宾语,也有两个意思,一是达到("够分量"),一是超出("够朋友"),后一意思也是通过回溯推理获得的:如果超出了,一定是达到了;说话人说达到,很可能要表达超出的意思。方言语法中的一些多义现象也可以通过回溯推理做出解释。在张家口晋语万全话中,有个情态词"不留"("留"是记音,本字可能是"愁"),可以表能力,也可以表可能。例如:

(10)有多少好吃的也不留吃完。(有多少好吃的也能够吃完。)
(11)要是钱回不来,他不留疯了。(要是钱回不来,他可能会疯。)

例(11)的意思是从例(10)经过回溯推理获得的:可能做某事,一定能够做某事;说话人说能够做某事,表达可能做某事。

主观性,尤其是交互主观性,也和语用有关,"说话人的态度是语言主观性的体现,说话人对听话人的关注是语言交互主观性的体现。"(方梅 2008)语气词是最能反映语言主观性和交互主观性的语法成分之一。张家口晋语语气词丰富多样,系统的研究尚未提到日程。我们比较两个语气词"吧"和"噢",前者体现了语言的主观性,后者体现了语言的交互主观性。先看疑问句情形。例如:

(12)你是蔚县人吧?
(13)你是蔚县人噢?

这两句话都是半信半疑的语气,说话人觉得对方像蔚县人,但又拿不准,所以希望通过询问得到证实,但例(12)和例(13)所凸显的内容不同,例(12)凸显"我问",强调"我以为如何";例(13)凸显"你答",强调"你应该如何"。

再看祈使句情形。例如:

(14)你锄地去吧!
(15)你锄地去噢!

这两句话都是要求对方锄地,但例(14)是命令,体现"我要求"的态度;例(15)是商请,体现"你回应"的需求。这两者并不是对立的,还可以兼容:

(16)你锄地去吧噢!

这是先表明说话人的态度,然后再要求听话人回应,这就把主观性和交互主观性交融在一起了。

2.4 认知的解释

认知语言学不是语言学的一个分支学科,而是语言研究的一种范式,一种价值取向,以探索语言和心智的关系为出发点,对语言现象做出解释。认知语言学的基本信念是,句法不是一个自足的形式体系,句法解释不能脱离语义、语用,因此,概念、百科、意象、身体经验在语言分析中至关重要。认知语言学强调语言的连续性,认为词法与句法之间、合语法与不合语法之间、不同范畴之间都是连续统,不存在泾渭分明的界线。这些语言现象往往都是两头清晰,中间模糊,比如词法和句法,"黑板、电脑"是词,其构成属于词法;"吃粥、喝汤"是短语,其构成属于句法;"鸡蛋、羊肉"尽管处理为短语,但还是具有词的性质,属于中间模糊的地带。

认知语言学通过隐喻、转喻、意象图式、象似性等对语言现象做出解释,方言语法现象也可以通过这些理论得到解释。

隐喻是利用概念之间的相似性,用一种概念喻指另一种概念的认知方式。隐喻往往牵涉两个认知域,隐喻的过程是从一个认知域投射到另一个认知域。在传统语言学中,隐喻被作为一种修辞方式,而在认知语言学中,隐喻被作为一种常规表达和思维方式,无处不在。Lakoff 和 Johnson 的经典著作就叫《我们赖以生存的隐喻》。隐喻通常用"X 是 Y"表达,X 是源域,Y 是映射域。比如,时间是移动物,就是把时间隐喻为移动物,张家口晋语有把节日看作移动物,用趋向词"来"表达:

(17)a.年倒来也。(春节快到了。)
　　　b.年倒来了。(春节已经到了。)
　　　c.年倒过去了。(春节已经过去了。)

这是把春节看成移动物,先来到然后离开。

在隐喻系统中,方位隐喻是主要的隐喻方式之一。"上"和"下"促动了一系列的隐喻(这里不区分趋向词和方位词)。在张家口晋语中,可以说"上北京",也可以说"下北京",前者符合社会高位是上、社会低位是下的隐喻（北京作为首都在政治上居于高位）；后者符合地理高位是上、地理低位是下的隐喻（张家口在北京西北,中国地势西北高东南低）。

隐喻不仅是一种表达,还是一种语义引申的促动因素(motivation)。量词"道"用于依附性长条物(宗守云、赵东阳 2015),其原型用法是将地面上的依附性长条物归为一类,如"一道山、一道河、一道沟、一道坎"等,然后由非序的依附性长条物扩展延伸到有序的依附性长条物,如"一道门、一道关卡"等,这是隐喻促动导致的扩展延伸：它们在性质和形状上具有相似性。在晋语中,计量"扣子"通常用"道"：

(18)"你不热?"我伸手将衬衫的一道扣子解开。(吕新《圆寂的天》)

例(18)是山西作家吕新小说中的用例,"道"和"扣子"形成选择关系是晋语语法现象,共同语没有这样的用法。在衣服上,扣子往往不止一个,以序列形式存在,也是有序依附性长条物,这同样是由于隐喻促动所导致的。

转喻是利用概念之间的相关性,用一种概念转指另一种概念的认知方式。转喻往往是在一个认知域内,转喻的过程可用这个认知域内显著的、接近的因素代表整个认知域。比如,用人名转喻超市的名字,"张明超市",张明只是超市主人的名字,而超市还包括货物、资金、顾客、盈利、纳税等内容,这些内容理论上都能作为超市的名字,但命名时只选择最凸显的内容,这显然是部分代整体的转喻。涿鹿矾山话"葵花子儿"(瓜子儿)还有个俗名,叫"麻烦"或"麻烦子儿",在当地人看来,吃瓜子费时间,是一件麻烦的事情,这是以性质代行为的转喻。转喻也和隐喻一样,可以作为语义引申的促动因素。

在认知语言学看来,意象图式是在身体经验的基础上形成的基本认知结构(Lakoff & Johnson 1980)。意象图式是抽象的,包括容器图式、路径图式、系联图式、反身图式、整体-部分图式、中心-边缘图式等等。意象图式之间存在着某些非常自然的转换关系,这导致了大量多义现象的产生,因此,意象图式转换也是语义引申的促动因素之一。(张敏 1998)比如,复数图式和不可数图式可以形成转换关系,其中有一种特殊的情形,一连串的点儿(复数)和一条连续的线(不可数)可以形成转换关系,这在语言中是非常普遍的,比如,在英语中用这样的用法：

(19)a. He coughed throughout the concert.（复数，咳嗽是一连串的点儿）

b. He slept throughout the concert.（不可数，睡觉是一条连续的线）

这就是说，由于意象图式转换的促动，能用于复数（一连串的点儿）的语言形式，也能用于不可数（一条连续的线）。在张家口涿鹿县城话中，副词"尽管"和共同语用法不同，共同语"尽管"表示专一做某事，用于有意识的行为；涿鹿县城话"尽管"表示在特定现场一直做某事，可以用于无意识的行为。"尽管"既可用于复数、一连串的点儿，也可用于不可数、一条连续的线：

(20)a.他尽管咳嗽。（他一直咳嗽。）

b.他尽管睡觉。（他一直睡觉。）

这显然也符合复数和不可数意象图式转换的普遍原则。

象似性反映了语言形式和所表达内容之间的对应关系。根据语音象似性原则，语音形式大，意义也大；语音形式小，意义也小。就指示代词而言，一般地，近指代词开口度小，所指距离近；远指代词开口度大，所指距离远。在张家口晋语中，"不、没、可、一"都是入声字，一般情况下读为入声，特殊情况下开口度增大，韵母读为[ɑ]且拖长，用来强调，比如，"不[pʌʔ]行"是一般用法，"不[pɑː]行"是强调用法。

3. 源流追溯的理论和方法

3.1 源流追溯的各种表现

语法演变非常复杂，包括结构成分演变为语法成分（即由实到虚的过程），语法成分内部的演变（即由虚到更虚的过程），构式的形成和演变，等等。因此，语法演变的源流追溯呈现出种种复杂情形。具体说来主要有以下几个方面：自由词的形态化、短语的词汇化、实词的虚词化以及成分的构式化。

3.1.1 自由词的形态化

自由词的形态化（morphologization）指一个自由词（包括实词和虚词）演化为一个黏着语素的过程（Trask 2000）。形态化包括屈折形态化和派生形态化两种，前者指一个实词逐步演变为一个屈折词缀（即词尾语素）的过程，这一演变涉及"实词＞附着成分＞屈折词缀"这样的一个语法化斜坡

(Hopper & Traugott 1993);后者指一个实词逐步演化为一个派生词缀(词缀语素)的过程。由于汉语没有词尾语素,因此汉语中形态化主要指词缀语素的形成。比如,"石头、木头、砖头"的"头",是从名词"头"逐步虚化为词缀的,"富于、善于、忙于"的"于",是从动词虚化为介词,再从介词虚化为词缀的,这些演变都是自由词的形态化过程。

就形态化而言,还应该区分形态化演变和形态化操作。形态化演变涉及语言的发展,形态化操作则是共时平面中运用形态表达某种语法意义的手段。

重叠是人类语言的一种重要的形态手段,"作为一种能产的语法手段,重叠极为广泛地分布在世界上大多数语系的诸多语言中"(张敏 1997)。重叠分构词重叠和构形重叠两种,构词重叠其实就是重叠词,又包括叠音词(单纯词,如"匆匆、皑皑")和重叠式复合词(如"爸爸、偏偏");构形重叠是严格意义的语法手段,通过重复词形表达增量、减量、尝试、反复等语法意义,因此,构形重叠应该就是一种形态化操作。

复合构词法和形态有关,因为任何一种构词法都涉及特定语言词汇中词的内部形态结构,(魏志成 2003)但复合构词法并不是严格意义的形态,"复合构词法是用句法方式(动宾、偏正等)而非形态方式构造新词的手段,因此不属于严格的形态"(刘丹青 2008),因此复合构词法也不是严格意义的形态化操作。但如果做宽泛的理解,不局限于"严格意义"的话,复合构词法也可以看作广义的形态化操作,当然这是极不典型的形态化操作。

3.1.2 短语的词汇化

词汇化是指从非词汇单位演变为词汇单位的过程。(董秀芳 2011)非词汇单位主要指短语,也指跨层结构,跨层结构在形式上也是短语,但由于不是直接成分关系,不具有固定性,因此只是一种线性意义上的组合形式。跨层结构直到词汇化之后,成为一个词汇单位,收入词典,才能正式成为词汇系统中的一员。如果单单从形式看,不论是短语还是跨层结构,都是短语形式,其词汇化为词汇单位,都属于短语的词汇化。短语的词汇化并不都演变为语法成分,也可能演变为结构成分,而且多数还是演变为结构成分,在董秀芳(2011)的研究中,词汇化之后的双音词以实词居多,占绝对优势,而作为语法成分的虚词或准虚词却很少,主要是否定结构词汇化后形成的副词和助动词,而且其他短语词汇化也主要形成副词和连词。

有时,语法成分的来源是比较复杂的,既有词汇化过程,也有语法化过程。比如,"到家"本来是动宾短语,始见于汉代;到宋代由于受到佛教的影响,"到家"词汇化为形容词,表示圆满意义;到清代"到家"进一步语法化为唯补词,表示极致意义。(宗守云 2014)再比如,根据张秀松(2015),"毕竟"本来是短语,到汉代词汇化为表示完结意义的动词,然后再语法化为时间副词,又从时间副词分别语法化为评注语气副词和疑问语气副词。因此,就某一个语法成分而言,其发展演变过程可能是相当复杂的。

词汇化演变和词汇化操作也不尽相同。董秀芳(2011)把词汇化操作称为"共时角度定义的词汇化",这一意义的词汇化主要是共时平面词汇运用所导致的,"在形式语法的框架中,词汇化有时可以用来指将功能范畴(functional category)用语音手段体现出来从而变为显性(visible)形式的过程。还有一种用法是从语言生成或合成的角度,将根据表达意图对合适的词的选择称为'词汇化',等等"。这种词汇化操作的本质在于,将词典或词库中的词根据说话人的意图具体显明出来,以达到表意目的,这种词汇化操作不是语言演变,因此和语法演变无关。

3.1.3 实词的虚词化

实词的虚词化,即实词虚化,是语法化研究中最重要的内容之一。实词虚化的观念产生较早,元代周伯琦在《六书证讹》就说:"大抵古人制字,皆从事物上起。今之虚字,皆古之实字。"在汉语中,实词虚化也是典型的语法化现象,刘坚(2005)所说的"词汇语法化",就是"一个词汇单位失去词汇意义,变成纯粹的虚词。用汉语语言学的术语来说,这个过程可以叫作'实词虚化'"。这反映了实词虚化在语法化中的典型性,尤其是汉语的语法化研究,实词虚化扮演着重要角色。吴福祥(2005b)除了综观、评介以及少数几篇句式的语法化论文之外,大部分都是关于实词虚化的,有从整体研究的,有从类别研究的,也有个别研究的。

解惠全(2005)详细地列出了实词虚化的各种情形。从虚词看,副词、介词、连词,大部分是从实词虚化来的。从实词看,动词虚化是最多的。具体的实词虚化情形包括:动→介(以、为……),动→副(毕、并……),动→连(使、令……),动→助(了、着……),形→副(良、诚……),名→副(时、昔……),代→副(莫、或……),代→连(斯、是……),代→助(然、若……)。解惠全(2005)还注意到虚词之间演化,如果说实词虚化是由实到虚,那么虚词之间的演化是从虚到更虚。比如,副词、介词可以进一步虚化为连词(果、因……),介词、连词进一步虚化为助词(于、而……)等。

解惠全(2005)有些地方处理不够妥当,比如"子、头、儿",认为是名词虚化为助词。其实"子、头、儿"是后缀,属于形态化现象,不是实词虚化。

汉语语法化研究之所以更注重实词虚化,和汉语作为孤立语的性质是分不开的。正如刘坚、曹广顺、吴福祥(2005)所言:"对于汉语共时和历时的研究来说,语法化现象的理论探讨更具有特殊的意义和价值。因为汉语是一种缺乏形态(狭义)的语言,表达语法关系的主要手段是虚词和词序,正是词汇语法化的演变使汉语中产生了一批在语言表达中不可或缺的虚词。"因此,汉语作为缺乏形态变化的孤立语,实词虚化成为语法化的主要内容,这有别于以形态化为主要内容的屈折语。

3.1.4 成分的构式化

成分的构式化指一些相关的语言成分经过整合而成为一个构式的过程。在有些语法化理论中,构式化被看成是语法化的一种类型。石毓智、李讷(2001)把语法化定义为"一个新兴语法手段产生的历时过程",而所谓的语法手段则包括语法标记和语法结构两大类。石毓智、李讷(2001)特别以"把"字句为例说明语法结构的形成(即构式化)属于语法化,"一个语法化过程往往同时涉及新标记和新结构的产生,两者经常是同一变化的两个方面。比如处置式的发展结果,一方面导致了指示谓语中心动词之前受事名词的语法标记'把'的出现,另一方面又引起新语法格式'把'字句的产生"。

构式化是语法成分演变中的重要现象。2013年,著名语言学家Traugott和G..Trousdale博士合作,出版了《构式化与构式演变》(*Constructionalization and Constructional Changes*)一书,对构式理论进行了深入研究,建立了以语法构式化和词汇构式化为主要内容的构式演变理论。李健雪、王焱(2015)对其进行了比较详细的介绍和评价。

成分的构式化研究,可以追溯构式的形成,揭示构式化的途径和动因。在这一方面,郑娟曼(2012)、张谊生(2015)等都有很好的研究。

就构式化的影响因素而言,构式化既和语言自身的发展有关,也和社会需要有关。比如,"放着NP不VP"构式(宗守云、张素玲2014),首先是语言自身发展的产物,"放"意义的泛化是"放着NP不VP"构式化的必要条件之一。根据谷衍奎(2003),"放"的本义是"流放",后来引申出"放任",再引申出"搁置"。"放着NP不VP"中"放"和"搁置"意义有关。"放"表示"搁置",既可以用于具体事物,如"桌上放着一本书";也可以用于抽象事物,如"事情先放一放"。"着"是持续体标记。根据吴福祥(2004a),典型的持续体标记"着"是在宋代出现的,因此"放着"组合出现不会早于宋代。事实上,表示"搁置"意义的"放"和"着"组合,用于具体事物是在元代出现的。元代,"放着"的对象仅限于事物,未见到涉及人的用例。到明代,"放着"的对象扩展到人,其意义也开始泛化。根据冯春田(2001),"放着"应该首先和指物词语组合,因为"放"是地道的"涉物"动词;然后又发展出和指人词语组合。"放着"的对象扩展延伸到人之后,"放"的意义在某种程度上已经泛化了,由

"搁置"义发展为"存在"义。"放"的泛化,为"放着NP不VP"的构式化提供了基础。"放着NP不VP"的构式化,还需要有和社会固有模式相关的语义背景,即:存在着某个事物("放着NP"),施动者应该按照社会固有模式的原则去处置这个事物,但施动者并没有处置这个事物("不VP")。这样的语义背景用特定的句式表达,就是"放着NP不VP",这是"放着NP不VP"构式化的社会语用条件。

3.2 源流追溯的具体方法

方言语法演变的源流追溯可以通过两个方面进行,一是通过历时材料详证,二是通过理论可能构拟。

3.2.1 通过历时材料详证

如果方言语法成分能够通过历时材料得到详证,是最有说服力的,事实胜于雄辩。当然,对历时材料的分析必须是契合的、到位的,所刻画的历时发展演变过程也必须是可信的、合理的,否则也没有说服力。

由于古代汉语和近代汉语有许多语言成分保留在现代汉语方言中,因此,对这些所保留的语言成分进行历时追溯,是比较容易的。语法成分的追溯也是如此。比如,表示"恰好"意义的副词"可可",至今保留在许多方言中,《现代汉语词典》(第6版)在释义时特地标为〈方〉,作为方言词收录。根据许宝华、宫田一郎主编(1999)的《汉语方言词典》,胶辽官话(如山东安丘)、中原官话(如山西吉县、运城)、江淮官话(如江苏盐城)都有表"恰好"意义的副词"可可",又根据陈刚(1985),北京话也有,例如:

(21)正说他呢,可可儿地他来了。

晋语这一副词也有。根据历时材料,"可可"应该是"可"的叠音形式。根据谷衍奎(2003),"可"是会意兼形声字,从口,从丂(代表劳动的工具),表示"歌以助劳"。由"歌以助劳"引申为"肯定、许可",例如:

(22)去不我可。(《诗·小雅·何人斯》)

"可"用作意动,表示"以为可,适合",例如:

(23)其味相反,百皆可于口。(《庄子·天运》)

"可"表"恰好"意义,应该是从"适合"意义发展来的。"可"表"适合",是动词,后面可以带体词宾语,也可以带谓词宾语,带谓词宾语是"可"发展为副词的相邻句位,由于"可"经常用于谓词之前,当语义重心转移到谓词后,谓词成为中心语,"可"成为副词,整个句法结构由述宾短语重新分析为状中短语,这一发展是在唐代完成的。例如:

(24)有好事者船载以入,至则无可用。(柳宗元《黔之驴》)
(25)长者闻语忽惊疑,三宝福田难可遇。(《敦煌变文集新书》卷四)

例(24)"可"还表"适合"(没有合适的用处),但也不妨理解为"恰好"(没有恰当的用处),说明"可"已经有了过渡性质。例(25)"难可遇"即"难以恰好遇到","可"就只有"恰好"意义了。唐代表"恰好"意义的"可"还可以重叠,还表示"恰好"意义,例如:

(26)经纪须平直,心中莫侧斜,些些征取利,可可苦他家。(王梵志《经纪须平直》)

到元明时期,"可可"作为表"恰好"意义的副词,大大发展了,例如:

(27)也是俺连年时乖运蹇。可可的与那个恶哪吒打个撞见。(关汉卿《鲁斋郎》第一折)
(28)这宝贝镇于海藏中,也不知几千百年,可可的今岁放光。(吴承恩《西游记》第三回)

"可可"发展到现代汉语,没有成为共同语的语法成分,但比较广泛地存在于北方各个方言中。

从历时材料看,表"恰好"意义的副词"可可",其发展脉络是非常清晰的,整个发展演变过程没有出现断裂,方言语法成分能够很好地通过历时材料得到解释。

3.2.2 通过理论可能构拟

方言语法演变的追溯不能都通过历时材料证实,有些需要通过理论的可能进行构拟。以下我们通过语法化的单向性、历时类型学和语义地图进行说明。

首先,语法化的单向性。

语法化的单向性是指由词汇成分虚化为语法成分、由较少语法化发展为较多语法化的单向过程,这个过程具有不可逆性。单向性是语法化理论的重要假设,并带来了一系列的学术争论。但正如吴福祥(2003)所说,单向性只是一种强烈的倾向而非绝对的原则,而且单向性的反例又都具有可解释性,即规律性的演变是无标记的演变,特异性的演变是有标记的演变,通常总是有某种另外的动因和条件。

从跨语言的事实看,语法化具有强烈的共性特征,其过程都是单向的。吴福祥(2005a)根据国外功能-类型学派的历史句法研究所揭示的大量跨语言反复出现的语法化模式和语法化路径,列出 32 项语法化清单,如名词＞量词、关系名词＞后置词、处所名词＞属格标记、"孩子"义名词＞小称后缀,等等。Heine & Kuteva(2012)的《语法化的世界词库》是语法化和历史语言学的一部重要工具书(吴福祥中译本序),这部工具书对世界语言语法化的单向性路径进行了概括和总结,对多义的语言成分及其内在联系进行了刻画说明。龙海平、谷峰、肖小平将这部书译为中文,并增加了大量的汉语事实和资料,"亦'刊谬补缺'。从这个意义上说,至少对中国学者而言,译本的价值反而大于原著"(吴福祥中译本序)。

语法化的单向性为解决方言语法的演变提供了理论依据。在张家口晋语中,和共同语疑问代词"怎么"相对应的有三个不同形式的疑问代词,"咋""咋么"和"咋闹"。其中"咋"和"咋么"用来询问方式和性状,"咋闹"用来询问原因。"咋""咋么"和"咋闹"都有不定代词的用法,其不定代词的用法是从疑问代词发展来的。根据语法单向性原则,疑问代词可以演变为不定代词,(Heine & Kuteva 2012)有许多跨语言的事实可以说明。"咋""咋么"和"咋闹"也由疑问代词演变成了不定代词,演变为不定代词后,三者就没有意义和用法的区别了(但有分布的区别),可此可彼。例如:

(29)这个录音机咋/咋么/咋闹都修不好。
(30)该咋咋/该咋么咋么/该咋闹咋闹,不能坏了规矩。

"咋""咋么"和"咋闹"作为方言语法成分,没有特别直接的历时材料来说明其演变过程,因此只能通过"疑问代词＞不定代词"这样的理论可能性做出分析,这样的分析应该是合理的、正确的。

其次,历时类型学。

类型学分共时类型学和历时类型学。"共时类型学是着眼于可能有的和不可能有的语言类型,而历时类型学则着眼于可能性的程度,或语言类型出现的频度。所谓例外就是出现频度极低的类型。"(沈家煊 2009)类型学研究主要关注共时类型学,但也不轻视历时类型学。在两部经典的类型学著作中,都涉及了历时类型学的内容。伯纳德·科姆里(2010)的《语言共性和语言类型》(沈家煊、罗天华译)第十编是关于类型和历史语言学的内容,其类型的历史方面、类型研究和历时解释,都是关于历时类型学的。威廉·克罗夫特(2009)的《语言类型学与语言共性》(龚群虎等译)第八章就是《历时类型学》,包括共时类型学的动态化、从状态到过程、语法化、由共时推导历时等内容。这两部著作都从理论上说明,在没有历时材料的情况下,可以通过理论的可能构拟语言的历时演变过程。伯纳德·科姆里(2010)说:"如果我们根据对一些历时演变例子的经验研究做出预测,认为某个共时现象的产生都是历时演变的结果,那么,当我们碰到一种语言中的某个共时现象没有历时或比较证据的时候,我们同样也可以推测该语言的这种共时状态是由同样的历时过程演化而来的,即我们可以在语言内部构拟一个可能的早期历史阶段。"威廉·克罗夫特(2009)说:"历史语言学方法对于类型学最简单的适应是,在一个语言过程的某些特殊情况(如语序变化)中,使用直接的历史记录。……但是,直接历时记录的缺乏甚至比好的共时描写的缺乏更是多得令人吃惊。因此我们必须从现存的语言中推断出,那个被假定与其相关的最初的原始母语究竟是什么,以及究竟是哪个原始母语中的什么变化导致了这些当代的语言。"

历时类型学和语法化有扯不清的关系。研究历时类型学往往都会涉及语法化问题。威廉·克罗夫特(2009)在第八章用一整节的篇幅讨论语法化问题,说明语法化和历时类型学的本质联系。

共同语能性述补结构用"V 得 C/V 不 C",但在许多方言中用"VC 了/V 不 C"(柯理思 1995),其中包括晋语许多地区。柯理思(1995)文末所附能性述补结构不同形式的地区分布图,没有张家口晋语,其实张家口晋语和其他晋语地区一样,也用"VC 了/V 不 C"。柯理思(1995)认为能性述补结构用"得"和"了",具有平行性,两者都是从表示"实现义"到表示"可能义",但二者形式大不相同,"了"置于 C 后而"得"居于 V 和 C 之间。这可以看作两种不同的能性述补结构类型,从历时看,二者具有共同的语义基础,其演变符合语法化的原则,但其形式却形成互补,成为不同类型。

再次,语义地图。

语义地图源于一种设想。1982 年,Anderson 在一篇关于完成时态的类型学论文中提出,可以通过引用"地图"的方式,来解决语法形式与语义在不同语言中的参差问题。2001 年,Croft 在 Radical Construction Grammar 中提出语义地图连续性假说而得以推广。2015 年,李小凡等著《汉语多功能语法形式的语义地图研究》出版,收论文 17 篇,分"方法引介和探讨"和"个案研究"两个部分。李小凡在"前言"中说:"语义地图模型集语义功能分析和语言类型比较的精髓于一身。功能分析的精髓在于超越形式和意义一一对应的刚性分析框架,深入探究具有连续性的若干表意功能之间的柔性关系及其共同的语义结构;类型比较的精髓在于超越一时一地的共时语言系统,进行跨时代、跨语言的开放式比较,凸显不同语言的共性和个性,进而预测有待考察语言的相关现象。"

语义地图学说提出时间并不长,但业已形成一套比较成熟的操作方法。张敏(2010)给出了一个最简的操作方式:首先由最简单的问题出发,即若某个形式 X 在某个具体语言里具有 X1、X2、X3 三种不同的意义/用法,那么,语义地图模型可帮助我们通过比较弄清这三者之间的亲疏关系,并将其表征在一个几何空间上。不同语言/方言里各种不同形式均可刻画出区域相连的语义地图:

$\boxed{X2}$—$\boxed{X1}$—$\boxed{X3}$　三个概念分别由三种不同形式负载

$\boxed{X2—X1—X3}$　三个概念由同一个形式负载

$\boxed{X2}$—$\boxed{X1—X3}$　X2 由一个形式负载,X1 和 X3 由另一形式负载

$\boxed{X2—X1}$—$\boxed{X3}$　X3 由一个形式负载,X2 和 X1 由另一形式负载

张敏(2010)认为,语义地图模型对方言语法研究有重要意义,"最能直接得益于语义地图的领域即方言语法,它有助于将汉语方言语法比较的研究推进到一个新的阶段"。

翟赟(2015)就"和"义词的功能建立了复杂的语义地图模型。张家口晋语"连"的一些特殊用法可以在这个模型中得到解释和说明。例如:

(31)你连洗衣裳,连跟我捣学捣学话。(你一边洗衣服一边陪我说说话。)

(32)我出去买菜,连把孩子接回来。(我出去买菜,顺便把孩子接回来。)

(33)孙悟空连妖怪全给打死了。(孙悟空把妖怪全给打死了。)

例(31)"连"相当于"一边",例(32)相当于"顺便",例(33)则是处置标记,相当于"把"。在语义地图中,它们分别在"谓词并列、伴随、处置"的节点上,和其他用法一起形成连续的概念空间。

总之,如果能够通过历时材料追溯方言语法成分的演变,可以首先考虑

这一实证的方法；如果没有适当的、对应的历时材料，也可以通过理论原则进行构拟。如果两者能够结合起来，既有历时材料的支持，又有理论的支撑，就更能真实地揭示语法成分和语法系统演变的细节，进而深刻地分析语法成分和语法系统演变的途径和动因。

第三节　内容和语料

1. 内容

本书的具体内容是张家口晋语特殊语法现象。除"绪论"外，共分四章：形态研究、实词研究、虚词研究、句子研究。这些内容包含了形态、词类以及句子，有较强的系统性。

形态方面，考察了张家口晋语的子尾、重叠、屈折、派生问题。实词方面，考察了方位词、情态词、趋向词、指代词问题。虚词方面，考察了副词、连词、介词、助词、语气词问题。句子方面，考察了程度句、焦点句、否定句、疑问句问题。

这些内容相互联系，基本上可以反映张家口晋语全貌。具体到每一节，一般都先给出某语法内容在张家口晋语中的使用情形和分布情形，比如子尾在张家口晋语中使用情况如何，各县市子尾情况如何，等等，然后再对具体问题做出详细分析。有许多语法现象前人已经有很广泛很深入的研究，就没有必要"炒冷饭"。各章节的具体问题都力求有特色、有理论价值。前人有关晋语语法研究比较多的、没有继续挖掘价值的内容，本研究尽量避开。在具体研究中，我们力求细致、深入，避免表面化的列举分析。

2. 语料

方言语法研究的语料多为自拟，研究者可以根据个人语感拟出例句，但最好再找本地人核实一下，有时语感不一定完全可靠。语感有时具有个人性。笔者在征询北京话介趋结构的时候，三个土生土长的北京人语感不完全一样，A说只有"往回V"和"往起V"，B说除了"往回V"和"往起V"还有"往出V"，C说除了"往回V""往起V""往出V"，还有"往过V"，表示向着说话人心目中的某个方位移动。A说从来没听过"往过V"的说法，B说偶尔听到过但自己从来不说。我们认为，可以征询更多的人，如果大部分认为可以这样说，应该就是合语法的语料。方言语料有时也可以找到书面材料，比如，我们在研究后置原因标记"的过"的时候，就找到了许多书面材料。另外，地方百度贴吧有时也能找到方言语料，比如，山西天镇吧有"昨晚上卡迟了也没敢往着睡，关键是房顶上直往下掉土疙瘩……"这样的用例，其中有"往着睡"这样的方言语法现象。

  文中方言用例一般都在后面用括号给出相应的共同语的说法。书面材料一般都给出来源，尤其是古代汉语语料，一般都给出作者和出处。

  本书得益于各区县发音合作人的协助和支持，兹将发音合作人的情况列出如下（按音序排列，括号内依次为出生地和工作单位）：

  白云霞（崇礼高家营，河北北方学院文学院），陈文荣（崇礼太子城，高家营电力所），候智芳（宣化沙岭子，河北北方学院文学院），纪润梅（尚义小蒜沟，尚义县第二中学），李桂林（沽源西辛营，宣化科技职业学院后勤处），李海峰（张家口市，太平洋人寿保险有限责任公司），李浩文（康保县城，邯郸市武安第三中学），刘建英（涿鹿县城，涿鹿中学），倪桂香（赤城龙关，赤城县职教中心），王春芳（阳原马圈堡，阳原县第二实验小学），王立志（涿鹿县城，涿鹿县质量技术监督局），魏芙蓉（万全北沙城，上海师范大学宣传部），温静（怀来沙城，怀来县职教中心），吴丽君（尚义县城，河北北方学院文学院），杨泽林（张家口市，会赤城话，河北北方学院文学院），战勇（宣化区，宣化第一中学），张华（怀来沙城，沙城实验中学），张丽丽（张北单晶河，万全第三小学），张荣泽（沽源平定堡，河北北方学院文学院），张学冬（怀安西湾堡，《新京报》执行总裁），赵存河（怀安柴沟堡，宣化科技职业学院外语系）。

第一章　形态研究

第一节　子尾：涿鹿县城话的子变韵现象

"子尾"又叫"子尾词",顾名思义就是以"子"为后缀的词,也包括相当于子尾词的其他形式。晋语子尾的系统研究,主要有乔全生(2000)。乔全生(2000)对山西境内八十四个方言点的子尾进行了调查分析,发现山西晋语的子尾对外有排斥性,对内在复杂性中蕴涵着一致性,比如韵母大多读[ə]。乔全生(2000)进一步概括了晋语子尾的几个特点,包括:涵盖面广,都有子尾或相当于子尾的其他形式;语音表现形式复杂多样,有舒声、入声、轻声、音变;有子尾变韵、变调;语法结构、语法意义富有特色。这一概括准确地反映了晋语子尾的情形。就张家口晋语而言,子尾状况基本符合这些特征,但由于张家口处于晋语和官话过渡地带,除了保留有晋语特色之外,有些县市已经带有某种程度的官话特征。

根据调查,张家口晋语子尾主要有三种,一种和官话接近甚至相同,一般读为[tsə],有张北、宣化、怀来等;一种读为[zə],有阳原、康保、沽源、万全、怀安等;还有一种读为[zə],有崇礼等。有的县市有两种读法,如赤城有的读[tsə],有的读[zə];尚义有的读[tsə],有的读[zə]。蔚县不属于晋语,暂不涉及。涿鹿属于晋语的有县城话和矾山话,属于官话的有靠近蔚县和保定易县、涞水的一些乡镇。涿鹿县城话有子变韵现象,矾山话有个别u变韵现象。本节描写分析涿鹿县城话的子变韵现象,说明张家口晋语中也存在着子变韵现象,而且和其他方言子变韵现象有着强烈的共性。矾山话u变韵现象留待以后研究。

1. 子变韵现象

子变韵现象在晋南、豫北比较集中。(王福堂1999)有学者指出,在山东也有子变韵现象,而且和晋南、豫北的子变韵是同源的。(陈宁 2006)还有学者指出,在陕西也有子变韵现象。(韩承红 2010)河北是否也有子变韵现象?我们看到有一篇文献是谈河北张家口方言子变韵的,(杨瑞霞 2004)作者描写了六种所谓"子变韵"现象,有 zə、tə、zə、tsə、tsA、A,但前五种明显不是子变韵,恰恰是被侯精一(1985)排除掉的情况,只有沙城话(怀来县城)A 可以算作子变韵。但作者又认为怀来方言子变韵既有 tsə 又有 A,这是不确切的,实际情况是,怀来县城沙城话只有 tsə,没有子变韵。这样看来,作者描写的子变韵现象,要么不是子变韵,要么与事实不符。至于 tə、tsA、A,是否真正存在这样的子尾形式,还需要做进一步调查。

张家口晋语中有一个方言点被杨瑞霞(2004)忽略了,就是涿鹿县城话。在张家口晋语中,只有涿鹿县城话存在真正的、严格意义的子变韵,主要分布在涿鹿县城关镇及附近各乡镇。以下就涿鹿县城话的子变韵现象进行描写说明。

2. 涿鹿县城话子变韵的表现和特点

涿鹿县城话共有韵母 36 个,其中单韵母 11 个,a、ə、ɚ、ɛ、ɔ、æ、i、u、y、ɿ、ʅ;复韵母 14 个,ia、ua、iɛ、uɛ、yɛ、uə、ei、uei、iɔ、iæ、uæ、yæ、əu、iəu;鼻韵母 7 个,aŋ、iaŋ、uaŋ、əŋ、iŋ、uŋ、yŋ;入声韵母 4 个,əʔ、ieʔ、uəʔ、yəʔ。除了入声韵母外,其余 32 个韵母都能生成子变韵。

根据王福堂(1999)的研究,子变韵分为三种情况,拼合型、融合型和长音型。涿鹿县城话属于长音型子变韵,"子"尾音节的声韵调全部消失,但音长保留,融入前一个音节,生成一个长音节的子变韵,在收音时带一个明显的 ə 尾。例如:柜 kuei˥˧>柜ᶻkuei:ə˧。

涿鹿县城话没有子尾与子变韵并存的现象。除了"桃子、豆子、猴子、梨子、枣子、帐子、鞋子、杏子、窗子"(这些词在涿鹿县城话中用单字或儿化韵表示)外,所有北京话的子尾都用子变韵表示。北京话不用子尾的,涿鹿县城话有些也用子尾,如"胸脯子、嘴唇子、草帽子、豆角子、喜鹊子、菜汤子"等。

除入声韵外,子变韵都是从基本韵变来的。兹将涿鹿县城话基本韵母的子变韵表例示如下。根据习惯子变韵是在汉字右上角标 Z,ə 尾按陈宁(2006)的方法标在韵母后面右上角。

涿鹿县城话基本韵母的子变韵表

基本韵母	子变韵	例子
a	a:ə	靶ᶻpa:ə˥˧｜耙ᶻpa:ə˧｜渣ᶻtsa:ə˥｜叉ᶻtsʰa:ə˥｜沙ᶻsa:ə˥｜傻ᶻʂa:ə˥˧｜袜ᶻva:ə˧

ia	ia:ᵊ	鸭ᶻia:ᵊ↑|牙ᶻia:ᵊ↓|架ᶻtɕia:ᵊ↓|卡ᶻtɕʰia:ᵊ↑|匣ᶻɕia:ᵊ↓
ua	ua:ᵊ	侉ᶻkʰua:ᵊ↑|爪ᶻtsua:ᵊ↑
i	i:ᵊ	胰ᶻi:ᵊ↓|椅ᶻi:ᵊ↑|鼻ᶻpi:ᵊ↓|皮ᶻpʰi:ᵊ↓|痞ᶻpʰi:ᵊ↑|细篾ᶻɕi↓mi:ᵊ↓|笛ᶻti:ᵊ↓|底ᶻti:ᵊ↑|梯ᶻtʰi:ᵊ↑|蹄ᶻtʰi:ᵊ↓|呢ᶻ大衣 ni:ᵊ↓daᵊi↑|腻ᶻni:ᵊ↓|李ᶻli:ᵊ↑|栗ᶻli:ᵊ↓|旗ᶻtɕʰi:ᵊ↓|席ᶻɕi:ᵊ↓
u	u:ᵊ	屋ᶻu:ᵊ↑|牛犊ᶻniouᵊtu:ᵊ↓|肚ᶻtu:ᵊ↓|烧饼铺ᶻʂɔ↑piŋ↑pʰu:ᵊ↓|模ᶻmu:ᵊ↓|斧ᶻfu:ᵊ↑|兔ᶻtʰu:ᵊ↓|裤ᶻku:ᵊ↓|褥ᶻzu:ᵊ↓|卒ᶻtsu:ᵊ↓|珠ᶻtʂu:ᵊ↑|厨ᶻtʂʰu:ᵊ↓
y	y:ᵊ	莜面鱼ᶻiouᵊmiæᵊy:ᵊ↓|驴驹ᶻlueiᵊtɕy:ᵊ↑|橘ᶻtɕy:ᵊ↓|锯ᶻtɕy:ᵊ↓
ə	ə:ᵊ	盒ᶻxə:ᵊ↓|车ᶻtʂʰə:ᵊ↑
ɿ	ɿ:ᵊ	锯齿ᶻtɕyᵊtsɿ:ᵊ↑|狮ᶻsɿ:ᵊ↑|豆腐丝ᶻtouᵊf?ᵊsɿ:ᵊ↑
ʅ	ʅ:ᵊ	侄ᶻtʂʅ:ᵊ↓|池ᶻtʂʰʅ:ᵊ↓|猪食ᶻtʂuᵊʂʅ:ᵊ↓
ɚ	ɚ:ᵊ	儿ᶻɚ:ᵊ↓
ɔ	ɔ:ᵊ	包ᶻpɔ:ᵊ↑|豹ᶻpɔ:ᵊ↓|刨ᶻpɔ:ᵊ↓|袍ᶻpʰɔ:ᵊ↓|帽ᶻmɔ:ᵊ↓|刀ᶻtɔ:ᵊ↑|稻ᶻtɔ:ᵊ↓|道ᶻtɔ:ᵊ↓|套ᶻtʰɔ:ᵊ↓|脑ᶻnɔ:ᵊ↑|羊羔ᶻiɑŋᵊkɔ:ᵊ↑|铐ᶻkʰɔ:ᵊ↓|蒿ᶻxɔ:ᵊ↑|耗ᶻxɔ:ᵊ↓|凿ᶻtsɔ:ᵊ↓|罩ᶻtsɔ:ᵊ↓|槽ᶻtsɔ:ᵊ↓|嫂ᶻsɔ:ᵊ↑|勺ᶻʂɔ:ᵊ↑
iɔ	iɔ:ᵊ	票ᶻpʰiɔ:ᵊ↓|调ᶻtiɔ:ᵊ↓|条ᶻtʰiɔ:ᵊ↓|饺ᶻtɕiɔ:ᵊ↑|轿ᶻtɕiɔ:ᵊ↓
ɛ	ɛ:ᵊ	秤ᶻpɛ:ᵊ↓|拍ᶻpʰɛ:ᵊ↑|牌ᶻpʰɛ:ᵊ↓|麦ᶻmɛ:ᵊ↓|袋ᶻtɛ:ᵊ↓|带ᶻtɛ:ᵊ↓|台ᶻtʰɛ:ᵊ↓|盖ᶻkɛ:ᵊ↓|孩ᶻxɛ:ᵊ↓|兔崽ᶻtʰuᵊtsɛ:ᵊ↓|塞ᶻsɛ:ᵊ↑|筛ᶻsɛ:ᵊ↑|色ᶻsɛ:ᵊ↑
iɛ	iɛ:ᵊ	叶ᶻiɛ:ᵊ↓|碟ᶻtiɛ:ᵊ↓|褯ᶻtɕiɛ:ᵊ↓|茄ᶻtɕʰiɛ:ᵊ↓
uɛ	uɛ:ᵊ	筷ᶻkʰuɛ:ᵊ↓|拐ᶻkuɛ:ᵊ↑
yɛ	yɛ:ᵊ	月ᶻyɛ:ᵊ↓|橛ᶻtɕyɛ:ᵊ↓|瘸ᶻtɕʰyɛ:ᵊ↓|靴ᶻɕyɛ:ᵊ↑
ei	ei:ᵊ	杯ᶻpei:ᵊ↑|被ᶻpei:ᵊ↓|下辈ᶻɕiaᵊpei:ᵊ↓|痱ᶻfei:ᵊ↓|苇ᶻvei:ᵊ↑
uei	uei:ᵊ	推ᶻtʰuei:ᵊ↑|狗腿ᶻkəuᵊtʰuei:ᵊ↑|日本鬼ᶻzʅᵊpəŋᵊkuei:ᵊ↑|柜ᶻkuei:ᵊ↓|锥ᶻtsuei:ᵊ↑

39

		锤ᶻ tsʰuei:ᵊ↘ | 穗ᶻ suei:ᵊ↘ |
əu	əu:ᵊ	兜ᶻ təu:ᵊ↑ | 头ᶻ tʰəu:ᵊ↘ | 炉ᶻ ləu:ᵊ↘ | 捅娄ᶻ tʰuŋ↑ləu:ᵊ↘ | 篓ᶻ ləu:ᵊ↑ | 钩ᶻ kəu:ᵊ↑ | 口ᶻ kʰəu:ᵊ↑ | 扣ᶻ kʰəu:ᵊ↘ | 瘦ᶻ səu:ᵊ↘ |
iəu	iəu:ᵊ	牛ᶻ(小虫子)niəu:ᵊ↘ | 黄瓜扭ᶻxuaŋ↘kuəʔ↘niəu:ᵊ↑ | 瘤ᶻ liəu:ᵊ↘ | 小舅ᶻ ɕiɔ↑tɕiəu:ᵊ↘ | 黄球ᶻ(一种水果)xuaŋ↑tɕʰiəu:ᵊ↑ | 袖ᶻ ɕiəu:ᵊ↘
uə	uə:ᵊ	脖ᶻ puə:ᵊ↘ | 沫ᶻ muə:ᵊ↘ | 骡ᶻ luə:ᵊ↘ | 果ᶻ kuə:ᵊ↑ | 镯ᶻ tsuə:ᵊ↘ | 矬ᶻ tsʰuə:ᵊ↘ | 锁ᶻ suə:ᵊ↑
æ	æ:ᵊ	扳ᶻ pæ:ᵊ↑ | 盘ᶻ pʰæ:ᵊ↘ | 二道贩ᶻ ɚ↘tɔ↘fæ:ᵊ↘ | 床单ᶻ tsʰuaŋ↘tæ:ᵊ↑ | 胆ᶻ tæ:ᵊ↑ | 蛋ᶻ(冰雹)tæ:ᵊ↘ | 担ᶻ tæ:ᵊ↑ | 摊ᶻ tʰæ:ᵊ↑ | 瘫ᶻ tʰæ:ᵊ | 坛ᶻ tʰæ:ᵊ↘ | 毯ᶻ tʰæ:ᵊ↑ | 篮ᶻ læ:ᵊ↘ | 杆ᶻ kæ:ᵊ | 鞍ᶻ ŋæ:ᵊ↑ | 案ᶻ ŋæ:ᵊ↘ | 簪ᶻ tsæ:ᵊ↑ | 铲ᶻ tsʰæ:ᵊ↑ | 扇ᶻ ʂæ:ᵊ↘ | 丸ᶻ væ:ᵊ↘ | 胳膊腕ᶻ kəʔ↘pəʔ↘væ:ᵊ↘
iæ	iæ:ᵊ	鞭ᶻ piæ:ᵊ↑ | 辫ᶻ piæ:ᵊ↘ | 片ᶻ pʰiæ:ᵊ↘ | 骗ᶻ pʰiæ:ᵊ↘ | 面ᶻ miæ:ᵊ↘ | 点ᶻ tiæ:ᵊ↑ | 垫ᶻ tiæ:ᵊ↘ | 碾ᶻ niæ:ᵊ↑ | 捻ᶻ niæ:ᵊ↑ | 帘ᶻ liæ:ᵊ↘ | 链ᶻ liæ:ᵊ↘ | 尖ᶻ tɕiæ:ᵊ↑ | 剪ᶻ tɕiæ:ᵊ↑ | 茧ᶻ tɕiæ:ᵊ↑ | 键ᶻ tɕiæ:ᵊ↘ | 钳ᶻ tɕʰiæ:ᵊ↘
uæ	uæ:ᵊ	段ᶻ tuæ:ᵊ↘ | 缎ᶻ tuæ:ᵊ↘ | 罐ᶻ kuæ:ᵊ↘
yæ	yæ:ᵊ	园ᶻ yæ:ᵊ↘ | 院ᶻ yæ:ᵊ↘ | 花卷ᶻ xua↑tɕyæ:ᵊ↑ | 圈ᶻ tɕʰyæ:ᵊ↑
ɑŋ	ɑ:ŋᵊ	梆ᶻ pɑ:ŋᵊ↑ | 膀ᶻ pɑ:ŋᵊ↘ | 棒ᶻ pɑ:ŋᵊ↘ | 胖ᶻ pʰɑ:ŋᵊ↘ | 房ᶻ fɑ:ŋᵊ↑ | 杠ᶻ kɑ:ŋᵊ↘ | 嗓ᶻ sɑ:ŋᵊ↑ | 肠ᶻ tʂʰɑ:ŋᵊ↘ | 厂ᶻ tʂʰɑ:ŋᵊ↑ | 场ᶻ tʂʰɑ:ŋᵊ↑ | 瓤ᶻ ʐɑ:ŋᵊ
iɑŋ	iɑ:ŋᵊ	鞋样ᶻ ɕie↘iɑ:ŋᵊ↘ | 巷ᶻ tɕiɑ:ŋᵊ↑ | 糨ᶻ tɕiɑ:ŋᵊ↘ | 箱ᶻ ɕiɑ:ŋᵊ↑
uɑŋ	uɑ:ŋᵊ	筐ᶻ kʰuɑ:ŋᵊ↑ | 框ᶻ kʰuɑ:ŋᵊ↘ | 黄ᶻ(胆量)xuɑ:ŋᵊ↘ | 幌ᶻ xuɑ:ŋᵊ↑
əŋ	ə:ŋᵊ	锛ᶻ pə:ŋᵊ↑ | 盆ᶻ pʰə:ŋᵊ↘ | 门ᶻ mə:ŋᵊ↘ | 疯ᶻ fə:ŋᵊ↑ | 缝ᶻ fə:ŋᵊ↘ | 凳ᶻ tə:ŋᵊ↘ | 榛ᶻ tsə:ŋᵊ↑ | 绳ᶻ ʂə:ŋᵊ↘ | 婶ᶻ ʂə:ŋᵊ↑ | 蚊ᶻ və:ŋᵊ↘
iŋ	i:ŋᵊ	套缨ᶻ tʰɔ↘i:ŋᵊ↑ | 蝇ᶻ i:ŋᵊ↘ | 银ᶻ i:ŋᵊ↘ | 药引ᶻ iɔ↘i:ŋᵊ↑ | 影ᶻ i:ŋᵊ↑ | 印ᶻ i:ŋᵊ↘ | 窨ᶻ i:ŋᵊ↘ | 饼ᶻ pi:ŋᵊ↑

		瓶ᶻ pʰiːŋˀ↘	钉ᶻ tiːŋˀ↗	顶ᶻ tiːŋˀ↗	领ᶻ liːŋˀ↗
		金ᶻ tɕiːŋˀ↗	镜ᶻ tɕiːŋˀ↘
uŋ	uːŋˀ	墩ᶻ tuːŋˀ↗	筒ᶻ tʰuːŋˀ↗	笼ᶻ luːŋˀ↘	聋ᶻ luːŋˀ↘
		棍ᶻ kuːŋˀ↘	空ᶻ kʰuːŋˀ↘	盅ᶻ tsuːŋˀ↗	种ᶻ tsuːŋˀ↗
		粽ᶻ tsuːŋˀ↘	村ᶻ tsʰuːŋˀ↗	虫ᶻ tsʰuːŋˀ↘	孙ᶻ suːŋˀ↗
yŋ	yːŋˀ	裙ᶻ tɕʰyːŋˀ↘

2.1 语音特点

涿鹿县城话的子变韵情形相对比较简单，没有变调，除了入声韵母外都可以在基本韵母的基础上生成。基本韵母是塞音尾入声韵，子变韵一律读开尾舒声韵，这和其他地区子变韵的情形是一致的，(侯精一1985，乔全生2000)但声调全部变为阳平。例如：

虱ᶻ saːˀ↘｜镊ᶻ niaːˀ↘｜瞎ᶻ ɕiaːˀ↘｜刷ᶻ suaːˀ↘｜桌ᶻ tsuaːˀ↘｜竹ᶻ tsuːˀ↘｜鸽ᶻ kəːˀ↘｜蝎ᶻ ɕiəːˀ↘｜楔ᶻ ɕiəːˀ↘｜疖ᶻ tɕiəːˀ↘｜秃ᶻ tuəːˀ↘｜谷ᶻ kuːˀ↘

入声韵子变韵的iə在基本韵母中是不存在的。

2.2 语义特点

涿鹿县城话既有子变韵，也有儿化韵。对一个名词性成分来说，用子变韵还是用儿化韵，有时只是一种习惯，有时则起到区别语义的作用。例如，同样是水果，"桃儿、杏儿、枣儿、梨儿"只有儿化韵，"李ᶻ、槟ᶻ、柿ᶻ、橘ᶻ"只有子变韵，这只能说是习惯。对既能用子变韵又能用儿化韵的名词性成分来说，子变韵用来表类和表大，儿化韵用来表小，这和晋语其他地区的情形是一致的。(乔全生2000)例如，"门ᶻ"表类和表大，"门儿"表小，指小门。如果在名词性成分前加"小"构成一个短语，就只能用儿化韵，如"小盆儿、小瓶儿、小棍儿、小刀儿"。有些带"小"的语言形式本身就是词，不是短语，如"小舅子、小姨子、小车子、小鸡子"，只能用子变韵。

2.3 语法特点

子变韵是"名词化标记"(辛永芬2006)，严格说应该是"名词标记"，因为有些子变韵只有构词作用(如"桌ᶻ、盆ᶻ"中"桌、盆"本身就是名词性的)，有些则有转化作用(如"凿ᶻ、锯ᶻ"中"凿、锯"是动词性的，子变韵以后成为名词)，有转化作用的子变韵才是"名词化标记"，但所有的子变韵都可以认为是"名词标记"。辛永芬(2006)认为河南浚县话子变韵有从语素变来的，有从动词和形容词变来的，还有从短语变来的。这应该是子尾(包括子变韵)的共性。需要补充的是，涿鹿县城话子变韵有从区别词变来的：

小ᶻ（男孩）ɕiəːˀ↗　　　女ᶻ（女孩）nyːˀ↗

公ᶻ（雄性动物）kuːŋˀ↗　　母ᶻ（雌性动物）muːˀ↗

41

饱ᶻ（饱满的颗粒）pɔːᵊ↑　　瘪ᶻ（瘪的颗粒）piɛːᵊ↑

3. 涿鹿县城话的 D 变韵

和子变韵相伴随的还有 D 变韵现象。D 变韵和子变韵一样，都是两个音节融合成一个音节，一般适用于小地名、处所、动词、形容词、副词、象声词。(贺巍 1989:2)根据陈宁(2006)，山东博山方言有地名和一些虚词的 D 变韵现象。涿鹿县城话也有 D 变韵现象，但没有表示地名和处所的 D 变韵。涿鹿县城话的 D 变韵表现在三个方面，亲属称谓、时间名词和量词"个"，可见，D 变韵也具有"名词标记"的性质(数量词属于体词，其语法功能和名词基本一致)。

3.1 亲属称谓

有些亲属称谓本身就是带"子"的，如"嫂子、婶子"，有子变韵是理所当然的。但涿鹿县城话有些叠音的亲属称谓也有变韵现象。

爷爷 爷ᴰ iɛːᵊ↓ | 爸爸 爸ᴰ paːᵊ↓ | 妈妈 妈ᴰ maːᵊ↑ | 伯伯(叔叔) 伯ᴰ pɛːᵊ↑ | 哥哥 哥ᴰ kɤːᵊ↓ | 姐姐 姐ᴰ tɕiɛːᵊ↑ | 妹妹 妹ᴰ meiːᵊ↓

"奶奶、姥姥、弟弟、姨姨"没有 D 变韵，因此这是不可类推的。

3.2 时间名词

涿鹿县城话的"大前天、前天、夜来(昨天)、今天、明天、后天、大后天"都有变韵，特点是音节拉长，然后儿化，最后带一个明显的 ə 尾。

大前天 大前ᴰ ta↓tɕʰiæːrᵊ↓ | 前天 前ᴰ tɕʰiæːrᵊ↓ | 夜来(昨天)夜ᴰ iɛːrᵊ↓ | 今天 今ᴰ tɕiːŋrᵊ↑明天 明ᴰ miːŋrᵊ↓ | 后天 后ᴰ xəuːrᵊ↓

大后天 大后ᴰ ta↓xəuːrᵊ↓

时间名词的 D 变韵应该不是从"日"变来的，而是从"个"变来的。因为在涿鹿其他方言点(如矾山话)以及附近的怀来话中，对应的表达都用"个"：大前天——大前儿个、前天——前儿个、夜来(昨天)——夜儿个、今天——今儿个、明天——明儿个、后天——后儿个、大后天——大后儿个。而且即使在周边的北京、河北等官话地区，以及晋语中心地区，时间名词都有"X 儿个"这样的形式，地域分布比较广泛，而"X 日"这样的形式则非常少见。

3.3 量词"个"

量词"个"的基本用法是放在数词和指示词后面，组成数量短语和指量短语。涿鹿县城话的量词"个"都有变韵。在北京话中，"俩"是两个，"仨"是三个，"俩、仨"后面都不能加"个"，但涿鹿县城话"俩、仨"后面都有变韵，后面可以加"个"。涿鹿话的指示词有两套系统，可以连用，涿鹿县城话的指示词无论单用还是连用，都可以有"个"，都有变韵。

42

一个 一ᴰ iə:ᵊ↑|两个 两ᴰ lia:ŋ↑|俩个 俩ᴰ lia:ᵊ↑|三个 三ᴰ sæ:ᵊ↑|
仨个 仨ᴰ sa:ᵊ↑|四个 四ᴰ sๅ:ᵊ↓|五个 五ᴰ u:ᵊ↑|六个 六ᴰ liəu:ᵊ↓|
七个 七ᴰ tɕiə:ᵊ↓|八个 八ᴰ pa:ᵊ↓|九个 九ᴰ tɕiəu:ᵊ↑|十个 十ᴰ ʂə:ᵊ↓|
一百个 一百ᴰ iəʔ↓pɛ:ᵊ↑|一千个 一千ᴰ iəʔ↓tɕiæ:ᵊ↑
一万个 一万ᴰiəʔ↓væ:ᵊ↓|一亿个 一亿ᴰiəʔ↓i:ᵊ↓|这个 这ᴰ tʂə:ᵊ↓|
那个 那ᴰ nə:ᵊ↓|既个 既ᴰ tɕi:ᵊ↓|奈个 奈ᴰ n:ᵊ↓|
既这个 既这ᴰ tɕi↓tʂə:ᵊ↓|奈那个 奈那ᴰ nɛ↓nə:ᵊ↑

量词"个"的变韵对语法有影响。在共同语和其他官话方言中，有些表小量的句法结构非常倾向于只出现"个"，例如：

(1)连个招呼也不打就走了。
(2)我去吃个枣儿。

例(1)(2)一般只能用"个"，不用"一个"。但在涿鹿县城话中，由于变韵，"一个"可以全部出现：

(1')连一个[iə:ᵊ]招呼也不打就走了。
(2')我去吃一个[iə:ᵊ]枣儿。

变韵的"一个"具有"个"的非定性特征，像例(2')，说话人说"吃一个枣儿"，并不一定只吃一个，很可能吃好几个，这是因为涿鹿县城话变韵的"一个"和共同语以及其他官话地区的"个"具有相同的语法功能。

4. 结语

综上，河北涿鹿县城话有和晋南、豫北等方言地区相同的子变韵现象。涿鹿县城话的36个韵母中除了4个入声韵之外，都能生成子变韵，而且子变韵和基本韵母有着比较严格的对应关系。涿鹿县城话也有D变韵，主要用于亲属称谓、时间名词和量词"个"。

涿鹿县城话的子变韵现象，首先是语言自身发展演变的产物。根据陈卫恒(2004)，子变韵是从子尾发展来的，从子尾到子变韵，是按照音理的条件逐步实现的，其具体过程很可能是子尾先弱化为-ə类音，然后再变为ə，进而变为-o、-u这样的形式，这和古韵之幽交涉的音理基础是相通的。如此，那么涿鹿县城话子变韵应该是发展到ə这一步。涿鹿县城话的子变韵应该是在兴盛发展时期，因为子变韵是该方言中表达子尾的唯一方式。

其次，涿鹿县城话的子变韵可能和移民有关。明景泰三年，涿鹿县县城有大批山西移民迁居此处，这可能和涿鹿县城话子变韵的由来有关。涿鹿县城话的子变韵和晋南、豫北等方言地区的子变韵有很高的一致性，它们应该是同源的，这需要做进一步的研究。

第二节　重叠：量度形容词的重叠表小格式

晋语重叠丰富而发达。从类型看，晋语构形重叠属于只表大不表小类型，和古汉语、日语等同类。一些研究晋语的重要著作都涉及了重叠问题，有些甚至还专门辟出章节分析，如侯精一(1999)关于平遥方言语法研究中专门有"重叠式"部分，研究了平遥方言的名词重叠、量词重叠、动词重叠、形容词重叠、副词重叠以及象声词重叠。乔全生(2000)也专辟一章讨论山西晋语的重叠，除了和侯精一(1999)相同的部分外，还讨论了数词重叠，并从总体上分析了晋语重叠式特点，即地域上的广泛性和一致性、构成形式上的丰富性和独特性、语音形式的多变性和有效区别性、构词形式的交叉性和不一贯性、表达上的随意性和口语化。郭校珍(2008)把山西晋语重叠式研究进一步扩大到代词重叠和助词重叠，并和元曲的重叠式进行了比较。由此可见，晋语的重叠研究在描写方面已经非常成熟、完善，有许多优质成果。张家口晋语在重叠方面较多地保留了晋语特征，有丰富发达的构词重叠和构形重叠。如果我们继续沿袭前人的研究，顶多只提供一些材料而已，而且这些材料都可以归到前人所列的各种类别，价值不大。因此，在本研究中我们拟避开重叠描写的研究，而是对三类量度形容词重叠表小的格式进行研究。以下先进行概说，然后分别对三种量度形容词重叠表小格式进行描写分析，最后是结语。

1. 概说

在共同语中，任何形容词重叠以后都不能用"不"否定。而在晋语中，一些单音节的量度形容词(有关量度形容词问题可参看陆俭明1989b)重叠后可以用"不"否定，形成"不AA"格式。共同语没有"这么AA""多AA"("A"为量度形容词)这样的重叠形式，晋语不但具有这样的形式，而且还具有不可预测的语义，"这么大大""多大大"并非表示"大"，相反倒表示"小"的意义。我们拟对这几种有趣的语言现象进行分析。主要包括三种格式："不AA""这么AA""多AA"。

这些格式的共同点是：在形式上，都有形容词的重叠形式，而且形容词仅限于量度形容词，都可以带"儿"尾（"不大大儿、这么大大儿、多大大儿"）；在语义上，都表示小量意义。"不大大"就是"小"，"这么大大、这么小小"都是"这么小"，"多大大、多小小"都是"多小"。因此这三种格式可以概括为量度形容词重叠表小格式。

量度形容词重叠表小格式普遍存在于晋语各片。从已有的研究看，有四种文献涉及了此类现象。乔全生（2000）在描写山西的清徐、文水单音节形容词重叠时谈到有肯定和否定的对立，比如肯定式"大大地的扁食"和否定式"不大大地的扁食"。王国栓（2005a）描写了河北张家口方言的"不AA、仲AA、多AA"三种形式。郭校珍（2008）中有几处提到了"不AA"格式。袁海林（2008）描写分析了大同话中的"不AA儿"格式。这些研究虽然描写了一些现象，揭示了一些规律，但都不够详尽，有些描写和语言事实有出入，比如王国栓（2005a）所描写的"仲AA"，其实所谓"仲AA"就是"这么AA"，"仲"是"这么"的合音形式，只有说话快的时候才像"仲"，晋语并没有独立的指示词语"仲"。

晋语各片普遍使用的、能进入这些格式的量度形容词有以下两类（这里只列能进入表小格式的形容词）：

A_1 大、长、高、宽、厚、深、粗、沉、远、快

A_2 小、短、低、窄、薄、浅、细、轻、近、慢

在晋语大部分地区，只有量度形容词中的 A_1 能进入"不AA"。山西的娄烦、神池、兴县、岚县还有"肥、干、硬、齐、紧、酸、臭、甜、咸"等非量度形容词，也能进入"不AA"格式。（郭校珍2008）陕西神木话还有"不耐耐、不行行"，"这么AA"也只有 A_1 可以进入。（邢向东2002）在张家口晋语中，A_1 能进入"不AA"，A_1 和 A_2 都能进入"这么AA"和"多AA"。另外，万全、怀安、张北、尚义、康保等区县还能说"不多多"，意思是"很少"。

以下分别谈这几种格式。在需要区分时用 A_1 和 A_2 标示，不需要区分时一律用 A 标示。

2. 不AA

2.1 "不AA"的意义

郭校珍（2008）认为，"不AA"等于"不A"或"不甚A"，"我要一块不大大地的（清徐话）"是"我要一个不大的"，"不大大地的扁食（清徐话）、不大大的扁食（娄烦话）"是"不大的饺子"，"这条褥子不厚厚（娄烦话）"是"这条褥子不甚厚"。郭校珍（2008）还认为"不AA"是进一步减小"AA"的量幅，"使

之处于次一级的程度,并不是完全否定了重叠式所负载的量"。

但根据笔者的语感以及对晋语各片母语方言者语感征询的结果,"不AA"的意义应该是"Ā(A 的反义词)",而不是"不 A"或"不甚 A"。"我要一块不大大地的"意思是"我要一块小的","不大大的扁食"意思是"小饺子","这条褥子不厚厚"意思是"这条褥子很薄"。

"不 AA"和"不 A"有着本质的差异。"不 A"是性质形容词的否定形式,当 A 为量度形容词时,"不 A"是对表示偏离义"A 了"的否定。(陆俭明 1989b)"不 AA"在意义上则相当于"Ā"。"不大大"一定是"小","不大"未必就"小",也可以是"不大也不小"。比如,"不大,但也不小",前后分句是相容的,因而是合格的句子;"不大大,但也不小",前后分句是矛盾的,因而是不合格的句子。

"不 AA"也不等于"不甚 A",根据张国宪(2006),"不甚 A"是对 A 的量的弱化,而"不 AA"并非对 A 的量的弱化,而是和 A 相反。

单音形容词重叠具有状态形容词性质。在晋语中,"A_1A_1 的"表示 A_1 的程度高,是大量意义;"A_2A_2 的"和"不 A_1A_1"表示 A_2 的程度高,是小量意义。在北京话中,形容词完全重叠式的意义会因句法位置的不同而不同,在状语和补语的位置上表示程度加深,在定语和谓语的位置上不但没有加重、强调的意味,反而表示一种轻微的程度。(朱德熙 1956)正因为如此,张国宪(2006)才认为共同语的 AA 式是中量的表述。而在晋语中,"所有的形容词重叠式都是状态形容词,不管充何种句子成分都有描述性的作用,重叠得越多,描述性越强"(乔全生 2000)。因此在晋语中,AA 式都是高量的表述,"A_1A_1 的"是"很 A_1","A_2A_2 的"是"很 A_2","不 A_1A_1"也是相应的"很 A_2",不论何种句法位置上都是如此。例如:

(1)a.你看那孩子,大大的两个眼睛。(你看那孩子,很大的两个眼睛。)

b.你看那孩子,小小的两个眼睛。(你看那孩子,很小的两个眼睛。)

c.你看那孩子,不大大的两个眼睛。(你看那孩子,很小的两个眼睛。)

2.2 "不 AA"的句法功能

"不 A_1A_1"可以充当定语。根据朱德熙(1993),定语位置上的状态形容形全都名词化了,名词化的方式有两种,一是在"的₂"后头加"的₃",组成"R+的₂+的₃+N";一是把"的₂"换成"的₃",组成"R+的₃+N"。前者是加合式,后者是置换式。晋语有些方言点用加合式,如清徐、岚县;有些方言点用置换式,如娄烦、兴县。(郭校珍2008)按照现在通行的书写习惯,"的₂"一般写成"地","的₃"直接写成"的"。这样,"不AA"做定语有两种形式,一是"不AA地的N"(如"不大大地的扁食",清徐话,加合式),一是"不AA的N"("不大大的扁食",娄烦话,置换式)。但这些形式的差异只是不同方言点的习惯差异,在意义上没有任何差异。张家口晋语和晋语大部分地区一样都用置换式,因此下面论述只涉及置换式的情况。

"不AA"做定语,如果修饰名词或不带数量成分的名词性短语,一般要加"的";如果修饰的是带数量的结构,"不AA"后面可以加"的",也可以不加"的"。例如:

(2)不大大的玻璃球,看上去那么喜人。(很小的玻璃球,看上去那么令人喜爱。)

(3)道边起是不高高的小杨树。(路边是很矮的小杨树。)

(4)a.不远远的一圪截路,用不了多长时间。(很近的一段路,用不了多长时间。)

　　b.不远远一圪截路,用不了多长时间。(很近一段路,用不了多长时间。)

朱德熙(1993)考察了十种方言,认为方言中定语位置上的状态形容词全都名词化了(以下为方便论述我们一律采用朱德熙"名词化"的提法),名词前面的成分是名词的同位语。在北京话中,状态形容词的名词化要受到一定的条件限制,(姚振武1996,吕叔湘1999)是有标记的用法(沈家煊1999),但在晋语中,状态形容词的名词化是非常自由的,"不AA的"可以自由地做主语、宾语,用来指称事物。例如:

(5)大点儿的你拿走,不大大的给我留下。(大点儿的你拿走,很小的给我留下。)

(6)你把谷子地里头不高高的都拔了吧。(你把谷子地里很矮的都拔了吧。)

(7)粉笔盒里只有几根不长长的嘞。(粉笔盒里只有几根很短的了。)

"不 AA"可以自由做谓语,状态形容词做谓语是无标记的用法。(沈家煊 1999)例如:

(8)山兑离李家堡不远远。(山兑离李家堡很近。)

2.3 "不 A_1A_1"和"A_2A_2的"的差异

"不 A_1A_1"只存在于方言中,"A_2A_2的"不仅存在于方言中,而且也存在于共同语中。问题是,同样在方言中出现,"不 A_1A_1"和"A_2A_2的"到底有怎样的差异?我们认为二者存在着主观性程度的差异,"不 A_1A_1"的主观性程度强,而"A_2A_2的"主观性程度弱。虽然二者常常出现可此可彼的情形,但在句法功能和语义搭配上二者都表现出一定程度的对立,这些对立都和它们的主观性程度差异有关。一般地,如果语言中存在着相同意义的主客观对立的语言要素,那么主观性强的语言要素不如主观性弱的语言要素自由,能使用主观性强的语言成分,一般也能用主观性弱的语言成分,反之则不然。具体到"不 A_1A_1"和"A_2A_2的","不 A_1A_1"在句法功能和语义搭配上都明显不如"A_2A_2的"自由。从句法功能上看,"A_2A_2的"不仅可以做定语和谓语,还可以做状语和补语,而"不 A_1A_1"只能做定语和谓语。例如:

(9)他的眼睛眯得小小的。(朱德熙例)
　　*他的眼睛眯得不大大的。
(10)水泥地上只是薄薄地铺了一层稻草。
　　*水泥地上只是不厚厚地铺了一层稻草。

从语义搭配上看,"不 A_1A_1"只能用于表示空间、稳定的、具体的事物,"A_2A_2的"还可用于表示时间、流动的、抽象的事物。例如:

(11)我们见面只有短短的几分钟。
　　*我们见面只有不长长的几分钟。
(12)村子笼罩着一层薄薄的白雾。
　　*村子笼罩着一层不厚厚的白雾。
(13)他和我开了个小小的玩笑。
　　*他和我开了个不大大的玩笑。

只有在受到语音层面制约的时候,才有可能出现只能用"不 A_1A_1"不能用"A₂A₂的"的情形。比如可以说"不大大的小石头",不能说"小小的小石头"。一般认为"小小的小石头"是语义重复。其实不然,"不大大的小石头"也是语义重复,但为什么能说?我们认为这是语音的约束导致的,语音修辞上有避免同音相加的要求,"小小的小石头"因为有同音相加的情形,因而不能接受。

在一个语言或方言系统中,如果有意义相同、主观性程度不同的两个语言成分,那么主观性强的语言成分是有标记的,主观性弱的语言成分是无标记的。主观性强的语言成分变动性强,不如主观性弱的语言成分稳定,在历史上应该出现较晚,在发展中也容易变化、弱化甚至消失。在地区分布上,主观性强的语言成分具有复杂多变的性质,不如主观性弱的语言成分单一。在张家口晋语乃至整个晋语中,"不A₁A₁"分布情况比较复杂多样,但"A₂A₂的"非常一致,和共同语用法完全相同。

从来源看,我们推测,"不AA"应该是"不A"重叠A形成的。"不A"尽管不等于Ā,但Ā却是"不A"的隐含义,即一般情况为真特殊情况为假,如果重叠A,其隐含义实现为规约意义,即"不AA"等于Ā。我们没有直接的历史材料作为证据,但在张家口晋语中有间接证据,有些形容词同时存在着"AB"和"ABB"形式,后者比前者程度高,主观性强,比如"正好"和"正好好"、"一般"和"一般般",那么,"不大"和"不大大"也有程度和主观性的差异,应该是相同的情形。

3. 这么AA

3.1 "这么AA"的意义

张家口晋语不仅有"这么A",还有"这么AA"格式。与"不AA"不同的是,不仅A₁能进入"这么AA"格式,A₂也能进入"这么AA"格式,而且意义相同,也就是说,"这么A₁A₁"等于相应的"这么A₂A₂"。

通常情况下,"这么A"表示A的程度高,(朱德熙1982)"这么AA"却一律表示小量意义,不管是A₁还是A₂:

(14) a. 这条路这么宽,能过四驾马车。
　　　b. 这条路这么窄,只能过一个人。
　　　c. 这条路这么宽宽,只能过一个人。(这条路这么窄,只能过一个人。)
　　　d. 这条路这么窄窄,只能过一个人。(这条路这么窄,只能过一个人。)

"这么 A_1"只有在特定的情况下才能表示小量意义。如果受到"只、就、才"等副词的修饰,"这么 A_1"和"这么 A_2"意义相同,都表示小量意义,北京话也是如此,"只有这么大"等于"只有这么小"。(吕叔湘 1999)另外,在"这么 A 点儿"格式中,"这么 A_1"和"这么 A_2"意义也相同,都表示小量意义,"这么大点儿,扔了算了"等于"这么小点儿,扔了算了"。(萧国政 2000)

在这种情况下,"这么 AA"也表示小量意义,"只有这么大大"等于"只有这么小","这么大大一点儿"等于"这么小一点儿"。

但是,如果离开上述特定的情况,"这么 A_1"只能表示 A_1 的程度高,不能表示小量意义,"这么 AA"不论在什么情况下,都只表示小量意义。例如:

(15)这么大的饺子,我三口才能吃完一个。

*这么大大的饺子,我三口才能吃完一个。

(16)这么大大的饺子,我一口能吃三个。(这么小的饺子,我一口能吃三个。)

*这么大的饺子,我一口能吃三个。

(17)粉笔这么长,能写好多字。

*粉笔这么长长,能写好多字。

(18)粉笔这么长长,写不了几个字了。(粉笔这么短,写不了几个字。)

*粉笔这么长,写不了几个字了。

这显然是语境吸收(absorption of context)造成的。可以推测,最初,"这么 AA"总是出现在含有"只、就、才、一点儿"的语境中,"这么 AA"表示小量意义,后来随着使用频率的增加,"这么 AA"在形式上逐渐脱离了"只、就、才、一点儿",但在语义上却吸收了原来语境的意义,从而出现了脱离语境的表小意义。

"这么 A_1A_1"和"这么 A_2A_2"意思完全相同,可以替换。例(16)也可以说成"这么小小的饺子,我一口能吃五个",例(18)也可以说成"粉笔这么短短,写不了几个字"。

3.2 "这么 AA"的句法功能

"这么 AA"相当于一个状态形容词,可以自由做定语、谓语和补语。做定语带不带"的"均可。例如:

(19)那么高高的墙头,我一骗腿就迈过去了。(那么矮的墙头,我一骗腿就迈过去了。)

(20)这么窄窄小路,谁也不敢过。(这么窄的小路,谁也不敢过。)

(21)这一背柴禾其实就这么沉沉,我不用歇息就能背回家。(这一背柴禾其实就这么轻,我不用休息就能背回家。)

(22)这把锄这么短短,我拿的可不称手嘞。(这把锄这么短,我拿着很不称手。)

(23)线蛋蛋灿得这么大大了。(毛线球散开得剩下这么小了。)

(24)坝垒得那么高高,怕是不管护。(坝垒得那么低,怕是不顶用。)

"这么AA"加"的"也可以名词化,用作主语和宾语来指称事物。例如:

(25)这么长长的我不要,我要长的。(这么短的我不要,我要长的。)

(26)树上就剩下几个这么大大的了。(树上就剩下几个这么小的了。)

"这么AA"还可以直接做主语和宾语,但并不用来指称事物,而是对状态的描写和说明。例如:

(27)这么粗粗根本吃不住劲,一拉就折了。(这么细根本撑不住,一拉就断了。)

(28)就剩下那么远远了,几分钟就到,你还叫唤啥嘞?(就剩下那么近的路了,几分钟就到,你还喊什么呢?)

3.3 "这么AA"和"这么A_2"的差异

"这么AA"和"这么A_2"意义基本相同,但在句法功能和语义搭配上有差异。在句法功能上,"这么A_2"可以被"没、没有"否定,"这么AA"没有否定的用法。例如:

(29)你说我的房子?没有这么小,比这大多了。

*你说我的房子?没有这么大大,比这大多了。

*你说我的房子?没有这么小小,比这大多了。

在语义搭配上,"这么AA"只能用于表示空间、具体的事物,"这么A_2"还可用于表示时间、抽象的事物。例如:

(30)这么短的时间,做不了几道题。

*这么长长的时间,做不了几道题。

*这么短短的时间,做不了几道题。

(31)你一个大男人,胆子那么小。

*你一个大男人,胆子那么大大。

*你一个大男人,胆子那么小小。

"这么AA"只有在方言中存在,"这么A_2"不仅方言中存在,而且也见于共同语。跟"不AA"一样,"这么AA"和"这么A_2"也有主观性程度的差异,"这么AA"主观性程度强,"这么A_2"主观性程度弱。无论在语言表现还是在地区分布上,两者的差异都反映了其主观性程度的差异。

4. 多AA

张家口晋语不仅有"多A",还有"多AA"格式。A_1和A_2都能进入"多A"格式,而且意义相同,"多A_1A_1"等于相应的"多A_2A_2"。

通常情况下,"多A"表示A的程度很高,(吕叔湘1999)"多AA"却一律表示小量意义,不论是A_1还是A_2。例如:

(32)a. 多沉的柴禾,谁也背不动。

b. 多轻的柴禾,谁都背得动。

c. 多沉沉的柴禾,谁都背得动。(多轻的柴禾,谁都背得动。)

d. 多轻轻的柴禾,谁都背得动。(多轻的柴禾,谁都背得动。)

"多A"和"多AA"在受到"才"的修饰或后面有"点儿"的情况下都能表示小量意义,"才多大"等于"才多小","多大点儿"等于"多小点儿","才多大大"等于"才多小"。"多A_1"只有在这样的情况下才能表示小量意义,"多AA"则在任何情况下都表示小量意义。例如:

(33)多厚的一本书,我得看三个月才能看完。

*多厚厚的一本书,我得看三个月才能看完。

(34)多厚厚的一本书,我十分钟就看完了。(多薄的一本书,我十分钟就看完了。)

*多厚的一本书,我十分钟就看完了。

"多AA"表示小量意义,也是"语境吸收"(absorption of context)的结果,其情形类似"这么AA"。"多A_1A_1"和"多A_2A_2"意思完全相同,可以替换。例(34)也可以说成"多薄薄的一本书,我十分钟就看完了"。

"多AA"和"多A_2"意义基本相同,但在语义搭配和用法方面存在着差异。"多AA"也只能用于表示空间、具体的事物,"多A_2"还可用于表示时间、抽象的事物。在用法上,"多A_2"可用于偏向问,"多AA"不能用于询问。例如:

(35)那根铅笔有多短?
　　*那根铅笔有多短短?
　　*那根铅笔有多长长?

另外,"多A_2"能用于虚拟条件句,"多AA"只能用于现实句。例如:

(36)筷子多短我也不在乎,只要能吃饭就行。
　　*筷子多长长我也不在乎,只要能吃饭就行。
　　*筷子多短短我也不在乎,只要能吃饭就行。

"多AA"常用于感叹句。例如:

(37)多长长的两根筷子!(多短的两根筷子!)
(38)这个棉袄多薄薄哟!(这个棉袄多薄啊!)

"多AA"和"多A_2"也具有主观性程度的差异,前者主观性强而后者主观性弱,这一差异导致了二者在语言表现和地区分布上的种种差异。

5. 结语

除了上述三种格式外,表小格式还有"多不AA",其形容词选择和"不AA"格式一致。既然"不A_1A_1"等于"A_2A_2的","多不A_1A_1"就等于"多A_2A_2",仍然表示小量意义。

另外,一些脏字眼也可以和单音形容词的重叠形式组合,用来表小,其中"球AA"最为常见,如"球大大、球长长、球高高、球粗粗、球深深、球远远"等,分别表示"很小、很短、很矮、很细、很浅、很近"的意思。另外还有"屁大大、蛋大大",都是"很小"的意思。这种形式在语义上和"不AA、这么AA、多AA"相同,都用来表小,在语用上表现说话人轻蔑、不屑的态度。

在流行于晋冀蒙陕一带的戏曲和民歌等曲艺形式中,有些重叠表小格式的用例。例如:

(39)下挂面,滴鸡蛋,不大大的小饺饺,包下两平盘。(二人台《打连成》)
(40)不大大那个小青马,我多喂上二升料,三天的路程我两天到。(陕北民歌《三天的路程两天到》)
(41)太阳下来不高高,照在娘家的圪堵峁。圪堵峁上灰毛驴驴跑,离开娘家进大牢!(陕北民歌剧《三十里铺》)
(42)妈从这么长长拉扯到你灰圪懒懒,还不知道你十八啦?(二人台《压糕面》)

从以上这些例子可以看出,量度形容词重叠表小格式在晋语中是普遍存在的。

第三节　屈折:舒入两读在矾山话中的语法功能

在普通语言学理论中,屈折是一种语法手段,表现为外部或内部的形态变化。"在屈折语里,指词基或词根上附加上词缀以确定或者限定词的语法意义的过程或结果,如拉丁语和俄语中名词表示格的词尾或英语中表示复数的词缀等。"(冯春田等1995)在英语中,像 book→books 这样的附加词缀形态是外部屈折,像 goose→geese 这样的元音交替形态是内部屈折。

内部屈折是形态音位交替现象,根据刘丹青(2008),"其中常见的是音段的交替,如英语 foot(脚,单数)变成 feet(复数)就是元音 oo[u]和 ee[i:]的交替,也有超音段音位如重音、声调等的交替,如尼日利亚的 Izere 语(尼日尔-刚果语系)是一种音高声调(只有音高对立,没有调型曲线对立)的语言……词的声调模式可以用来表示数形态"。可见,声调作为一种内部屈折手段,在人类语言中并不少见。陆丙甫、金立鑫(2015)认为内部屈折是一种融合现象,形态和词根无法分开,已经"融合"在一起了,而一些改变意义和语法性质的声调变化,就可以看作语素的融合,"如去声的'好'表示动词'爱好'的意思,也可看作语素的融合,因为其中很难明确分化出一个使得形容词'好'实现'动词化'的独立形式。我国少数民族语言中用声调作为形态手段的有不少,如彝语凉山话用声调区别人称代词的格。"在印欧语系中,屈折一般指区别语法性质的附加和元音变化。汉语是声调语言,在汉语共同语和方言中,声调有时也起到区别语法性质的作用,因此也应该属于屈折变化。

有些方言研究者已经看到汉语方言的声调具有屈折功能。刘若云、赵新(2007)认为,汉语方言单纯的声调屈折功能表现在许多方面,包括构成小称(包括名词、动词、形容词、数量词、代词、副词的小称)、区分词性、区分词义、构成人称代词的复数和领格、构成动词的完成体等。

就晋语的屈折构词研究而言,乔全生(2000)专门用一章的篇幅介绍山西晋语屈折式构词的类型及其性质,其中就包括声调屈折构词法,主要表现为子尾变调、儿变调和轻重音。乔全生(2000)还对晋语屈折构词形式的分布进行了分析,认为晋语屈折构词形式分布是不平衡的,"位于晋语腹地地带的中区较为丰富,其他地区发现的材料有限,北区的材料更少。南区属于中原官话,但它由于与晋语区的地域上的联系和历史上的文化交往的诸多原因,有些方言现象和晋语一致,屈折形态亦然"。

在张家口晋语中,屈折构词形态非常有限,不成系统,呈零散分布、个别运用状态。就声调屈折构词而言,由于西部、北部区域入声字保留较多,舒入两读区别语法性质和语法意义的情况不是非常多见;而东部、南部靠近官话方言的区域入声字减少,舒入两读现象非常多见,有的具有区别语法性质和语法意义的功能。本节以矾山话舒入两读的语法功能为例,说明张家口晋语个别地区所存在的屈折形态及其表现。

张家口涿鹿县矾山镇在县城东南 42 千米处,东南与北京市门头沟区接壤,距离北京市 120 千米。矾山镇有 5000 年悠久历史,人文资源深厚。据说是黄帝、炎帝、蚩尤三大始祖生活、征战和融和的地方,现有黄帝泉、黄帝城、合符坛、蚩尤寨、定车台等古迹。

矾山话属于晋语边缘地带,处于晋语和北京话的过渡地区,其声母屈折构词、韵母屈折构词都非常少见,但存在着许多声调屈折构词,主要表现为,具有一定源流关系的词(写出来是同一个字),其舒声声调和入声声调具有区别不同语法性质的功能。矾山话由于靠近北京,其入声字已经大大减少,所保留的入声字和相应的舒声字常常可以起到区别语法功能的作用。当然,有些舒入两读是舒声促化造成的,这样的舒入两读词也能够起到区别语法功能的作用。本节拟对这一问题做出分析,分区别词性、区别语义、区别用法三种情况。

1. 区别词性

汉语中有所谓"四声别义",即通过改变字的声调以区别词性或词义。

周祖谟(1966)在《问学集·四声别义释例》有系统详确的论析,他说:"古人一字每有数音,或声韵有别,或音调有殊,莫不与意义有关。至若音调有殊者,则多为一义之转变引申,因语词之虚实动静,及含义广狭有不同,而分作两读。或平或去,以免混淆。"马文熙等(2004)说:"因涉及平上去入四声变转,故名。有的视为古代一种构词法。词类、词义变转情况甚为复杂。或区分名词用为动词,如'王',平声义为'君',去声义为'君有天下'。或区分动词用为名词,如'行',平声义为'履',去声则为'履迹'。或区分形容词用为名词,如'高',平声义为'崇高',去声则为'测度高度'。或区分形容词与动词,如'好',上声义为'善',去声则为'喜爱'。或区分不及物动词与及物动词,如'语',上声义为'言',不及物动词,去声则为'告诉'义,及物动词。或区分一般动词与使动用法,如'饮',读上声为一般动词,去声则为'让(给)某某饮'之意。"

四声别义,一般认为具有屈折的性质,但也有学者不予认同。陈泽平(2000)认为,四声别义现象的出现,是由于词汇孳乳蕃衍而未得到汉字系统追认的结果,因此,把西洋的"屈折派生"引入汉语史不符合汉语事实。的确,四声别义严格说来并不是典型的屈折,典型的屈折主要体现在元辅音的变化上,尤其是元音的变化上,元辅音在人类语言中是普遍的,而声调并不普遍。但声调区分语法性质又的确与屈折有相同之处,这可以从跨语言的材料得到证明,比如尼日利亚南部埃多语,声调能够区别时态,[i ma],两个音节都读低调是"我显示",前高后低是"我正在显示",前低后高是"我已经显示"。(林焘、王理嘉1992)因此我们还是把声调区分语法性质归到屈折范畴,声调区别词性也是如此。

矾山话同源的舒入两读字具有区别词性的功能,以下我们举一些实例说明。

1.1 毒

"毒"一般指进入机体后能跟机体起化学变化,破坏体内组织和生理机能的物质(如"病毒、中毒、毒蛇、毒药、蝎子有毒"),还引申指对思想意识有害的事物(如"流毒、放毒")、毒品(如"吸毒、贩毒")、毒辣、猛烈(如"毒打、毒计、他的心肠真毒、太阳正毒")等(《现代汉语词典》第6版)。这些用法的"毒"都是名词或形容词,在矾山话中都读为舒声。"毒"在共同语中有动词用法,意为用药毒死(如"买药毒老鼠")(《现代汉语词典》第6版)。在矾山话中,"毒"有一个和共同语不同的动词义项,即表示"蛇咬"的意思(矾山话把"蛇"叫作"蟒羔子"),读为入声。这样,矾山话"毒"的舒入两读可以区分不同词性——"毒"(舒声)为名词和形容词,"毒"(入声)为动词。例如:

(1)苹果树刚打了药,苹果有毒,不能吃。(舒声)

(2)他的心可毒的嘞,连一个儿儿子都害。(他的心很毒。连自己儿子都害。舒声)

(3)蟒羔子毒了他一口。(蛇咬了他一口。入声)

(4)别碰蟒羔子,别毒着你。(别碰蛇,小心咬到你。入声)

在张家口晋语中,"毒"在万全、怀安、阳原以及坝上各县都还统一读为入声,但在宣化、赤城、怀来、涿鹿各县一般都读为舒声,矾山话的舒入两读则具有区别词性的功能。

1.2 药

"药"有名词和动词用法,名词用法包括药物(如"吃药、中药、药膏、药费")、某些有化学作用的物质(如"火药、炸药、焊药"),动词用法指用药毒死(如"药老鼠、药虫子")(《现代汉语词典》第 6 版)。矾山话"药"的名词用法读为舒声,动词用法读为入声。矾山话"药"作为动词,和共同语略有不同,首先,"药"只是个过程,不一定有"毒死"的结果;其次,也不一定是用药毒,也可以是某种食物,比如蘑菇等。因此,矾山话"药"的动词用法应该概括为"由于食用药物或食物而导致体内组织和生理机能受到破坏"。例如:

(5)一天吃三顿药。(舒声)

(6)火车上不让带炸药。(舒声)

(7)夜儿个药耗子没有药死。(昨天药老鼠没有毒死。入声)

(8)吃甜杏核多了也会药死人的。(吃甜杏仁多了也会毒死人的。入声)

"药"在张家口晋语各地的舒入读法和"毒"一样,只不过"毒"的"蛇咬"意义只出现在矾山等地,而"药"动词用法的入声读法广泛分布于坝下各县区。

1.3 堵

"堵"有动词用法,意为"堵塞"(如"把窟窿堵上、堵着门")也有量词用法,用于墙(如"一堵墙")(《现代汉语词典》第 6 版)。矾山话"堵"动词用法读为舒声,量词用法读为入声。例如:

(9)路儿全给堵死了。(舒声)

(10)有一堵墙挡住了去路。(有一堵墙挡住了去路。入声)

"堵"的舒入两读在整个张家口晋语中都比较普遍存在。

1.4 下

《现代汉语词典》(第 6 版)把"下"的趋向动词用法和其他用法分别立目,其他用法共有 21 个义项,主要包括名词(方位词)、动词和量词三种用法。在矾山话中,"下"用作趋向动词读为入声,其他用法都为舒声。因此,从矾山话情况来看,《现代汉语词典》(第 6 版)的立目是完全正确的,方言事实为词典立目提供了可靠的证据。矾山话"下"只有名词(方位词)和动词用法,没有量词用法,共同语动量词"下",矾山话说成"锤"(如共同语"帮我拿一下",矾山话说成"帮我拿一锤")。"下"的名词(方位词)和动词用法都读为舒声。例如:

(11) 山下有个村子。(舒声)
(12) 下楼顿小心楼梯。(下楼时小心楼梯。舒声)
(13) 下雪不冷化雪冷。(舒声)
(14) 下北京绕蔚县路过赵川。(矾山俗语,南辕北辙的意思。舒声)
(15) 今儿个不做粥了,下白切面。(今天不做米饭了,下面条。舒声)
(16) 先把钉子下下来。(舒声)
(17) 母猪下了一窝小猪。(舒声)
(18) 今天下杏儿。(今天摘杏儿,指把树上的杏儿全部摘下来,收获的意思,如果单单摘几个杏儿,只能说"摘",不能说"下"。舒声)
(19) 你先躺下。(入声)
(20) 给我拿下那件衣裳来。(入声)

在共同语中,"往"可以带方位词宾语,如"往前走、往后看、往北转移、往右挪动";在晋语和兰银官话、西南官话中,"往"还可以带不限于"回"的趋向动词宾语,如"往出走、往进看、往起坐、往转拿"。"上、下"既可以用作方位词,又可以用作趋向动词,那么,当用在介词"往"的后面做宾语时,是方位词呢,还是趋向动词?邢向东(2011)认为,"上、下"后面可以加"来、去",因而可以分析为趋向动词;"上、下"后面可以加"头",因而又可以分析为方位词。这一分析可以得到矾山话舒入两读事实的支持。矾山话"下"作为方位词读为舒声,作为趋向动词读为入声,"往下 VP"中"下"有两读,读为舒声是方位词,读为入声是趋向动词,在口语中分得非常清楚。

1.5 把

先看一个例子:

(21)我一把把把把住了。(高万云先生提供用例)

例(21)连续用到四个"把",分别涉及"把"的不同词性,依次为动量词、介词、名词、动词。《现代汉语词典》(第 6 版)"把"所涉及的词性也大略如此,只是不同词性各有若干义项而已,此外"把"还有助词的用法,"加在'百、千、万'和'里、丈、顷、斤、个'等量词后头,表示数量近于这个单位数(前头不能再加数词)",如"个把月、百把块钱、斤把重"。矾山话"把"用作助词,只用在半点钟左右的时间,形式为"X 点把半"("X 点半左右"),如"七点把半"就是"七点半左右",这在张家口晋语中是比较普遍的,但类似共同语"个把月"这样的表达多用"来",如"一个来月",理解上以超出一个月为常,不像唐山等冀鲁官话理解上以不足一个月为常。其他用法和共同语相同。在"把"的各种用法中,介词用法显然是最虚的,读为入声,其余用法都相对比较实在,都读为舒声。例如:

(22)把住门,别让他进来。(舒声)
(23)孩子紧尿了,快去把接把接孩子。(孩子尿急了,快去给孩子把把尿。舒声)
(24)去地里割了一把韭菜。(舒声)
(25)往脸上挖了一把,挖了几个血道子。(往脸上抓了一把,抓了几个血道子。舒声)
(26)车把折了。(舒声)
(27)绑个火把,进洞里用。(舒声)
(28)把鞋闹没了。(把鞋丢了。入声)

介词"把"是处置标记。有一种特殊的"把"字句——"我把你这个 NP",是一种省缩句式(江蓝生 2008b),例如:

(29)我把你既个没良心鬼。(我把你这个没良心的。入声)
(30)我把你既个鲜货。(我把你这个二百五。入声)

这种省缩句式中"把"仍然读为入声,说明"把"确实和处置标记相同或者有源流关系,因此,"把"字句省缩句式应该就是从基础句式经过专化进而省缩发展来的,这从方言"把"的舒入两读可以得到证实:只有处置标记的"把"读为入声,而其余都是舒声。

59

另外,张家口晋语"把"还有一种用法,用于骂人话,"把你/他＋亲属名词",应该也是省缩的结果。例如:

(31)把你娘的!(骂人话。入声)
(32)把他二大爷的!(骂人话。入声)

这种用法的"把"在矾山话中仍然读为入声。江蓝生(2008b)认为"我把你这个 NP"中"把"具有逆向语法化性质,那么,例(31)(32)中"把"则应该彻底逆向语法化为动词了,但由于它来源于介词,因此仍然保留了作为介词的入声读音。

1.6 直

《现代汉语词典》(第 6 版)"直"有 11 个义项,从词性看,有 4 种:形容词、动词、名词、副词。"直"的名词用法极其少见,一是和笔画"竖"同义,二是用于人的姓,因此可以不予考虑。矾山话"直"舒入两读的基本情形是,形容词、动词为舒声,副词为入声。例如:

(33)你把铁丝拉直。[《现代汉语词典》(第 6 版)用例。舒声]
(34)他嘴直,藏不住话。[《现代汉语词典》(第 6 版)用例。舒声]
(35)直起腰来。[《现代汉语词典》(第 6 版)用例。舒声]
(36)我冷得直哆嗦。[《现代汉语词典》(第 6 版)用例。入声]

这只是舒入两读的大致情形,实际情形还要复杂一些。比如,同样是"跟地面垂直的(跟'横'相对)"的意思,"把标杆立直"中"直"是舒声,"直升机"中"直"是入声。再比如,同样是"直爽、直截"的意思,"直性子""心直口快"中"直"是舒声,"直呼其名"中"直"是入声。当然这也是有规律可循的,读为入声的"直"总是用在 VP 之前,虽然还是形容词用法,但已经具有了一定程度的副词意味。有些似乎属于例外的情形,"一直"是副词,但"一直"中的"直"读为舒声;"直接"是形容词,但"直接"中的"直"读为入声。这可能是因为"一直、直接"都是词,"直"是词中的语素,"直"降格为语素之后便不再受原有规律的制约,表现出某种程度的随意性。

矾山话"直"还有程度副词的用法,相当于"很、特别",但适用范围比较狭窄,只用于"直怕 VP"("很怕 VP")、"直想 VP"("很想 VP")等少数情形,"直"读为入声。例如:

(37)他一见我就跑,直怕我打他的。(他一见我就跑,生怕我打他的。入声)

(38)不看世情直想给你两个逼兜。(不看情面的话,很想打你两个耳光。入声)

"直怕"相当于共同语"生怕","生怕"在《现代汉语词典》(第6版)释为"很怕",因此"直"在意义上就相当于程度副词,意为"很、特别","直怕"是"很怕","直想"是"很想"。

在张家口晋语中,"直"在万全、怀安、阳原以及坝上各县都还统一读为入声,但在宣化、赤城、怀来、涿鹿各县一般都读为舒声,矾山话的舒入两读则具有区别词性的功能。

2. 区别语义

在词性相同的情况下,舒声和入声可以区分不同的意义。有的属于词汇意义的区分,这种情形严格说是区分词义,而不是区分语义(语法意义),因为和语法无关。但由于这种情形也属于舒入两读,因此一并列出。

2.1 鸭

《现代汉语词典》(第6版)"鸭"只有一个义项,释为"家禽",说"通常指家鸭","通称鸭子"。这里释义确实面临两难的尴尬,一方面确实存在着野鸭,如果限于家禽,就概括不全;另一方面家鸭确实是我们主要接触到的鸭子,如果把野鸭也包含进去则不能凸显家鸭的重要性。但如果从科学释义的角度看,还是应该尊重事实,把野鸭也包含在内。"鸭"在张家口万全等地仍然读为入声,这些地方的人们有的竟然不知道"鸭"的舒声读法是哪个韵母。在矾山话中,家养的鸭子读为舒声,这是受官话影响导致的,野鸭子(矾山话叫作"水鸭子")读为入声,这是保留了晋语原有的入声读音。例如:

(39)把鸭子赶回家吧。(舒声)

(40)今儿个出去放驴,碰着好些水鸭子。(今天出去放驴,遇见很多野鸭子。入声)

2.2 鸡

"鸡"在《现代汉语词典》(第6版)里有两个义项,一是家禽,二用于人姓。其家禽释义和"鸭"一样,如果基于百科的角度应该把野鸡也包含在内。"鸡"本来不是入声字,因此在张家口晋语乃至整个晋语中"鸡"都读为舒声,

61

无论是家鸡还是野鸡。在矾山话中,家鸡读为舒声自不必言,野鸡被称为"石鸡子"(有个歇后语"石鸡子撂蛋儿——各顾各",意思是"野鸡下蛋——各顾各","各顾各"模仿野鸡下蛋后的叫声,意思是"自己顾自己的事情,莫管他人闲事"),同样也读为舒声。而青蛙有时候被叫作"青鸡子",则读为入声。根据许宝华、宫田一郎(1999),冀鲁官话(河北满城)、西南官话(云南永胜)、吴语(江苏靖江)都有把青蛙称作"青鸡"的情况。在矾山话中,青蛙和癞蛤蟆一般是不需要区分的,都可以称为"疥蛤蟆",但如果在某种语境下一定要区分出来,青蛙可以称为"青鸡子","鸡"读为入声。这实际上是一种"舒声促化"现象。例如:

(41)把鸡儿赶回窝吧。(舒声)
(42)河里跑上来好些青鸡子。(入声)

2.3 拍

"拍"在《现代汉语词典》(第6版)中有8个义项,从词性看只有两种:名词和动词。在张家口晋语阳原话中,"拍"的舒入两读具有区分词性的作用,动词用法(动作)读为入声(如"拍球"),名词用法(事物)读为舒声(如"球拍子")。(陈淑静1996)但在矾山话中,所有《现代汉语词典》(第6版)的8个义项都读为舒声,只有表示"用力拍打"时才读为入声。因此,矾山话"拍"的舒入两读似可这样区分:一般性拍打以及其他用法都读舒声,用力拍打读为入声。例如:

(43)你把蝇拍子给我拿过来。(名词。舒声)
(44)别人唱歌,他给打拍子。(名词。舒声)
(45)唱得那么好,他都不拍手。(动词。舒声)
(46)张纪中在黄帝泉影视城拍《英雄时代》嘞。(动词。舒声)
(47)你好好拍拍身上的土。(动词。入声)
(48)你用劲去他背上拍两锤。(你用力去他背上拍两下,动词。入声)

有时候,"拍"在书面上看不出来是舒声还是入声,如"他拍打褥子嘞"("他在拍打褥子"),这时候实际上两种读法都可,在具体语境中可以通过舒声和入声区别动作的力度大小,舒声力度小,入声力度大。例(47)(48)之所以读为入声,是因为语境提供了"用力"的意义,即"好好""用劲"都已经明示了"用力"意义。

砚山话"拍"还可以表示"胡说"的意义,这符合词义演变中手部动作到口部动作的转移(董正存 2009)。"拍"表示"胡说",可以作为语素构成"胡拍、瞎拍、拍胡、拍逼"等词语。这个意义的"拍"仍然有舒入两读,舒声表力度小,入声表力度大,有时书面区别不出来,需要在语境中依靠语音区分。例如:

(49)A:夜儿个张家口地震来。B:你拍么。(A:昨天张家口地震了。B:你胡说。舒声)

(50)二大眼可能瞎拍的嘞。(二大眼特别爱胡说。舒声和入声皆可,力度不同)

"拍"还可以构成"拍你娘 NP"(NP 可以是"逼、耳朵、骨殖"等)这样的构式,用于回应,表示对对方话语的否定,语气比较强烈,但只有舒声没有入声,这应该是构式化的缘故。例如:

(51)A:老陈死了。B:拍你娘耳朵么。(A:老陈死了。B:胡说。)
(52)A:明儿个村儿里演电影。B:拍你娘骨殖。(A:明天村里演电影。B:胡说。)

"拍"在万全、怀安以及坝上各县都一律读为入声,不像阳原、砚山话那样有舒入两读现象。

2.4 拉

《现代汉语词典》(第 6 版)把"拉"分为"拉$_1$"和"拉$_2$","拉$_2$"是动词用法,意为"排泄(大便)"(如"拉屎、拉肚子"),其余所有用法都是"拉$_1$"。陈淑静(1996)提到阳原话"拉"有舒入两读,一般用音是舒声,其实就是"拉$_1$";表示排泄大便是入声,就是"拉$_2$"。砚山话"拉$_1$"一律读为舒声,没有例外。但"拉$_2$"有时读为舒声,有时读为入声,这和阳原话不同。具体区分为:力度小、一般情形读为舒声,力度大、带有贬义色彩读为入声。"拉肚子"是一种病,客观性较强,只有舒声;"拉屎、拉稀"有舒入两读,具体视语境和说话人态度而定。例如:

(53)夜儿个一天拉了三回稀。(昨天一天拉稀拉了三次。舒声)
(54)拉稀了你?蹲茅缸这么半天。(你拉稀呢?蹲厕所蹲这么半天。入声)

"拉稀"中"拉"读为入声,有非常强烈的情感色彩,因此常常用来斥责、谩骂对方,甚至即使不是真正的拉稀,而是吐痰、吐口水、嘴里喷水什么的,也被骂为"拉稀"(入声)。

"拉屎"也是如此,也用来斥责、谩骂对方。另外,"拉屎"(入声)有力度大的意味,隐含着"费力"的意思,因此又演变为副词,表示"用力、努力"的意思,例如:

(55)叫他拉屎往上推车,肯定能上去。(叫他用力往上推车,肯定能上去。)

(56)你就拉屎挣钱,给儿子盖一栋好房。(你就努力挣钱,给儿子盖一套好房。)

例(55)(56)"拉屎"作为副词表示"用力、努力"在语音和意义上都说得通,应该就是本字。

另外,入声"拉"表示用力排泄大便,又引申指人用力跑。例如:

(57)没说两句,他倒拉了。(没说两句,他就跑了。)
(58)我一赌气从东边拉到了西边。(我一口气从东边跑到了西边。)

"拉"(入声)在引申发展之后,无论是副词化还是词义演变,都失去了贬义色彩,也不再用于斥责、谩骂,但仍然保留了力度大的意思。

以上四个个案,舒入两读都具有区别词义的作用。除此之外,有的舒入两读还有区别语法意义的作用,以下通过两个个案说明。

2.5 也

"也"可以用作重复副词,也可以用作语气副词。语气副词是从重复副词发展演变来的。在矾山话中,作为重复副词的"也"读为舒声,而且韵腹低化为[æ](把[iɛ]读为[iæ]),作为语气副词的"也"读为入声。例如:

(59)年生没挣下钱,今年也没挣下钱。(去年没挣到钱,今年也没挣到钱。舒声)

(60)他天天喝点儿酒,也抽点儿烟。(舒声)

(61)我也没有该下你的,凭啥给你钱?(我又没有欠你的,凭什么给你钱?入声)

(62)这么冷你也是出门。(这么冷你还要出门?入声)

矾山话"也"有语气词用法,和共同语情况不同,共同语"也"作为语气词完全是从古代汉语继承下来的(见《现代汉语词典》(第6版)),矾山话"也"作为语气词则是保留了晋语"也"作为语气词的共同特征,有些是对古代汉语用法的继承,有的则是后起的用法。语气词"也"也读为入声。

2.6 还

"还"可以用作重复副词,也可以用作语气副词。语气副词是从重复副词发展演变来的,这一点武果(2009)等都有过研究。在矾山话中,作为重复副词的"还"读为舒声,作为语气副词的"还"读为入声。例如:

(63)这块地今年种玉米,过年还种玉米。(这块地今年种玉米,明年还种玉米。舒声)
(64)他吃了一个馒头,还要吃一个包子。(舒声)
(65)你还不赶紧走还!(你还不快走?入声)
(66)连我还不会嘞,还教你嘞。(连我都不会,还教你呢。入声)

有时书面上不能区分出"还"到底是重复副词还是语气副词,但在具体语境中,由于二者读音不同,区分是非常容易的。例如:

(67)我还要去沙城嘞。

例(67)在共同语中是歧义句,只能通过语境排歧,但在矾山话中因为是不同读音,口语中就不存在歧义的情况,舒声是重复副词,其预设是"我去过沙城",意思是"我去过沙城,我还要去沙城";入声是语气副词,其预设是"别人要去沙城"或"我去别处",意思是"别人要去沙城,我也要去沙城"或"我去别处,还要去沙城"。

矾山话重复副词"还"和语气副词"还"还可以共用,形成"还还VP"句,这在张家口晋语是普遍存在的,而且也见于大包片晋语和张呼片晋语其他地区。我们后面专门把"还还VP"句作为一个独立问题讨论。矾山话"还"也有语气词用法,这是保留了晋语"还"作为语气词或类语气词的共同特征,我们后面也作为一个独立问题讨论。语气词"还"是从语气副词"还"发展来的,由于"还"后面VP省略,"还"居于句末位置,于是从副词发展为语气词。"还"作为语气词,也读为入声。

3. 区别用法

矾山话舒入两读除了区分词性和语义,还能区分句法功能以及特殊用法,是谓区别用法。有时,句法功能和特殊用法同时也有词性或语义差异,但这种区分并不是凸显,所凸显的是用法上的差异。以下通过实例说明。

3.1 死

"死"的基本义是"失去生命",跟"生、活"相对[《现代汉语词典》(第6版)],又引申指"拼死""坚决""死板""不可调和""不能通过""到达极点"等意义。从句法位置看,"死"可以用作主语、谓语、宾语、定语、状语、补语等各种成分。矾山话"死"用作补语读为入声,用作其他成分都读为舒声,毫无例外。例如:

(68)死是人生最终的归宿。(主语。舒声)

(69)老赵不怕死,打架不要命。(宾语。舒声)

(70)大姑娘要饭儿——死心眼儿。(矾山话歇后语,定语。舒声)

(71)明明没理,还死犟。(状语。舒声)

(72)他们家的花花猪死了。(谓语。舒声)

(73)他们家老三让雷给劈死了。(补语。入声)

(74)既个古太恘慌了,恘死我也。(这个故事太逗笑了,逗死我了,补语。入声)

例(73)(74)"死"都做补语,但类别不同,语义也不同,前者是结果补语,"劈死"是动结式,后者是程度补语,"恘死"是动程式,二者存在着句法语义演变关系,即从结果补语发展为程度补语,从终点义发展为极致义。(宗守云 2014)但这并不影响"死"的读音,只要在补语的位置,无论是结果补语还是程度补语,都读为入声。

根据陈淑静(1996),阳原话"死"也有舒入两读,但和矾山话情况不同,矾山话区分用法,阳原话区分词义——如果是正常死亡,为舒声(如"他妈病死啦");如果是因外界关系致死,为入声(如"他淹死啦")。因此,即使同属张家口晋语,情形也大为不同。

3.2 极

"极"的基本义是"顶点、尽头"[《现代汉语词典》(第6版)],又引申指"两端或一端""达到顶点""最终的、最高的""表示达到最高程度"等意义。从词性看,"极"有名词、动词、形容词、副词等用法,其中名词、动词、形容词用法都带有明显的书面色彩,如"登峰造极、南北两极、极目四望、物极必反、极一时之盛"等,这些用法除非是在和书面有关的场合,一般自然口语中极少出现。不过即使是书面语,用方言表述的时候"极"仍然读为入声。在口语中,"极"只用作副词,出现在两个位置上——状语位置和补语位置,根据张谊生(2000b),补语位置的"极"仍然是副词。矾山话状语位置的"极"读为入声,补语位置的"极"读为舒声。例如:

(75)他极少打骂孩们。(他极少打骂子女。入声)
(76)既个人好极了,有点儿坏事不提了;奈个人坏挺了,有点儿好事儿不顶了。("既个"是"这个","奈个"是"那个",矾山话俗语。舒声)

"极"在万全、怀安以及坝上各县都一律读为入声,但在涿鹿、怀来等坝下各县有舒入两读现象,其中矾山话区别极其明显。

3.3 家

"家"的基本义包含两个方面,一是作为一种社会组织单位,二是作为一种住所。由于"家"是由人组成的,因此"家"常常引申指某种人,又用来计量家庭或企业这样的社会组织单位。矾山话"家"的用法和共同语基本相同,但也有一些差异。共同语可以说"你家、我家、他家",人称代词可以用单数形式;矾山话一定要说"你们家、我们家、他们家",人称代词必须用复数形式。矾山话"家"一般读为舒声,有两种情况要读为入声,一是用在姓氏之后,表家族意义;二是用在男人的名字或排行之后,表妻子意义。例如:

(77)他们家有五口人。(舒声)
(78)我们家在矾山镇山兑村。(舒声)
(79)做木匠活,他可是行家。(舒声)
(80)我们村住了一家侉子。(我们村住了一家说普通话的人。舒声)
(81)张家在这个地方是大户。(入声)
(82)老六猴家回娘家去了。(老六猴妻子回娘家去了。入声)

例(82)"家"这样的用法在《现代汉语词典》(第6版)标为轻声,实际上,矾山话的舒入两读不受轻声和非轻声的影响,例(79)也是轻声,但并不读入声。

3.4 姐

"姐"是用于称谓的,根据《现代汉语词典》(第6版),"姐"作为称谓主要用于三种情况:1)同父母(或只同父、只同母)而年纪比自己大的女子(如"大姐、二姐、姐妹");2)亲戚中同辈而年纪比自己大的女子(如"表姐");3)称呼年轻的女子(如"杨三姐、空姐")。矾山话这些用法都读舒声。有两种情况矾山话"姐"读为入声,一是用在单音节人名之后,后面有"子"尾,用来称呼叫这个名的女子。例如：

(83)凤姐子去矾山赶集了。(入声)
(84)你们家丑姐子寻出去没有嘞？(你们家丑姐嫁人了吗？入声)

"凤姐子""丑姐子"是女子的乳名或非正式称谓名，"凤"有可能是人名用字，如"罗玉凤"，"丑"不大可能是人名用字，只能是乳名，是因"贱名好养活"而取的名字。

二是用在女子排行之后，老大是"大姐子"，老二是"二姐子"，以此类推，最小的是"老姐子"，读为入声。

3.5 给

"给"的基本义是"给予"，即把某些东西或某种遭遇转移给对方，"给"是三价动词，有三个论元成分：施事、受事和与事。"给"常常用作双宾句的动词，如"我给他一本书"，"我"是施事，"他"是与事，"一本书"是受事。"给"还常常跟在V后面(尤其是单音节表示"给予"意义的V后面)带双宾语，如"我送给他一本书"。矾山话"给"还可以放在"给"的后面，成为"给给"双宾句，如"我给给他一本书"。朱德熙(1979)认为，"我给他一本书"是"我给给他一本书"的紧缩形式，因为有些方言存在着"给给"的说法。根据后来学者的研究，西北官话、中原官话、晋语中都有"给给"的说法。矾山话尽管处于晋语的边缘地带，但仍然保留了晋语的这一特征。"给"还有介词的用法，这是从动词虚化来的，如"他给老娘买了二斤牛大板筋"。在许多官话方言中，"给"兼有处置标记和被动标记的用法，如"我给饭吃完了"(处置标记)和"饭给我吃完了"(被动标记)，但矾山话没有这两种用法。"给"还有一种助词的用法，即直接放在VP的前面，表示"增加了造成VP这种状态的外力"(沈阳、司马翎2010)，如"犯人给跑了"，矾山话也存在这种用法。综上，矾山话"给"有和共同语相同的动词、介词和助词的用法，但没有处置标记和被动标记的用法，也有"给给"这样的具有晋语特征的方言用法，这些用法都读舒声，读为齐齿呼[ki]。

"给"可以独词成句，在具体语境中用于说话人面对面交付对方东西。这在矾山话中有舒入两读，舒声用于积极情绪，有褒义色彩；入声用于消极情绪，有贬义色彩；而一般情绪，中性色彩的场合，舒入皆可，但如果是上对下或长辈对晚辈说话，可以是入声，反之不可。例如：

(85)给！这是我给你买的生日礼物。(舒声)

(86)不给你买非买不行。给！这是送鬼嘞。（入声）
(87)给！这是你的书。（舒入皆可）
(88)（父亲把钱递给儿子）给！拿上去矾山割二斤肉。（舒入皆可）

例(88)如果是儿子把钱递给父亲,就只能舒读。

另外,"给"独词成句还可以重复,如果是一般情绪、中性色彩的场合,舒声和入声还可以交替出现,"给！给！"可以前舒后入,也可以前入后舒,意义相同。

3.6 呀

在矾山话中,"呀"可以作为句末语气词,也可以作为叹词独立运用。先说语气词情况。"呀"作为语气词,一律读为舒声。"呀"应该不是"啊"变的结果,因为不受韵尾音素的影响。主要有以下三种用法。

首先,用于肯定句。主要用于应答,说话人做出肯定或否定的申明。例如：

(89)A:他去做活没有？B:去了呀。
(90)A:他爹揍他来吧？B:没揍呀。

其次,用于疑问句。在疑问句句末,有强调询问的意味。例如：

(91)你今年多大岁岁了呀？（您今年多大岁数啦？）
(92)这是啥呀？（这是什么啊？）

再次,用于祈使句。当对方做出某种行为或处于某种状态,说话人觉得不应该如此,建议对方改变这种行为或状态。例如：

(93)（对方堵着路）起来这儿呀！你堵的我们咋走道儿嘞？（离开这儿啊！你堵着我们怎么走路呢？）
(94)（对方睡懒觉）起来呀！太阳都照着屁股啦。

再说"呀"作为叹词的情况。"呀"作为叹词独立成句,用于出乎意料的语境,说话人因事出意外而惊讶,有舒入两读。如果是非突发性的意外,而且带有积极色彩,"呀"为舒声；反之,如果是突发性意外,而且带有消极色彩,"呀"为入声。例如：

69

(95)呀！既座山这么高噢。（啊！这座山这么高啊！舒声）
(96)（突然看见一条蛇）呀！蟒羔子！（啊！蛇！入声）

例(95)(96)都有意外意味，但例(95)有赞叹的意味，"呀"为舒声，例(96)有受惊意味，"呀"为入声。突发和非突发，有时取决于人的主观识解，"呀"究竟舒读还是入读，还是由感情色彩决定，当感情色彩为中性的时候，"呀"既可以为舒声，又可以为入声。

4. 结语

舒入两读的词，舒声意义和入声意义往往有历时的联系，即使在现代汉语中处理为同音词，在语源上也往往是有联系的。一般地，语法化程度高的成分一般读入声，词汇意义比较实在的成分一般读舒声。比如，"直"有形容词和副词两种词性，副词用法是形容词用法语法化的结果，其形容词词性读舒声，副词词性读入声。再比如，"过"有动词和动态助词两种词性，动态助词是动词语法化的结果，其动词词性读舒声，助词词性读入声，例如：

(97)他过了河就拆桥。（舒声）
(98)我去过旧金山。（入声）

相对于舒声而言，入声读音短促，不能拖长，相对较弱。因此，这应该和语法化过程中语音的弱化有关，语法化程度高的，保留弱化的入声；语法化程度低的，在周边官话的影响下，出现舒化现象。

当然，除了入声舒化现象外，有些舒入两读属于舒声促化现象，这一现象是矾山话作为晋语特征的保留。根据贺巍(1996)，晋语中舒声促化现象比较显著，舒声促化字有两个特点，一是这类字的字音演变没有一定的规律，二是这类字除少数字外，大都只在某些词语里出现。矾山话的一些舒入两读字完全符合这样的特征。贺巍(1996)还认为，没有入声的方言，未发现有促化现象，只有在有入声的方言里，才可能有促化现象。矾山话尽管靠近北京地区，但仍然保留了较多的入声，因此出现促化现象是正常的。

矾山地处晋语边缘地带，靠近北京，一方面，受到北京官话方言的影响，入声大大减少，有许多入声舒化现象；另一方面，由于保留了晋语特征，又存在着舒声促化现象。正因为如此，矾山话中有许多舒入两读现象，有时区分词义，有时又具有语法功能，成为一种富有地方特色的特殊语言现象。

第四节　派生：矾山话双音状态词的褒贬分立

1. 引言

涿鹿矾山话有双音状态词褒贬分立的现象。先看两个例子：

(1) 你看这墙刷得，白生儿的，多干净！
(2) 你看这墙刷得，白生——的，太单调了！

例(1)"白生儿"和例(2)"白生——"都是双音节的状态词，二者词根完全相同，而且词根和后附成分之间的语音形式也完全相同，即词根和后附成分中间都有个明显的顿断，严格说应该分别标记为"白·生儿"和"白·生——"，这体现了状态词词根和后附成分之间的松散关系。（马彪2007）二者后附成分有同有异。先说后附成分的相同之处。首先，后附成分应该是相同成分的语音变体，例(1)(2)后附成分在共同语和其他一些方言中都是"白生生"，是相同成分。其次，后附成分一律读为阴平调，这和共同语ABB情况不同，共同语ABB不全读为阴平调。（李小梅2000）再说后附成分的不同之处。在矾山话中，后附成分根据说话人的褒贬情感分化为不同的语音变体，例(1)带儿化，表达说话人高兴、喜爱的感情色彩，是褒义状态词；例(2)不带儿化，而且"生"重读拖长（"——"代表拖长，下文不再用拖长符号），表达说话人不满、讨厌的感情色彩，是贬义状态词。可以说，儿化和非儿化形式对应着双音状态词的褒贬性质，儿化为褒，非儿化为贬，因此本节从儿化/非儿化的区分讨论双音状态词的分立。

状态词在一般语法系统中都归入状态形容词，是形容词的一类，但在郭锐(2002)等语法系统中处理为一种独立的词类，和形容词、区别词相并列。郭锐(2002)认为，"从意义看，状态词一般都带有程度的意味"，上述例(1)的"白生儿"和例(2)"白生"都符合状态词的标准，而且在形式和功能上也都和状态词一致，比如后面可以加或带"的$_2$"，做谓语、状语、定语等。状态词都具有派生性质，根据刘丹青(2008)，汉语方言普遍存在用生动形容词的不同构词格式表示属性、状态不同程度的现象，一种常见的分类是用"词根＋词缀"式表示较弱的程度，一种是用"词缀＋词根"式表示较强的程度。矾山话的双音状态词是"词根＋词缀"表示较弱程度的情形，属于派生构词。

例(1)(2)这种双音状态词褒贬并存，从来源看，这种状态词多数都是由形容词（严格说应该是形容词性语素）加后附形式形成的，也有些是由名词（名词性语素）或动词（动词性语素）加后附成分形成的，但所源名词或动词也带有某种程度色彩，具有某种程度的形容词性。有些双音状态词则不是褒贬并存，或者有褒无贬，或者有贬无褒，呈现出不对称性。

状态词的褒贬分立，在共同语和其他方言中并不鲜见。吕叔湘(1999)说，"乎乎"常有贬义，但儿化后则有褒义，这反映了状态词褒贬分立的普遍状况。程书秋(2014)讨论了东北话"AB(儿)的"语义语用功能及其来源，其中也有类似的情形：

(3) 这粥黏糊儿的，看起来挺好吃。
(4) 这是什么东西呀，黏糊的，真恶心！

像矾山话这样系统地存在着双音状态词褒贬分立的情形，目前尚未见到报道和论述。本节拟讨论这一现象，先讨论状态词的褒贬并存，再讨论状态词的不对称，最后谈状态词的特殊情形。

2. 状态词的褒贬并存

以下我们对矾山话同根双音状态词的褒贬并存情形做出详细的描写，按音序排列，先给出意义或用法，然后给出用例，用例按照词典的习惯列出，不再全文排序。

白乎儿/白乎：用于事物的颜色，白色有时给人感觉舒服，有时给人感觉不舒服，故有褒贬分立。例如：这白粉子，白乎儿的，刷墙正好。/这地抹得白乎的，哪像黑的好？

白花儿/白花：用于事物的颜色，一般除了白色还附带有其他颜色或性质，比如耀眼、明亮等，这样的色彩有时使人感觉舒畅，有时使人感觉不爽，故有褒贬分立。例如：这水白花儿的，多清凉。/太阳白花的，都睁不开眼了。

薄棱儿/薄棱：用于事物的性质，薄指事物厚度小，这种性质有时适合人的口味，有时不适合，故有褒贬分立。例如：他摊的煎饼薄棱儿的，可脆的嘞。/这衣裳薄棱的，不冷？

潮乎儿/潮乎：用于人或事物的性质，潮比湿程度轻，有水分但不够充足，有时宜人有时不宜人，故有褒贬分立。例如：孩子头潮乎儿的，不会感冒。/这天气潮乎的，真不舒服。

沉甸儿/沉甸：用于事物的性质，矾山话没有重，只有沉，和轻相对，沉一般给人感觉不舒服，尤其是负重的时候，但有时轻飘飘的感觉也不好，如果和这种轻飘飘的感觉相反,也可以使人感觉舒爽,故有褒贬分立。例如:这两块银圆沉甸儿的,挺凑手。/口袋沉甸的,谁想背得它不行。

瓷嘎儿/瓷嘎:用于事物的性质,形容事物坚固或坚硬,有时给人感觉舒适,有时给人感觉不舒适,故有褒贬分立。例如:瓷嘎儿一口袋粮食,足有100斤。/这煤土(和煤面混合在一起用来做煤球的土)瓷嘎的,可难往下拗的嘞。

粗棱儿/粗棱:用于事物的性质,和细相反,形容词事物横切面大,有时适宜人使用,有时不适宜,故有褒贬分立。例如:粗棱儿一根绳子,可结实的嘞。/这根木头粗棱的,根本就锯不断。

大乎儿/大乎:用于事物的性质,事物大有时给人舒服的感觉,有时给人不舒服的感觉,甚至同样的事物,不同的人有不同的感觉。例如:A:你看这孩子,大乎儿两个老虎眼儿,多好看。B:好看啥好看?大乎两个大牛眼,难看死了。

短墩儿/短墩:用于事物的性质,事物的长度小,有时好有时不好,故有褒贬分立,另外,有一种矮小且粗壮的人,被称为"短墩嘎儿",具有贬抑色彩。例如:这两根筷子,短墩儿的,正好孩子用。/那两条腿短墩的,不好看的。

粉嘟儿/粉嘟:用于事物的颜色,粉色有时悦人眼目,有时令人生厌,故有褒贬分立。例如:这花粉嘟儿的,多好看。/咋做了这么个兜肚子,粉嘟不好看的。

粉乎儿/粉乎:用于事物的颜色或性质,用于事物的颜色,即粉色,用于事物的性质,指事物的粉末状,这些内容都可以引起人的好恶情感,故都有褒贬分立。例如:这衣裳粉乎儿好看得。/那块布粉乎的,不顺眼。/这细面面粉乎的,摸上去可舒服了。/你买的白粉子不好,粉乎的,太滑。

干巴儿/干巴:用于事物的性质,"干巴巴"在共同语中具有贬义色彩,但在张家口晋语中可用于说话人喜爱的性质,比如饹子(锅巴)很脆的时候,吃起来口感更好,故有褒贬分立。例如:饹子干巴儿的挺好吃。/地干巴的,不好锄。

干崩儿/干崩:用于事物的性质,比"干巴儿/干巴"语义重,有时适合人的口味,有时给人感觉不舒服,故有褒贬分立。例如:馒头片儿干崩的可好吃的嘞。/光吃馍馍哪行?干崩的。

光乎儿/光乎:用于事物的性质,主要反映人对事物的感觉,事物表面光滑,有时使人感觉舒适,有时使人不舒适,故有褒贬分立。例如:这家具光乎儿的,一点儿疙瘩什么的也没有。/树皮剥了,剩下这木头光乎的,不好抬。

光溜儿/光溜:用于事物时和"光乎儿/光乎"相同,但还可以用于人的裸体或半裸状态,"光乎儿/光乎"不能这样用,人的裸体或半裸状态有时得体、适宜,有时不得体、不适宜,故有褒贬分立。例如:孩子光溜儿的,真干净。/这么冷,你光溜脊背,不怕冻感冒咔?

汗乎儿/汗乎:用于人出汗时候的状态,人出汗时,有时是健康良好的,有时是趋于不健康的,故有褒贬分立。例如:趁热吃了一碗面,汗乎儿的,感冒快好了。/汗乎的就摘帽子,也不怕闪着?

黑洞儿/黑洞:用于环境的性质,环境黑暗,一般情况下是不好的,但也不排除特定情形下于人有益,故有褒贬分立。例如:黑夜了,黑洞儿挺好么,正好捣古(讲故事)。/这黑洞的伸手不见五指,别绊倒了。

黑乎儿/黑乎:用于事物的颜色,黑色有时令人感觉舒适,有时令人感觉不适,故有褒贬分立,甚至不同的人对同一事物感觉也大不相同。例如:A:你看人家小明,黑乎儿俊的。B:俊啥嘞俊,黑乎包文正也似的还俊嘞。

黑油儿/黑油:用于事物的颜色和性质,除了颜色黑,还有发光发亮的意味,有时使人感觉良好,有时使人感觉不舒服,故有褒贬分立。例如:黑油儿一块地,正好种山药(土豆)。/这块石头黑油的,别坐一屁股黑咔。

红棱儿/红棱:用于事物的颜色,红色是喜庆的颜色,在汉文化中是颇受推崇的颜色,但红得过度,又给人不适的感觉,而且对颜色的喜爱又因人而异,故有褒贬分立。例如:你看这墩山丹花开得,红棱儿的。/这是啥撒地上了?红棱一片,寒碜的(脏的)。

厚墩儿/厚墩:用于事物的性质,事物的厚度大,有时适合人使用,有时不适合,故有褒贬分立。例如:这盖服(被子)厚墩儿的,可暖和的嘞。/你穿得厚墩的,不热?

花棱儿/花棱:用于事物的颜色,指颜色错杂的样子,有时给人视觉以美感,有时其错杂的特征给人散乱、凌乱的印象,故有褒贬分立。例如:这块布花棱儿的,正好做个花袄。/谁糊的炕围子?花棱难看的。

滑溜儿/滑溜:用于事物的性质,事物光滑,有时适合人的手感,有时又因为不易抓取或使用而不宜于人,故有褒贬分立。例如:这两个圆蛋蛋滑溜儿的,可趁手的嘞。/这块石头滑溜的不好坐,还是坐那块方石头吧。

黄澄儿/黄澄:用于事物的颜色,是比较重的黄色,不同环境下人有不同的感受,有时觉得养眼,有时觉得不适,故有褒贬分立。例如:这片油菜黄澄儿的,真好看。/太阳黄澄的,红不红白不白的,眼真不好受。

黄乎儿/黄乎:用于事物的颜色,是比较轻的黄色,有时适合人看,有时不适合人看,故有褒贬分立。例如:锅里糊糊黄乎的,看上去就想喝两口。/这墙涂得黄乎的,难看死了。

黄亮儿/黄亮：用于事物的颜色和性质，除了颜色黄，还有发亮的色彩，这种颜色、性质有时给人感觉舒适，有时给人感觉不适，故有褒贬分立。例如：面腥糕黄亮儿的，又好吃又好看。/那边黄亮的那是个啥？快给我拿走。

灰蒙儿/灰蒙：用于事物的环境，经常用于天空状况等，一般情况下总是给人以不适的感觉，但特定情况下也能使人感觉舒适，比如朦胧美，故有褒贬分立。例如：山那边灰蒙儿的，就像仙境。/这天气灰蒙的，怕是刮大风也。

尖溜儿/尖溜：用于事物的性质，尖的事物有时非常好用，趁手，有时候非常危险，不同情境有不同感受，故有褒贬分立。例如：针锥子尖溜儿的，可好用的嘞。/针锥子尖溜的，别扎着你吧。

结崩儿/结崩：砚山话"结"是"鼓出"的意思，"结崩儿/结崩"用于事物的性质，形容事物鼓出的样子，比如一口袋东西，鼓鼓囊囊的，如果着眼于满、多，作为财富，就是好的，如果着眼于不方便携带，作为累赘，就是坏的，故有褒贬分立。例如：这口袋结崩儿的，装了不少好吃的。/这结崩的，不好背的。

结乎儿/结乎：用于眼睛，眼睛睁得大大的，给人以鼓出的感觉，有时令人喜欢，有时令人讨厌，故有褒贬分立。例如：孩子结乎儿两个大眼。/你结乎两个大眼，吓唬谁嘞？

结扭儿/结扭：用于身体部位，特别是肚子鼓出，有时给人感觉可爱，有时给人感觉讨嫌，故有褒贬分立。例如：这肚结扭儿的，肯定吃饱了。/你看你，吃得肚结扭的，也不怕撑着。

紧绷儿/紧绷：用于事物的性质，也用于人的感觉，比如裤带、鞋带等勒人的感觉，如果舒适、便携，是宜人的，如果难受、不便，是不宜的，故有褒贬分立。例如：我给你绑得紧绷的，肯定撒不了花（不会散开）。/这鞋带儿系得紧绷的，快松松吧。

辣乎儿/辣乎：辣是一种味道，一种感觉，有人喜欢，有人觉得刺激过度，故有褒贬分立。例如：辣乎儿吃吧，有味。/这菜辣乎谁想吃它？

蓝生儿/蓝生：用于事物的颜色，蓝色有时使人感觉舒适，有时使人感觉单调，故有褒贬分立。例如：这种纯蓝墨水，蓝生儿的，我可待见的嘞。/车身颜色不好，蓝生的，吓得慌的。

蓝莹儿/蓝莹：用于事物的颜色，特别是天空、海洋等大自然的颜色，多用于褒扬的场合，个别也用于贬抑的场合，故有褒贬分立。例如：这天蓝莹儿的，看上去就舒服。/这片地咋闹的蓝莹的，打了农药了？

烂乎儿/烂乎：用于事物的性质，也用于食物给人的口感，用于事物的性质一般都是贬抑的，烂的事物是人不喜欢的，用于食物给人的口感则有褒贬分立，有的人喜欢，有的人不喜欢。例如：熬菜烂乎儿的，挺适合老年人吃。/这河里麻秆烂乎的,不好捞。

乐呵儿/乐呵:用于人的状态,人在高兴的时候往往是乐呵呵的,这种状态一般都给人愉悦的感觉,但从旁人评论的角度看,如果觉得不应该乐呵呵的,也可以有贬抑的态度,故有褒贬分立。例如:他一天乐呵儿的,不知道啥叫个愁。/他乐呵的,也不是高兴啥嘞,就像个傻子。

泪汪儿/泪汪:用于人的状态,含泪的样子,有时使人产生同情怜悯之感,有时让人产生悲哀不悦之感,故有褒贬分立。例如:泪汪儿两个大眼,挺惹人怜爱的。/一见风就泪汪的,眼有毛病了。

凉森儿/凉森:用于人的感觉,凉的感觉,有时舒适,有时不舒适,故有褒贬分立。例如:这天气凉森儿的,可不赖的嘞。/凉森一盆水就浇下来了,把我浇得一激灵。

凉飕儿/凉飕:用于人的感觉,主要用于刮风时人的感觉,如果是微风习习,令人愉悦,如果是凉风刺骨,令人寒冷,故有褒贬分立。例如:这小风儿吹得凉飕儿的,我多吹会儿。/针尖大的窟窿斗大的风,这家里凉飕的,好冷。

亮堂儿/亮堂:用于环境的性质,一般情况下,明亮的环境总是好的,但在特殊情况下,过于明亮可能对眼睛、睡眠等不利,因此也有贬抑的情形,有褒贬分立。例如:家里亮堂儿的,有过节的气氛。/快关了灯吧,亮堂的我睡不着觉。

亮铮儿/亮铮:用于事物的性质,包括器具、眼睛等,明亮一般情况下是好的,但有时也使人觉得刺眼、光滑、不便,故有褒贬分立。例如:桌子擦得亮铮儿的,真干净。/眼睛得亮铮的,还吓慌嘞。

绿莹儿/绿莹:用于事物的颜色,绿色有时使人感觉舒畅,有时使人感觉厌烦,故有褒贬分立。例如:这韭菜绿莹儿的,看的就想吃。/油漆把车刷得绿莹的,不顺眼。

绿油儿/绿油:用于事物的颜色,附带有发亮的色彩,绿而发亮,有时令人愉悦,有时令人生厌,故有褒贬分立。例如:庄稼绿油儿的,今年一定好收成。/河藻绿油的,我都不敢下河洑水了。

乱乎儿/乱乎:用于事物的性质,矾山话有两种情形,一是固体事物凌乱,二是流食成分不清晰,前者倾向于贬抑,后者倾向于喜欢,但也都有相反情形,故都有褒贬分立。例如:打麻将别摆得太整齐,乱乎儿就挺好。/家里乱乎的,真不好住。/这稀粥乱乎儿的,好吃。/菜饭煮得太过了,乱乎的分不清啥是啥了。

麻如儿/麻如:用于人的感觉,包括肉体的感觉和味觉,麻的感觉,如果程度轻微,有时使人感觉舒适,如果程度过量,使人感觉不舒服、难受,故有褒贬分立。例如:菜放了点儿花椒,麻如儿的挺有味。/碰电了,胳膊麻如的可不好受嘞。

满登儿/满登:用于事物的性质,满满的样子,有时是正面的,比如满满的财富,有时是负面的,比如满满的负担,故有褒贬分立。例如:今年大丰收,粮仓满登儿的,看的都高兴。/装了这么多书,满登的,我可背不动。

慢腾儿/慢腾:用于动作、行为的状态,慢的状态,有时好,有时不好,故有褒贬分立。例如:那太极拳打得,慢腾儿的,动作也好看。/快点做活,慢腾的,做到多会儿去?

毛乎儿/毛乎:用于事物的性质,毛茸茸的样子,也用于小孩子可爱,前者不同语境有不同的好恶情感,故有褒贬分立,后者只有褒扬没有贬抑。例如:这件大衣的翻领毛乎儿的,手感挺好。/这啥毛乎的,你吓死我?/看我们孩子毛乎儿的,多招人待见。

毛棱儿/毛棱:用于事物的性质,和"毛乎儿/毛乎"理性意义基本相同,只是没有孩子可爱的意义,有褒贬分立。例如:这块布毛棱儿的,摸上去挺舒服。/这衣裳毛棱的,还扎得慌嘞,我不穿。

密麻儿/密麻:用于事物的性质,稠密的样子,有时稠密有益于人,有时对人不利,故有褒贬分立。例如:她可爽利嘞,鞋底儿针脚缝得密麻儿的。/你这字儿密麻的,谁认得出来?

面乎儿/面乎:用于事物的性质,砚山话用于两种情形,一是形容粉末状事物,一是形容水果不脆、发沙的情形,两者不同环境有不同的主观认识,有褒有贬,褒贬分立。例如:苹果放面了好吃,面乎儿的,好咬。/口袋没抖落尽,面乎的,闹了一手。

黏糊儿/黏糊:用于事物的性质,事物发黏,有时适合人的感觉,有时不适合,故有褒贬分立。例如:这面和得,黏糊儿的,挺筋道。/不知道啥,黏糊粘了我一手,干哕死了。

胖墩儿/胖墩:用于人或动物的性质,脂肪多,且附带有粗壮的色彩,不同的人有不同的喜好,有人喜欢胖,有人不喜欢,故有褒贬分立,即使相同的客观对象,不同的人也有不同的态度。例如:A:那女孩儿胖墩儿的,多可爱。B:还可爱嘞?胖墩猪也似的。

胖乎儿/胖乎:用于人或动物的性质,只表脂肪多,不附带粗壮色彩,有褒贬分立。例如:我们那猪养得胖乎儿的,至少卖二等。/二胖女胖乎的,都喘起来了。

热乎儿/热乎:用于人的感觉,适度的热,人感觉舒适,过量的热,人感觉难受,故有褒贬分立。例如:水热乎儿的,正好洗脸刷牙。/这天气热乎的,出汗出得真难受。

热腾儿/热腾:用于事物的性质,也用于环境的性质,前者适用对象是食品,有褒有贬,后者用于环境,只有贬义。例如:热腾儿吃他个馒头。/糕还在锅里,热腾的拿不出来。/这家里热腾的,快开开窗户走走热气。

肉墩儿/肉墩:用于人或动物的性质,和"胖墩儿/胖墩"相近,但适用对象要广一些,可以用于食用的动物肉食,但必须是整块的,有褒贬分立。例如:既块肉肉墩儿的,正好回去熬汤。/马都养得肉墩的,能跑起来咾?

肉乎儿/肉乎:用于人或动物的性质,和"胖乎儿/胖乎"相近,但适用对象要广一些,可以用于食用的动物肉食,而且还可以不是整块的,只要肉足够多即可,有褒贬分立。例如:这锅菜肉乎儿的,真香。/肉这么多,菜这么少,肉乎的谁想吃它?

软乎儿/软乎:用于事物的性质,事物柔软,有时便于人利用,有时给人带来不便,故有褒贬分立。例如:软乎儿吃他两个桃儿。/别走刚耕过的地,软乎暄腾的,可不好走的嘞。

软溜儿/软溜:用于事物的性质,适用对象比"软乎儿/软乎"窄,多用于长条状工具或器具,有时趁手,有时不趁手,故有褒贬分立。例如:这根柳条软溜儿的,正好做咪咪子(柳笛)。/这棍子软溜的,哪能打仗嘞?

软榻儿/软榻:用于事物的性质,适用对象比"软乎儿/软乎"窄,多用于平面状事物,有时使人感觉舒适,有时使人感觉不舒适,故有褒贬分立。例如:这张草垫子软榻儿的,躺上去可舒服嘞。/这种席梦思不好,软榻的不好睡觉。

沙棱儿/沙棱:用于人体感觉,可用于手感(摸上去)和口感(吃上去),感觉因物而异,因人而异,故有褒贬分立。例如:这种砂纸摸上去沙棱儿的,可带劲的嘞。/今年的白薯不好吃,沙棱的,垫牙垫牙的。

湿乎儿/湿乎:用于事物的性质,潮湿有时有益于人,有时无益于人,故有褒贬分立。例如:手巾湿乎儿的,正好擦手。/谁把盖服闹的?湿乎的,这咋睡嘞?

瘦巴儿/瘦巴:用于人或动物的性质,消瘦有时是健康的、有精神的,有时是病态的、营养不足或先天不足的,故有褒贬分立。例如:瘦巴儿一个老爷子,可精神的嘞。/这猪瘦巴的,肯定卖不了几个钱。

瘦溜儿/瘦溜:用于人或动物的性质,除了消瘦特征,还附带有细长的色彩,和"瘦巴儿/瘦巴"一样,也有褒贬分立。例如:这女孩儿瘦溜儿的,身材真好。/这家伙瘦溜的就像个电线杆。

水汪儿/水汪:用于事物的状态,也用于人的眼睛,水多的样子,有时感觉适宜,有时感觉不适,故有褒贬分立。例如:水汪儿两个大眼,挺有神的。/这地水汪的,都把庄稼给淹了。

酸溜儿/酸溜:用于人的感觉,主要是口感,也引申指嫉妒、迂腐的表现,基本用法有褒贬分立,酸的味道因人、因物而已,引申用法只有贬抑。例如:倒点儿醋,酸溜儿的,肯定好吃。/酸菜腌过分了,酸溜的,快倒了吧。/念了两天书说话酸溜的,都不知道姓啥了。

甜森儿/甜森:用于人的感觉,甜味一般来说都是人所嗜好的,但也有不喜欢甜的人,因此即使相同的事物,不同人也有不同感觉,故有褒贬分立。例如:A:甘蔗甜森儿的真好吃。B:这就是甘蔗?甜森的好吃啥嘞?

甜丝儿/甜丝:用于人的感觉,和"甜森儿/甜森"理性意义基本相同,语义程度稍微轻一些,不同的人有不同的感受,故有褒贬分立。例如:搁了点儿糖,甜丝儿的,有味。/这个菜就不该搁糖,甜丝的,串味了。

铁嘎儿/铁嘎:用于事物的性质,事物坚固、坚硬的样子,有时有益,有时不宜,故有褒贬分立。例如:这锄安得铁嘎儿的,可趁手的嘞。/鞋放的院子里,冻得铁嘎的,根本穿不进去。

秃丢儿/秃丢:用于事物的性质,适用对象主要是人头,人头光秃秃的样子,有时看上去舒适,有时看上去不爽,故有褒贬分立。例如:小孩儿秃丢儿头,挺可爱。/二大眼头秃丢的,也不害冷。

秃溜儿/秃溜:用于事物的性质,适用对象比"秃丢儿/秃丢"多,除了用于人头,也用于自然界事物,如工具、山丘等,有褒贬分立。例如:铁锨头儿掉了,光剩下个把儿,光溜儿的,正好当擀面棒。/谁把山上的树砍了?这光溜的,好看?

雾蒙儿/雾蒙:用于环境的性质,有雾的状态下,有时有朦胧之美,有时又影响人的生活、出行,故有褒贬分立。例如:这外头雾蒙儿的,咱们先别回家,多待一会儿。/今儿个雾蒙的连道儿都看不着。

稀拉儿/稀拉:用于事物的性质,适用对象是稀疏的事物,如庄稼、头发、树林等,有时给人感觉舒适,有时给人感觉荒芜。例如:他给院里稀拉儿种了几墩西红柿。/二狗油太懒了,地里庄稼稀拉的,那还有收成嘞?

稀朗儿/稀朗:用于事物的性质,适用对象是流食,流食中水分多,有时适宜饮用,有时不易饱食,故有褒贬分立。例如:稀粥稀朗儿的,正好喝。/看你熬的这稀粥,稀朗的,能吃饱个人?

稀棱儿/稀棱:用于事物的性质,和"稀拉儿/稀拉"理性意义基本相同,语义程度稍重。例如:那块地稀棱儿种了几十菱树。/那人那头发稀棱的,还不像剃个光头嘞。

稀溜儿/稀溜:用于事物的性质,适用对象是流食,和"稀朗儿/稀朗"大致相同,但语义程度要重些,浓度要大些,也有褒贬分立。例如:稀溜儿熬了一锅肉汤。/这菜饭稀溜的,可难吃饱的嘞。

细溜儿/细溜:用于事物的性质,也用于人的身材,细长的样子,有时适合人使用、观赏,有时不适合,故有褒贬分立。例如:你看那唱戏的,细溜儿的腰身,多好看。/这根扒拉火棍(烧火棍),细溜的,一点儿也不好用。

咸乎儿/咸乎:用于人的感觉,咸的味觉,适量时感觉舒适、适宜,过量时令人难受、生厌,故有褒贬分立。例如:稀粥里放点腌菜(咸菜),咸乎儿的,有味。/这菜炒得咸乎的,打死卖咸盐的了?

笑呵儿/笑呵:用于人的情感表现,笑的状态一般都是积极的、正面的,但对于旁人来说,作为一种评价未必一定是积极的、正面的,也可以认为是穷乐、傻乐,有贬抑色彩,故有褒贬分立。例如:二顺子一天到晚乐呵儿的,从来没见恼过。/那家伙好长不短(无缘无故)的乐呵的,不知道闹啥嘞。

笑乎儿/笑乎:用于人的情感表现,和"笑呵儿/笑呵"理性意义基本相同,但语义程度要轻一些,也有褒贬分立。例如:孩子笑乎儿的,挺乖的。/你笑乎的闹啥嘞?还不去做活?

笑嘻儿/笑嘻:用于人的情感表现,和"笑呵儿/笑呵"理性意义基本相同,但语义程度要重一些,也有褒贬分立。例如:他爹给他买了个玩具手枪,高兴得笑嘻儿的。/看他,笑嘻的,也不是笑啥嘞。

暄腾儿/暄腾:用于事物的性质,松软的样子,适用对象包括馒头、被子等,松软有时对人适宜,有时不适宜,故有褒贬分立。例如:盖服(被子)暄腾儿的,可舒服的嘞。/馒头也太暄腾的嘞,没嚼劲。

眼巴儿/眼巴:用于人的视觉状态,眼看着某件事情发生,事情有好有孬,故有褒贬分立。例如:眼巴儿盼的孩子回来嘞。/眼巴看的车就翻了。

阴沉儿/阴沉:用于天空状况,天空阴沉一般情况下是消极的,但有时也给人舒适的感觉,比如炎热的夏天,阴沉的天气反而舒服,故有褒贬分立。例如:这天阴沉儿的,正好做活。/这天阴沉的可能下雨也,我得赶紧跑。

硬邦儿/硬邦:用于事物的性质,事物坚硬有时好用、感觉良好,有时不好用、感觉不好,故有褒贬分立。例如:扁担硬邦儿的好用,不怕折。/馍馍硬邦的,咬都咬不动。

硬崩儿/硬崩:用于事物的性质,和"硬邦儿/硬邦"理性意义基本相同,但语义程度要轻一些,也有褒贬分立。例如:饹子(锅巴)焙得硬崩儿的,挺脆,挺好吃。/鞋硬崩的,穿都穿不进去。

油乎儿/油乎:用于事物的性质,滑润的样子,一般情况下给人的感觉是不适的,特殊情形下也有喜爱的意味,故有褒贬分立。例如:菜汤油乎儿的,看上去就香。/脸上油乎的,可不舒服嘞。

油汪儿/油汪:用于事物的性质,适用对象限于液体,液体中油多的样子,有时感觉好吃、好看,有时感觉倒胃、难看,故有褒贬分立。例如:豆腐脑没搁油也油汪儿,真香。/水里油汪的,也不是啥泡进去了。

圆乎儿/圆乎:用于事物的形状,圆状一般情况下给人感觉是舒适的、完美的,以致古代希腊人根据圆状的完美性推断出地球是圆状的,但物极必反,过分的圆也可能给人不舒适的感觉,故有褒贬分立。例如:那小孩子圆乎儿脸,可俊的嘞。/你这叫什么糖三角?圆乎的还糖三角嘞?

圆溜儿/圆溜:用于事物的形状,和"圆乎儿/圆乎"理性意义基本相同,但语义程度要重一些,如果不是严格意义的圆形(比如人脸)不能用"圆溜儿/圆溜",也有褒贬分立。例如:圆溜儿画了一个圈。/这块石头圆溜的,不好拿。

直溜儿/直溜:用于事物的性质,直溜的事物有时好用、看上去舒服,有时不好用、不好看,故有褒贬分立。例如:这根棍子直溜儿的,正好拿来埋葡萄。/你别只顾直溜站的,去帮你娘烧烧火。

3. 状态词的不对称

派生状态词还有不对称的情形,有两种:有贬无褒和有贬无褒。我们先讨论这两种情形,然后分析影响这种不对称性的因素。

3.1 有褒无贬

"人总是看着和追求好的一面,摒弃坏的一面。"(沈家煊 1999)这就是 Boucher & Osgood(1969)提出的"乐观假说"原则。因此,一般情况下,褒义词的使用总是多于贬义词。但矾山话中状态词的褒贬分立并非如此,有褒无贬的情况很少,只有十数个,远远比不上有贬无褒的情形,这不符合"乐观假说",应该属于特殊情形,应该存在着其他制约其运用的语用因素。以下我们对矾山话有褒无贬的状态词做出详细的描写,体例同上。

脆生儿:用于事物的性质,适用对象是食品,食品因发脆而致口感良好。例如:萝卜脆生儿的,又甜。

脆铮儿:用于事物的性质,和"脆生儿"理性意义基本相同,但语义程度较重,硬度更大些。例如:脆铮儿炸他一盘儿花生米下酒。

红扑儿:用于脸色,漂亮可爱的样子,适用对象应该是儿童或年轻人,一般不用于中年或老年人。例如:那小女子脸红扑儿俊的。

静悄儿:用于环境的性质,这种安静是适宜于人的场合。例如:这里静悄儿的,没一点儿声音,正好钓鱼。

俊乎儿:用于人的性质,长相漂亮,矾山话本来没有"漂亮"一词,只有"俊",后来受到共同语影响才有"漂亮"的。例如:俊乎儿一个媳妇儿,喜顺子可真有福气。

乐滋儿:用于人的状态,高兴的样子,只用于褒扬的表现或评价。例如:老爷子一天乐滋儿的,肯定能长寿。

慢悠儿:用于动作、行为的状态,慢的行为本身可褒可贬,但由于"悠"积淀了悠闲的意义,因此只用于褒扬。例如:这孩子活做得好,慢悠儿的,稳稳成成的。

美滋儿:用于人的心理表现,由于遇见令人高兴的事情而自然生发的情感。例如:考了100分,老师夸了两句,他心里美滋儿的。

暖登儿:用于人的感觉,暖和热不同,热有时舒适有时不舒适,暖则是一种舒适的感觉,故只有褒义。例如:家里暖登儿的,可舒服的嘞。

暖乎儿:用于人的感觉,和"暖乎儿"理性意义基本相同,语义程度稍轻。例如:盖服(被子)里暖乎儿的,正好睡觉。

平生儿:用于事物的状态,平展的样子,给人舒适的感觉。例如:毡铺得平生儿的,一点也不硌慌。

清棱儿:用于水清澈透明的样子,使人感觉舒畅。例如:水清棱儿的,连鱼都能看清。

晴朗儿:用于天气晴朗的样子,使人感觉舒畅。例如:这天气晴朗儿的,心情也好了好些。

喜滋儿:用于人的心理表现,高兴的样子,只有褒义。例如:老三家里养了个儿子,喜滋儿的,见谁跟谁说。

细发儿:用于事物的性质,纤细、光滑的样子,适用对象为粉末状事物、皮肤、头发等。例如:这棒面(玉米面)可磨了个烂,摸得细发儿的。/这男孩身上细发儿的,肯定有福。

香乎儿:用于人的嗅觉,香的感觉,总是令人感觉舒适的。例如:豆腐脑放了点儿香油,香乎儿的可好闻的嘞。

香喷儿:用于人的嗅觉,和"香乎儿"理性意义基本相同,语义程度稍重。例如:家里香喷儿的,炒啥嘞?

匀溜儿:用于事物的性质,均匀的样子,给人舒适、舒畅感。例如:大烩菜拌得匀溜儿的,味儿都入进去了。

直挺儿:用于事物的状态,适用对象是躺倒的人或事物,直挺挺的样子,给人感觉清爽、舒适。例如:他直挺儿在炕上躺的嘞。

直汪儿:用于事物的状态,适用对象是直立的人或事物,用法上和"直挺儿"相近。例如:这几苾树直汪儿的,挺好看。

3.2 有贬无褒

和有褒无贬相比,矾山话有贬无褒情形较多。以下我们对矾山话有贬无褒的状态词做出详细的描写,体例同上。

白晃:用于环境的性质,白晃晃给人不适的感觉,只有贬义。例如:这白晃照的眼,啥也看不着了。

白茫:用于事物的颜色和性质,白而且范围广,无边无际的白色给人以不适感。例如:这雪下得,白茫的啥都盖住了。

白蒙:用于事物的颜色和性质,白而且朦胧,这种状态给人以不适感。例如:这雾起的,白蒙的连五步远也看不着。

病快:用于人的状态,生病的状态,总是令人难受、难过的。例如:这一年到头病快的,多会儿才能好了。

愁腥:用于人的状态,忧愁的样子,总是消极、沮丧的。例如:不就失损了两个钱么?整天愁腥的难受的。

臭烘:用于人的嗅觉,一般情况下,臭味总是令人生厌的。例如:这房里头臭烘的,赶紧开开门走走味儿。

翻泱:用于事物的性质,指院子、田地等乱糟糟的样子,经常用于由于家禽啄食、家畜拱地而造成的凌乱状态。例如:这地让鸡儿给嗛的,翻泱的。

光捏:用于人的状态,赤裸的样子,"捏"本字应该是"黏",涿鹿县城话是"光黏黏",矾山话近乎"捏"音。例如:那么大了还光捏的洑水,也不害臊。

黑惨:用于事物的颜色和性质,又黑又脏的样子。例如:这是啥?黑惨的,这还能吃嘚?

黑压:用于人或事物的集合,人或事物数量多,给人以繁乱之感,故只有贬义。例如:台子底下黑压都是人,数也数不清。/云彩黑压的,怕是要下蛋子(冰雹)也。

红呲:用于事物的颜色,红色深厚浓重的样子,给人以不适感。例如:谁把油漆红呲闹了一世二界(到处都是)?

黄吓:用于人的状态,由于营养不良或有病而导致的又黄又瘦的样子。例如:二女一夏天黄吓的,一开始当不依夏(瘦夏)嘚,后来才知道闹毛病嘚。

灰溜:用于人的状态,由于疲劳、失意而导致的疲惫、沮丧的状态。例如:农民苦重,天天做活灰溜的。/厂子关了,只好灰溜回村子里了。

假惺:用于人的态度,是一种负面评价。例如:你别假惺地问我了,谁还不知道个你?老看人家别人笑话。

空棱：用于环境的性质，空荡荡的样子，给人感觉萧条、空虚。例如：媳妇一回娘家，家里就空棱的，没一点儿生气。

哭些：用于人的状态，哭丧着脸的样子，给人阴郁忧闷的感觉。例如：别老哭些的，好像谁该了你二百石黑豆也似的。

苦巴：用于人的状态，贫苦的样子，包括活儿重、饮食差等。例如：苦巴的嘴，一年也吃不着一顿肉。／老百姓苦巴的，受（劳作）得太厉害。

懒洋：用于人的状态，懒洋洋的，是一种负面评价。例如：五麻耳懒洋的，地里头草比谷子还稠嘞。

冷冰：用于事物的性质，冰冷的样子，共同语"冷冰冰"还用于人的冷淡态度，矾山话"冷冰"没有这种用法。例如：这石头冷冰的，咋坐嘞？没法坐。

冷清：用于环境的性质，清冷的样子。例如：这天儿冷清的，可容易着凉的嘞。

冷飕：用于环境的性质，和"冷清"不同的是，"冷飕"用于有风的环境。例如：快把门关上，冷飕的，风都进来了。

愣腥：用于人的性质，头脑不清楚，做事不思考，是一种负面评价。例如：看那愣腥的，见了毛驴叫舅舅。

乱哄：用于环境的性质，由于人多、声音杂乱而导致的状态，是消极的状况。例如：街上乱哄的，我不待出去。

乱蓬：用于事物的性质，适用对象是毛发棉布等，不整齐故给人感觉不舒服。例如：头发乱蓬的，你赶紧梳梳吧。

乱攘：用于环境的性质，由于事物到处堆放而导致某个处所不整齐。例如：家里乱攘的，我得好好归置归置。

乱糟：用于环境的性质，和"乱攘"理性意义基本相同，语义程度稍轻。例如：桌子上乱糟的，放不上别的东西了。

毛烘：用于事物的性质，事物的毛状性质本来可以有褒有贬，但这已经由其他"毛X"状态词承担，"毛烘"只用于消极场合。例如：洞里头也不是有啥嘞，毛烘吓了我一跳。

明晃：用于事物或环境的性质，明亮而且晃眼，因而给人以不适感。例如：刀明晃的，吓死人了。／教室明晃的，连字儿也看不清，快拉上窗帘。

木怵：用于人的感觉，麻木的样子，"麻"的感觉有褒有贬，"木"的感觉则无褒有贬。例如：头木怵的，脑子一点儿也转不过弯儿来。

恼哼：用于人的状态，恼怒的样子，不仅自己不开心，而且使别人也不开心。例如：恼哼的，你咋啦那是？谁惹着你了？

闹哄：用于环境的性质，又乱又吵的样子，使人心烦意乱。例如：这闹哄的,咋睡觉嘞?快都各回各家吧。

闹嚷:用于环境的性质,和"闹哄"理性意义基本相同,语义程度稍重。例如:一到过年炸糕的时候家里就闹嚷的,麻烦的。

胖捏:用于人的性质,肥胖的样子,"捏"本字应该是"黏",涿鹿县城话是"胖黏黏",矾山话近乎"捏"音。例如:以前挺俊的,这会儿胖捏不好看的。

扑分:用于人的状态,无缘无故笑的样子,笑本来是积极的状态,但无缘无故地笑是意外的、费解的,故为贬义。例如:扑分做啥嘞?拾了没眼子钱(不带孔儿的金银币)啦?

气哼:用于人的状态,气呼呼的样子,给人感觉害怕、不适。例如:你看他气哼的,也不是又跟谁没好气(生气)嘞。

穷腥:用于人或家庭的性质,贫穷的样子,是人所避忌的情形。例如:老六拐穷腥的,一天到晚地借钱。

热更:用于人的感觉,由于体感热度高导致身体不舒服。例如:走得热更的,可不舒服嘞,又不敢脱衣裳,怕感冒。

热烘:用于环境的性质,特别是用于水汽比较大的场合,洗桑拿大概最像这种感觉。例如:家里蒸馒头嘞,热烘的,我先出来凉爽凉爽。

肉捏:用于人的性质,肉多的样子,一般胖人往往肉多,故和"胖捏"义近,本字也相同。例如:这肚肉捏的,不成了累赘了?

傻呵:用于人的性质,傻笑的样子,是负面评价。例如:一天傻呵的这里跑那里跑,肯定娶不转媳妇。

傻乎:用于人的性质,傻傻的样子,是负面评价。例如:别人取笑你,你还傻乎的给人当笑话看。

湿叽:用于事物的性质,水分多的样子,不好使用,感觉不舒服。例如:这鞋湿叽的,真不想穿。

湿漉:用于事物的性质,和"湿叽"理性意义基本相同,语义程度稍重。例如:这簸箕湿漉的,多会儿能干嘞?

水叽:用于事物的性质,也用于环境的性质,前者义同"湿叽",都只有贬义。例如:手巾水叽的,先晾干去。/外头刚下过雨,水叽的,可不好走嘞。

松耶:用于事物的性质,松散的样子,不易使用,或感到不适。例如:这鞋带儿松耶的,快秃噜下去,赶紧往紧系。

甜叽:用于人的味觉,有两个意思,一是和"苦"相对的味觉,过量的甜导致的不适,一是和"咸"相对的味觉,盐放得太少导致的,共同语相应的词是"淡"。例如:这个糖醋鱼做得甜叽的,不好吃。/盐就跟没搁的一样,甜叽的哪有味儿嘞?

甜兮：用于人的味觉，甜本来是人喜爱的味觉，但过量的甜，或者不纯的甜，给人以不适感，故为贬义，"甜兮"没有淡的意思。例如：这还叫腌菜（咸菜）嘞？甜兮的什么味？

雾更：用于环境的性质，雾气很浓的样子，给人以不适感。例如：雾更的，咋做活嘞？

瞎子：用于人的状态，不一定是真的瞎，而是明摆的东西放在某处而看不清，是贬义的评价。例如：这个大眼亲家（骂人话，相当于睁眼瞎），那么大个东西在那会儿看不着？瞎乎的。

瞎蒙：用于环境的性质，由于环境黑暗导致人像瞎子一样看不清东西。例如：这瞎蒙的穿衣裳，把张三跟李四扣上（错扣扣子）了。

咸呲：用于人的味觉，咸得过分，给人以不适感。例如：这菜咸呲的，谁炒的？

血哚：用于事物的性质，血多的样子，给人以害怕、不适之感。例如：宰个鸡儿还，闹得一身血哚的，赶紧洗了吧。

血乎：用于事物的性质，和"血哚"理性意义基本相同，语义程度稍轻。例如：手闹破了，血乎的。

血淋：用于事物的性质，除了血多的样子，还附带有淋漓下滴的色彩。例如：血淋提了个猪头回来。

烟更：用于环境的性质，烟多的样子，呛人、迷眼，给人以不适感。例如：家里烟更的，把窗户门都打开走走。

油叽：用于事物的性质，湿度大而且黏稠，给人以不适感。例如：擦完油烟机，这手油叽的，可不兴索（有异物感）嘞。

脏乎：用于事物的性质，事物不干净，就是消极的。例如：衬衣脏乎的，早就该洗了。

脏兮：用于事物的性质，和"脏乎"理性意义基本相同，语义程度稍重。例如：院里脏兮的，赶紧扫扫，归置归置。

贼溜：用于眼睛的性质，贼眉鼠眼的样子，是负面评价。例如：贼溜两个大眼，老往年轻女人身上瞅。

展捏：用于人躺着的状态，伸开四肢平躺，不但占地方，而且给人以没有活力之感，"捏"本字应该是"黏"，涿鹿县城话是"展黏黏"，矾山话近乎"捏"音。例如：别光展捏躺的，起来去做点儿活。

直勾：用于眼睛的状态，眼睛紧盯着一个地方看，给人以不适感。例如：两眼直勾的看个没完，讨厌的。

皱巴：用于事物的性质，褶皱多的样子，不如平展的状态清爽、舒适。例如:纸皱巴的不好用,挤平才好用。

3.3 影响状态词不对称的因素

3.3.1 词根的影响

词根的影响,一般情况下是可以预测的。如果词根是褒义的,就有褒无贬,如果词根是贬义的,就有贬无褒。褒贬基于两个原则,一是个人感受,二是社会评价。就个人感受而言,有些感受总是积极的、令人心向往之的,比如"美、喜"的感觉,心里美滋滋、喜滋滋的感觉总是积极的、乐观向上的,因此"美X儿、喜X儿"有褒无贬。再比如,"热"的感觉有时好有时坏,但温暖的感觉总是好的,令人舒适的,因此"热X儿/热X"有褒贬分立,而"暖X儿"有褒无贬。有些感受是令人不适的,比如"病、懒、愣、傻、瞎、脏"等,给人的感觉总是负面的,不如意的,因此"病X、懒X、愣X、傻X、瞎X、脏X"有贬无褒。血淋淋的场面和贼眉鼠眼的人都是人不愿意面对或认同的,因此"血X、贼X"有贬无褒。有些褒贬词语呈现出鲜明的对立,"香"是人期待的感觉,"臭"是人避忌的感觉,因此"香X儿"有褒无贬,"臭X"有贬无褒。就社会评价而言,符合社会标准的,是褒义的,不符合社会标准的,是贬义的。比如,均匀是符合社会标准的,不均匀意味着不公平,是不符合社会标准的,因此"匀X儿"有褒无贬。虚假、贫穷都是不符合社会标准的,因此"假X、穷X"都是有贬无褒。有些用法和认知识解有关,按照社会标准,"笑、乐"是积极的,正面的,"哭、愁"是消极的、负面的。但"笑、乐"有时可以识解为贬义,比如"奸笑、傻乐",因此有褒贬分立,而"哭、愁"却不能识解为褒义,因此有贬无褒。

3.3.2 后附成分的影响

在词根相同的情况下,不同的后附成分有不同的褒贬表现。同样是"红",后附成分为"棱",有褒贬;后附成分为"扑",有褒无贬;后附成分为"呲",有贬无褒。有的后附成分只适合用于褒义,有"扑、滋、悠、发"等;有的后附成分只适合用于贬义,有"叽、兮、捏、腥、呲、咪"等。这应该和后附成分的语义积淀有关。一般认为,状态词的后附成分是一种词缀,"词缀无实在意义,只描摹某种状态。书写形式几乎只是单纯记音,不表示意义,在多音节词中有的词缀被视为音节而不是语素。"(马彪 2007)这在共时平面确实如此。但从历时看,状态词的后附成分应该都是从实词发展为虚词再虚化为后附成分的结果,即"由开放的词类降格成为封闭的词类,由实词逐渐虚化为没有实在意义的构词后缀。"(王继红 2003)尽管后附成分在共时平面已经没有词汇意义,但仍然还会积淀其所源词的意义,这样,后附成分在某种程度上也可以影响到整个状态词的褒贬性质。

4. 状态词的特殊情形

双音状态词的褒贬并存以及不对称情形都是形容词或类形容词加后附成分构成的。还有些特殊情形的双音状态词,从构成看并不属于派生,但意义和用法上和派生状态词非常相似、接近,因此我们作为状态词的特殊情形进行说明。这种状态词的特殊性还在于,儿化并不一定是褒义的,而且还以贬义情形居多,这和派生状态词完全不同。

从来源看,非派生的双音状态词主要来源于拟声词、动词和形容词。以下分别说明。

4.1 来源于拟声词的状态词

郭锐(2002)专门区分出描摹声音的状态词,这类状态词"从意义上看都是描摹声音的,过去一般归为拟声词。但这类词语法功能与一般拟声词不同……可以做谓语、补语,还可以带'的$_2$',符合状态词的标准"。矾山话的一些双音状态词也是如此,虽然意义上是表声音的,但句法上可以做谓语、补语,可以带"的$_2$",因此属于状态词范畴。具体说来,有三种情形。

第一种情形,第一个音节儿化。

嘣儿叭:因顽皮而跳来跳去的样子,有褒有贬。例如:那孩子多利索,嘣儿叭倒上了墙了。/一天嘣儿叭不停停的(不安稳),不害累得慌?

呲儿嚓:翻炒的声音,中性或贬义。例如:又炒瓜子嘞,这呲儿嚓的。/别炒了,敛(铲)锅得敛得呲儿嚓的,心烦圪叽的。

嘚儿哒:生气的样子,有贬无褒。例如:看二大头嘚儿哒的,又也不是跟谁没好气(生气)嘞。

呵儿哈:呵斥别人的样子,有贬无褒。例如:你别呵儿哈的,我好好想想。

哼儿呀:生病时呻吟的样子,有贬无褒。例如:他爷爷又哼儿呀的叫唤了一夜。

咳儿咔:咳嗽的声音,有贬无褒。例如:这烟把人呛得咳儿咔的,快把门开开。

呸儿啪:吐痰的样子,有贬无褒。例如:一出门就呸儿啪的,寒碜(脏)死也。

吱儿叨:用于孩子吵架时的状态,有贬无褒。例如:哥儿两个别吱儿叨各爷(吵架),哥哥得好好歌哄(哄)兄弟。

第二种情形,第二个音节儿化。

噔嘎儿:走路精神焕发的样子,有褒无贬。例如:老三奶子都70岁了,还那么噔嘎儿的,一点儿都看不出老来。

叮邦儿:弄出各种响声,中性或贬义。例如:你听他又割(做)家具嘞,叮邦儿的。/小木匠大精晌午又闹得叮邦儿的,还让不让人歇晌了?

哼哈儿:回应对方的话时,哼哼哈哈的样子,有贬无褒。例如:你别光哼哈儿答应,你得当个事儿办嘞。

吭扭儿:嘴里断断续续地发出各种小的声音,表示不满、不愿意,有贬无褒。例如:叫他别睡觉了,吭扭地不想起来。

第三种情形,两个音节都不儿化。

叮当:金属、瓷器等撞击的声音,本来为拟声词,可用作状态词,有贬无褒。例如:这家里闹得叮当的,麻烦死了。

呼哧:喘气的声音或生气的状态,本来为拟声词,可用作状态词,有贬无褒。例如:跑了两步,死(累)得呼哧的。/他呼哧的,也不是谁又惹着他了。

咔哧:敲打东西的声音,或牲畜走路的声音,本来为拟声词,可用作状态词,有贬无褒。例如:咔哧的,他又劈木头嘞。/"咔"一鞭子,牲口咔哧的,一会儿上了坡了。

嘌哚:打人或打东西的声音,本来为拟声词,可用作状态词,有贬无褒。例如:老李家(老李的妻子)又打被褥嘞,嘌哚的。

4.2 来源于动词的状态词

有些状态词是从动词来的,作为动词不能儿化,但作为状态词必须用儿化形式,因此虽然词根完全相同,但动词和状态词区分是非常清楚的。在色彩上,动源状态词都是贬义。

出爽儿:"出"是伸出,舒声,实义动词(表示趋向意义的"出"是入声,趋向动词),"爽"是缩回,把头伸出来再缩回去,反复几次,为了逗笑,但旁观者觉得这种逗笑有失体统,不合时宜,因而表达贬抑情绪。例如:那么大的人了,还出爽儿的,小球孩子也似的。

掇掂儿:"掇"是"用双手拿着","掂"是"用双手托着上下颤动",意思是双手拿着东西颤动一会儿,再停一会儿,再颤动再停,反反复复,实际上根本没有必要,"掇掂儿"用来反映施动者做多余的事情,做多余的动作,不停地做的样子。例如:让他消停一会儿,别只顾掇掂儿的。

磨攘儿:"磨"作为动词有"纠缠"之意,"攘"有"纷乱"之意,二者复合为状态词,用来反映施动者表面忙碌实际又无所事事的状态。例如:磨攘儿的又是一天,也不是做了点儿啥。

捅打儿:"捅打"的动词用法就是"捅"的意思,带有偏义复词的性质,"打"没有语义贡献,"捅打儿"的状态词用法"捅"和"打"都有语义贡献,捅一下,打一下,反复几次,反映了施动者顽皮捣蛋的性质。例如:上课不好好听课,捅打儿的,像个啥?

4.3 来源于形容词的状态词

有些状态词是从形容词来的,主要是带前缀"圪"的形容词,状态词和形容词写法上完全同形,但语音上能够辨别出来,状态词"圪"和词根之间有明显的顿断,形容词没有,因此,尽管有些句法特征为形容词和状态词所共有,但仍然可以通过语音特征辨别出来。在色彩上,形源状态词全是贬义。

圪粑:皮肤不舒展的样子,紧绷着给人不舒服的感觉,尤其用于脸。例如:这脸圪粑的,可不舒服嘞。

圪板:板着脸、板着身子的样子,给人以僵硬、呆滞的感觉。例如:你别光圪板坐的,起来挑水去。

圪谄:谄媚的样子。例如:见了人就圪谄的,没一点儿骨气。

圪戳:皱巴巴的样子,不舒展、不平。例如:这床单闹得圪戳的,快点儿拉展。

圪呲:露着牙,像是笑的样子,说话人觉得不应该如此。例如:你又圪呲的在既会儿(这里),闹啥嘞?

圪溜:弯的、不直的样子。例如:圪溜一根棍子,可是没法用。

5. 双音状态词的来源和发展

程书秋(2014)对东北方言口语中特殊的形容词异变格式进行了研究,发现其来源有二,一是源于双音节性质的形容词,如"痛快(儿)、麻溜(儿)、利索(儿)、热闹(儿)";一是源于带叠音后缀的状态词,是其衍化形式,如"甜<u>丝丝</u>-甜丝儿、凉洼洼-凉洼儿、烂糟糟-烂糟、黏糊糊-黏糊"。

从来源看,矾山话双音状态词和东北方言口语的这种现象有同有异,同之处在于,大致的来源是一致的;异之处在于,细节相差悬殊。比如第一种来源,矾山话也有从形容词发展为状态词的,但没有东北方言的那种情形,"痛快(儿)、麻溜(儿)、利索(儿)、热闹(儿)"矾山话都不能说,但有从形容词发展来的带"圪"前缀的贬义状态词,因此尽管都有形容词→状态词的发展,但具体细节并不相同。

具体说来,矾山话双音状态词来源有二,一是来源于带叠音后缀的状态词,二是来源于拟声词、动词和形容词,以下具体说明。

5.1 来源于带叠音后缀的状态词

双音状态词的褒贬并存以及不对称的情形,都来源于带叠音后缀的状态词。带叠音后缀的状态词分布非常普遍,在张家口晋语中,除了矾山、沙城、官厅等靠近北京的地区有双音状态词的褒贬分立,其他靠近山西、内蒙古的地区都很少见,一般都常用叠音后缀的形式,矾山属于涿鹿县,矾山话有双音状态词的褒贬分立,但涿鹿县城却只有带叠音后缀的状态词,其褒贬分立固然可以通过儿化识别,但更多地取决于语境。如果把目光投向整个晋语,我们发现,晋语带叠音后缀的状态词则是常态,乔全生(2000)、郭校珍(2008)都描写了晋语形容词的重叠形式(他们按照传统把状态词处理为形容词),而且都只有带叠音后缀的形式,没有矾山话这种双音节状态词形式。

一种可能的发展途径是,首先,带叠音后缀的状态词脱落掉一个音节,原来的叠音后缀成为单音节后附形式,原来的三音节状态词变为双音节状态词,如"白生生→白生";其次,双音节状态词或分化,或固化,分化后成为褒贬并存形式,固化后成为不对称形式,或有褒无贬,或有贬无褒。

双音状态词形成后,其褒贬分立具有特定的语音形式表现,带儿化的一定是褒义的,非儿化的一定是贬义的,毫无例外。

5.2 来源于拟声词、动词、形容词的状态词

双音状态词的另一个来源是现成的拟声词、动词和形容词。这些词经过语音改造而用作状态词,由于语音形式不同,状态词和所源词不是兼类,而是不同的词。从所源词到状态词,其共同的语音特征是两个音节中间出现顿断,不同特征是儿化的位置,有的加在第一个音节之后,有的加在第二个音节之后,而且儿化不一定表达褒义,这是其特殊性所在。双音状态词形成以后,不仅语音上有独特的地方,而且句法分布上也和所源词不同。和状态词最接近的是形容词,甚至一般语法系统都还把状态词归入形容词范畴,但二者确实存在着很大差异。比如"圪溜",既有形容词用法,也有状态词用法。例如:

(5)这根棍子圪溜了。(形容词)
(6)这根棍子圪溜的。(状态词)
(7)这根棍子瓣圪溜了。(形容词)
(8)这根棍子瓣得圪溜的。(状态词)
(9)你把那根圪溜棍子拿过来。(形容词)
(10)那里圪溜一根棍子。(状态词)

例(5)(6)"圪溜"都做谓语,但例(5)带动态助词"了",是形容词,例(6)带"的",是状态词。例(7)(8)"圪溜"都做补语,例(7)带动态助词"了",是形容词,例(8)带"的",是状态词。例(9)(10)"圪溜"都做定语,例(9)"圪溜"直接修饰名词,是形容词,例(10)"圪溜"修饰数量名结构,是状态词。由此可见,状态词和形容词有着不同的性质,甚至具有不同的语音表现,至少在方

言中可以找到证据。因此,把状态词从形容词分化出来,有方言事实是可以作为依据的。

还有一种情况,认为是来源于带叠音后缀的状态词,可;认为是来源于拟声词、动词、形容词的状态词,也可。比如,有"干巴",也有"干巴巴";有"亮堂",也有"亮堂堂"。显然这种情况应该属于带叠音后缀的状态词,因为从语源来看,带叠音后缀的状态词是基本的,而双音形容词应该是后起的用法。"干巴"和"干巴巴"都是现代汉语中出现的(《西游记》中"干巴"指"干硬的饼状食物",如"点剁鹿肉干巴,满盘满碗的,陪着三藏吃斋",似和现代汉语形容词、状态词的用法没有源流关系),"亮堂堂"早在宋代就出现了(罗璧《罗氏识遗》中有"虽遗以巾帼而不辱,且谲为辛毗制己不露怯战之机,使亮堂堂之阵更无所施"),历经元明清三代,直到民国才出现"亮堂"(《雍正剑侠图》有一例"山根底下有两座大窑洞,也安上了门窗,阳光充足,挺亮堂的")。因此,从历时材料来看,这类情形都应处理为带叠音后缀的状态词。

以上我们讨论了矾山话双音状态词的褒贬分立问题。我们发现,这种双音状态词的褒贬分立和东北官话的情形比较近似,但和晋语中心地区的情形不甚相同。因此,矾山话的这种语法现象带有明显的官话方言语法性质,在某种程度上有"去晋语化"的趋势,这和矾山的地理位置有关,矾山距离北京只有一百多公里,受到北京、河北等北方官话影响比较大。但矾山话同时又保留了晋语的语法特征,因此无论在地理上还是在方言上,都不可避免地带有过渡类型的特征。

第二章 实词研究

第一节 方位词的多样性及其类型特征

汉语方言方位词的系统研究相对比较薄弱。张家口晋语方位词研究尚属空白。就晋语方位词研究而言,前人研究多以词表形式给出,这方面的研究有邢向东(2002)、武玉芳(2010)、王雪梅(2013)等。这些研究,一方面把方位词和其他方位表达形式混杂在一起,不够纯粹;另一方面没有从语法的角度着手,不够系统。本节拟基于类型的丰富性对张家口晋语方位词进行系统研究,从形式和语义方面做出描写,并揭示张家口晋语方位词的多样性及其类型特征,这一方面可以补充方言方位词的研究成果,另一方面也可以促进张家口晋语语法乃至整个晋语语法的研究。

1. 有关方位的一些基本概念

1.1 狭义方位词和广义方位词

在以结构主义为代表的传统语法学中,方位词被看作表示事物的位置的词,也引申表示时间或抽象存在。在形式上,方位词被分为单纯方位词和复合方位词两类。赵元任(1979)认为方位词可以是一个语素,如"上",也可以是一个语素组合,如"上头",方位词跟它前头从属于它的体词合起来构成一个处所词,如"桌子上"。朱德熙(1982)也把方位词分为单纯方位词和合成方位词两类。在赵元任(1979)和朱德熙(1982)的语法体系中,方位词都独立于名词,是和名词平起平坐的词类。而在教学语法中,方位词往往被作为名词的附类处理,如黄伯荣、廖序东主编(1997)的《现代汉语》教材就是这样处理的。

赵元任(1979)已经注意到方位词的"后置词"性质,"方位词表示事物的位置(包括时间上的),本身是体词性的,但是翻译成外语往往跟一个介词相当,因而有人管它叫'后置词'(postpositions)。"而且单语素方位词和双语素方位词具有不同的性质,"一个单语素的方位词(我们不说单音节,因为'这儿''那儿'是单音节方位词,可是双语素的)总是黏着于前,而双语素的方位词是自由的,一般本身就可以作为一个处所词或时间词"。朱德熙(1982)也有相同看法,"单纯方位词都是黏着的,合成方位词大部分是自由的"。张谊生(2000c)区分了方位词和方位名词,认为只有后置性、黏着性的准虚词才是严格意义的方位词,并认为,"如果要想真正做到名正言顺,那么,将方位词称之为后附词或者后置词似乎更加合适,也更能反映该类准虚词的语法功能特征"。因此,只有"上、下、前、后、东、南、西、北、左、右、里、外、内、中、间"这样的单纯方位词,加"之"和"以"的附加方位词,以及"上下、前后、左右"这三个复合方位词才是方位词,而"上边、下边、上面、下面、上头、下头"等都缺乏严格意义的后置性和黏着性,因此不是严格意义的方位词,而是方位名词。(张谊生 2000c)

单音节方位词是严格意义的方位词,我们称为狭义方位词;而诸如"上边、下边、上面、下面、上头、下头"这样的双音节方位成分,有人认为是方位词,有人认为是方位名词,我们称为广义方位词。我们把狭义方位词和广义方位词都处理为方位词,是因为二者具有这样的共性:1)不指称实体,只指示方位;2)都可以直接附着在名词性成分或动词性成分后面,组成方位短语。

1.2 方位短语和偏正短语

方位词直接附着在名词性成分或动词性成分的后面,就成为方位短语,表达处所、范围、时间等意义。单音节方位词直接附着在名词性成分或动词性成分后面,是典型的方位短语,如"桌子上、火车后"等。"上边、下边、上面、下面、上头、下头"等双音节方位词直接附着在名词性成分或动词性成分后面,有的学者处理为偏正短语。"'地上、楼下、山中、城南'这四个方位短语,同'地板上面、大楼底下、群山中间、小城南面'这四个偏正短语性质完全不同:前者是后附的,前主后从;后者是前加的,前偏后正。前者中间不能插入'的',后者可以。"(张谊生 2000c)张斌(2010)也持有相同观点。后附的、黏着的单音方位词和诸如"上边、下边、上面、下面、上头、下头"等双音节方位词在语法表现上确实有很大不同,因此对二者做出不同性质的处理,是很有道理的。不过我们还应该看到,无论单音节方位词还是像"上边、下边、上面、下面、上头、下头"这样的双音节方位词,如果直接附着在名词性成分或动词性成分后面,在性质上还是非常近似的,有很大的共性。从语言事实来看,"桌子上有一本书"和"桌子上面有一本书",很难说有本质的不同,如果认为"桌子上"是方位短语,那么也应该认为"桌子上面"同样是方位短语。

至于"桌子上面"可以插入"的",只能说明"桌子"和"上面"之间的结构关系比较松散,不够黏着,但不能说明"桌子上面"和"桌子的上面"具有相同的语法性质。正如吕叔湘(1979)对"大树"和"大的树"区分一样,"'大树'和'大的树'(原文'的'作 de)也不是一回事,在语法上是很有分别的。把'大的树'和'大树'等同起来,好像有没有一个'的'字没有什么关系,这就小看了这个'的'字了。'的'字虽小,它的作用可不小"。张敏(1998)认为,带"的"的定中组合,当"的"不出现的时候,仍然类似一个单词。也就是说,"大的树"是定中组合的偏正短语,但"大树"仍然类似一个单词。对带有方位词的短语来说,"桌子"和"上面"之间有没有"的",语法性质是不同的,"桌子上面"是方位短语,"桌子的上面"是偏正短语。这样,我们可以根据方位词的性质区分出不同的句法结构:

(1)a. 桌子上。("上"后附,黏着,方位短语)
 b. 桌子上面。("上面"后附,自由,方位短语)
 c. 桌子的上面。("上面"独立,自由,偏正短语)

方位词和方位短语是不同的语法单位,不能混为一谈。前人研究中存在着这样的问题。王雪梅(2013)列内蒙古凉城话分类词表的时候,专门列出"方位词",共 46 个,这 46 个所谓的"方位词"绝大部分都是方位短语,如"地上、路上、墙上、门上、墙外头、窗子外头、山前头、山后头、碗底底、锅底底、缸底底、窑背后"等,有的甚至连方位短语也谈不上,如"往里走、往外走、往东走、往西走、往回走、往前走",且不说这些说法根本不是方言性质的,即使是方言成分,也不应该作为方位词处理,这些短语是状中偏正短语,方位词只是状语中介词的宾语而已,连直接成分都算不上,因此和方位词无关。这大概是受到邢向东(2002)和武玉芳(2010)研究的影响,但邢向东(2002)和武玉芳(2010)列分类词表的时候说的是"位置",而不是"方位词","位置"是基于词汇意义的,"方位词"是基于语法意义的,因此二者并不相同。当然,如果严格作为词表列出的话,即使方位短语,也不应该列出,词表应该限制为"词",短语则应该以例子的形式给出,这样处理更加科学、合理一些。

1.3 方位成分和方位表达

方位词和方位短语共同构成了方位成分。方位成分构成方位系统。成分构成系统,这是语言(language)性质的。方位词是封闭的类,可以穷尽列举;方位短语则是开放的。方位成分用来表达事物的空间、范围、时间等关系,就成为方位表达,这是言语(speech)性质的。最典型的方位表达是空间表达。空间表达最重要的是目的物和参照物的选择。目的物和参照物是人们看待物体空间关系的方式,在可能存在的众多物体中,人们把目光集中在某一或某些物体上,这个或这些物体就成为目的物;而目的物的陪衬和背景,就成了参照物(刘宁生 1994)。根据刘宁生(1994),目的物具有"较小、移动、暂时、简单、未知"等伴随特征,参照物具有"较大、固定、持久、复杂、已知"等特征。例如(刘宁生例):

(2)a.桌子上面有幅画儿。
b.?画儿下面有张桌子。

例(2)a"桌子"是参照物,"画儿"是目的物,符合"目的物较小、参照物较大"的特征,因而可以接受;例(2)b"画儿"是参照物,"桌子"是目的物,不符合"目的物较小、参照物较大"的特征,因而较难接受。

方位表达还可以是范围表达和时间表达。例如:

(3)他在这件事情上面犯了错误。(范围)
(4)三天前这里发生了一场车祸。(时间)

用于范围和时间的方位表达,往往作为背景(background)性成分,为前景(foreground)性成分提供参照。

2. 方位词的多样性

张家口晋语方位成分的多样性,主要体现在双音节方位词形式的多样性上。以下我们从方位词的形式和语义两个方面加以说明。

2.1 方位词的形式

2.1.1 单音节和双音节

张家口晋语单音节方位词和共同语相同,双音节方位词丰富多样。这种情形可能应该比较多见。单音节方位词是典型方位词,常用单音节方位词"上、下、前、后、左、右、中、东、南、西、北"都属于基本词汇,具有全民性特征,因此在汉语各种方言中都比较一致。双音节方位词不是典型的方位词,因方言不同而存在差异。有些双音节方位词是共同的,如"上面、下面、左边、右边、前头、后头"等,有些双音节方位词为方言所特有,如"东傍、西傍、头起、边起、傍边儿、边里、合里、伴个儿"(具体意义见下)等。

值得注意的是,共同语双音节方位词主要是"X面、X边、X头"形式,这些形式在张家口晋语中大部分都可以用儿化形式,音节不变,如"上面儿、下面儿、前边儿、后边儿、东头儿、南头儿"。"上、下、前、后"加"头"不能儿化,"东、南、西、北"加"头"可以儿化。

2.1.2 基本式和重叠式

共同语方位词只有基本式,没有重叠式。张家口晋语方位词有重叠式,而且既有构词重叠,也有构形重叠。构词重叠有"边边、顶顶",这是重叠式合成词,不是叠音单纯词,因为"边、顶"都可以单说。

"边"是单音节方位词,比较黏着;"边边"作为重叠形式,具有双音节方位词性质,比较自由,可以独用。从意义看,"边边"比"边"更靠近边缘位置。例如:

(5)a.地边种着一排树。
　　b.地边边种着一排树。

例(5)a"地边"和例(5)b"地边边"都指地的边缘位置,"地边"可以指地最边缘的位置,但也可以指比较靠近地边缘的位置,和最边缘位置还有一定的距离,"地边边"只能指最边缘的位置。

"顶"是黏着的单音节方位词,"顶顶"也具有双音节方位词性质,比较自由。在意义上,"顶顶"和"顶"基本相同,"顶"本来就指事物的顶部,已经是最高的位置,"顶顶"仍然指事物的顶部。"顶顶"既可以指立体物外部的顶部,也可以指容器内部的顶部。例如:

(6)房顶顶站了个人。(立体物外部顶部)
(7)房顶顶糊了一层报纸。(容器内部顶部)

构形重叠是在双音节方位词的基础上形成的。"脑头、底下、当中、中间、边起、顶上、顶里"都有构形重叠形式——"脑脑头、底底下、当当中、中中间、边边起、顶顶上、顶顶里"。这些构形重叠都表示极致位置的意义,或者是最边缘的,有"脑脑头、底底下、边边起、顶顶上、顶顶里";或者是最中间的,有"当当中、中中间"。

"脑脑头"。最上面。例如:

(8)山脑脑头站的个人。(山的最上面站着个人。)

"底底下"。最下面。例如:

97

(9)窨子底底下有几个红萝贝。(窨子最下面有几个胡萝卜。)

"边边起"。最边缘。例如：

(10)院里边边起种了几墩山丹丹花。(院子最边缘种了几株山丹丹花。)

"顶顶上、顶顶里"。最顶部。和"顶顶"基本相同，"顶顶""顶顶上"和"顶顶里"没有明显的意义差异。例如：

(11)墙顶顶上撒了好些碎玻璃碴儿。(墙最顶部撒了好多碎玻璃碴儿。)

(12)先把花盆搁的冰箱顶顶里。(先把花盆放到冰箱最顶部。)

"当当中、中中间"指最中间，没有明显的意义差异。例如：

(13)那块地当当中有个坑。(那块地最中间有个坑。)

(14)他照相顿就爱站在中中间。(他照相的时候就喜欢站在最中间。)

方位词重叠的情形，以往晋语研究鲜有涉及，但从晋语所具有的发达而丰富的重叠情形来看，方位词的重叠应该不限于张家口地区，其他晋语地区也有，这还需要进一步调查研究。

2.2 方位词的语义

2.2.1 方位词的语义类别

根据 Asifa Majid 等(2004)，人类语言的空间指示框架可以分为三类：绝对空间指示框架、相对空间指示框架、固定空间指示框架。相应地，方位词也可以分为三类：绝对方位词、相对方位词以及固定方位词。

绝对方位词又叫客观方位词，是具有绝对、客观基准的方位词。汉语、英语等许多语言都有"东、南、西、北"这样的以太阳升起落下为基准和参照的方位词，这就是客观方位词。

相对方位词随视角变化而变化，(Frawley 1992，赵世开主编 1999)包括上下、前后、左右等，比如"房子在我前面"，当我把身体转 180 度之后，就变成了"房子在我后面"，因此"前面、后面"都是随视角变化而变化的相对方位词。

固定方位词不随视角变化而变化,(Frawley 1992,赵世开主编 1999)又分"附着"和"里外"两种。比如"车在车库里面",无论视角怎样变换,"车"和"车库"之间的容纳关系都不变,"车"是容物,"车库"的容器。

2.2.2 张家口晋语特殊方位词的具体意义

"东傍、南傍、西傍、北傍"

在涿鹿、怀来和赤城三县,绝对方位词"东、南、西、北"可以和"傍"组合,组成"东傍、南傍、西傍、北傍"这样特殊形式的绝对方位词。"傍"不是"边"的音变,因为这些地区既有"X 边",也有"X 傍",二者在用法上存在着差异:"X 边"用于泛指性方位,"X 傍"用于远指性方位。"X 边"用于泛指性方位,既可以近指,也可以远指;"X 傍"只能远指,不能近指。一般情况下,用"X 傍"的地方,也可以用"X 边",但用"X 边"的地方,不一定能用"X 傍"。例如:

(15)学校东傍(东边)有一块菜地。
(16)再往南傍(南边)走一里地就到了。
(17)(照相时)你站在我东边(*东傍),娟娟站在我西边(*西傍)。
(18)紧挨桌子北边(*北傍)是一堵墙。

例(15)(16)都有一定的远距意义,其中例(15)学校和菜地的面积一般都比较大,即使紧挨在一起,也可以识解为远距,因此用"东傍""东边"都可以,但如果在地图上,就只能用"东边",因为地图上紧挨在一起的地方都识解为近距;例(16)目的地相距说话的位置有一里地,属于远距,因此用"南傍""南边"都可以。例(17)(18)都是近距,只能用"X 边",不能用"X 傍"。

"东傍、南傍、西傍、北傍"可以用来给田地、园林命名,如"东傍地、西傍园子"等,这是因为,田地、园林一般都和村子有一定的距离,说话人立足点是村子,因此田地、园林被看作是远距离事物。"东边、南边、西边、北边"没有这样的命名性用法,命名性用法不是一般用法。例如:

(19)今年南傍地种山药。(今年南傍地种土豆。)
(20)西傍园子还没锄嘞。(西傍园子还没锄呢。)

"上头、脑头、浮头"

从分布范围看,"上头"是共同语方位词,分布最为广泛;"浮头"是北方官话方言方位词,分布不如"上头"广泛,《现代汉语词典》(第 6 版)把"浮头"作为方言词处理,解释为"浮面",把"浮面"解释为"表面";"脑头"是张家口晋语方位词,只存在于晋语地区。

分布范围:上头＞浮头＞脑头。

我们之所以把三者放在一起陈述,是因为三者在张家口晋语中都有存在,而且呈现出对立性分工。具体为:"上头"是泛用性相对方位词,随视角变化而变化,而且目的物和参照物既可以分离,又可以附着;"脑头"和"浮头"是固定方位词,不随视角变化而变化,两者都是表示附着意义的方位词,目的物和参照物不可分离,前者用于外部平面附着,后者用于内部容器附着。如果用义素形式来标示,就是:

上头[＋向上][＋随视角变化][＋目的物和参照物可分离][＋容器][－平面];

脑头[＋向上][－随视角变化][－目的物和参照物可分离][－容器][＋平面];

浮头[＋向上][－随视角变化][－目的物和参照物可分离][＋容器][－平面]。

另外,"上头"还可以用于抽象行为或事物,这是虚化的用法,"脑头"有时可以用于抽象行为或事物,"浮头"不能用于抽象行为或事物。例如:

(21)公园上头飘着好些气球。(目的物与参照物分离)

(22)山上头有一座塔。(目的物附着于参照物)

(23)他在这件事上头可出了风头了。(他在这件事情上可出了风头了。用于抽象事物)

(24)墙脑头挂着一幅画。(墙上面挂着一幅画。目的物附着于参照物。平面附着)

(25)做事可以大意,做人脑头可不能大意。(做事可以大意,在做人上可不能大意。用于抽象行为)

(26)小苹果搁果筐底下,浮头搁两个大的。(小苹果放在果筐里下面,上面放几个大的。目的物附着于参照物,容器附着)

还需要说明的是,《现代汉语词典》(第6版)对"浮头"的解释只着眼于词汇意义,不包括用法。从用法看,"浮头"应该是用于容器内部的事物表面,如果是外部表面,不能用"浮头"。例如:

(27)衣柜浮头有几件衣裳。

(28)*衣柜浮头有一层灰尘。

衣柜作为容器,分为内外两部分,"几件衣裳"在衣柜内部表面,因此例(27)可以接受;"一层灰尘"在衣柜外部表面,因此例(28)不能接受。

"里头、合里"

"里头"是共同语方位词,"合里"是张家口部分县区的方言方位词,主要分布在万全、怀安、张北和康保四县,二者都是固定方位词。万全等方言既说"里头",也说"合里",二者意义相同,用法不同。"里头"既可以用作前置成分,又可以用作后置成分,"合里"只能用作后置成分,因此,凡用"合里"的地方,一般也可以用"里头",反之则不然。"里头"可以做主语、定语,主语和定语都是前置成分,也可以用在名词性成分后面成为方位短语,或者用作介词、动词的宾语,"合里"不能做主语、定语,其他用法和"里头"相同。例如:

(29)里头(*合里)有一个人。

(30)里头(*合里)的人出来了。

(31)教室里头/合里有三十个学生。

(32)宰里头/合里搁的三百块钱。(这里面放着三百块钱。)

(33)你拿里头/合里打扫打扫。(你把里面打扫打扫。)

(34)猪儿都进的里头/合里了。(猪都进到里面了。)

"边起、边里、边上"

"边起、边里、边上"都表示事物的边缘位置,是固定方位词。"边起"只能用于事物内部边缘位置。"边里"既可用于事物内部的边缘位置,还可用于事物外部边缘位置。"边上"除了用于事物的边缘位置,包括内部和外部,还可以用于时间或数目,《现代汉语词典》(第6版)虽然没有给"边上"立目,但"边"有这样一个义项——"用在时间词或数词后,表示接近某个时间或某个数目",所举的例子都是"边上"(冬至边上下了一场大雪|活到六十边上还没见过这种事),这说明,"边上"用于时间和数目,不仅仅存在于方言中,也存在于共同语中。例如:

(35)作业本要放的课桌儿边起。(内部边缘位置)

(36)衣裳就在床边里。(内部边缘位置)

(37)枕头边里有一本书。(外部边缘位置)

(38)鞋垫儿边上绣了一朵花儿。(内部边缘位置)

(39)河边上种了一排树。(外部边缘位置)

(40)这袋黄豆在四十斤边上嘞。(这袋黄豆接近四十斤。用于数目)

"头里、头起"

"头里"是共同语方位词,表示事物前面的位置,《现代汉语词典》(第6版)解释为"前面"。"头起"是张家口晋语的方位词,表示事物头部的位置。在张家口晋语中,"头里"用于动态的前部,"头起"用于静态的头部。《现代汉语词典》(第6版)"头里"举例为"您头里走,我马上就来""工作和学习,他样样都走在头里",都用于"走",因此应该和张家口晋语一样,用于动态的前部,至少有这样的倾向。"头起"用于静态头部,可以在事物之内,也可以在事物之外。"头里"和"头起"都是固定方位词。Asifa Majid 等(2004)为固定空间指示框架所举例子为 The fork is at the nose of the spoon,在共同语中很难有合适的翻译,但在张家口晋语中可以翻译为"叉子在勺子头起"。下面是具体例子:

(41)三班走在队伍头里,四班走在队伍后头。(队伍之内)
(42)羊群头里是大羊倌,后头是小羊倌。(羊群之外)
(43)床头起放了一把剪子。(床之内)
(44)巷子头起有个大影壁。(巷子之外)

"傍边儿、伴个儿"

"傍边儿、伴个儿"都相当于共同语"旁边",是固定方位词,表示目的物与参照物靠近或紧邻。"傍边儿"分布在涿鹿、怀来、赤城三县,"伴个儿"分布在万全和张北两地。"伴个儿"的"个儿"表示处所,相当于"里","个儿"可以和指示代词、疑问代词组合使用,形成"这个儿、兀个儿、哪个儿"这样的复合形式,意思是"这里、那里、哪里"。我们看"傍边儿、伴个儿"的用例:

(45)老爷子傍边有个后生。(老头旁边有个年轻人。)
(46)人家变魔术,他打那会儿就在傍边看。(人家变魔术,他一直在旁边看。)
(47)手机在电视伴个儿嘞。(手机在电视旁边呢。)
(48)你再往伴个儿走走!(你再往旁边走走!)

"里手、外手"

《现代汉语词典》(第6版)收"里手、外手",解释分别是"赶车或操纵器械时指车或器械的左边,也泛指靠里的一边(如'骑自行车的人大都是从里手上车')""赶车或操纵器械时指车或器械的右边"。可见,在共同语中,"里手、外手"分别相当于"左边、右边",是相对方位词,只是使用范围仅限于"赶车或操纵器械"这样的场合。张家口晋语"里手、外手"使用范围也不如"左边、右边",但比共同语使用范围要大,不仅限于"赶车或操纵器械"场合,还包括"行走、路径"这样的场合。例如:

(49)路儿里手通往马槽沟村,路儿外手通往李家堡村。
(50)往里手走是一条死胡同。

"里手、外手"和"左边、右边"的根本区别在于:"里手、外手"只用于动态方位,"左边、右边"既可用于动态方位,也可用于静态方位。这样看来,"左边、右边"使用范围更大,非常容易把"里手、外手"排挤掉。正因为如此,年轻一代已经很少使用"里手、外手"这两个方位词了,可以预见,由于"左边、右边"的强势挤压,"里手、外手"会逐渐隐退,终将湮没在语言历史的长河中。
"当中、中间"

"当中、中间"都表示居中的位置,是固定方位词。"当中、中间"普通话也有,用法上和张家口方言略有差异。《现代汉语词典》(第6版)把"当中"和"中间"都处理为方位词。根据《现代汉语词典》(第6版)释义,"中间"只用于空间位置,包括静态空间位置和动态空间位置;而"当中"除了用于静态空间位置,还用于时间进程以及社会空间领域。张家口方言正好相反,"当中"只用于静态空间位置,"中间"则还可用于动态空间位置、时间进程以及社会空间领域。例如:

(51)桌子当中放的一个盘。(静态空间位置)
(52)两墩房中间独打了一道墙。(两所房子中间隔了一道墙。静态空间位置)
(53)跑五千米跑到中间喝口水。(动态空间位置,兼有时间意义)
(54)吃饭中间家里来了客人。(时间进程)
(55)他在姊妹几个中间个儿是最高的。("姊妹几个"可以包括男性,社会空间)

因此,尽管张家口晋语和共同语都有"当中"和"中间",但用法并不完全一致。

方位关系除了包括给事物"定位"之外,还包括指示事物的方位。(赵世开主编1999)指示代词"这、那"复合成的一些词也可以指示事物的方位,如共同语"这里、那里、这儿、那儿、这边、那边"等,张家口晋语"这呵儿、那呵儿"(涿鹿、怀来等地,人所在的开放空间)、"这个儿、兀个儿"(万全、怀安等地,人所在的开放空间)、"这厢、那厢"(人所在的密闭空间)等。这些词一般还是归指示代词,但也不妨归方位词,因为它们符合方位词特征,即不指称实体,只指示方位,而且都可以直接附着在名词性成分或动词性成分后面,组成类似方位短语性质的句法结构。

3. 方位词的类型特征

从跨语言和跨文化的情况看,方位词应该属于空间指示范畴,这在人类语言中是比较普遍地存在着的。在空间指示范畴中,以地理为坐标的绝对方位指示和以自我为坐标的相对方位指示是最重要的,不同的语言或方言有不同的倾向。根据 Asifa Majid 等(2004),澳大利亚的 Guugu Yimithirr 语和 Arrernte 语、纳米比亚的 Hai//om 语、墨西哥的 Tzeltal 语、所罗门群岛的 Longgu 语、尼泊尔的 Belhare 语属于绝对空间指示型语言,而荷兰语、日语、墨西哥的 Yukatake 语属于相对空间指示型语言。就绝对方位指示和主观方位指示的普遍性而言,给人的感觉或许是,相对方位指示可能更加普遍些,覃凤余(2005)指出,壮语就缺乏绝对方位词,原生文化中只有相对方位词。但有些语言则完全没有主观方位表达词语。根据 Asifa Majid 等(2004),澳大利亚的 Guugu Yimithirr 语完全没有表示左右的词,更奇怪的是,这种语言甚至不使用像"在前面""在后面"这样的短语来表示物体的位置,当其他语言普遍使用以自身为参照的相对方位指示框架的时候,Guugu Yimithirr 语都只用四个基本方向来指示,即:东(naga)、南(jiba)、西(guwa)、北(gungga)。更为出人意料的是,有的语言甚至不分东南西北,而用其他地理坐标来表示方位意义,如墨西哥的 Tzeltal 语,这种语言用上坡、下坡和横向表示方位,横向指和上下坡坐标轴垂直的轴上的两个方向中的任意一个,需要确定横向轴上到底是哪一条时,就加上具体的地名;法属波利尼西亚群岛的马克萨斯群岛的语言则以朝海和朝陆两个方向为主轴,所以当桌子上有盘子和杯子时,总是说"盘子在杯子靠内陆的一侧"或"盘子在杯子靠海的一侧"。(盖伊·多伊彻 2014)从历时的角度看,表示空间指示的语言成分有许多是从人体部位发展而来。Svorou(1994)、Heine(1989)对世界各种语言(包括非洲和大洋洲诸语言)的研究表明,"前后、上下、顶部和底部"等空间关系的语言成分有许多是从人的身体部位语法化而来的,跨语言中被首选而且更普遍的是拟人模型,因为就人类基本认知而言,一般情况下都有以人为中心的偏爱。

就张家口晋语而言,张家口晋语有丰富而发达的方位词,这些方位词构成了特定方言的方位词系统。

从方位词的形式看,有许多特殊的双音节方位词形式,像"边里、合里、傍边儿、伴个儿"等,这些形式在共同语中都不存在;还有重叠形式,包括构词重叠和构形重叠,也成为张家口晋语方位词的特征。

从方位词的意义看,无论是绝对方位词、相对方位词还是固定方位词,都表现出发达、强势的态势,绝对方位词有"X傍"这样的形式,相对方位词有"里手、外手"等,用于动态方位,和左右形成互补,固定方位词有"脑头、浮头"等,复杂多样,形成各种对立。

从方位词的差异看,有些和句法位置有关,如"合里"只用作后置成分,"里头"可用作前置成分;有些纯粹是意义的差异。方位词意义的差异,有些和事物相关,主要是参照物和附着物,"上头"参照物可分离,而"脑头"参照物不可分离,"脑头"附着于平面,"浮头"附着于容器;有些和空间有关,主要包括距离、位置、状态,"X傍"只用于远距,"X边"可用于近距,"边起"只用于内部边缘位置,"边上"可用于外部边缘位置,"头里"用于动态的前部,"头起"用于静态的头部。

从方位词的领域看,方位词最核心、最基本的领域是具体的物理空间,有些方位词还向其他领域延伸,"上头、脑头"延伸到抽象的领域,用于抽象的行为或事物;"边上"延伸到时间和数目领域;"中间"延伸到时间和社会领域。

从这些情况可以看出,张家口晋语方位词具有复杂多样的特征,这和张家口复杂多样的地理环境以及丰富多彩的地方文化生活都不无关系,同时也反映了张家口母方言者对客观世界的认知情形。

第二节　情态动词"待"及其否定关联和意外性质

晋语许多情态动词和共同语相同,如"可能、应该、会、要"等,只有"敢、待"等少数情态动词很有特色。"敢"分布于晋语大部分等地区,但在张家口晋语中却呈现出衰落趋势,只在张家口西部和北部地区保留有"不敢定"(可能)这样的固定形式。"待"在张家口晋语中却非常发达,除了有动力情态的用法,还有道义情态的用法,还有"不待在"这样的固定形式。本节讨论情态动词"待",描写其意义和用法,探讨其否定关联和意外性质。

根据《现代汉语词典》(第6版),"待"有三个义项:1)等待;2)需要;3)要,打算。这些都是实义动词用法。在近代汉语和现代汉语方言中,"待"有情态动词用法。在晋语各个地区,根据对发音合作人的调查征询,并州片、大包片、张呼片、上党片的全部以及五台片大部、吕梁片北部,"待"都有动力情态动词的用法,绝大部分地区还有道义情态动词的用法;邯新片、志延片、吕梁片南部和西部大部分地区、五台片的陕北地区都没有"待"的情态动词用法。"待"的情态动词用法在晋语中呈现出东部和北部强势发达、西部和南部式微的态势。晋语情态动词"待"和否定有很强的关联性,并具有意外性质(mirativity)。

1. "待"的意义和用法

晋语"待"也有像共同语那样的实义动词的用法,其情态动词的用法是在实义动词用法的基础上产生的,具体发展演变过程详见本节第三部分。

情态动词"待"用于实义动词性成分 VP 前面,形成如下结构:

S_0:NP+(不/没/别)待 VP

在 S_0 中,NP 是表人词语,包括说话人(言者)、听话人(听者)和第三方(他者);VP 最基本的语义特征是[意愿],[意愿]具有可控性和持续性,非可控性 VP 和非持续性 VP(如"死、伤、病、知道")不具有[意愿]特征,不能进入 S_0 结构。

1.1 "待"表意愿

表意愿的"待"(记作"待₁")是动力情态动词,相当于"愿意、想"。"待₁"多用于否定式,否定词有"不"和"没","不待/没待 VP"相当于共同语"不愿意、懒得"。"待₁"用于否定式形成如下两个结构:

S_1:NP+不待 VP

S_2:NP+没待 VP

S_1 "不待 VP"用于对一般主观愿望的否定,例如:

(1)我不待做饭。(我懒得做饭。)
(2)孩子不待跑,就想圪蹲着。(孩子懒得跑,就想蹲着。)

S_2 "没待 VP"用于对过去主观愿望的否定。例如:

(3)我夜里没待做活,躺了一天。(我昨天懒得做活,躺了一天。)

S_1 和 S_2 有如下特点。

1)在陈述句中,NP 只能是言者和他者,不能是听者。例如:

(4)* 你不待起床。

在疑问句或假设条件句中，NP可以是听者：

(4') 你不待起床？
(4'') 你不待起床的话，就再躺一会儿。

"待$_1$"表示意愿，"不待"就是非意愿，非意愿其实也是一种意愿，比如，"不愿意做饭"就是"愿意不做饭"。说话人可以表达自己的意愿，也可以向听话人传达他者的意愿，因此在S$_1$和S$_2$中，NP可以是言者和他者。而对于听者的意愿，说话人要么知道，要么不知道，如果知道，对交际双方来说都是已知信息，就没必要再向对方传达；如果不知道，说话人往往需要猜测，反映在语言中，就是用非现实句来表达。在疑问句和假设条件句中，NP可以是听者，因为疑问句和假设条件句都属于非现实范畴。疑问句和假设条件句在许多语言中是相通的，甚至采用相同的结构。(Haiman 1985，沈家煊 1999)

2) 用于始发陈述时，"待$_1$"只有否定式，没有肯定式。(1)～(3)如果是始发陈述，都没有相应的肯定式，"我待做饭""孩子待跑""我夜里待做活"都不能用于始发陈述。如果用于回应，可以有肯定式。例如：

(1') A：你待不待做饭？ B：我待做饭。
(2') A：孩子待跑不待？ B：孩子待跑。
(3') A：你夜里没待做活？ B：我夜里待做活来呀。

我们可以把"待$_1$"的肯定式标记为S$_3$：
NP＋待VP
就"待$_1$"而言，S$_1$和S$_2$是无标记的；S$_3$是有标记的，即只用于回应。S$_3$用于回应，是由于"应答协调一致性原则"(陆俭明 2007)决定的。

1.2 "待"表义务
表义务的"待"是道义情态动词，有三种情形：表承诺，表要求，表认可。承诺、要求、认可都是应该承担或执行的义务。

1.2.1 "待"表承诺
表承诺的"待"(记作"待$_2$")，相当于表示承诺意义的"会"("我会出去赚钱的")。"待₂"既有否定式，也有肯定式，形成如下结构：

S₄：NP＋不待 VP
S₅：NP＋待 VP 嘞

在 S₄ 和 S₅ 中，NP 只能是言者或他者，不能是听者。

先说 S₄。S₄ 否定词仅限于"不"，"不待 VP"是否定的承诺，意思是"不会 VP"。例如：

(5)A：你去摘苹果吧。B：我不待摘它。（我不会去摘苹果。）

(6)A：三胖要去乡里告村主任。B：村主任不待理他。（村主任不会理他。）

例(5)是说话人自我申明，虽然还有意愿义（我懒得摘它），但更主要的是表达否定的承诺（如果对方要求我去摘苹果，我承诺我会去的，就是肯定的承诺；我强调我不会去，就是否定的承诺），申明自己不会去摘苹果。例(6)是说话人对他者态度的申明，有意愿性（村主任懒得理他），也主要表达否定的承诺（强调村主任不会理他）。例(6)有"移情"的性质，"说话人将自己认同于……他用句子所描写的事件或状态中的一个参与者"(Kuno 1987；沈家煊 2008)，而"主语是说话人移情的固有位置"(Kuno & Kaburaki 1977，张伯江 2002)，即，言者是站在村主任的立场上、把自己认同于村主任来表达的。

再说 S₅。S₅ 很有意思，本来是肯定形式，但表达的却是否定意义。也就是说，S₄ 和 S₅ 形式上是相反的，但意义上是完全相同的（语气不同）。例如：

(5')A：你去摘苹果吧。B：我待摘它嘞。（意思还是我不会去摘苹果。）

(6')A：三胖要去乡里告村主任。B：村主任待理他嘞。（意思还是村主任不会理它。）

S₅ 句尾有语气词"嘞"，是强主观性的缘故。因为用肯定形式表达否定意义，其主观性更加强烈，反映说话人特别强烈的主观态度，而句尾的"嘞"，"是纯粹的语气词，表达不容置疑的断定语气，有时略带夸张。相当于共同语的'呢'。"(邢向东 2002)这和强烈主观态度的表达是相宜的。

肯定形式表达否定意义，是由反问语气取得的。

最后说说 S₁ 和 S₄ 的区别。S₁ 和 S₄ 表面上是两个完全相同的结构"NP＋不待 VP"，而且 NP 都只能是言者和他者。但在用法上有很大不同。

1)语篇表现不同。S_1可用于始发陈述;S_4只能用于对引发语的回应。如果是始发陈述,一定是S_1;如果是回应,可能是S_1,也可能是S_4,这要看"NP+不待 VP"结构中 VP 宾语的性质以及具体语境情况。

2)宾语性质不同。S_1宾语很自由,可以是零形式、代词、名词等;S_4宾语很不自由,只能是第二、三人称代词"你、你们、他、他们、它、它们"。例(1)(2)没有代词宾语,是S_1;例(5)(6)是人称代词宾语,是S_4。也有两可的情形,当引发语的宾语为第二、第三人称代词,回应时宾语"回声"(echo)为第二、三人称代词,会出现两可的理解。例如:

(7)A:你待不待管他? B:我不待管他。

例(7)"不待"可以理解为"不愿意",也可以理解为"不会",具体视语境情况而定。

在S_4中,代词宾语可以是实指的,如例(5)(6);也可以是虚指的,特别是当 VP 是一价动词的时候,代词也必须出现,"它"完全是虚指成分。例如:

(8)A:你睡会儿去吧。B:我不待睡它。

例(8)"它"在语义上是无所指称的,只是一个代词形式。根据殷何辉(2010),孝感方言的句尾成分"它"也有无所指称的情形(殷何辉例):

(9)我走了它!
(10)你去死了它!

殷何辉(2010)认为,"它"是从代词发展出来的句尾语气词。"它"究竟是不是句尾语气词,是可以继续讨论的,但从"它"的"无所指称、表达强烈的主观态度"的性质来看,例(9)(10)的"它"和例(8)的"它"应该是相同性质的语言成分。由此看来,"它"用在句尾部分、无所指称、表达强烈的主观态度,在方言中不是个别的现象。

那么,在S_4中,宾语为何一定是代词形式呢?我们认为,这一方面是出于区别"待$_1$"和"待$_2$"的需要,另一方面和主观性强度有关。一方面,由"待$_1$"和"待$_2$"形成的"NP+不待 VP"结构,NP 都是言者和他者,如果没有这样的区别,就会出现很多歧义情形,进而影响交际。另一方面,代词和零形式、名词相比,有较强的主观性,零形式是零信息或者是被省略的旧信息,名词只指称客体,主观性都不够强,代词意义上指称客体,又是轻形式,主观性较强;"待$_1$"是动力情态动词,"待$_2$"的道义情态动词,"待$_2$"主观性强于"待$_1$";代词的强主观性和"待$_2$"的强主观性在表达上是相宜的。

3)可控程度不同。S_1NP 可控程度低,S_4NP 可控程度高。S_1"待"表意愿,意愿不一定能执行,因此可控程度低;S_4"待"表承诺,承诺一定能执行,至少在 NP 看来如此,因此可控程度高。因此,如果是可控程度低的语境,是 S_1,可控程度高的语境,是 S_4,可控程度无所谓高低,就是两可的情形。例如:

(7')A:你待不待管他? B:我不待管他么,可是我不管谁管?
(7'')A:你待不待管他? B:我不待管他,爱谁管谁管!

例(7')可控程度低,说话人不愿意管而又不得不管,是 S_1;例(7'')可控程度高,说话人说不管就可以不管,是 S_4。

1.2.2 "待"表要求

表要求的"待"(记作"待$_3$"),相当于表示要求意义的"要"("你要出去赚钱")。

"待$_3$"既有否定式,也有肯定式,形成如下结构:

S_6:NP＋别待 VP 了
S_7:NP 待 VP 嘞

在 S_6 和 S_7 中,NP 只能是听者,不能是言者和他者;宾语很自由,可以是零形式、代词、名词等。

先说 S_6。S_6 否定词仅限于"别","别待 VP 了"意思是"不要 VP",用于劝止对方的行为。句尾需要带语气词"了","了"表示变化的情形。例如:

(11)你别待问你爹了。
(12)你让他别待问他爹了。

例(11)(12)都是否定式,对方或他者本来是准备做某事的,说话人要求对方或他者不要做某事,这是变化的情形。NP 都是听者,但 VP 的直接成分主语不同,例(11)是听者,例(12)是他者,可见,"待$_3$"表要求的性质不是 VP 的直接成分主语决定的,而是全句主语决定的,只要全句主语是听者(第二人称),即是表要求的。

这里还有个很有意思的问题:"别"是"不要","待$_3$"是"要",那么逻辑的结论就是,"别待"就是"不要待"或"不要要"。但"不要待"和"不要要"都说不通。我们认为,"别待"其实在某种程度上已经词汇化了,有整体意义,不能从部分推出。而且,"别 VP"和"别待 VP"意义是不同的,"别 VP"强调"无益甚至有害","别待 VP"强调"无用并非有害"。例如:

(13) 你别睡觉了,小心睡出毛病来。
(14) 你别待睡觉了,起来帮我做点活吧。

例(13)强调"无益",继续睡觉是不好的,甚至是有害的;例(14)强调"无用",继续睡觉是没有意义的,但并非有害。如果把后分句进行交换:

(13') 你别睡觉了,起来帮我做点活吧。
(14')* 你别待睡觉了,小心睡出毛病来。

例(13')仍然是正确的,睡觉无益,起来帮我做点活是完全合理的;例(14')不能接受,是因为"别待 VP"的"并非有害"和后分句的有害意义形成了矛盾。

如果 VP 明显是凸显有害的,都不能用在"别待"后面,如"*别待捣乱,*别待打人,*别待乱扔垃圾,*别待横穿马路"等。

在语用上,"别 VP"既可以用于预期情境,也可以用于反预期情境,"别待 VP"只用于反预期情境,详见下文。

S_6 既可用于始发祈使,也可用于回应。比如,当看到某人正在跑步,说话人觉得跑步无用,可以说"你别待跑了",这是始发祈使。用于回应如:

(11') A:我问问我爹。B:你别待问你爹了。

再说 S_7。S_7 也是用肯定形式表达否定意义,而且也是从反问语气取得的。句尾用语气词"嘞",以表达说话人强烈的主观态度。例如:

(11'') A:我问问我爹。B:你待问你爹嘞。

S_5 和 S_7 都是"NP+待 VP 嘞",其实非常容易区分,S_5 NP 是言者和他者,S_7 NP 是听者。

1.2.3 "待"表认可

表认可的"待"(记作"待$_4$")本来相当于表示认可意义的"应该"("你应

该出去赚钱"），但由于吸收了反问语气中的否定意义，实际上表达的是"不应该"的意思，"待 VP"意思是"不应该 VP"。"待₄"只有肯定式，没有否定式，形成如下结构：

S₈：NP+（也）待 VP

S₈是用肯定形式表达否定意义。例如：

(15)你也待说。
(16)二柱子也待瞎跑。

例(15)意思是"你不应该说"，例(16)意思是"二柱子不应该瞎跑"。例(15)的背景是，对方说了一些话，说话人觉得说这些话不起任何作用，说了也白说，因此对方不应该说，说话人就用"你也待说"表达不认可的主观态度。例(16)的背景是，二柱子为某件事瞎跑，说话人觉得瞎跑是没有意义的，跑也是白跑，因此他不应该瞎跑，说话人就用"二柱子也待瞎跑"表达不认可的主观态度。

晋语中还有个和"待₄"相近的情态动词"好"（去声），也只有肯定形式，而且肯定形式表达否定意义：

(15')你好说。
(16')二柱子好瞎跑。

例(15')(16')和例(15)(16)意思相同，也是"你不应该说"和"二柱子不应该瞎跑"，但用法不同，"好"用于有比较严重或极其严重后果的语境。例(15')的背景是，对方说了一些话，导致了比较严重甚至极其严重的后果，比如挨了打，说话人埋怨对方不应该说那些话。例(16')的背景是，二柱子因为瞎跑导致了比较严重甚至极其严重的后果，比如损失了很多钱，说话人对二柱子的行为表达强烈的不满或反感的情绪。

从形式看，S₈有如下特点。

1) NP 只能是听者或他者，不能是言者。
2) "待"前面一般都有语气副词"也"，"也"前面不出现其他状语。
3) VP 动后受限制，动前可显著。V 后常常不出现宾语，可以出现轻形式"它"，"它"可以是虚指的，性质和例(8)(9)(10)相同。例如：

(15'')你也待说它。

(16''')二柱子也待瞎跑它。

例(15'')"它"还有一定的指称性,指称说的那些话;例(16'')"它"完全是虚指的,无指称对象。

V前可出现状语,状语可以是简单的,也可以是复杂的。例如:

(15''')你也待费嘴磨牙地说(它)。
(16''')二柱子也待东一头西一头没日没夜地瞎跑(它)。

从意义看,在S_8中,VP所代表的行为都是已经发生的,说话人不认可这样的行为,认为VP是无用的、没必要的。S_7和S_8,其NP都可以是听者,而且都是用肯定形式表达否定意义,但二者并不难区分:S_7VP是正在发生的或将要发生的行为,说话人对这样的行为进行劝止;S_8VP是已经发生的行为,说话人对这样的行为表达不认可的态度。

2. "待"的否定关联和意外性质

2.1 "待"的否定关联

情态动词"待"和否定具有高度的关联性。根据"待"和否定的关联,由"待"所形成的结构有以下三种情形。

2.1.1 否定形式表达否定意义

有S_1、S_2、S_4、S_6四种结构。S_1和S_2是典型的、无标记的用法,其相反的肯定形式是非典型的、有标记的用法,因此,"待$_1$"用于否定,是典型用法。S_4和S_6是否定形式表达否定意义,其相反的肯定形式也表达否定意义,也就是说,"待$_2$"和"待$_3$"只有否定意义,没有肯定意义,不论形式如何。"待$_1$"用于否定是典型用法,"待$_2$"和"待$_3$"只有否定意义,可见,用否定形式表达否定意义的四种结构,都是和否定高度关联的。

2.1.2 肯定形式表达肯定意义

有S_3一种结构。S_3虽然和否定不相关,但它是有标记的用法,即只用于回应。语言中的有标记项是非典型的、非常规的情形,并不影响特定范畴的整体性质。因此,S_3不影响"待"整体的否定关联性。

2.1.3 肯定形式表达否定意义

有S_5、S_7、S_8三种结构。用肯定形式表达否定意义,是从反问语气取得的。"待"的肯定式用于反问句中,表达否定意义。例如:

(5'')A:你去摘苹果吧。B:我待摘它咧?

(6''')A：三胖要去乡里告村主任。B：村主任待理他嘞？
(11''')A：我问问我爹。B：你待问你爹嘞？
(15'''')你也待说？
(16'''')二柱子也待瞎跑？

上述各例都是是非问句的反问句，其反问语气是通过高升的语调获得的。由于这种反问句十分常用，久而久之，高升调"磨损"为低平调，反问语气消失了，反问句的否定意义附着在肯定形式的句子中，因而出现了肯定形式表达否定意义的情形。

肯定形式可以表达否定意义，否定形式也表达否定意义，这就形成了相反形式表达相同意义的情形。如果把肯定形式和否定形式看作两种不同的构式，根据构式的"无同义原则"，两个构式在句法上不同但在语义上相同，那么它们在语用上必定不同(Goldberg 2007)。S_4 和 S_5、S_6 和 S_7，都是形式不同意义相同，其语用一定不同：S_5、S_7 比 S_4、S_6 主观性程度更高，语气更加强烈。

2.2 "待"的意外性质

"待"具有意外性质，是意外范畴标记。意外范畴是表达非预期信息的语法标记。(DeLancey 1997)非预期信息很大程度上就是反预期信息。根据吴福祥(2004c)，反预期有三种情形：与受话人预期相反、与说话人预期相反、与特定言语社会共享预期相反。"待"的几种不同的意义和用法都与这三种情形有关。

2.2.1 "待$_1$"用于和特定言语社会共享预期相反的情境

特定言语社会共享预期是"社会固有模式"(social stereotype)，它反映了社会的"正常期望"(normal expectation)。在认知领域中，"正常期望"起着重要作用，凡符合正常期望的，一般用无标记手段来表现；反之，违背正常期望的，往往用特定标记、特定结构等来表现(Lakoff 1987)。"待$_1$"用于违背正常期望的情境，不用于符合正常期望的情境。

(1)我不待做饭。
(2)孩子不待跑，就想圪蹴着。

例(1)(2)的社会固有模式是，到做饭时间我应该做饭，孩子上体育课应该跑步，这是正常期望。"我愿意做饭""孩子愿意跑"是符合正常期望的情形，不能用"待"；"我不愿意做饭""孩子不愿意跑步"是违背正常期望的情形，可以用"待"。"待"和"愿意、想"意思相同，但"愿意、想"没有这样的限制。

应该做的事情不做，是违背正常期望的；不应该做的事情去做，也是违背正常期望的。但不应该做的事去做，不能用"待"，因为"待"还受到句法的限制，即在始发陈述中不用于肯定式。比如，我不应该骂人，但我想骂人，不能说"我待骂人"，这是句法的限制。当然也不能说"我不待骂人"，因为"不骂人"是社会的正常期望，这是语境的限制。

在可以做出正反两种选择的情境下，无论怎样选择，都是正常期望，都不能用"待"。比如，一个女孩子，可以选择嫁给某男（"她愿意嫁给他"），也可以选择不嫁该男（"她不愿意嫁给他"），前者由于句法限制不能用"待"，后者由于语境限制也不能用"待"，因为没有违背社会的正常期望。

2.2.2 "待$_2$"用于和受话人预期相反的情境

(5) A：你去摘苹果吧。B：我不待摘它。
(6) A：三胖要去乡里告村主任。B：村主任不待理他。

例(5)受话人的预期是，在提出要求以后，对方承诺去摘苹果，但对方态度正好相反，不愿意去摘苹果，而做了相反的承诺。例(6)受话人的预期是，在告知对方这一信息后，对方应该提醒村主任做好准备，但对方态度并非受话人所预期的那样，而是站在村主任的立场上采取放任的态度。

例(5)(6)B 的回应如果是受话人预期的情形，"待"是"待$_1$"而不是"待$_2$"，是和特定言语社会共享预期相反的情形：

(5''') A：我知道你不待去摘苹果。B：嗯。我不待摘它。
(6''') A：三胖要去乡里告村主任，我知道村主任不待理他。B：就是，村主任不待理他。

上例都是"待$_1$"，应该摘苹果而不去摘，应该做好回应的准备而置之不理，都是和特定言语社会共享预期相反。(5''')(6''')宾语可以换成"苹果""三胖"，意义不变。如果说话人的想法和受话人不同，还可以用肯定形式表达肯定意义，如"谁说的？我待摘苹果呀。""哪里啊，咋不待理？就待理。"这显然是"待$_1$"不是"待$_2$"。

2.2.3 "待$_3$"和"待$_4$"用于和说话人预期相反的情境

(11') A：我问问我爹。B：你别待问你爹了。

(15)你也待说。

(16)二柱子也待瞎跑。

根据 DeLancey(1997),意外范畴标记常常用来标记听说、推论或第一手的知识信息,这些信息对说话人而言是非预期的。当说话人听说、推断或通过其他途径获得了一个信息,说话人对这个信息感到意外,并明确表示反对这个信息时,就用"待"这个意外范畴标记来表达。例(11')受话人说"我问问我爹"时,说话人对这个信息感到意外,希望劝止对方这个行为,所以说"你别待问你爹了";例(15)说话人得知对方说了一些话,感到意外,而且不认可这些话,就用"你也待说"表达;例(16)说话人得知二柱子瞎跑的事情,感到意外,而且不认可这种行为,就用"二柱子也待瞎跑"表达。

如果是说话人预期的情形,即使是说话人不要求、不认可的行为,也不能用"待"。比如,说话人明明知道受话人凡事都问问他爹怎么做,当受话人说"我问问我爹"时,说话人即使反对,也不用 S_4、S_5 表达,因为"我问问我爹"是说话人意料之中的,而 S_4、S_5 是出乎意料的,二者是矛盾的。再看例(13)(14)的情形:

(13'')你别睡觉了,天天睡懒觉,小心睡出毛病来。

(14'')*你别待睡觉了,天天睡懒觉,起来帮我做点活吧。

如果说话人知道对方每天都睡懒觉,那么说话时对方睡懒觉就是预期的情形,例(13'')不用"待"句子是成立的,例(14'')用"待"句子不成立,因为和预期矛盾。

"待"作为意外范畴标记,还有形式的表现。在 S_5 和 S_7 中,"待"可用一些反预期语气副词修饰,有"可、倒、还"等。例如:

(17)A:你喝点稀饭吧。B:我可待喝它嘞。(我不会喝它。)

(18)A:老赵老管人家闲事。B:人家倒待理他嘞。(人家不会理他。)

(19)A:我想把猪卖了。B:你还待卖它嘞。(你别卖它。)

这些语气副词还可以倒装在句尾,"嘞"就不出现了。例如:

(17')A:你喝点稀饭吧。B:我待喝它可。(我不会喝它。)

(18')A:老赵老管人家闲事。B:人家待理他倒。(人家不会理他。)

(19')A:我想把猪卖了。B:你待卖它还。(你别卖它。)

反预期语气副词可以用于 S_5 和 S_7 中,和"待"的意外性质是相宜的。"待"还可用于虚拟句。例如:

(20)早知道我家楼下就有,就不待跑那么远买了。
(21)要是明天下雨,你就别待去了。

例(20)"早知道我家楼下就有"是过去虚拟句,说明以前并不知道,现在知道是出乎意料的,后续小句用"待";例(21)"要是明天下雨"是将来虚拟句,说话人并不知道明天下不下雨,而且很可能不下雨,下雨是意外的,后续小句用"待"。虚拟式往往和反预期信息相关。在西班牙语中,虚拟式用在从句里,从说话人的角度看,从句所反映的事实是虚构的、未能确定的或尚未成为事实的,或者虽然成为事实,但说话人是意想不到、不能理解的,或对此表示遗憾、高兴等心情的。(何仕凡 2006,王晓凌 2009)

3. "待"的来源和发展

"待",本义是"等待,等候",《说文・彳部》云:"竢也。""竢"同"俟",即"等待"。"待"的情态动词的用法,是从"等待"义一步一步发展来的。由"等待"义发展出情态动词的用法,在汉语中不是孤立的现象,"须"也是由"等待"义发展为情态动词的,首先由"等待"义发展出"有待于",到东汉发展为道义情态动词,表示"须要";到唐初发展为认识情态动词,表示"一定"。(李明 2001)可见,由"等待"义实义动词发展为情态动词,是有语义基础的。但具体发展过程却各有不同。

"待"先是从"等待"义发展为"需要"义。例如:

(22)多行不义必自毙,子姑待之。(左丘明《左传・隐公元年》)
(23)戎士冻馁,戎车待游车之裂,戎士待陈妾之余。(左丘明《国语・齐语》)
(24)故糟糠不饱者不务粱肉,短褐不完者不待文绣。(韩非《韩非子・五蠹》)

例(22)"待"是"等待",例(24)"待"是"需要",例(23)介于二者之间,既可以理解为"等待",也可以理解为"需要"。从"等待"义发展为"需要"义,是回溯推理导致的,具体为:如果需要做某事,就会等待做某事;说话人说等待做某事,很可能要表达需要做某事。如例(23),如果需要游车之裂、陈妾之余,就会等待游车之裂、陈妾之余;说话人说等待游车之裂、陈妾之余,很可能要表达需要游车之裂、陈妾之余。于是"等待"义就发展出"需要"义。

当然,表示"需要"意义的"待"还是实义动词,不是情态动词。"待"表示"客观需要",从先秦直至现代,都一直没有中断。例如:

(25)至天道命,不传;传其人,不待告。(司马迁《史记·天官书》)
(26)大姐,孩儿痴顽,待打时你骂几句,待骂时你处分咱。(杨显之《酷寒亭》)

现代汉语仍有"自不待言"这样表示"需要"意义的用法。

至晚在宋代,"待"就由"客观需要"发展出"主观想要"的用法,即从"需要"到"意欲"(打算)。例如:

(27)待不饮,奈何君有恨;待痛饮,奈何吾又病。(辛弃疾《最高楼·送丁怀忠》)
(28)叫了一回,没人答应,却待挣扎起来,酒尚未醒,不觉又睡了去。(宋平话《错斩崔宁》)

这一发展仍然是回溯推理导致的:如果打算做某事,就说明需要做某事;说话人说需要做某事,很可能要表达打算做某事。"意欲"意义的"待"仍然不是严格意义的情态动词,但由于其主观性的加强,在某种程度上已经具备了情态色彩。

从元代开始,"待"有表示意愿的用法,但都是否定的用法,"不待"就是"不愿意,懒得"。这时"待"已经成为真正的情态动词了。例如:

(29)怕不待闲争气,赤紧的难存济,我则索折腰为米。(费唐臣《贬黄州》)
(30)雕鞍一自两别离,不待梳妆懒画眉。(无名氏《水仙子》)
(31)我心中不待与他吃酒,我则想着衙内。(李文蔚《燕青博鱼》)
(32)俺姐姐针线无心不待拈,脂粉香消懒去添。(王实甫《西厢记》)
(33)西门庆道:"我心里还不待吃,等我去呵些汤罢。"(兰陵笑笑生

《金瓶梅词话》)

(34)素姐本等不待下气,只是叫寄姐斗败了的鸡,不敢展翅。(西周生《醒世姻缘传》)

"待"的这种用法是从"意欲"意义发展来的。从"意欲"到"愿意",也是回溯推理导致的,但只有否定用法才能导致回溯推理,因此严格说应该是从"非意欲(不打算)"到"不愿意"。可以这样理解:如果不愿意做某事,就不打算做某事;说话人说不打算做某事,很可能要表达不愿意做某事。于是从"不打算"发展出"不愿意"的意义。而肯定用法没有这样的回溯推理,愿意做某事,并不一定打算做某事,愿意只是主观愿望,而打算必须具备客观条件,而否定用法都是主观的,不受这样的限制。

"待"从表意愿到表义务,是从动力情态发展为道义情态,这是情态发展的一般规律。这一发展也是在否定用法中实现的,而且仍然和回溯推理有关。具体为:如果不承诺、不要求、不认可做某事,就说明不愿意做某事;说话人说不愿意做某事,很可能要表达不承诺、不要求、不认可做某事。

我们把"待"情态用法的发展情形图示如下:

(回溯推理)(回溯推理) (回溯推理) (回溯推理)
等待──→需要──→意欲 非意欲──→不愿意──→不承诺、不要求、不认可

"待"作为动力情态动词,不仅见于晋语,还见于冀鲁官话以及胶辽官话,但不见于北京话。根据许宝华、宫田一郎(1999),冀鲁官话和胶辽官话"不待"也有表示"不愿意,懒得"的情形。例如:

(35)别人都不待听了,你还说,真是!(河北南部方言,冀鲁官话)
(36)他那人太赖了,都不待和他弄事。(山东荣成方言,胶辽官话)

胶辽官话"不待"还表示"不能"(许宝华、宫田一郎1999)。例如:

(37)那点儿东西还不待吃吗?(山东荣成方言,胶辽官话)
(38)房子太破了,不待住人儿。(山东荣成方言,胶辽官话)

例(37)(38)"待"还是动力情态动词,"待"由内在能力发展到条件可能,是动力情态动词内部的发展,其动因仍然是回溯推理。如例(38),如果房子不能住人,就不愿意住人;说话人说不愿意住人,很可能要表达不能住人。

"待"作为道义情态动词,只见于晋语,在张家口晋语中尤为发达。

"不待VP"还进一步词汇化为"不待见、不待动、不待在"。词的性质在于不可预测,由部分不能推知整体,越是不可预测的,越具备词的资格。"不待见、不待动、不待在"都具有不可预测性,因此都具有词的性质,只是词汇化程度不同,"不待见"词汇化程度较低,"不待动、不待在"词汇化程度高些。

"不待见"。《现代汉语词典》(第6版)收录"待见",释为"喜爱,喜欢(多用于否定式)"。《现代北京口语词典》也收录"待见",释为"(招人)喜爱、喜欢"。《汉语大词典》把"不待见"作为一个词条处理,释为"不待见,谓不喜欢"。一方面,"不待见"不能从部分推知整体,应该是固定的词汇形式;另一方面,"不待见"的词汇化还不够彻底,还有扩展形式"不招人待见"等。因此,"不待见"还是一个"准词"。"不待见"在元代就有使用,清代《红楼梦》也有用例,例如:

(39)小官鲁斋郎,自从许州拐了李四的浑家,起初时性命也似爱他,如今两个眼里不待见他。(关汉卿《鲁斋郎》)

(40)难道图你舒服,叫他知道了,又不待见我呀!(曹雪芹《红楼梦》)

"不待动"。《汉语方言大词典》(许宝华、宫田一郎1999)收"不待动了"和"不待动弹",前者见于晋语张家口、宣化方言,释义为"病了";后者见于冀鲁官话山东淄博、桓台方言,释义为"生病"。晋语张家口、宣化方言的词条收录和释义都有问题。首先是词条收录。张家口、宣化方言"不待动"完全可以单说,没必要加"了",因此宜收"不待动",不宜收"不待动了"。其次是释义问题。"不待动"一般只是身体不舒服而已,顶多是小毛病,如果病情比较重,就不能说"不待动",因此应该释为"身体不舒服"。

"不待在"。主要存在于张家口晋语,各种方言词典均不见收录。"不待在"意思是"因为想念某个地方而不愿意待在现在的地方"。比如,学生住校,如果因为想家而不愿意待在学校,就是"不待在"。再比如,到亲戚家做客,如果因为想家而不愿意待在亲戚家,也是"不待在"。"不待在"多用于"想家",但也有回家也"不待在"的情形,比如学生放假待在家里,如果因为想念学校而不愿意待在家里,也是"不待在"。

4. 结语

本节讨论了晋语的情态动词"待",说明了"待"和否定的相关性以及"待"的意外性质。在现代汉语共同语情态动词系统中,似乎没有哪个情态动词必然和否定相关,并具有意外性质,而晋语"待"有如此表现,是情态动词的特殊情形。"待"表承诺、表要求时,肯定形式和否定形式都表达否定意义;"待"表认可时,只有肯定形式表达否定意义。这在情态动词中都是非常特殊的。当然,任何特殊性都不能超越语言的普遍性,"待"的这些用法尽管特殊,但也都遵循语言的普遍规律,特别是语言发展的规律,其发展的途径和动因,都是和语言发展的普遍规律相一致的。

附:本节发音合作人:尚新、刘娟(并州片,山西太原市)、张培培(并州片,山西交城县)、张鑫(并州片,山西太谷县)、杨琦(大包片,山西大同市)、杜娟(大包片,内蒙古包头市)、魏芙蓉(张呼片,河北万全县)、张联平(张呼片,河北平山县)、孟晓红(张呼片,内蒙古呼和浩特市)、郭晓燕(上党片,山西长治市)、王洁(上党片,山西沁水县)、靳慧卿(上党片,山西陵川县)、孟晓东(五台片,山西应县)、高晓芳(五台片,山西五寨县)、张广华(五台片,山西神池县)、武惠敏(吕梁片,山西兴县)、吴伟伟(吕梁片,山西吕梁市)、王朝(吕梁片,山西临县)、白振有(志延片,陕西安塞县)、熊红丽(邯新片,河北涉县)、刘丞(邯新片,河南安阳县)。

第三节 离位义趋向动词"转"及其来源和发展

在现代汉语共同语中,"转"(去声)只是一个普通的实义动词,表示"旋转、转动、打转"等意义,可以用作谓语中心语("车轮在转"),也可以单独带宾语("转圈子"),"转"没有趋向动词的用法。在晋语许多地区,"转"都有趋向动词的用法。(高峰 2011,杨琦 2012,王雪梅 2013)这是继承和发展了近代汉语"转"趋向动词的用法。晋语"转"用在 V 的后面,表示人或事物发生位移,离开当前位置,因此可以定性为"离位义"趋向动词。

前人关于晋语趋向动词"转"的研究有高峰(2011,陕北榆林)、杨琦(2012,山西大同)、王雪梅(2013,内蒙古凉城)等。这些研究有的定性不够准确,如王雪梅(2013)把"转"处理为词缀,有的论述不够全面。本节拟从张家口晋语趋向动词"转"入手研究,就张家口晋语趋向动词"转"的语法性质、"V 转"的语义类别、"转"的来源和发展做出详尽分析。

1. "转"的语法性质

语法性质包括语法构造、语法功能、语法意义等。

1.1 语法构造

作为趋向动词,"转"只有简单式,没有复合式。其他趋向动词一般都有复合式,形式为"X来"和"X去",如"上来、上去、下来、下去、回来、回去、过来、过去"等。张家口晋语没有"转来、转去"。在大同方言中,有"转去"这样的复合式,(杨琦2012)例如(杨琦用例):

(1)把箱子抬转去!(把箱子抬走!)
(2)站转去!(站到别处去!)
(3)锯转去那圪垯木头了没?(锯掉那块木头了吗?)

例(2)(3)张家口晋语不能说。例(1)能说,但和大同方言性质不同,大同方言"转去"是趋向动词复合式,张家口晋语"转"和"去"不在同一句法层次上,可以说"把箱子抬转这里去"(把箱子从这里抬走),"转"和"去"都是独用的趋向动词。可见,同属晋语,趋向动词"转"的用法还是有差异的。

1.2 语法功能

1.2.1 用作趋向补语

"转"可以用作趋向补语,不能用作谓语,这和其他趋向动词不同。其他趋向动词除了用作趋向补语,还常常可以用作谓语,如"你进我出,先上后下"等,"转"虚化程度较高,不能用作谓语。

1.2.2 用作可能补语

侯精一、温瑞政(1993)中指出,山西方言中能性述补结构的肯定式常用"能VC"和"VC了"两种形式,不用现代汉语共同语中的"V得C"形式。张家口晋语也是如此,其中"VC了"也说"VC咾",是肯定形式,否定形式是"V不C",C都是可能补语。肯定形式和否定形式还可以并用,成为正反问句,形式为"VCV不C"。趋向动词"转"也可以用作可能补语。例如:

(4)这块石头我搬转了/咾。(这块石头我搬得开。)
(5)我搬不转这块石头。(我搬不开这块石头。)
(6)你搬转搬不转这块石头?(你搬得转搬不转这块石头?)

1.2.3 用作介词宾语

在晋语中,介趋结构特别发达,绝大部分趋向动词,甚至包括双音节趋向动词,都可以用作介词宾语,成为介趋结构。在张家口晋语中,介趋结构

的介词有"往、朝、搁","搁"见于张家口西部和北部各区县。"转"可以用在这些介词之后,用作介词宾语。例如:

(7)你把这几本书往转拿,给我腾个地方。(你把这几本书拿走,给我腾个地方。)

(8)叫他朝转走吧。(叫他走开吧。)

(9)我们先搁转抬抬那个躺柜。(我们先往一边抬抬那个躺柜。)

"转"在这里用作介词"往、朝、搁"的宾语。"转"具有独立运用的性质,不是附着的语言成分,符合词的基本特征,因此,有学者把"转"定性为词缀,是不正确的。

1.3 语法意义

在张家口晋语中,趋向动词"转"用来指人或物体离开当前所在位置到其他位置,因此其语法意义可以用"离位义"来概括。说到"离位",我们自然会想到共同语的另一个趋向动词"开","开"也具有"离位义",有时"V 转"就等于"V 开"。例如:

(10)驴驹跑转/跑开了。

(11)他一脚把石头踢转/踢开了。

例(10)(11)"V 转"="V 开",二者可以互换而意义不变。但二者是"偏侧关系",用法有交叉,而不是等同关系。有的地方只能用"V 开",不能用"V 转"。根据王宜广、宫领强(2015),"开"的原型意义是"门由闭到开的变化",详细解析后为"门和框由接触且闭合至分离且开放的变化过程",因此像"打开门、推开窗户"等成为原型用法。其原型用法仅限于"V 开"形式,不能用"V 转"替换。"V 开"由"远离衬体"向自离、使离发展,出现"位移性趋向"的新的用法,这时和"V 转"出现交叉,例(10)是自离,例(11)是使离,只有这样的情形下才可以互换使用。"V 开"还有"状态性趋向"和"时体性趋向"的用法,这些用法在张家口晋语中也像共同语一样用"V 开"表达,不能用"V 转"。

"V 转"和"V 走"也比较接近,二者所反映的事实是一致的,因此本节相应的共同语表达有时用"V 走"。但二者有一定的差异,"V 转"凸显离开原位,"V 走"凸显到达别处,"他把书拿转了","他"可以是在场的,只不过书不在原位;"他把书拿走了","他"肯定不在场,书已经到达别处。

2. "V 转"的语义类别

"V 转"属于运动事件。根据 Talmy(2000),运动事件的概念结构由四个部分组成:凸体(figure)、衬体(ground)、运动(motion)、路径(path)。包含趋向动词的句子一般都符合这样的概念结构,"V 转"也是如此。例如:

(12)他跑转了。(他跑开了。)
(13)我让他跑转了。(我让他跑开了。)

例(12),凸体是"他",衬体是原来的位置,运动是"跑",路径是从原来的位置到另外的位置;例(13)和例(12)基本相同,只是增加了一明一暗两个概念成分,明的概念成分是主事(agent)"我",暗的概念成分是致事(causer)话语,例(13)的整体意思是"我通过话语致使他离开原来的位置跑到另外的位置"。例(12)包含四个概念成分,没有致事,是无致事"V 转"结构,例(13)包含六个概念成分,包括致事,是有致事"V 转"结构。一个句子也可能出现凸体、衬体、运动、路径、主事五个概念成分,因为没有致事,所以属于无致事"V 转"结构。以下从概念结构出发对"V 转"的语义类别做出概括。

2.1 无致事"V 转"结构

无致事"V 转"结构的语义可以概括为:凸体由原来的位置运动到另外的位置。在无致事"V 转"结构中,凸体可以是生命物,也可以是非生命物。

先说凸体为生命物的情形。凸体为生命物,运动方式有"走、跑、爬、挪、让、躲、藏、离、绕"等。这些运动方式既可以是人的行为,也可以是动物的行为。例如:

(14)老四走转了。(老四走开了。)
(15)乌龟爬转了。(乌龟爬走了。)

例(14)(15)有如下特点:1.都是已然事实;2.都是凸体自主行为,不论是人还是动物;3.运动方式取决于凸体的特点以及语境的需要。

再说凸体为非生命物的情形。凸体为非生命物,运动方式有"漂、流、飞、退"等,都是凸体的自然行为。例如:

(16)河里的那根木头已经漂转了。(河里那根木头已经漂走了。)
(17)水漫上来又退转了。(水漫上来又退去了。)

例(16)(17)有如下特点:1.都是已然事实;2.都是凸体自然行为,不带任何意图性;3.运动方式主要取决于凸体的特点。

无致事"V 转"结构可能有主事出现,但主事只能是非生命物,而且具有流动性质,如"风、水"等。例如:

(18)风把云彩吹转了。(风把云彩吹走了。)
(19)水把泡沫冲转了。(水把泡沫冲走了。)

例(18)(19)有主事"风、水",没有致事。在这种情况下,凸体一般都是物,只有极为特殊的情况下才可能是人,比如"龙卷风把人吹转了""大洪水把人刮转了"等。

综上,无致事"V 转"结构实际上包括两种情形,一种是无主事的"V 转"结构,其中又包括凸体为生命物和凸体为非生命物两种情形,共有四个概念成分;一种是有主事的"V 转"结构,共有五个概念成分。

2.2 有致事"V 转"结构

有致事"V 转"结构的语义可以概括为:主事通过致事,致使凸体由原来的位置运动到另外的位置。根据致事的不同,"V 转"可以分为三种情形。

2.2.1 致事为话语

致事为话语,主事和凸体一定都是人,主事通过话语,致使凸体由原来的位置运动到另外的位置。分两种情况。一种是祈使句,一种是兼语句。

先说祈使句。祈使句主事是说话人"我",凸体的听话人"你",但这两个概念成分不一定在句中出现。有些动词只用于致事为话语的"V 转"句,这样的动词有"滚、戳、死、起"等,这些动词带趋向动词"转",运动方式(motion)都是相同的:

(20)滚转!
(21)戳转!
(22)死转!
(23)起转!

例(20)~(23)都相当于共同语"滚开!",都是说话人要求对方离开原位,而且语气强硬,带有谩骂色彩。

用于无致事"V 转"结构的动词(凸体为生命物),即"走、跑、爬、挪、让、

躲、藏、离、绕",也可用于有致事"V转"结构。例如:

(24)走转!
(25)躲转!

再说兼语句。兼语句主事和凸体比较复杂多样,但都是以陈述的形式出现。上述用于祈使句的动词,都可以用于兼语句。例如:

(26)你让他戳转。(你让他滚开。)
(27)他让我绕转。(他让我绕开。)

2.2.2 致事为肢体

狭义的肢体指四肢,广义的肢体指四肢和躯干,"肢体语言"中"肢体"范围更广,包括一切身体动作、面部表情。这里"肢体"取最广义的含义,而且还包括肢体的延伸——工具。致事为肢体,主事和凸体都非常复杂,但主事为人、凸体为物的情况是最多见的。在这种情况下,主事通过肢体,致使凸体由原来的位置运动到另外的位置。以下先说致事为肢体本身的情形,再说肢体的延伸——工具的情形。

先说致事为肢体本身的情形。主事通过肢体本身,即身体部位、器官、体势等,致使凸体位移。其中用手完成居多,包括"搬、抱、端、放、搁、揭、拉、拿、捧、扔、抬、弹、提、推、拖、掀、移、抓、搀、扶、藏、挪"等。从凸体性质看,有些只能是针对人的,如"搀、扶",例如:

(28)他把老太太搀转了。(他把老太太搀到别处了。)
(29)医生把病人扶转了。(医生把病人扶到别处了。)

有些只能是针对物的,如"搬、端、放、搁、揭、拿、捧、扔、弹、提、掀、抓",而且针对的对象各有不同,"揭、掀"针对的是盖子之类,"拿、捧、扔、弹、抓、端"针对的是轻物,"搬、放、搁、提"既可以是轻物,也可以是重物。例如:

(30)老蛋揭转了被子。(老蛋把被子揭到一边了。)
(31)他把书拿转了。(他把书拿走了。)

有些既可以针对人,也可以针对物,如"抱、拉、抬、推、拖、藏、挪"。如果是针对人的,"抱、拉、推、藏"针对的是能动的人,"抬、拖、挪"针对的是非能动的人,比如病人、死人、赖着不动的人等,"抬"的主事是两个或两个以上的人。例如:

(32)拉转那个碌碡!(把那个碌碡拉走!)
(33)拉转那个傻货!(把那个傻货拉走!)

除了用手完成,还有用其他部位器官完成的,"背"是用后背,"扛"是用肩膀,"踢"是用脚,"吹"是用嘴。"背"可以针对人也可以针对物,"扛、踢"一般针对物,特殊情况下针对人,"吹"只能针对物。例如:

(34)我把病人先背转。(我先把病人背走。)
(35)你扛转那根木头。(你把那根木头扛走。)

主事也可以是动物,有些灵长类动物也可以有"抱、抓"这样的行为,非灵长类则只能有用脚踢、用嘴拱这样的行为。例如:

(36)大猩猩把坛子抱转了。(大猩猩把坛子抱走了。)
(37)猪把槽子拱转了。(猪把槽子拱开了。)

还有用体势完成的,凸体是生命物,包括人和动物,有"撵、轰、赶、吓唬"。这里也可能有话语的介入,但话语并不重要,而且话语重在能指,不重在所指,体势比话语更加重要。例如:

(38)村民已经把小偷撵转了。(村民已经把小偷撵走了。)
(39)看场人把家雀儿轰转了。(看场人把家雀儿轰跑了。)

再说致事为肢体延伸——工具的情形。主事通过工具,致使凸体位移。"工具是人体的延伸,是人的肉体机能在非肉体物体形式上的发展。"(石磊等 1988)肢体方面以手完成的居多,在工具方面也是手的延伸居多,大部分都是手的延伸,如"铲、抽、掸、捞、搂、撬、扫、扇、捅、挖"等。这些动作都有相对应的工具:铲——铲子,抽——鞭子,掸——掸子,捞——笊篱,搂——耙子,撬——撬棍,扫——扫帚,扇——扇子,捅——棍子,挖——铁锹。例如:

(40)驴粪叫铲转了。(驴粪被铲走了。)
(41)羊倌把羊抽转了。(羊倌把羊抽走了。)

其次是腿脚的延伸,就是交通运输工具,牲口可以作为交通运输工具,车辆等也可以作为交通运输工具。交通运输工具自身可以在主事的控制下位移,例如:

(42)车开转了。(车开走了。)
(43)马骑转了。(马骑走了。)

交通运输工具也可以负载着其他事物位移。例如:

(44)车把粮食拉转了。(车把粮食拉走了。)
(45)马把柴火驮转了。(马把柴火驮走了。)

除了手脚的延伸,还有肩膀等的延伸,主要是"挑、担",但不多见。例如:

(46)二大头把水挑转了。(二大头把水挑走了。)
(47)挑大粪的把粪担转了。(挑大粪的把粪担走了。)

总之,致事为肢体,肢体本身为手的情形以及用手把持工具的情形是最为常见的,这和身体经验有关,因为手在劳动中是最重要的,而其他肢体部位都远远不及手的功能。

2.2.3 致事为意念

致事为意念,主事是人,凸体是量,主事通过意念,致使某个数量从原来的总量中去除。这种"V 转"结构已经不是空间位移,而是隐喻位移,"转"都含有"去除"的意义,V 有"扣、除、抹、刨"等。例如:

(48)你把你该得到的扣转,剩下的都给我。(你把你该得到的扣去,剩下的都给我。)
(49)今年这粮食,除转交队里的,剩下都是咱们个人儿的。(今年这粮食,除去交队里的,剩下都是咱们自己的。)
(50)那点儿零头你就抹转吧。(那点零头你就抹去吧。)

(51)挣的钱刨转生活费就没多少了。(挣的钱刨去生活费就没多少了。)

例(48)~(51)"V 转"都不是真正的空间位移,都带有"去除"意义。"V 转"的主事是人,人通过意念,致使某个数量被去除,这是从有到无的情形,在认知上可以识解为隐喻性位移:空间位移是某人或某物从原位离开,隐喻位移是某个数量从总量中去除,离开原位后就隐去了,从总量中去除后也隐去了,二者具有相似性。这是人们在对物理空间有了相关认知经验后又扩展到其他抽象的认知领域的结果。这种扩展在趋向动词的虚化中非常普遍,比如,"出"表示从空间内到空间外的位移,但也可以虚化出隐喻位移的用法,如"吃出毛病""说出一番话",都是从无到有的变化,可以识解为隐喻位移。

综上,有致事的"V 转"结构,包括三种情形:1.致事为话语,主事和凸体都一定是人;2.致事为肢体,主事为人、凸体为物居多;3.致事为意念,主事为人而凸体为量。

张家口晋语还有一类特殊的"V 转"结构,即和恋爱婚姻有关的"V 转"结构。例如:

(52)他是年时娶转的媳妇儿。(他是去年娶到媳妇的。)
(53)二梅今年找转对象了。(二梅今年找到对象了。)
(54)等你成转家再说。(等你成了家再说。)

例(52)~(54)都和婚恋有关,"转"都有获得意义,是得到了媳妇、对象、家庭。有趣的是,如果女性嫁人,就不能用"V 转"结构,不能说"她嫁转人了",因为在当地文化中,"嫁人"意味着失去,和获得意义相反。还有个语言佐证,女性嫁人,比如张三嫁给李四,可以说"张三给了李四","给"也有失去的意味。可见,恋爱婚姻义"V 转"结构都只用于获得意义的句子。

获得义和离位义差别很大,二者很难建立起认知语义联系。因此,恋爱婚姻义"V 转"结构应该另有来源,不是从离位义"V 转"发展来的。恋爱婚姻义"V 转"应该是从返回原位义"V 转"发展来的,先是从空间意义的返回到时间意义的返回,其中伴随着"获得"的隐含意义,当隐含意义规约化之后,"V 转"就出现了"获得"意义。我们运用近代汉语材料说明这一发展过程。例如:

(55)(婆娘)急急走转内室,取灯火来照,愿来是老苍头吃醉了,直

挺挺的卧于灵座桌上。(冯梦龙《警世通言》第二卷)

(56)素姐梦中醒转,心里晓得着了人手,那身子醉的那里动得?(西周生《醒世姻缘传》第四十五回)

(57)请问圣僧,适才朕母、朕弟,虽蒙圣僧救转,未知还须进药调理调理吗?(坑余生《续济公传》第一一九回)

(58)焦将军,休得多言,你且看下官去讨转征衣,才见我言非谬。(李雨堂等《万花楼》第三十一回)

例(55)"走转"是"走回",是空间意义返回。例(56)"醒转"是"醒来",是时间意义返回。例(57)"救转"也是时间意义返回,但同时又有"获得"的隐含义,把人救活相当于得到一条命。例(58)"讨转"主要表示获得意义,即"讨到",其隐含意义已经规约化。张家口晋语恋爱婚姻义"V转"应该是从获得意义发展来的,只不过范围仅限于恋爱婚姻领域,而没有延伸到更广泛的领域。

3. "V转"的来源和发展

"转"的本义是转运,《说文》云:"转,运也"。"转"基本义是旋转、转动。"转"的本义和基本义都是动词。至迟在宋代,"转"就分化为上声和去声两个读音,《广韵》分别归在"狝"和"线"两个韵部。这一分化一直延续至现代汉语,在现代汉语中,"转"用作动词,一为上声,表示改变方向、位置或把一方的物品传到另一方;另一为去声,意思是旋转、转动,指绕着某物移动、打转。在张家口晋语中,"V转"结构中"转"读为去声,可以肯定,"转"是从"旋转、转动"意义的动词虚化为趋向动词的。

"转"的虚化都是在近代汉语完成的,以下我们不按照严格的历时顺序追溯,只按照可能的虚化途径给出其发展演变过程。

3.1 相邻句位

"转"发展为趋向动词,是在相邻句位实现的,即"转"出现在V的后面。"转"独立用作谓语或谓语中心语,都不能发展出趋向动词的用法。例如:

(59)转蓬离本根,飘摇随长风。(曹植《杂诗》)
(60)心思不能言,肠中车轮转。(《乐府诗集·杂曲歌辞二·悲歌行》)

例(59)"转"为基本义"转动",带宾语"蓬",例(60)"转"为基本义"旋转",做谓语中心语,"转"在这些位置上都不能发展出趋向动词的用法。

根据梁银峰(2007),汉语的趋向补语结构是从趋向连动结构发展而来的,"V 转"也是如此。"转"发展为趋向动词,除了语义上要求是"旋转、转动"的意思外,还要求句法上出现在 V 的后面,是为相邻句位。

V 和"转"组合之后,成为趋向连动结构。例如:

(61)于六拿定主意,拧转枪杆,催马如风。(《施公案》第一二四回)
(62)哪吒登转车轮,大呼曰:"余化早来见我,说个明白!"(许仲琳《封神演义》第三十四回)

例(61)(62)"拧转""登转"的连动关系还非常明显,是先拧后转动、先登后转动,分别带共同宾语"枪杆""双轮",这种连动趋向结构带有共同的宾语,V 和"转"结构非常紧密,在一定的条件下,很容易整合为动趋结构。

3.2 重新分析

趋向连动结构是趋向动词"转"形成的相邻句位,当"转"意义出现延伸,不再表达"旋转、转动"意义时,"V 转"就由连动关系变为动趋关系,句法上出现重新分析,"转"就变为趋向动词了。例如:

(63)正走廊下,只觉得一阵冷气,心上一寒,就像有索子往头上套来,吓得冷汗直淋。急忙跑转,背后又有小脚声气厮赶着走。(夏敬渠《野叟曝言》第二十九回)
(64)却看见这个千叶莲花,千尊佛像,也说是个喜信,飞星跑转宫里,报上番王。(罗懋登《三宝太监西洋记》第七十九回)
(65)水帘洞果有一个假唐僧、假八戒,被我打死,拿转行李。(杨致和《西游记传》第三十五回)
(66)童子备言此果根由,三藏只是不吃,二童亦不能强,拿转房内自食。(杨致和《西游记传》第二十二回)

例(63)~(66)"转"都不再是"旋转、转动"的意义,例(63)(65)"转"表示"离开原位",例(64)(66)"转"表示"返回原位","转"由实义动词虚化为趋向动词。

"转"由"旋转、转动"发展出"离开原位"和"返回原位"的意义,是隐喻和转喻的共同促动(motivation)导致的。首先,"旋转、转动"的典型运动方式是物体绕着一个点或一个轴做圆周运动,假设物体开始是静止的,那么当它开始旋转、转动时,就是离开原位,旋转、转动完成时,就是返回原位。如果人或事物先离开原位,再返回原位,这就和旋转、转动有了相似的性质,于是"跑转、拿转"由于隐喻的促动而从"拧转、登转"这样的用法延伸开来,"转"意义出现引申,语法性质有了改变,成为趋向动词。其次,"跑转、拿转"不像"拧转、登转"那样反映整个旋转、转动过程,而是只有起点和终点,用整体来表现部分,是转喻的促动。例(63)(65)只有起点,例(64)(66)只有终点。起点和终点不是靠语法形式识别的,而是靠语境识别的。如果需要通过语法形式识别,可以在"V 转"后面加"来、去","V 转去"表示离开原位,"V 转来"表示返回原位。例如:

(67)杨志的马见周谨马跑转来,那马也便回身。(施耐庵《水浒传》第十二回)

(68)八戒听说打出脑子来,慌忙跑转去。(吴承恩《西游记》第五十六回)

(69)只得哄哄詹詹,将些剩饭锅巴,满满的与了一钵。呆子拿转来,现了本象,径回旧路。(吴承恩《西游记》第五十七回)

(70)上海也算是老白相,倒勿曾用过几花洋钱,单有赚点来拿转去。(韩邦庆《海上花列传》第六十回)

例(67)~(70)起点和终点都非常明确,不需要通过语境识别。

"V 转"表示返回原位的意义,在南方方言中有使用。(太田辰夫1987)"V 转来"则保留在西南官话中,"转"需要借助"来"表达"返回原位"的意义,不能单用"V 转"的形式。"转"虽然在唐宋就有"返回"的意义,但应该是从上声"转"单独发展出来的,(王洪1990)不是在"V 转"中发展出来的,西南官话"V 转来"表示返回,读为去声,不读为上声,说明和唐宋时期"返回"意义的"转"并不是一回事。

相比而言,"V 转"比较简明经济,"V 转来/去"比较明确易辨,二者各有其长,因此不存在优劣的竞争,不同方言采用不同的形式,都是由于社团规约导致的,促动因素只能做出解释,但不能进行预测。

3.3 类推扩展

"V 转"无论是趋向连动结构阶段,还是趋向补语形成阶段,都只用于空间位移。"V 转"进一步发展,就类推扩展到认知意义的位移。其中"离开原位"和"返回原位"都有类推扩展的情形。

先说"离开原位"的类推扩展。在张家口晋语中,"V 转"致事为意念,"转"表示"去除"意义,就是认知意义的位移,这是由于隐喻促动的,是隐喻位移。

再说"返回原位"的类推扩展。在近代汉语中,"返回原位"义的"V 转"还类推扩展到时间领域,这也是认知意义的位移。例如:

(71)须臾,丁戍醒转,众人问他适才的事,一些也不知觉。(凌蒙初《初刻拍案惊奇》卷十四)

(72)丞相夫人喜曰:"吾儿活转,吾心无虑。"(魏文忠《绣云阁》第三十回)

例(71)(72)的"醒转""活转"都是时间意义的返回,睡着意味着离开,醒来意味着返回;昏死意味着离开,活过来意味着返回。这是从空间意义返回扩展延伸到时间意义的返回。这种意义往往隐含着获得意义,当隐含意义规约化之后,"V 转"具有获得义,在张家口晋语中运用于恋爱婚姻领域,出现了"娶转媳妇、找转对象、成转家"这样的用法。

4. 结语

本节运用 Talmy 的概念结构理论描写分析了张家口晋语的趋向动词结构"V 转",并对其来源和演变进行了追溯。"V 转"动趋结构不见于北京话,(太田辰夫 1987)但见于一些方言中,而且不同方言有不同的形式和意义,有些意义甚至截然相反,这些现象虽然不可预测,但都是可以解释的。由于语言在历时发展中受到认知原则的促动,从而导致了丰富多样的形式和意义,这些形式和意义保留在方言中,为语言研究提供了极其宝贵的材料,而挖掘这些材料,正是方言研究的任务。

第四节 趋向结构"V 起"的过渡性质及其相反演化

张家口晋语趋向结构"V 起"有三种意义:表示趋向、表示持续、表示结束。例如:

(1)他圪蹴起了。(他蹲起来了。)
(2)老刘堵起嘴了。(老刘开始说不出话来。)
(3)饭做起了。(饭做好了。)

例(1)(2)(3)"V 起"分别表示趋向、持续、结束,其意义是由趋向动词

"起"承担的,因此也可以说趋向、持续、结束是趋向动词"起"的意义。例(1)"圪蹴起"是空间意义的趋向,是由坐姿到蹲姿的变化;例(2)"堵起嘴"和(3)"做起"是时间意义的趋向,因此也可以概括为趋向结构。例(2)意思是老刘原来在说话,后来开始说不出话并一直持续。例(3)"做起"是"做好",共同语中没有这种"V起"结构。

晋语趋向动词"起"的研究颇有一些成果,主要有郭校珍(2008)山西晋语"起"的研究,范慧琴(2007)山西定襄方言"起"的研究,邢向东(1994b)内蒙古晋语"起"的研究,邢向东(2002)陕西神木方言"起"的研究,武玉芳(2010)、杨琦(2012)大同方言"起"的研究,等等。这些研究都集中在晋语中心地区,除了杨琦(2012)之外,都不是专门研究"V起"的文献。本节拟对张家口晋语趋向结构"V起"做出分析,并通过和大同方言的比较说明张家口晋语"V起"的过渡性质,之所以选择大同方言进行比较,是因为太原和其他晋语中心地区没有关于"V起"的详细研究材料,而大同方言既具有晋语中心的方言特征,又有详细的研究材料。本节最后对"V起"从趋向义向持续义和结束义的演化历程做出分析。

1. 趋向义"V起"结构及其过渡性质

趋向义"V起"表示人或物体自下而上变动,是空间意义的趋向。
1.1 趋向义"V起"结构的语义类别

趋向义"V起"结构包括两种情况,一种是自动变动,比如人由躺姿变动到坐姿或站姿,或由坐姿变动到站姿;一种是致使变动,比如人或物体由下位被提升到上位。相应地,趋向义"V起"在语义上可以分为两种,一种是自动趋向义"V起"结构。例如:

(4)他一锤从炕上拾起了。(他一下子从炕上蹦起来了。)
(5)前头冷不防蹿起一个人。(前面冷不防跳起一个人来。)

例(4)"拾起"说明他原来是躺着的,后来蹦起来。例(5)"蹿起"说明那个人原来是站着的,后来跳起来。例(4)(5)都是自动的由下而上的变动。
一种是致使趋向义"V起"结构。例如:

(6)他挈起一口袋大米。(他用力抱起一口袋大米。)
(7)锄荷起了。(锄头拿起来了。)

例(6)是他致使一口袋大米被抱起来,例(7)是某人致使锄头被拿起来,都是致使物体自下而上变动。

1.2 趋向义"V起"结构的句法表现

根据吕叔湘主编(1999),共同语中表趋向义的"V起"比较受限制,"后面一般都要有名词,一般为受事,多不能提到动词前面去",如果后面没有名词,也需要有其他动词短语。也就是说,共同语"V起"后面一般都是复杂形式,或者是名词,或者是其他动词短语,一般不能是简单形式。在书面材料中,尽管有"V起"不带名词或动词短语的用例,但正如蔡瑱(2014)所言:"尽管有用'把、将、被、让'等介词将宾语前置的句法形式,但实际运用中并不常见。因为一旦通过'把'等将宾语提前时,'起来'里'来'已虚化为表达动作状态完成或实现的助词用法,使人们更习惯用'起来'而非'起'置于动词后,形成'把+NP+V起来'句式,从而更好地凸显完句作用。"

张家口晋语"V起"可以像共同语一样,后面是复杂形式,但也可以不带名词或动词短语,只要后面用"了"结句即可。例如:

(8)老赵掇起一根棍子。(老赵举起一根棍子。)
(9)他把磨盘捆起又放下。(他把磨盘用力托起又放下。)
(10)那雀儿薄楞起了。(那只鸟儿滚来滚去终于蹦起来了。)

例(8)"V起"后面是名词短语,例(9)后面是动词短语,例(10)后面没有复杂形式,只用"了"结句,这在共同语中是不容易接受的。

1.3 趋向义"V起"结构的过渡性质

张家口晋语趋向义"V起"在句法表现上比共同语自由,只要用"了"结句,"V起"后面不需要复杂形式。但和晋语中心地区相比仍受限制。根据杨琦(2012)的研究,大同方言的祈使句,用于身体位置或物体位置的纵向变化时,可以独用"V起"。例如(杨琦用例):

(11)站起!(站起来!)
(12)爬起!(爬起来!)
(13)坐起!(坐起来!)
(14)把凳子扶起!(把凳子扶起来!)

也就是说,在特定条件下,"V起"可以不用"了"结句,"V起"本身也可以独立运用。张家口晋语没有这样的用法。这说明,大同方言"V起"在运用上更加自由多样。相比而言,共同语"V起"比较受限制,张家口晋语则介乎其间,比共同语自由,但比大同方言受限制。这反映了张家口晋语的过渡性质,张家口处于晋语和官话的过渡地带,既保留了晋语的基本特征,又受到官话的影响,趋向义"V 起"结构正反映了这种过渡的性质。

2. 持续义"V 起"结构及其过渡性质

持续义"V 起"表示 V 一直持续,是时间意义的趋向。

2.1 持续义"V 起"结构的语义类别

在共同语中,趋向义之外的"V 起"结构一般都被分为结果义和状态义两种(刘月华等 2001,蔡瑱 2014)。其实,结果义和状态义不应该处理为两种对立的意义,应该统一为持续义。所谓结果义,其实是完成后持续义;所谓状态义,其实是起始后持续义。持续义"V 起"结构包括完成后持续义和起始后持续义两种语义类别,张家口晋语也是如此。先说完成后持续义。例如:

(15)我把鸡蛋搁起了。(我把鸡蛋放起来了。)
(16)六猴儿抬起钱,谁也找不着。(六猴儿藏起来钱,谁也找不到。)

例(15)"搁起"是放起来,放的行为已经完成,但由于一直放着,因此是持续义;例(16)"抬起"是藏起来,藏的行为已经完成,但由于一直藏着,因此也是持续义。

再说起始后持续义。例如:

(17)他们捣侃起话了。(他们聊起天了。)
(18)我还没说啥嘞,他倒急睁起了。(我还没说什么呢,他倒瞪起眼睛了。)

例(17)"捣侃起话"是聊起天,聊天的行为才开始,后面会一直聊着,因此是持续义;例(18)"急睁起"是瞪起眼睛,瞪眼睛的行为才开始,后面会一直瞪着,因此也是持续义。

2.2 持续义"V 起"结构的句法表现

在共同语中,持续义"V 起"后面也需要是复杂形式,张家口晋语"V 起"后面可以是复杂形式,但也可以不带名词或动词短语,后面只要用"了"结句即可。例如:

(19)他栅起园子又拆了。(他用秸秆圈起园子又拆除了。)
(20)四白货打起天九了。(四白货玩起骨牌了。)
(21)鬼火儿又忽闪起了。(鬼火儿又开始闪现了。)

例(19)"V起"后面是动词短语,例(20)后面是名词,例(21)后面没有复杂形式,只用"了"结句,这在共同语中是不容易接受的。

2.3 持续义"V起"结构的过渡性质

张家口晋语持续义"V起"在句法表现上也比共同语自由,"V起"后面可以用"了"结句,不需要复杂形式。但和大同方言相比仍受限制,大同方言祈使句可以直接用"V起",否定句也可以直接用"V起"。以下是大同方言的用例(和杨琦私人交流):

(22)把被子叠起!(把被子叠起来!)
(23)东西都给我收起!(东西都给我收拾起来!)
(24)戏还没有唱起。(戏还没有开始唱。)

在大同话中,祈使句和否定句中的持续义"V起"可以不用"了"结句,"V起"本身也可以独立运用。张家口晋语不能直接用,需要用"V起来"表达。张家口晋语持续义"V起"比共同语自由,比晋语中心地区受限制,这同样反映了其过渡性质,这也是由于张家口晋语作为晋语和官话方言过渡地带的特征所决定的。

3. 结束义"V起"结构及其过渡性质

结束义"V起"表示V已经结束并不再持续,是时间意义的趋向。

先看几个张家口晋语结束义"V起"结构的用例:

(25)老娘把莜面捏起了。(老娘把莜面捏完了。)
(26)漆匠把影壁给刷起了。(漆匠把影壁刷完了。)
(27)作业写起了。(作业写完了。)
(28)馅儿早就剁起了,就等包饺子了。(馅儿早就剁好了,就等包饺子了。)

结束义"V起"结构和完成后持续义"V起"结构有本质的不同。结束义"V起"的V已经结束并不再持续,比如例(25),捏莜面的行为已经结束并不再持续(不能说"一直捏着");完成后持续义"V起"结构的V虽然完成但仍然持续,比如例(15),搁鸡蛋的行为虽然完成,但搁的状态一直持续(可以说"一直搁着")。因此,"一直V着"这种形式可以作为区分二者的标准。

3.1 结束义"V起"结构的语义特征

在语义上,张家口晋语结束义"V起"结构有如下特征。

首先,主体的能动性。

结束义"V起"结构所在的事件,必须有一个能动的主体,尽管其不一定在句法结构中出现。主体一定是具有高生命度的人,不能是动物植物,更不能是非生物。有的句子表面看好像是事物自发形成的,例如:

(29)面团发起了。(面团发好了。)
(30)豆芽生起了。(豆芽生好了。)

例(29)(30)表面看是面团、豆芽自发完成的,其实还是有主体在背后操控,只不过这种操控在句法语义层面被抑制了而已,可以想象,没有主体的操控,面团怎么可能自行发酵,豆芽怎么可能自行生成。

主体的能动性不仅制约着主语的运用,也制约着V的运用。由于主体具有能动性,V必须是自主动词,非自主意义动词由于不受主体的控制(自主、非自主动词参看马庆株1988),因此不能进入结束义"V起"结构。

其次,动作的创造性。

结束义"V起"结构中,V是具有创造性的动作行为,一般情况下是带有某种难度性的,其动作行为需要一定的过程,甚至需要一定的技术。因此,V的选择需要一定的语义条件。根据对《汉语动词用法词典》(孟琮等2005)的筛选,有153个动词可以进入结束义"V起"结构:

安、熬、剥、编、补、摆、摆列、拌、包、瓣、擦、裁、采、缠、抄、炒、冲、穿、串、吹、搓、搭、打、捣、点、叠、钉、堆、对、堵、冻、订、剁、发、缝、改、盖、擀、割、耕、刮、滚、裹、糊、划、画、换、和、挤、煎、剪、建、搅、锯、卷、掘、砍、炕、刻、啃、抠、捆、烤、拉、理、立、练、炼、晾、抹、埋、描、磨、闹、捻、碾、捏、衲、拍、排、榜、配、劈、拼、铺、泡、沏、砌、切、清理、染、绕、揉、热、塞、扫、锁、筛、上、生、拾掇、收、收集、收拾、梳、数、刷、涮、晒、烧、设、摊、弹、掏、淘、套、填、调、涂、推、烫、褪、拖、挖、洗、写、修、修改、修理、绣、旋、压、腌、轧、摇、印、预备、蒸、栽、凿、造、作、做、扎、铡、炸、照、整理、织、制造、种、煮、装有些动词和方言的用法有关,因此单单统计《动词用法词典》还不够。我们举几个方言用例。有的动词共同语也有,但用法不同;有的动词共同语没有,只见于方言。例如:

(31)章儿已经抠起了。(图章已经刻好了。)
(32)他们家割起了个大衣柜。(他们家做好了一个大衣柜。)
(33)糊糊出起了。(玉米粥做好了。)
(34)刚刚炕起两个馍馍。(刚刚烙好几个玉米面饼子。)

例(31)"抠"共同语指用手指或细小的东西从里面往外挖,也指雕刻花纹,但不用于刻章,张家口晋语"抠章儿"指"刻图章"。例(32)"割"共同语指用刀截断,张家口晋语还用于木工打造家具,如"割大衣柜、割书架、割桌子"等。例(33)"出"在张家口晋语中可以用于某些食物的制作,所制作的食物一般都是流食性的,如"出糊糊(玉米粥)、出凉粉"等,共同语没有这样的用法。例(34)"炕"在共同语中只有名词的用法,某些方言可用作动词,指"烤",如"炕红薯、炕衣服",张家口晋语不能这样用,但可以用于制作某些食物,相当于"烙",如"炕馍馍、炕饼子",而烙饼又不能用"炕"。这里关于共同语的用法主要参照《现代汉语词典》(第6版)。

再次,对象的成果性。

动作是创造,对象是成果。一般地,结果宾语容易成为成果性对象。例如:

(35)编草帽→草帽编起了。(草帽编好了。)
(36)挖窑洞→窑洞挖起了。(窑洞挖好了。)

例(35)"编草帽"中"草帽"是结果宾语,作为成果性对象;(36)"挖窑洞"中"窑洞"是结果宾语,作为成果性对象。

如果对象不具有成果性语义特征,或者"V起"不能说,或者"V起"属于趋向义"V起"结构。例如:

(37)窗户花剪起了。(剪纸剪好了。)/*纸剪起了。
(38)面团揉起了。(面团揉好了。)/*肚子揉起了。
(39)春卷卷起了。(春卷卷好了。)/布卷起了。(布卷起来了。)
(40)浆水摇起了。(浆水摇好了。)/车门摇起了。(车门摇起来了。)

例(37)"窗户花(剪纸)"是剪的成果,"剪起了"是结束义;"纸"是剪的受事,只能说"纸剪完了"。例(38)"面团"是揉的成果,一般用于做面食的时候,用面粉加水后揉成面团;"肚子"是揉的部位,一般用于肚子痛的时候,只能说"肚子揉好了"。例(39)"春卷"是卷的成果,"卷起了"是结束义;"布"是卷的受事,"卷起了"是趋向义,因为卷起后的布在位置上高于卷起之前的布,是从低位到高位的变化。例(40)"浆水"是做豆腐的用水,是摇的成果,"摇起了"是结束义;"车门"是摇的目标,"摇起了"是趋向义,车门由低到高位置发生变化。

根据谭景春(1997),典型的结果宾语分为两类,一类是动词行为产生的某种成品,如"做衣服、造机器";一类是动词行为造成的破损痕迹,如"豁了一个口子、裂了一道罅"。其中前者可以作为成果性对象,后者不可,因为前者是经过人能动创造形成的,后者则是自然而然形成的。

除了动作行为产生的某种产品可以作为成果性对象外,还有一种情况,即对象本来是现成的,但由于人能动地改造,该对象焕然一新,这也可以作为成果性对象。例如:

(41)汽车修起了。
(42)皮鞋刷起了。
(43)头发梳起了。
(44)房间扫起了。

例(41)~(44),"汽车、皮鞋、头发、房间"本来就存在,不是新创造的产品,但这些对象是坏的、旧的、乱的、脏的,经过"修、刷、梳、扫"这些创造性动作行为,这些对象都有了改观,成为焕然一新的事物。

3.2 结束义"V起"结构的过渡性质

杨琦(2012)根据《汉语动词用法词典》(孟琮等2005)对大同方言结束义"V起"结构中V的选择进行了筛选,发现有252个动词可以进入结束义"V起"结构,比张家口晋语多出近百个。张家口晋语结束义"V起"结构尽管也比较多样,但还是没有大同方言丰富发达、自由多样,大同方言的许多用例在张家口晋语都不能说。例如(杨琦用例):

(45)电影看起了。
(46)口诀念起了。
(47)公式背起了。

(48)账单查起了。
(49)第一章读起了。
(50)曲子弹起了。
(51)《空山鸟语》弹起了。
(52)人名核对起了。

这些用例大同方言可以接受,但张家口晋语不以接受。例(45)是主体看电影看完了,动作行为没有创造性,对象也没有成果性,电影还是电影,没有任何变化,因此在张家口晋语中不能用"V起"结构。例(46)~(49)分别是"念口诀、背公式、查账单、读第一章",尽管主体也有一定的创造性工作,但对象都不具有成果性,口诀、公式、账单、第一章没有因为主体的介入而有改变,因此张家口晋语中不能用"V起"结构。例(50)(51)跟音乐有关,尽管弹曲子属于二度创作,但弹曲子不能改变曲子,曲子本身没有成为新创或刷新的产品,因此张家口晋语也不能用"V起"结构。例(52)"核对人名"与(46)~(49)情况比较相似,不再赘述。

这样看来,虽然都是晋语,但大同方言和张家口晋语表结束义的"V起"结构还是有不同,张家口晋语必须满足对象的成果性要求才能使用"V起"结构,而大同方言则要宽松一些,没有这样的严格限制。这同样和张家口晋语作为方言过渡地区的性质有关,一方面,张家口晋语还具有张呼片、大包片晋语的基本特色,存在着结束义"V起"结构;但另一方面在用法上又有很多限制,远不如大同方言丰富发达。

4. 趋向结构"V起"的演化历程:持续和结束

关于趋向动词的演化,吴福祥(2010)、王国栓(2005b)、梁银峰(2007)等都有比较深入的研究。趋向动词的发展演变有一定的共性,但对具体的某一趋向动词来说,还应具体问题具体分析。就晋语趋向结构"V起"的演化而言,趋向义"V起"是基本意义,趋向义"V起"向两个不同方向演化,一个方向发展出持续义,另一个方向则发展出结束义。

先看下面三个例子:

(53)拿起一支笔。
(54)唱起一支歌。
(55)写起一本书。

例(53)"拿起"是典型的趋向义,表示物体"一支笔"由低位经由"拿"的途径到达高位;例(54)"唱起"和例(55)"写起"都不是严格意义的趋向义,而是由无到有的隐喻趋向——从没有一支歌经由"唱"的途径到产生出一支歌,从没有一本书经由写的途径到产生出一本书。从无到有,是从低位到高位的隐喻,其身体经验是,当物体处于低位时,人往往觉察不到,因而容易识解为不存在;当物体处于高位时,人往往容易觉察,因而容易识解为存在。由低位到高位的位移,和从无到有的变化,具有性质上的相似性。这是由空间趋向义向隐喻趋向义演变的认知基础。

例(54)和例(55)"起"尽管都是从无到有的趋向隐喻义,但又有不同:例(54)表示唱歌已经开始,但还在持续,没有终结;例(55)表示结束,写书的事情已经终结,不再持续。因此,例(54)"V起"是趋向义基础上发展出的持续义,例(55)"V起"是趋向义基础上发展出的结束义。这二者的联系,是由于意象图式转换的促动造成的,"一些词会同时拥有两个意象图式,一个意象图式具有一条路径,而另一个相应的意象图式则是该路径的终点聚焦。"(Brugman & Lakoff 2012)也就是说,当一个词能用于表达路径意义时,往往也能表达路径的终点聚焦意义,这是一词多义实现的途径之一。Brugman & Lakoff (2012)举出许多英语的例子说明这种转换的普遍性。例如:

(56) a. Sam walked over the hill. (path)
　　　b. Sam lives over the hill. (end-of-path)
(57) a. Harry walked through that doorway. (path)
　　　b. The passport office is through that doorway. (end-of-path)
(58) a. Mary walked down the road. (path)
　　　b. Mary lives down the road. (end-of-path)

此外,还有 around、across、past 等,也都存在着这样的转换关系。

例(54)"唱起一支歌"是一个持续性事件,实际上是一条时间意义的路径(path),意为"开始出现并将持续下去";例(55)"写起一本书"是一个终结性事件,实际上是一个时间意义的终点(end-of-path),意为"已经终结而不再持续下去"。二者是由于意象图式转换的促动导致的多义。

我们把"V起"的发展演化途径图示如下:

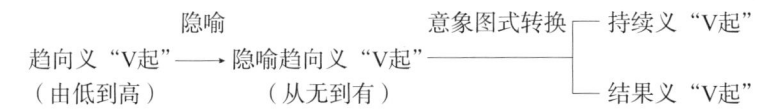

　　　　　　　　　　　隐喻　　　　　　　　　意象图式转换　┌─持续义"V起"
趋向义"V起"　────→　隐喻趋向义"V起"　──────────┤
(由低到高)　　　　　(从无到有)　　　　　　　　　　　　　└─结果义"V起"

5. 结语

以上我们对张家口晋语的趋向结构"V 起"进行了描写，并从认知的角度对其演化进行了分析。"V 起"的趋向义和持续义在方言中是比较普遍的，结束义还不够普遍，但在其他方言中也有。根据陶原珂(2008)，广州话"V 起"也有表完成的意义，其用法和晋语结束义"V 起"近似，例如(陶原珂用例)：

(59)功课做起咯。
(60)佢揾起好多钱喇。

例(59)和晋语"V 起"用法完全相同。可见，结束义"V 起"不仅仅存在于晋语，也存在于其他方言中，还有哪些方言存在这样的用法，尚需进一步调查研究。

第五节　两套型指示代词及其组合方式

在张家口晋语中，指示代词分一套型和两套型两种，一套型分布在张家口市、宣化、阳原、崇礼、沽源，其指别和称代合而为一；两套型分布在其他县区，其中一套用来指别，另外一套用来称代。根据组合情况，两套型又分两种情况，一种是相邻组合，分布在涿鹿、怀来、赤城，情况比较单一，都是"既这个、奈那个"；一种是隔离组合，分布在万全、怀安、尚义、张北、康保，情况比较复杂，近指组合都相同，远指组合有差异，其中万全、怀安、尚义是"这个宰、兀个外"，张北是"这个宰、那个外"，康保是"这个宰、那个乃"，但用法完全相同。本节讨论两套型指示代词及其组合方式。

1. 引言

张家口涿鹿、怀来、赤城、万全、怀安、尚义、张北、康保都有两套近指代词和两套远指代词现象。这些方言地区指示代词具有特殊性，主要表现在以下两个方面。

1)都有两套指示代词，一套用来指别，一套用来称代。在共同语中，指示代词"这、那"既可用来指别，也可用来称代，还可以既指别又称代。但在张家口晋语中，指别词和称代词用两套不同的系统表达。

2)张家口晋语的两套指示代词都可以借助量词"个"连在一起使用,既用来指别又用来称代,但不同方言连接方式不同,涿鹿、怀来、赤城用"指别＋称代＋个",即相邻组合型;万全、怀安、尚义、张北、康保用"指别＋个＋称代",即隔离组合型。以下分别说明。

2. 相邻组合型

涿鹿等地的两套近指代词和远指代词分别是:

	近指	远指
称代	这 tsəʔ³¹	那 nəʔ³¹
指别	既 tɕi³¹	奈 nɛ³¹

"既"是"这一"的合音,类似北京话的 zhei;"奈"是"那一"的合音,类似北京话的 nei。这两套指示代词的分布状况如下。

2.1 "这、那"可以构成复合指示代词,有"这来、那来、这会儿、那会儿、这摊儿、那摊儿、这样、那样、这们、那们"等;"既、奈"不可以。

2.2 "这、那"可以做主语和宾语,"既、奈"不可以。例如:

(1)这是一本书。
(2)那是一条狗。
(3)你看这,连我都不会了。
(4)我还管你那嘞。(我还管你那个呢。)

2.3 "既、奈"可以做定语修饰指人名词,"这、那"不能单独做定语。例如:

(5)既孩子可听话的嘞。(这孩子可听话呢。)
(6)上回打人的就是奈后生。(上次打人的就是那个后生。)

2.4 和量词或数量词连用,只能用"既、奈",不能用"这、那"。例如:

(7)既张桌子快倒了。(这张桌子快倒了。)
(8)奈边奈三个人都是从山兑来的。(那边那三个人都是从山兑来的。)

2.5 涿鹿等地的两套指示代词可以借助量词"个"连在一起使用,成为

相邻组合,做主语和宾语。例如:

(9)既这个坏了,你给我修修。(这个东西坏了,你给我修修。)

(10)奈那个闹得哪来去了?你到底把奈那个闹得哪来去了?(那个东西弄到哪里去了?你到底把那个东西弄到哪里去了?)

"既这个、奈那个"做主语和宾语,同"既个、奈个"做主语和宾语有区别。"既个、奈个"做主语和宾语有对比的意味,如"既个是猪,奈个是狗",即使在具体话语中不对举,也有对比意味。而"既这个、奈那个"做主语和宾语具有很强的独立性。

3. 隔离组合型

隔离组合型情况比较复杂,一方面,称代只有二分,指别多为三分;另一方面,近指基本相同,远指较多差异。我们只以万全话为例讨论。万全话的两套近指代词和远指代词分别是:

	近指	中指	远指
称代	宰 tse^{24}		外 vɛ^{24}
指别	这 tsə$?^{21}$	兀 və$?^{21}$	未 vei^{31}

这里把三分的指别词称为近指、中指和远指,是为了和其他晋语区指示代词的划分方法相一致,在晋语文献中,三分的指示代词都是按照近指、中指和远指划分的。实际上,如果把万全话的指别词划分为近指、远指和更远指似乎更符合实际情况,吕叔湘(1990)认为,三分的内涵可以是多样的,可以是近指、中指、远指,也可以是近指、远指、更远指,还可以是近指、远指、非近非远指。可见把指示代词划分为近指、远指和更远指是有理论依据的。从语言事实看,远指称代词"外"可以和指别词"兀、未"并用,如果把"兀、未"处理为远指和更远指,似更合理。

3.1 指别词

3.1.1 从构词看,"这、兀、未"可以构成复合指示代词,"这来(这里)、兀来(那里)、这们(这么)、兀们(那么)、这头、兀头、未头、这边、兀边、未边、这厢(这里)、兀厢(那里)、未厢(那里)"('这厢、兀厢、未厢'用于说话人在房间里的语境下)、这等(这时候)、兀等(那时候)、未等(那时候)"等。

3.1.2 从分布看,"这、兀、未"须用在名词、量词或名词短语的前面,成为"这/兀/未+名词""这/兀/未+量词""这/兀/未+带数量词的名词短语"

"这/未/兀＋不带数量词的名词短语"等形式。例如：

(11)这孩子　这个　兀个家伙(那个家伙)　未三个人(那三个人)

3.1.3 从功能看，"这、兀、未"不能单独做主语、宾语，和名词等组合以后，可以做主语、宾语、定语或复指成分。例如：

(12)这孩子可听话的嘞。(这孩子可听话呢。)
(13)他要的就是这个。
(14)他们兀几个人厮跟上去柴沟堡了。(他们那几个人一起去柴沟堡了。)
(15)未三个人的书我都带来了。(那三个人的书我都带来了。)

3.1.4 从篇章看，"这/兀"可以和"一、动词/形容词"组合构成"这/兀＋一＋动词/形容词"格式，后面需要有后续句把意思补充完整。例如：

(16)你不说我想不起来，你这一说，我心里呼嗒一锤就明白了。(你不说我想不起来，你这一说，我心里一下子就明白了。)
(17)他兀一不高兴，闹得我们都灰头土脸的。(他那一不高兴，弄得我们都很尴尬。)

3.2 称代词

万全怀安话的称代词"宰"是"这块"的合音，"外"是"兀块"的合音，这和其他晋语的情况一致，如平遥(侯精一 1999)。

3.2.1 "宰、外"代替人，限于在"是"字句里做主语。"宰、外"可以代替个体，也可以代替集体，相当于"这些"。例如：

(18)宰是我哥哥。(这是我哥哥。)
(19)外都是我同学。(那些都是我同学。)

3.2.2 "宰、外"代替事物，可以用作主语。例如：

(20)宰可便宜的嘞。(这东西可便宜呢。)
(21)外我早就知道了。(那件事我早就知道了。)

也可以用作宾语，包括介词宾语。例如：

(22)荷上宰吧。(拿上这个东西吧。)
(23)拿外拿过来。(把那个东西拿过来。)

"宰、外"做主语、宾语，也可以代替集体事物，相当于"这些"。例如：

(24)宰都是好东西。(这些都是好东西。)
(25)你拿外都搋了吧。(你把那些东西都扔了吧。)

"宰、外"可以用在方位词前面，包括单音节方位词"上、里"和双音节方位词(和共同语不同，共同语"这、那"只能用在双音节方位词前面)。例如：

(26)搁的宰上。(放在这上面。)
(27)盛的外里。(盛到那里面。)
(28)宰后头有三个小小。(这后面有三个小的东西。)
(29)觅的外合里。(放在那里面。)

"宰、外"还可以受单音节形容词修饰，限于宾语位置。例如：

(30)就剩了点臭宰。(就剩了点儿这个臭东西。)
(31)你拿兀个圆外拿过来。(你把那个圆的东西拿过来。)

3.2.3 "宰、外"代替动作或情况，相当于"这样、那样"，用作各种句子成分。例如：

(32)宰就不见亲了。(这样做就不讨人喜欢了。)
(33)我不待见外。(我不喜欢那样做。)
(34)好了，就宰吧。(好了，就这样吧。)

3.2.4 "宰、外"用在小句开头，复指前文。例如：

(35)你要能帮我一把，宰就快多了。(你要是能帮我一把，这样就快多了。)

(36)年时我拿地包给他种,外人们都不知道。(去年我把地承包给他种,那件事人们都不知道。)

3.3 指别词和称代词并用

万全话的近指指别词加量词"个"可以和近指称代词并用,形式为"这个宰";中、远指指别词加量词"个"可以和远指称代词并用,形式为"兀个外、未个外"。"这个宰、兀个外、未个外"既有指别作用,又有称代作用。"这个宰"一般用来指物,指人时有贬义;"兀个外、未个外"只能指物。

如果指代远近两个事物,用"这个宰"和"兀个外",不用"未个外";如果指代远中近三个事物,用"这个宰""兀个外"和"未个外",例如:

(37)我荷上这个宰,你荷上兀个外,他荷上未个外。(我拿上这个东西,你拿上那个东西,他拿上那个东西。)

只指代近的事物用"这个宰",只指代远的事物既可用"兀个外",也可用"未个外"。

"这个宰、兀个外、未个外"可以做主语、宾语和定语。例如:

(38)这个宰烂了。(这个东西坏了。)
(39)我摸见兀个外了。(我看见那个东西了。)
(40)未个外的盖盖闹没了。(那个东西的盖子丢了。)

"宰、外"也指物,也做主语、宾语和定语,但和"这个宰、兀个外、未个外"的用法不同。前者只用于称代,后者兼用于指别;前者可称代集体事物,后者只指代个体事物;前者可称代抽象事物,如事件、话语等,后者只指代具体事物;前者可用于类指,后者只用于个指,比如在商场,看到一排同一型号的洗发液,如果说"宰才五块钱一瓶",是就这一类事物来说的,说"这个宰才五块钱一瓶",是就某一瓶特定的洗发液来说的。

4. 结语

就指示代词而言,区分指别和称代是非常必要的。在共同语中,指别和称代用同一形式表现,但也可以通过某种形式做出区分,比如"这是 NP"和"这个是 NP",前者是指别,后者是称代。在一些方言中,指别和称代是用不同的指示代词表现的,这在晋语中也许并不是个别现象,根据侯精一(1999),平遥方言也有指示代词三分的形式,也有"宰、外",这很可能也是指别和称代的差异。由此可见,指示代词指别和称代的区分具有普遍性,即使没有专门的词汇形式,也可能有特定的句法形式,这方面的研究还比较薄弱,还需要加强调查研究。

第六节　涿怀话的两个反身代词"一个儿"和"个人儿"

河北涿鹿、怀来方言("涿怀话")有两个反身代词,一是"一个儿",一是"个人儿",这两个反身代词存在着主客观分工,"一个儿"倾向用于客观陈述,"个人儿"倾向用于主观表达。本节首先讨论"一个儿"和"个人儿"的反身代词性质,然后讨论二者的主客观分工,并对"个人儿"的词汇化和语法化进行分析。

1. "一个儿"和"个人儿"的反身代词性质

反身代词(reflexive pronoun)是反指主体自身的一种人称代词(哈特曼、斯托克 1981)。在句法上,反身代词都可以回指先行词(antecedent)。"一个儿"和"个人儿"都具有这样的性质。例如:

(1)他这么犟,非害了一个儿。(他这么执拗,一定会害了自己。)
(2)我连个人儿东西也认不得了。(我连自己的东西也不认得了。)

例(1)"一个儿"回指先行词"他",例(2)"个人儿"回指先行词"我",二者都和先行词在句法上隔开,这是典型的反身代词用法。

类似"一个儿"和"个人儿"这样的反身代词用法,在山西山阴县方言也存在,根据杨增武(1982),山阴方言"一个儿"和"□[kAʔ]人"都相当于共同语的"自己"和"自个儿",因此这一现象应该不是个别存在的。

在涿怀话中,"一个儿"和"个人儿"具有如下性质。

1.1 与强化词同形

刘丹青(2008)指出:"在很多语言中,反身代词具有强调代词的作用,如汉语的'自己'、日语的'自分'(zibun)、英语的 himself 等,这些语言是反身代词和强调代词(intensifier)同形的类型。"涿怀方言"一个儿"和"个人儿"也具有强化词(即强调代词)功能。例如:

(3)老刘一个儿锄地。(老刘自己锄地。)
(4)我个人儿搬家。(我自己搬家。)

例(1)(2)反身代词用于回指,是典型的反身代词用法;例(3)(4)反身代词用于强调,是强化词的用法,也就是说,这两个例子中的反身代词出现与否,不影响句子的基本语义,而只是起强化(强调)作用,一般都带焦点重音。这属于反身代词和强化词同形的类型。根据刘丹青(2008),在大多数欧洲语言中,包括英语所在的日耳曼族的大部分语言中,反身代词和强化词在词形上都是分开的,俄语、德语都是如此。反身代词与强化词同形,只是一种类型,并非普遍如此。

1.2 与人称词可分

反身代词有两种形式:复合式和独立式。例如:

(5)他打了他自己。
(6)他打了自己。

例(5)是复合式,"自己"和人称代词"他"复合在一起;例(6)是独立式。在复合式中,反身代词一般都是和人称代词复合,有时也和名词复合,如"张三自己"。我们把和反身代词复合在一起的词称为"人称词"。在英语中,反身代词总是以复合式出现,self 和相应人称代词的领格或宾格复合在一起,表达反身意义。例(5)在英语中的相应表达是"He hit himself"。英语 self 不能独立使用,例(6)英语中没有相应的形式"*He hit self"。

不仅英语如此,像藏缅语等少数民族语言以及汉语的许多方言也都是如此。根据孙宏开(1993),藏缅语中大多数语言都有用分析形式表示反身意义的词,少则1个,多则3~4个。这些词的词汇意义比较明确,都是"自己"的意思,但独立性不强,多数是加在名词或代词的后面,表示反身,只有少部分语言中,有单独做句子成分的例证。关中等汉语方言中,反身代词也总是和人称词复合在一起的。可见,复合式反身代词是非常多见的,甚至可以说是一种强势的反身代词形式。

汉语共同语"自己"可以和人称词分离,以独立式出现。涿怀方言"一个儿"和"个人儿"则非常倾向于以独立式出现,这在语言中是不常见的。

共同语"自己"在某些情况下只能以复合式出现,但涿怀方言"一个儿"则能以独立式出现。例如:

(7)A:他结婚没有?B:没有,他还是一个儿。(没有,还是他自己。)

例(7)共同语只能说成"还是他自己",不能说"他还是自己",但在涿怀话中可以用独立式表达。

"个人儿"更加特殊,它只能以独立式出现,不能以复合式出现。也就是说,"个人儿"不能做同位语:

(8)*我个人儿　*我们个人儿　*你个人儿　*他们个人儿　*张三个人儿

这可以通过单独回答问题来测试,用反身代词复合式单独回答问题,只用"一个儿",不用"个人儿"。例如:

(9)A:家里谁在嘞? B:我一个儿。/*我个人儿。

有时,人称词在线性序列上和"个人儿"排列在一起,但它们并不在同一个层次。例如:

(10)他个人儿写。(他自己写。)
(11)你个人儿事儿不操心,老让别人给你操心。(你自己的事不操心,老让别人给你操心。)

例(10)"个人儿"做状语,不是"他"的同位语,这一点下面还会提到。例(11)"个人儿"做定语,直接成分是"事儿","个人儿"不是"你"的同位语,如果改变一下句子顺序,其层次就非常清楚了:

(11')你不操心个人儿事儿,老让别人给你操心。(你不操心自己的事,老让别人给你操心。)

1.3 与身体词异源

由身体及身体部位发展为具有回指和强调功能的反身代词,是人类语言中比较普遍的语法化路径。(Schachter & Shopen 2007,Heine & Kuteva 2007,李计伟 2012)

在许多汉语北方方言中,表示"独一"意义的数量成分成为反身代词的另一个来源。"一个人"在成都方言中有反身代词用法(李荣主编 2002)。"个人"有反身代词用法的方言有哈尔滨方言(李荣主编 2002)、山西万荣方言(黄伯荣主编 1996)、中原官话和兰银官话。(许宝华、宫田一郎主编 1999)"个儿"在内蒙古鄂尔多斯市、土默特旗方言(属晋语)有反身代词用法。(许宝华、宫田一郎主编 1999)河北涿怀方言的"一个儿"和"个人儿"都是从表"独一"意义的数量成分发展来的,只不过增加了儿化形式,这和方言中儿化发达有关。

当主语为人称代词或表人名词单数的时候,表示"独一"意义的数量成分可以在动词前面表示强调。例如:

(12)他一个去/他个人去/他一个人去。

当主语是复数的时候,"一个/个人/一个人"如果仍然可以用在动词前面,其反身意义就非常明显了,尽管还是强调,但意义有了变化,由"独一"变为"独自"。例如:

(13)他们一个去/他们个人去/他们一个人去。

例(13)"一个/个人/一个人"有明显的反身意义,但其作用仍然是加强,因此这还不是严格意义的反身代词。当"一个/个人/一个人"用于回指的时候,就成为真正意义的反身代词了。

河北涿怀方言"一个儿"和"个人儿"分别是"一个"和"个人"的儿化形式。"一个儿"和"个人儿"先行词可以是复数,还可以用于回指,已经是真正意义的反身代词了。

2. "一个儿"和"个人儿"的主客观分工

"一个儿"倾向用于客观陈述,"个人儿"倾向用于主观表达,这在句法、语义、语用等方面都有表现。我们以句法位置为纲来说明它们的主客观分工。

2.1 宾语位置

在宾语位置,反身代词只能用"一个儿",不能用"个人儿",无论是动词宾语还是介词宾语,都是如此。宾语位置上的"一个儿"可以是独立式,也可以是复合式。例如:

(14)多穿点衣裳,甭冻着一个儿咯。(多穿点衣裳,别冻着自己。)
(15)张三扇了他一个儿好几个逼兜。(张三扇了他自己好几个耳光。)
(16)老张连他一个儿锁的家里了。(老张把他自己锁在家里了。)

(17)对一个儿刻薄,对别人也好不到哪里去。(对自己刻薄,对别人也好不到哪里去。)

例(14)(15)"一个儿"用作动词宾语,其中例(15)是双宾语句,"他一个儿"是间接宾语;例(16)(17)"一个儿"用作介词宾语。

在宾语位置上,反身代词只能用倾向客观陈述的"一个儿",这和宾语的强客观性有关。一般情况下,指称性成分句法位置的主客观差异表现为,主语主观性强,宾语客观性强。

首先,从事件语义和论元配置看,因为主语往往由施动者/施事充任,施动者具有主观能动性,宾语由受动者/受事充任,受动者具有客观承受性。因此相对于主语而言,宾语客观性强。

其次,从位置看,根据张黎(2003),汉语以核心动词为界,动词前的成分是有意的,动词后的成分是无意的,有意是主体对事件或动作本身以及动作所涉及的场所、性状、可能、方式等语义范畴的自觉性观照,无意是上述语义范畴经过动作后超越主体的意识而形成的客观态势。宾语是动词后成分,符合无意范畴的客观性特征。

再次,从言者看,"主语是说话人移情的固有位置"(Kuno & Kaburaki 1977,张伯江 2002),既然如此,主语就成为一个具有强主观性的句法位置,相比而言,宾语主观性弱,客观性强。

2.2 定语位置

反身代词出现在定语位置上,既可以用"个人儿",也可以用"一个儿",但多用"个人儿",特别是当中心语是表亲属关系的词语时,极倾向用"个人儿"。例如:

(18)个人儿爹　个人儿娘　个人儿兄弟　个人儿闺女
(19)他连个人儿自行车闹没了。(他把自己的自行车丢了。)

例(18)(19)"个人儿"尽管也可以换成"一个儿",但自然语言中还是以"个人儿"为常,"个人儿"更能反映说话人的态度、情感。例(19)"个人儿自行车"虽然在宾语的位置上,但"个人儿"作为"自行车"的直接成分还是定语,因此在使用上并不矛盾。

董秀芳(2014)发现,先秦时期的第一人称代词,定语位置上倾向于出现主观性强的"吾",而近代汉语和一些方言中主观性强的"俺"也倾向于在定语位置表达领属,"领属关系可能是一种适于发生移情的关系"。可见,主观性强的代词倾向于用作定语,是比较普遍的现象。

反身代词作为一种特殊的人称代词,用作定语,表示领有关系,表示领有属于本人这一方面的人、事物、居所等等。"领有"意义本性上就具有主观性倾向。刘丹青(2011)考察"有"字领有句时指出:"领有也可以说是拥有、占有,领有关系在大多数情况下符合领有主体的利益,领有的原型属性包含'有益'的特征,如'有财富/土地/资源/权力/门路/靠山',等等。所以,表领有关系的'有',本性就有积极倾向。"尽管动词"有"表现领有的词汇意义,而定中结构的领有关系表现领有的语法意义,但在深层次的语义上是一致的,即都能表现主体的利益,因而都具有强主观性。

2.3 状语位置

"一个儿"和"个人儿"都可出现于状语位置,在状语位置上都具有强化词性质。例如:

(20)他一个儿锄地。(他自己锄地。)
(21)他个人儿锄地。(他自己锄地。)

例(20)实际上是有歧义的,"有两种可能的句法结构"(刘丹青2008),一种结构是,"他一个儿"是同位短语,做主语,当提问"都谁锄地?"的时候,是这种情形;一种结构是,"他"做主语,"一个儿"做状语,当提问"他做啥嘞?"的时候,是这种情形。例(21)只有一种句法结构,即"他"做主语,"个人儿"做状语,因为"个人儿"只有独立式,没有复合式,不能组成同位短语。以下我们只讨论"一个儿"和"个人儿"做状语的情形。

在状语位置上,反身代词的使用和生命度有关。根据语言类型学的研究,名词性成分存在着生命度(animacy)差异,即:人类＞动物＞无生命物(伯纳德·科姆里著2010)。张伯江、方梅(1996)进一步对作为语言学概念的生命度等级序列进行了排列:说者/听者＞第三人称代词＞指人专有名词＞指人普通名词＞其他有生名词＞无生名词。这一生命度等级序列不仅反映了名词性成分语义的活跃程度差异,也反映了名词性成分主客观程度的差异,即从"说者/听者"到"无生名词"主观性逐渐降低,客观性逐渐增加。就反身代词的使用而言,客观性越强,越是只能用"一个儿"复指。具体分以下几种情况。

2.3.1 主语为无生名词和其他有生名词,只能用"一个儿"。

其他有生名词指动物和植物。例如:

(22)没人碰没伍的,缸一个儿就打了。(没人碰没什么的,缸自己就打破了。)

(23)我没赶,羊一个儿回的圈。(我没赶,羊自己回的圈。)

主观性是反映说话人立场、态度、评价等内容的。一般地,说话人容易对人或人的行为产生立场、态度和评价,而不容易对动物或非生命事物产生立场、态度和评价,因为动物或非生命事物不具有文化性和伦理性。对动物或非生命事物来说,说话人在陈述它们时更多的是客观叙实,反映在反身代词的使用上,就是只能用倾向于客观陈述的"一个儿",不能用倾向于主观表达的"个人儿"。

2.3.2 主语为类指的指人普通名词,只能用"一个儿"。

指人普通名词有两种用法,一是类指的,一是个指的。类指的指人普通名词不指称某一具体的人,其对应的谓语都是属性谓语而非事件谓语,(刘丹青 2002)属性谓语往往具有客观陈述的意味,有时甚至就是真理性命题,因此反身代词也只用"一个儿"。例如:

(24)人一个儿要有志气。(人自己要有志气。)
(25)光棍汉一个儿过,可可怜的嘞。(光棍儿自己生活,很可怜。)

2.3.3 主语为个指的指人普通名词、指人专有名词、三身代词,既能用"一个儿",也能用"个人儿"。

"一个儿"和"个人儿"做状语,意义基本相同,语气微殊,"一个儿"语气稍弱,"个人儿"语气稍强。例如:

(26)那个光棍汉一个儿/个人儿回家了。(那个光棍汉自己回家了。)
(27)老赵一个儿/个人儿做饭,媳妇不给做。(老赵自己做饭,媳妇不给做。)
(28)他夜来一个儿/个人儿去的县城。(他昨天自己去的县城。)
(29)我一个儿/个人儿就行,谁也不用帮忙。(我自己就行,谁也不用帮忙。)

以上各例"一个儿"和"个人儿"可以互换,意义基本相同,语气稍有差异。其语气差异在特定语境下能反映出来。例如:

(30)A:你替我写吧。B:你一个儿/?个人儿写吧,写完我给你改改。

(31)A:你替我写吧。B:你个人儿/？一个儿写去,啥也找我替？

例(30)语气平和,倾向于用"一个儿";例(31)语气极其强烈,倾向于用"个人儿"。当然这只是倾向性差异,并不是绝对不能替换。

2.4 主语位置

"一个儿"和"个人儿"都可出现于主语位置。在主语位置上,反身代词的使用和语境有关。反身代词一般不用于始发句,在独白语境中用于回指,在对话语境中用于回应。

2.4.1 在独白语境中,反身代词在主语位置上用于回指,只能用"一个儿",不能用"个人儿"

在独白语境中,反身代词"一个儿"在后面的分句或小句中做主语,用来回指前面分句或小句的先行词。例如:

(32)他连孩子留的地里,一个儿回家去了。(他把孩子留在地里,自己回家去了。)

(33)煤火没人管么,一个儿还不熄咾?(炉子没人管嘛,自己还不熄灭?)

"一个儿"在独白语境中回指先行词,是句际回指。句际回指反映了语言成分的篇章功能,而不是人际功能,和人际功能相比,篇章功能有较强的客观性,反映在反身代词的使用上,就是用倾向于客观陈述的"一个儿"。

2.4.2 在对话语境中,反身代词在主语位置上用于回应,既能用"一个儿",又能用"个人儿"。

在对话语境中,反身代词做主语,多用来反指听话人,很少用来反指说话人和第三方。反身代词既可以用"一个儿",也可以用"个人儿",意义基本相同,语气稍有差异。其语气差异也能在特定语境下反映出来。例(30)(31)把"你"去掉,就是反身代词做主语:

(30')A:你替我写吧。B:一个儿/？个人儿写吧,写完我给你改改。
(31')A:你替我写吧。B:个人儿/？一个儿写去,啥也找我替？

"一个儿"和"个人儿"做状语、主语时,有时可以互换,而且意义基本相同,特别是在语气强烈程度不明显的情况下。可以说,主客观分工是其大势,但个别用法出现可此可彼的情形也是可以理解的,关于这一点,董秀芳

(2014)也有相同的看法。尽管如此,这"个别用法"仍然是有规律可循的。具体可以概括为:

如果表达相同意义的两个或几个语言成分存在着主客观分工,那么倾向于客观陈述的语言成分也可以用于主观表达,但倾向于主观表达的语言成分不一定能用于客观陈述。

从上述情形可以看出,能用"个人儿"的地方,往往也能用"一个儿";但能用"一个儿"的地方,不一定能用"个人儿"。董秀芳(2014)在考察黄骅方言"我"和"俺"时,发现用"俺"的时候基本上都是"倾向于用'俺'",又说"但用'我'也可以";而用"我"的时候有时却不能用"俺"。这和我们上面概括的规律是完全吻合的。其实这并不难理解,倾向于客观陈述的语言成分,在语境中加上特定的语气、语调、重音等超语段成分,可以增强主观性,实现主观化;相反,倾向于主观表达的语言成分却不能通过减少什么来达到"客观化"。因此,客观的表达方式中,往往会有一些游离出来用于主观化表达;而主观化的表达形式一旦较为固定,往往不会再用于客观性语境,这一规律可能具有一定的普遍性,我们不妨称之为主观化的单向性/单调性,这不仅适用于代词的主客观分工,也应该能适用于其他语言形式。

3. "个人儿"的词汇化和语法化

3.1 "个人儿"的词汇化

首先,"个人儿"可以降格为语素组,和"人儿"一道构成"个人儿人儿"这个固化形式,意思是"自己人"。但"个人儿人儿"比"自己人"范围要窄,只指本族、本家极亲密的人。例如:

(34)个人儿人儿咋也比别人强。(自己人怎么也比别人强。)
(35)咱们兄妹五人,都是个人儿人儿的,别计较什么。(咱们兄妹五人,都是自己人,别计较什么。)

例(34)虽然没有指明,但一定是指本族、本家极亲密的人。

其次,"个人儿"可以组合成"驴子句"式熟语,包括歇后语和惯用语,用来表达说话人强烈的主观情感。例如:

(36)怀孩子住娘家——个人儿度摸个人儿事。(怀孩子住娘家——自己考虑自己的事。)
(37)个人儿梦个人儿圆。(自己的梦自己圆。)

例(36)用于提醒对方做事情小心谨慎,在当地文化中,孩子必须生在婆家,不能生在娘家,所以怀孕期间尽量不要住娘家,说话人用这个歇后语提醒对方。例(37)是惯用语,意思是"自己做的事情自己应该承担责任"。

熟语的运用多数是为了表达感情色彩,因为熟语所表达的内容,多数都有相应的词汇形式表达,说话人之所以舍弃一般的词汇形式而选择熟语表达,就是为了增强语言表达的主观性。如果运用到反身代词,在满足句法位置要求的前提下,会优先选择像"个人儿"这样的主观性程度强的反身代词。

3.2 "个人儿"的语法化

"个人儿"还进一步语法化为表建议的连词,相当于"要不、不然"。例如:

(38)年年坐河儿,个人儿不待念他了。(年年蹲班,要不不念书了。)
(39)个人儿你去吧。(要不你去吧。)

例(38)是说话人自我建议,说话人本来应该继续读书,但继续读书有很大的困难,所以向听话人建议自己不要继续读书。例(39)是说话人向听话人提出建议,按照原来计划应该是我去或者别人去,但由于按照这个计划继续行事有困难或不合适,所以说话人向听话人提出建议,改变原来的计划。

"个人儿"作为连词,是从反身代词"个人儿"发展来的。其发展动因是语用推理。先看下面的例子:

(40)你个人儿熬稀粥吧。

例(40)实际上是个歧义句,一个意思是"你自己煮粥吧",另一个意思是"你要不煮粥吧"。在具体语境中,如果说话人具有"排他性"建议,就是第一个意思;没有"排他性"建议,就是第二个意思:

(40')你个人儿熬稀粥吧,我就不跟你一起做了。

例(40')说话人排除了自己一方,那么"你个人儿"就是"你自己"。"个人儿"正是在这种情形下向表建议的连词发展演化的。其语用推理过程为:说话人建议对方做某事,如果直接做直白式建议,就很有可能伤害对方的面子,因此,说话人在建议之前最好首先给出选择,以商量性语气让对方自己做出决定。例(40')表示一种"排他性"选择,说话人在排除我和你一起做之后,提出一个新的选择来征求对方的同意。如果后一分句不出现,即例(40)

的情况下,听话人根据"建议"的语用法则,推导出说话人建议我煮粥的隐含义,这个过程反复进行,久而久之,推导步骤就得到简化,听话人"抄近路得出隐含义",在特定语境下直接得出表建议的隐含义,于是"个人儿"就由反身代词发展为表建议的连词。

"个人儿"发展为表建议的连词后,还可以用在主谓句的句首,如例(39),这时"个人儿"只能是表建议的连词,其连词用法更加成熟。

根据"个人儿"的词汇化和语法化的发展演化,对比"一个儿",我们可以概括出这样的规律:

如果表达相同意义的两个或几个语言成分存在着主客观分工,那么倾向于客观陈述的语言成分相对比较稳定,而倾向于主观表达的语言成分容易发生变化。

董秀芳(2014)研究了第一人称代词的主客观分工,发现上古汉语第一人称"吾"和"我"存在着主客观对立,其中客观性强的"我"一直非常稳定,沿用至今;而主观性强的"吾"最晚在东汉就退出了汉语口语。近代汉语主观性强的"俺"进入了汉语系统,和"我"形成了主客观的对立。"我"是客观性强的语言成分,非常稳定;"吾"和"俺"是主观性强的语言成分,或产生,或消亡,都不如"我"稳定。这和我们上面概括的规律是完全一致的。

4. 结语

综上,河北涿怀话有两个反身代词"一个儿"和"个人儿",这两个反身代词与强化词同形,与人称词可分,与身体词异源。这两个反身代词存在着主客观分工,"一个儿"倾向于客观陈述,"个人儿"倾向于主观表达,而且"个人儿"还有词汇化和语法化现象。这种反身代词的主客观分工应该不是个别的。山西山阴方言也存在着两个反身代词,"一个儿"和"□[kAʔ]人",它们应该也存在着主客观的分工。我们再看杨增武(1982)的用例:

(41)老张一个儿能给一个儿剃头。
(42)叫他们□[kAʔ]人拿主意哇。

例(41)是说话人陈述一个客观事实,因此用"一个儿";例(42)说话人要求他们自己拿主意,是祈使语气,主观性强,因此用"□[kAʔ]人"。

更进一步说,这就为主客观分工的存在提供了形式上的可能性,尤其是当这些形式和涉人指称(person-related reference)有关。不仅第一人称代词、第二人称代词(如"你-您"二分或 T-V 二分)、第三人称代词(如中原官话关中话中的第三人称)指称的主客观分工如此,本节所观察到的反身代词也是如此;实际上,不仅代词系统可以具有这样的分工,其他语言成分也有可能成为主客观分工的载体。当然,这样的分工只有可能性,并非必然存在或者事实存在。然而,通过主客观分工这一类型学参项,以及对于本节所涉语言变体的描写,可以考察语言类型变异的可能性极限,这也正是现代语言类型学的理论旨归之一。

第三章 虚词研究

第一节 轻量程度副词"可"的逆转性和趋利性

在张家口晋语中,有两个程度副词"可",意义不同,读音也不同。一个是高量程度副词"可₁",读[kʰʌʔ],入声,相当于共同语的"很、特别";一个是轻量程度副词"可₂",读[kʰə],上声,相当于共同语的"不怎么"。例如:

(1)夜里可₁热的嘞,今天可₂热了。(昨天很热,今天不怎么热了。)
(2)以前他可₁能抽烟的嘞,这会儿可₂抽烟了。(以前他特别爱抽烟,现在不怎么抽烟了。)

"可₂"是张家口晋语中很有特色的一个副词,在性质、语义选择、构式特征等方面都具有特殊性,本节拟对"可₂"的这些方面做出分析,并对"可₂"的来源做出推断。在没有"可₁"出现的情况下,直接用"可"表示"可₂"。

需要说明的是,在地区分布上,涿鹿、怀来、赤城、阳原四县直接用"可",万全、怀安、张北、尚义、崇礼、康保用"可甚",但在性质、用法上完全相同。张家口市、宣化、沽源没有轻量程度副词"可"和"可甚"。本节只考虑"可"的情况,"可甚"性质和用法相同,可以参照"可"的分析,追溯来源时只考虑"可","可甚"待另行研究。

1. "可"的性质

1.1 "可"是轻量程度副词

汉语程度副词具有量级的差异,像"很、非常、特别、极其"等,属于高量程度副词;像"稍微、略微、有点、不大"等,属于轻量程度副词。"可"属于轻量程度副词。"可"和"稍微"类轻量程度副词在语义上相容,不排斥。例如:

161

(3)夜来肚疼得厉害,今天可肚疼了,不过还稍微有点疼。(昨天肚疼得厉害,今天不怎么疼了,不过还稍微有点疼。)

(4)这阵儿可热了,不大出汗了。(这阵儿不怎么热了,不大出汗了。)

例(3)"可肚疼了"是"不怎么肚疼了",但还"稍微有点疼",二者相容。例(4)"不怎么热",也"不大出汗",二者是相应的情形。

1.2 表示逆转,具有否定性质

"可"和"稍微"类程度副词在量级上是相同的,但在性质上有很大差异。"稍微"类程度副词和高量程度副词只有量级的差异,没有性质的差异,即它们都用来表示对程度量的肯定;而"可"和高量程度副词不仅有量级的差异,也有性质的差异,高量程度副词是对程度量的肯定,"可"则是对高程度量的逆转,具有否定性质。可以说,"稍微"类副词是静态的"轻微",而"可"是动态的"减轻"。

"可"既然是对高程度量的逆转否定,因此,凡用"可"的句子,必然存在一个高程度量。高程度量有时在句中出现,有时不出现,但即使在句子中不出现,在实际中也一定是存在的。例如:

(5)这孩子以前可$_1$坏的嘞,这会儿可$_2$坏了。(这孩子以前非常坏,现在不怎么坏了。)

(6)这孩子可坏了。(这孩子不怎么坏了。)

例(5)句中有高程度量"可$_1$坏的嘞","可$_2$"是对这个高程度量的逆转否定。例(6)高程度量在句子中没有出现,但实际上是存在的,既然用"可$_2$",就说明以前有高程度量存在,"可$_2$"具有预设触发语(presupposition trigger)的性质,它预设着高程度量的存在。

2. "可"对 VP/AP 的语义选择

"可"后面跟一个谓词性成分 VP/AP,VP/AP 可简单可复杂,可肯定可否定。例如:

(7)吃了几块饼干,可饿了。(吃了几块饼干,不怎么饿了。简单)

(8)他这会儿可像以前那样见了酒连命也不要了。(他这会儿不怎么像以前那样,见了酒连命也不要了。复杂)

(9)这里最近几年可刮大风了。(这里最近几年不怎么刮大风了。

肯定)

(10)夸了他两句,他就可不高兴了。(夸了他两句,他就不怎么不高兴了。否定)

VP/AP 在句法上比较多样,但在语义上比较单一:都具有消极性质。主要包括以下四种情况。

第一,表人和物消极状态的词语。

贬义 AP 所反映的状态是典型的消极状态,因此这类 AP 最容易和"可"形成选择关系,如"坏、笨、丑、凶、穷、贱、差、破、烂、脏、傻、臭、骚、秃、乱、浑、狂、狠、野、旱、马虎、腌臢、难看、骄傲、小气、刻薄、滑头、糊涂"等。这类形容词的反义词都是褒义 AP,不能接受"可"的选择。例如:

(11)洗洗脸,化化妆,可难看了。(洗洗脸,化化妆,不怎么难看了。)
(12)*年纪大了,可漂亮了。
(13)厕所可臭了。(厕所不怎么臭了。)
(14)*菜放得时间长了,可香了。

以上四例,如果把"可"换为"不怎么",都是可以接受的,但"可"只能选择像例(11)(13)那样的贬义 AP,不能选择像例(12)(14)那样的褒义 AP。

中性 AP 一般都用来描写人和物的客观属性,如"大、小、软、硬、快、慢、冷、热、胖、瘦、高、矮"等,它们本身无所谓褒贬,但接受"可"选择时,就是贬义的,是消极状态。"可"预设高程度量的存在,中性 AP 作为高程度量,就是消极状态。比如,"胖瘦"适中是正常状态,但过量就是消极状态。中性 AP 作为正常状态,不能接受"可"选择;作为消极状态,可以接受"可"选择。

第二,表身和心消极反应的词语。

反应指有机体受体内或体外的刺激而引起的相应的活动。动物有生理反应,人既有生理反应,也有心理反应。根据贺阳(1996),表生理和心理反应的词是不及物动词,主要有两类,一是"生理·心理动词",有"馋(想吃)、恶心(想呕吐)、饿(肚子空)、渴、困(想睡)、麻(觉得轻微麻木)、难受、酸(感觉微疼而无力)、疼(疼痛)、痒、晕、胀";二是"心理动词",有"别扭(不顺心)、惭愧、得意、烦(心烦)、烦躁、反感、害羞、寒心、激动(感情冲动)、紧张、急(着急)、乱(心绪不宁)、难过、恼火、伤心、生气、遗憾、犹豫、着急"。这些动词都是消极的生理或心理反应,因此都能接受"可"选择。这些动词绝大多数都没有反义词,个别有反义词,其反义词是形容词,如"难受"的反义词是"舒服","难过"的反义词是"高兴","舒服、高兴"都是积极反应,不能接受"可"选择。

有些词兼属消极状态和消极反应,如"软、硬、冷、热、凉、烫"等。表客观情形的是消极状态,表主观感受的是消极反应。"软、硬、冷、热、凉、烫"作为消极反应,其实就是"发软、发硬、发冷、发热、发凉、发烫"。例如:

(15)a. 天气可热了。(天气不怎么热了。客观情形)
　　b. 脑袋可热了。(脑袋不怎么发热了。主观感受)
(16)a. 面团加了点白面,可软了。(面团不怎么软了。客观情形)
　　b. 吃了点东西,身上可软了。(身体不怎么发软了。主观感受)

有些动词有几个义项,其中一个义项是表示人主观感受的,比如"烧、飘、颤、抖"等,人体有时会"发烧、发飘、发颤、发抖",都是消极反应,能接受"可"选择。

第三,表消极习惯行为的词语。

习惯是逐渐养成而不易改变的行为。人有习惯,动物也有习惯。有些习惯是正常的,如吃、喝、睡觉、工作、公鸡打鸣、乌龟冬眠等,反映正常习惯的 VP 都不能接受"可"选择。有些习惯是积极的,如孝敬、帮忙、夸奖、谦让等,反映积极习惯的 VP 也不能接受"可"选择。只有反映消极习惯的 VP 才能接受"可"的选择,如"抽烟、喝酒、骂人、打架、耍钱(赌博)、串门子(嫖)、(动物)咬人、(动物)叫唤"等。

正常习惯和消极习惯有时可以转化。比如,有些正常习惯,一旦经常过量,就转化为消极习惯了;如果再回复到常规,又成为正常习惯了。在张家口晋语中,"那么 VP"表示 VP 过量。即使 VP 是正常习惯,"那么 VP"也是消极习惯,"那么 VP"表示正常习惯过量,所以是消极习惯。VP 如果是正常习惯,就不能接受"可"选择;"那么 VP"总是消极习惯,可以接受"可"选择。例如:

(17)* 他可吃了。
(18)他可那么吃了。(他不怎么过量吃了。)

例(17)"吃"是正常习惯,不能说"可吃了";例(18)"那么吃"说明以前吃得过量,是消极习惯,可以接受"可"选择。

第四,表消极自然现象的词语。

有些自然现象总是消极的,如地震、冰雹、旱、涝等,反映这些现象的VP都能接受"可"选择。有些自然现象本身并不是消极的,但过量就是消极的,如刮风、下雨、下雪、响雷等,反映这些现象的VP也都能接受"可"选择。接受"可"选择,就说明以前VP的程度重、过量,而现在程度减轻了。

3. "可 VP/AP 了"的构式特征

"可 VP/AP"一般不单用,经常和"了"配合,成为"可 VP/AP 了"构式,意思是"不怎么 VP/AP 了"。"可 VP/AP 了"构式具有变化性,其语义背景是:存在着一个高程度量,这个高程度量发生逆转否定,于是出现了和这个高程度量相反的轻程度量。图示如下:

$$\text{高程度量(可}_1\text{热的嘞)} \xrightarrow{\text{逆转否定}} \text{轻程度量(可}_2\text{热了)}$$

"可 VP/AP 了"构式所反映的变化性是时间线条上的,高程度量在先,轻程度量在后。"可 VP/AP 了"多为已然的状况,但也可以是未然的状况,甚至连高程度量也可以是未然的状况。例如:

(19)你看你今天咳嗽挺厉害的,吃了我开的药,明天就可咳嗽了。(你看你今天咳嗽挺厉害的,吃了我开的药,明天就不怎么咳嗽了。)

(20)明天可$_1$要冷了,后天就可$_2$冷了。(明天会很冷,后天就不怎么冷了。)

例(19)高程度量是已然的,轻程度量是未然的;例(20)高程度量和轻程度量都是未然的。

事实的变化呈现出多样性,有消极状况向积极状况发展,也有积极状况向消极状况发展。"可 VP/AP 了"构式所反映的都是消极状况向积极状况发展。"可"所选择的 VP/AP 都具有消极的性质,"可"具有逆转否定性,对消极性质的否定,就是对积极性质的肯定,因此整个"可 VP/AP 了"构式表达的是积极意义。由消极状况发展为积极状况,是"趋于有利",可以称为"趋利性","可 VP/AP 了"构式具有趋利性特征。例如:

(21)喝了两口凉水,可头晕了。(喝了两口凉水,不怎么头晕了。)
(22)得了一场病后,他可抽烟了。(得了一场病后,他不怎么抽烟了。)

例(21)是"不怎么头晕了",感觉比以前舒适,是"趋于有利"的;例(22)是"不怎么抽烟了",减少抽烟对身体有好处,也是"趋于有利"。

"可 VP/AP 了"构式具有很强的主观性。"主观性"(subjectivity)就是说话人在话语中的"自我"表现成分,即说话人说出一段话的同时表明自己对这段话的立场、态度和感情,从而在话语中留下自我的印记。(沈家煊 2011)"可 VP/AP 了"的强主观性是副词"可"的主观化导致的。根据"乐观原则",人总是倾向好的一面,令人如意的事情就希望往大里说,不如意的事情就要往小里说。(沈家煊 1999)消极状况总是不如意的,"可"能够对消极状况做出逆转否定,这种表达固化的结果,就是"可 VP/AP 了"构式的积极意义和趋利特征。轻量程度副词"有点儿"一般也只修饰贬义词,这也是"不如意的事情往小里说"固化的结果。(沈家煊 1999)

"可 VP/AP 了"可以是说话人自我"趋利",也可以是说话人"移情"(empathy)的"趋利"。例如:

(23)我这几天可难受了。(我这几天不怎么难受了。)
(24)他这几天可难受了。(他这几天不怎么难受了。)
(25)那条黑狗可乱咬人了。(那条黑狗不怎么乱咬人了。)
(26)这地方现在可刮风了。(这地方现在不怎么刮风了。)

例(23)是说话人自我趋利,说话人不怎么难受,对说话人来说是"趋于有利"。例(24)(25)(26)是说话人"移情"的趋利,所谓"移情",就是"说话人将自己认同于……他用句子所描写的事件或状态中的一个参与者"(Kuno,1987;沈家煊,2008)。例(24)是说话人移情于主语"他",设身处地为"他"着想,是"趋于有利"。例(25)说话人移情于因"黑狗乱咬人"而受到伤害或受到威胁的人。例(26)说话人移情于住在这地方的人。例(25)(26)移情对象没有在句中出现,但根据常识仍然可以判断出来。

4."可"的来源

表示程度减轻的副词"可"应该是从表示病痛程度减轻的形容词"可"虚化来的。

表示病痛程度减轻的形容词"可",在近代汉语有用例。例如:

(27)遇其卧,因问疾。茂曰:"我病可耳。"(李延寿《南史·王茂传》)

(28)泉州有客卢元钦染大疯,惟鼻根未倒。属五月五日官取蚺蛇胆欲进,或言肉可治疯,遂取一截蛇肉食之。三五日顿渐可,百日平复。(张鷟《朝野佥载》)

(29)这些病何时可?待医来却又无个方本。(董解元《西厢记诸宫调》)

(30)徐生病可,述其事告太守。(徐榜《济南纪政》)

《汉语大词典》和张相(1977)都认为"可"是"痊愈",侯精一(1999)认为是"减轻"。例(27)王茂还在卧床,应该不是痊愈,而是病情减轻。例(28)更明显,三五日肯定是病情减轻,百日才痊愈。例(29)(30)虽然可以理解为"痊愈",但即使理解为"减轻"也未尝不可。我们赞同侯精一的看法,"可"表示病痛的程度减轻。

"可"可以受程度副词"稍"修饰,也可和形容词"轻"同义连文,是形容词。例如:

(31)侍臣扶入宫中,数日不能设朝。后病稍可,方出殿受群臣朝贺。(罗贯中《三国演义》)

(32)翠桃含笑道:"公子看了小姐的书,觉得病已轻可了些。"(《说呼全传》)

表病痛程度减轻的形容词"可"至今还保留在晋语中,而且在某些方言中还扩展到其他方面的程度减轻。根据张国微(2010),山西榆次方言形容词"可"可以用于人数减少、风变小等情形。例如:

(33)星期天超市的人可₁多了,不过平常就可₂些。(星期天超市的人很多,不过平常就少些。)

(34)今日风可₁真大了,不过天气预报说明天就可₂唻。(今天风可真大,不过天气预报说明天就小了。)

很明显这里的"可₂"也是逆转否定的用法,这和张家口晋语中副词"可₂"在语义上非常相近,二者应该具有源流关系。另外根据侯精一(1999),表示病痛程度减轻的形容词"可"和表示逆转否定的副词"可"是兼类词,这也说明二者应该存在着源流关系。那么,前者是怎样虚化为后者的呢?

根据杨荣祥(2005),单音节程度副词有的是从动词虚化来的,如"越、更",是经过从述宾结构重新分析为状中结构后虚化为副词的;有的是从形容词虚化来的,如"甚、极",形容词既可以用做谓语,也可以用做状语,由于经常在状语位置,很容易虚化为副词。

"可"是从形容词虚化来的。在晋语中心地区,表示病痛程度减轻的形容词"可"可以做谓语,也可以做状语:病可了——可病了;痛可了——可痛了。"可"经常在状语位置,其中心语就逐渐类推到其他表示消极意义的词语,很有可能先类推到表示消极反应的词语,然后又类推到其他,"可"于是就虚化为一个表示逆转否定的副词。

5. 结语

综上,张家口晋语存在着一个表程度减轻的相对程度副词"可","可"所选择的成分都具有消极特征。"可+VP/AP+了"格式具有逆转性、趋利性以及主观性等特征。副词"可"是从表程度减轻的形容词"可"变化来的。

从语义上看,"可+VP/AP+了"这一格式本质上是否定的,但形式上却并没有使用否定词,这是其特色所在。另外,共同语中表示轻量意义的副词以及类型学中所说的 diminutive,都属于同一性质、不同量级的情况,如"有点、稍微"等等,是静态的状况;而张家口晋语的"可"则是不同量级也不同性质情形,是动态的状况。这也是其特色所在。

从地理位置看,张家口处于晋语的边缘地区,和中心地区晋语相比,表逆转否定的轻量程度副词"可",其用法已经减少了很多。

根据侯精一(1999),晋语中心地区"可"自由性很强,不但选择范围广,而且还可以独立修饰动词或形容词,不必用框式结构,如"可吃、可去、可看、可打、可好、可饱、可冷、可高"等。而张家口晋语"可"自由性已经大大降低,在形式和语义上都有很大限制,形式上必须是框式结构,语义上必须选择消极意义词语。

又根据马启红(2003),山西太谷方言"可"能用于祈使句,例如:

(35)饭盛得可满些吧。(饭盛得不要那么满。)

(36)你的兀字儿写得可大些吧们。(你的那字儿不要写得那么大。)

"可$_2$"还能和"可$_1$"连在一起使用,例如:

(37)这两天可$_2$可$_1$兀底热咧。(这几天不那么热了。)

张家口晋语"可₂"不能用于祈使句,也不能和"可₁"连在一起使用。

通过"可"用法的比较可以看出,张家口晋语既保留了晋语的基本风貌与特色,又在某种程度上"去晋语化"了。这和张家口处于晋语和官话过渡地带的独特地理位置有关。

第二节　醒悟义"不 X"类副词的知情状态及其熔合演成

张家口晋语有几个和知情状态有关的醒悟义副词"不 X"。先看几个例子:

(1)A:他爹打工回来了。B:不是他那么高兴嘞。
(2)A:他爹打工回来了。B:不怨他那么高兴嘞。
(3)不怨他那么高兴嘞,不想他爹打工回来了。

例(1)"不是"和例(2)"不怨"都是醒悟义副词,意思是"难怪、怪不得",但二者知情状态(knowledge status)不同:例(1)是说话人对听话人知情状态的预测,在说话人看来,听话人知道"他爹打工回来",但不一定知道"他高兴",而且极有可能不知道二者存在着因果关系,说话人提醒听话人,"他爹打工回来"和"他那么高兴"之间存在着因果关系;例(2)是说话人知情状态的反映,说话人知道"他高兴",但不知道他为什么高兴,后来知道"他爹打工回来",于是不再觉得奇怪。例(3)也反映了说话人的知情状态,情况和例(2)相同,但和例(2)不同的是,"不怨"相当于"难怪、怪不得",后面的内容是说话人已知的状态;"不想"相当于"原来",后面的内容是说话人未知的状态。这里涉及一些基本概念,我们先对这些基本概念做出解释,并说明其理论背景。

1)醒悟义

醒悟,就是在认识上由模糊而清晰,由错误而正确(《现代汉语词典》第6版)。语言中有一些表达这样意义的词语,就是醒悟义词语。醒悟有指向说话人的,也有指向听话人的,前者是自我醒悟,是心理状态;后者是"提醒",是言语行为。就"不 X"而言,"不是"指向听话人,用来提醒;"不怨"和"不想"指向说话人,是自我醒悟,其中"不怨"是对已知事件的醒悟,"不想"是对未知事件的醒悟。

2)知情状态

知情状态指言谈参与者对某种具体状况的了解和理解,包括说话人对听话人在交际时的各种相关状况的假设。说话人的知情状态包括说话人对情况的已知或未知状态。说话人的知情状态还表现为说话人对听话人知情状态的预测。(Palmer 1986,强星娜 2008)

就"不 X"而言,"不是"反映了说话人对听话人知情状态的预测,"不怨"反映了说话人已知的状态,"不想"反映了说话人未知的状态。

3)小句熔合

Harris & Campbell(2007)从跨语言的角度讨论了双小句结构简化的过程,其中的"小句熔合"(clause fusion)反映了母句动词变为助动词的历程:一个双小句表层结构变成单小句表层结构,母句动词变成助动词,子句动词变为主要动词。

"不 X"是副词,但符合 Harris & Campbell(2007)给出的助动词标准:自由的词或附缀;一个封闭的集合;用来标记时、体或情态成分。因此,在小句熔合过程中,副词和助动词并无本质的区别。"不怨""不想"本来用于母句,由于回溯推理、隐含义规约化而变成副词。"不怨""不想"后面的命题成分 VP 本来是子句,由于小句熔合成为主要成分。"不是"本来是条件小句的动词短语,由于紧缩后反问语气脱落变成副词,后面的结果小句由于小句熔合成为主要成分。这样,原来的双小句结构成为单小句结构。"不 X"具体熔合方式各不相同,但都是从双小句结构经过小句熔合变成单小句结构的。

1. "不是"——听者的知情状态和熔合脱落演成

1.1 "不是"的知情状态及其句法表现

1.1.1 "不是"的知情状态

"不是"反映了说话人对听话人知情状态的预测。具体为:

a. 存在着具有因果关系的两个事件——甲事件和乙事件,其中甲事件是原因,乙事件是结果,而且甲事件和乙事件的因果关系是致使性因果(cause),不是推理性因果(reason);

b. 甲事件是说话人和听话人共知事实,是旧信息,乙事件对听话人来说有可能是新信息;

c. 甲事件可以由说话人提供,也可以由听话人提供,乙事件只能由说话人提供;

d. 根据说话人对听话人知情状态的预测,听话人知道甲事件,但不一定知道乙事件,而且极有可能不知道甲乙两事件之间存在着因果关系;

e. 说话人提醒听话人甲乙两事件之间存在着因果关系。

"不是"的知情状态性质决定着"不是 VP"的语义条件。

首先,因果的致使性。

"不是 VP"必须用于致使性因果关系的话语中,VP 是结果。如果甲事件和乙事件之间没有因果关系,不能用"不是 VP";如果甲事件和乙事件之间是推理性因果关系,也不能用"不是 VP"。例如:

(4)因为天热,所以出了一身汗。→天热,不是出了一身汗。
(5)因为出了一身汗,所以我认为一定是天热的缘故。→*出了一身汗,不是天热。
(6)因为闯红灯容易出事,所以不能闯红灯。→闯红灯容易出事,不是不能闯红灯。

例(4)"天热"和"出汗"是致使性因果关系,属于行域,可以用"不是 VP";例(5)是从"出汗"推理出"天热",是推理性因果关系,属于知域,不能用"不是 VP";例(6)是说理类因果关系,但仍然具有致使性质,因为闯红灯容易出事,导致不能闯红灯这样的结果,因此也可以用"不是 VP"。

其次,交际的在场性。

"不是 VP"必须用于双方交际的语境,听话人必须在场。"不怨 VP"听话人可以不在场,用于说话人自言自语,并伴随一系列语音表现,比如,说话人可以小声说出甚至只停留在思考阶段。当听话人在场时,"不怨 VP"中"不怨"重读,VP 不重读,用来凸显说话人醒悟。"不是 VP"听话人必须在场,"不是 VP"不能用于说话人自言自语,且在语音表征上和"不怨 VP"不同,"不是"不重读,VP 部分的某个成分重读,因为 VP 是说话人提醒听话人关联的内容,用来提醒听话人 VP 和甲事件之间存在着因果关系。再看例(1)(2):

(1)A:他爹打工回来了。B:不是**他**那么高兴嘞。
(2)A:他爹打工回来了。B:**不怨**他那么高兴嘞。

例(1)(2)加粗的部分重读,这是"不是 VP"和"不怨 VP"的语音表征。

"不是 VP"听话人必须在场,因此最常见的情形是对话语境:甲事件由听话人提供,乙事件由说话人提供。例如:

(7)A:那家伙可是个赖货,见谁骂谁。B:不是就没人说他好嘞。(难怪没人说他好呢。)

(8)A:铁锤他爹养猪还出了名嘞。B:不是人家就上电视嘞。(难怪人家上电视呢。)

说话人用"不是 VP"回应,旨在提醒对方知晓甲乙两事件的因果联系,但并不对话语的进程构成实质性影响,对方很可能并不受说话人回应的影响,而是继续按照原来的思路说下去,因此,说话人的回应往往具有补充言谈空缺的作用。"不是 VP"用于回应还有凝固形式"不是就说嘞",意思是"难怪人家都这么说呢"。例如:

(9)A:只要勤快点儿,生活都没问题。B:不是就说嘞。

例(9)对话内容不同于一般事件的因果关系,听话人说出一个真理性命题,说话人用"不是就说嘞"表示认同。实际上,真理性命题和认同性回应之间仍然存在着因果关系:因为"只要勤快点儿,生活都没问题",所以"人家都这么说"。所不同的是,一般致使性因果关系说话人旨在"提醒",上述因果关系说话人旨在"认同"。进一步说,当 B 说出"不是就说嘞"时,实际上是用"提醒"的形式,表达"认同"的言语行为。说话人的"提醒"行为,其根本出发点,或者说默认行为就是"认同",即在认同甲事件的基础上,再提出乙事件,并提醒听话人知晓甲乙两事件的因果关系。本节所说的"提醒",都是建立在"认同"基础上的,而不是其他形式的"提醒",比如"可是……""你别忘了……"等。因为规约化的"不是就说嘞"跟其他的"不是 VP"相比,其命题价值很低,因此"提醒"言语行为就不如其他"不是 VP"那么彰显,这个时候,默认的"认同"就更加彰显了。

甲事件也可以由说话人提供,但仍然必须有听话人在场倾听。例如:

(10)孩子小小儿爱闹毛病,不是身体那么弱嘞。(孩子从小就爱闹毛病,难怪身体那么弱呢。)

(11)今年旱得不行,不是收成就赖嘞,公粮也交不起了。(今年旱得厉害,难怪收成不好呢,公粮也交不起了。)

这里甲事件和乙事件都由说话人提供,目的是提醒听话人注意两个事件之间存在着因果联系,听话人必须在场才能实现交际目的。

再次,话序的后置性。

"不是 VP"是陈述乙事件的,在话语序列中必须后置,也就是说,乙事

件必须置于甲事件之后,不论是叙述还是对话。例如:

(12)吃饭吃那么点点儿,不是他就瘦嘞。(吃饭吃那么少,难怪他瘦呢。)

(13)A:你看看他,黑夜睡觉不关窗户!B:不是他嘴都歪了。(难怪他嘴都歪了。)

如果调换顺序,则不能接受:

(12')*不是他就瘦嘞,吃饭吃那么点点儿。
(13')*A:不是他嘴都歪了。B:你看看他,黑夜睡觉不关窗户!

从理论上说,因果关系的句子,无论因前果后还是果前因后,都是可以解释的,因前果后反映了语言和物理世界的一致性,先有因后有果;果前因后反映了语言和认知世界的一致性,先认识结果后追溯原因。"不是VP"所在的话语序列,必须按照因前果后的原则来结构句子,这也和"不是VP"作为"提醒"的言语行为有关。说话人在实施"提醒"言语行为的时候,首先必须有个引发话语,即必须有甲事件促发,才能使说话人联想到乙事件以及甲乙事件之间的因果关系,进而提醒对方知晓甲乙事件之间存在着因果联系。如果没有甲事件的引发,说话人未必能联想到乙事件以及甲乙事件的因果联系,更谈不上提醒对方知晓甲乙两事件的因果联系。因此,从话语序列来看,甲事件必须先出现,作为乙事件的"不是VP"必须后置。

1.1.2 "不是"的句法表现

首先,"不是"的依附性。

"不是"不能独立回答问题,属于不能独用的副词。这一点和"难怪、怪不得"不同,"难怪、怪不得"是可独用副词(陆俭明 1982a)。"不是"不能单独回答问题,在分布上必须依附于VP或小句,即使凝固形式"不是就说嘞"也是如此,"不是"依附于"就说嘞"。这和"不是"的性质有关。"不是VP"是"提醒"言语行为,说话人旨在提醒对方注意甲事件和乙事件之间的因果联系,甲事件是听话人知道的,可以成为听话人言说的内容,乙事件听话人可能知道,也可能不知道,即使知道也没有被凸显出来,说话人需要特别把乙事件表述出来,从而达到"提醒"听话人的目的。表现在句法上,就是"不是"不能独用,必须依附于代表乙事件的VP上。

其次,"不是"的游移性。

"不是"在句中的位置相对比较自由,具有游移性,且具有"焦点敏感算子"的性质。例如:

(14)a. 相媳妇去了么,不是他夜来穿得那么干净嘞。
　　 b. 相媳妇去了么,他不是夜来穿得那么干净嘞。
　　 c. 相媳妇去了么,他夜来不是穿得那么干净嘞。
　　 d. 相媳妇去了么,他夜来穿得不是那么干净嘞。

"不是"位置不同,句子的焦点也就不同,"不是"使后面的成分成为焦点,前面的成分在说话人看来是听话人已经知晓的旧信息。因此,"不是"是对焦点敏感的算子。"不是"作为焦点敏感算子,符合汉语焦点敏感算子的特征。"汉语中用作焦点敏感算子的词语语类比较一致,绝大多数是副词,而在语序方面有较大的灵活性。相比之下,汉语中不能用作焦点敏感算子的词语在语序方面并不都有如此大的灵活性。"(徐烈炯 2005)

1.2 "不是"的熔合脱落演成

"不是 VP"结构是双小句结构简化而形成的单句结构。根据 Haboud(1997),"两个本来独立的小句,由于其中一两个动词的语法化而合并为一个带有一套语法关系的单一小句"。就"不是 VP"的形成而言,其始源句应该是由两个复杂小句构成的,两个复杂小句整合为一个句子,"不是"由否定短语而词汇化为用来提醒的副词。

我们以例(1)为例具体分析。再看例(1):

(1)A:他爹打工回来了。B:不是他那么高兴嘞。

例(1)A 陈述甲事件,从而唤起 B 对乙事件的联想以及对甲事件和乙事件因果关系的建立。为了说得详尽、细致,B 可以通过两种方式回应:

Ⅰ式——不是的话,他不会那么高兴。
Ⅱ式——不是的话,他那么高兴嘞?

Ⅰ式和Ⅱ式都由两个小句构成,前一小句都是否定假设的条件小句,"不是"是否定短语,"的话"是后置假设连词。后一小句都是表结果的小句,Ⅰ式是否定性陈述句,Ⅱ式是反问性疑问句。Ⅰ式和Ⅱ式尽管形式不同,但句子意义(客观真值意义)都相同。

Ⅰ式和Ⅱ式的"不是"都通过小句紧缩而逐渐词汇化,但结果不同,Ⅰ式"不是"发展为否定假设连词,意为"否则";Ⅱ式发展为醒悟义副词,意为"难怪、怪不得"。

一般地,如果条件小句中VP比较简单,可以直接附在后面的结果句上,成为紧缩句。这种情况共同语也有,张家口晋语更加普遍。例如:

(15)去的话,你就把东西带上。→去你就把东西带上。
(16)吃饭的话,还不提前打个招呼?→吃饭还不提前打个招呼?

Ⅰ式和Ⅱ式也是如此,"不是"可以直接附在后面结果句上:

Ⅰ'式——不是他不会那么高兴。
Ⅱ'式——不是他那么高兴嘞?

先看Ⅰ'式。Ⅰ'式"不是"既可以理解为否定短语,也可以理解为否定假设连词。如果Ⅰ'式"不是"像例(15)(16)那样,仅仅是紧缩,尚未词汇化,就是否定短语,整个结构还是双小句结构;如果"不是"已经词汇化,就是否定假设连词,整个结构是单小句结构。应该说,Ⅰ'式"不是"处于否定短语和否定假设连词依违两可之间,具有过渡状态的性质。

"不是"位于句首,或多或少还会有中间状态的性质,如果进入句中,就只能理解为否定假设连词,不是否定短语了。例如:

(17)a.下雪了么,不是他夜来早走了。(下雪了嘛,不是的话/否则他昨天早走了。)
　　b.下雪了么,他不是夜来早走了。(下雪了嘛,他否则昨天早走了。)
　　c.下雪了么,他夜来不是早走了。(下雪了嘛,他昨天否则早走了。)

例(17)"不是"相当于"否则","他夜来早走了"是虚拟事件,不是现实事件,这和醒悟义"不是"不同,醒悟义"不是"后面的VP反映的是现实事件。例(17)a"不是"还是具有过渡性质,但b、c都是真正意义的否定假设连词,其词汇化已经彻底完成。

再看Ⅱ'式。Ⅱ'式"不是"仍然是否定短语,尚未词汇化为醒悟义副词,整个结构还是双小句结构。"不是"是随着所附小句反问语气脱落而词汇化为醒悟义副词的。在张家口晋语中,反问语气脱落而导致语法成分变化是很常见的,情态动词"待"由于反问语气脱落而造成正反同辞现象,(宗守云2015a)心理动词"怨"也是如此,详见下节的相关论述。

当反问语气脱落以后,"不是他么高兴嘞"整体意义就由反面意义变为正面意义,即"正因为如此,他才那么高兴嘞"。这个意义恰巧是"难怪、怪不得"语义出现的语境,于是"不是"被赋予"难怪、怪不得"这样的语义,由否定短语而词汇化为醒悟义副词,"不是"已经词汇化为真正意义的副词,整个结构是单小句结构。当"不是"可以在句中游移,作为焦点敏感算子的时候,"不是"作为醒悟义副词的用法就更加成熟、完善。

兹将"不是"的发展演化图示如下:

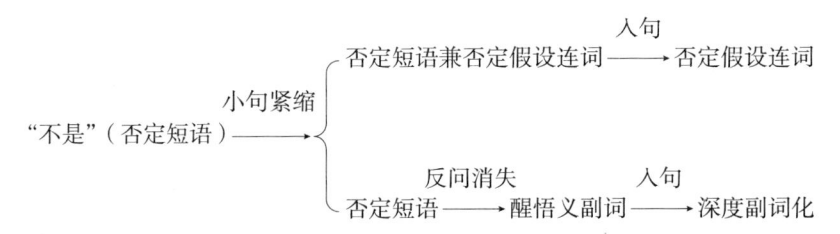

$$
\text{"不是"(否定短语)} \begin{cases} \xrightarrow{\text{小句紧缩}} \text{否定短语兼否定假设连词} \xrightarrow{\text{入句}} \text{否定假设连词} \\ \\ \text{否定短语} \xrightarrow{\text{反问消失}} \text{醒悟义副词} \xrightarrow{\text{入句}} \text{深度副词化} \end{cases}
$$

综上,"不是"本来是条件小句的动词结构,在一定条件下紧缩附着在带有反问语气的结果小句上,随着反问语气的脱落而成为表醒悟义的副词,这是经过熔合脱落演变而成的。

2."不怨"——已知的知情状态和推理熔合演成

2.1"不怨"的知情状态及其句法表现

2.2.1"不怨"的知情状态

"不怨"反映了说话人已知的状态。具体为:

a.存在着具有因果关系的两个事件——甲事件和乙事件,其中甲事件是原因,乙事件是结果,而且甲事件和乙事件的因果关系是致使性因果(cause),不是推理性因果(reason);

b.甲事件是说话人的未知信息,乙事件是说话人的已知信息;

c.甲事件可以由情境提供,也可以由听话人提供,乙事件只能由说话人提供;

d.根据说话人的知情状态,当得知甲事件时,才知道乙事件为何发生,于是在甲乙两事件之间建立起因果关系;

e.说话人醒悟。

"不怨"的知情状态性质决定着"不是VP"的语义条件。

首先,因果的致使性。

"不怨VP"和"不是VP"一样,只用于致使性因果,不用于推理性因果,具体参看"不是VP"的相关论述,无须赘述。

其次,醒悟的自我性。

在"不怨VP"句中,乙事件是说话人已知的,甲事件是说话人先前未知的,当说话人得知甲事件的存在之后,才得以醒悟,在甲事件和乙事件之间建立起因果联系。"不怨VP"可以用于双方交际,甲事件由听话人提供;"不怨VP"也可以是说话人自言自语,甚至只停留在思考阶段,甲事件由情境提供。

先说甲事件由听话人提供的情形。

当听话人在讲述一个事件(甲事件)的时候,说话人突然意识到,听话人所讲述的事件和另一个自己已知的事件(乙事件)存在着因果联系,于是在回应中提及乙事件,表明自己对甲乙两个事件因果联系的醒悟,就像"难怪、怪不得"一样,"明白了原因,不再觉得奇怪"(吕叔湘1999)。例如:

(18)A:他们都打扫一下午了。B:不怨教室那么干净嘞。(难怪教室那么干净呢。)

(19)A:黄瓜是刚摘回来的。B:不怨那么新鲜嘞。(难怪那么新鲜呢。)

说话人可以像例(18)(19)B那样干脆利落回答,也可以把对方话语的部分或全部拷贝下来,作为"回声"(echo)放在自己的话语中。拷贝的内容可以是反问的形式,也可以是一般陈述的形式。例如:

(18')A:他们都打扫一下午了。B:都打扫一下午了?不怨教室那么干净嘞。

(19')A:黄瓜是刚摘回来的。B:黄瓜是刚摘回来的,不怨那么新鲜嘞。

如果对方把甲乙事件全部说出来,说话人可以用"不怨嘞"进行回应,以表示自我醒悟。例如:

(20)A:四秃儿偷东西,让派出所抓起来了。B:不怨嘞。

例(20)仍然是说话人自我醒悟。其背景是,说话人知道派出所把四秃儿抓起来了,但不知道什么原因被抓的;对方不但叙述了结果,而且也说明了原因。说话人在得知原因后,立时醒悟,但由于对方已经把结果(乙事件)叙述出来了,说话人没有必要再叙述一遍,所以只说"不怨嘞"就能表明自己醒悟了。这里的问题是,为什么例(18)(19)可以拷贝表达,而例(20)反而不可以?其实这不难理解。从说话人的角度看,甲事件是先前所不知道的信息,是新信息,新信息可以重复、强调,从而得到强化;乙事件是已知信息,是旧信息,旧信息不重要,甚至可以省略、删除。所以,例(18)(19)的拷贝可以使新信息得到强化,而例(20)作为旧信息,如果强行拷贝反而显得重复多余,从而造成交际的负担。

再说甲事件由情境提供的情形。

在某一情境中,当说话人看到或感知到某个事件(甲事件)时,突然联想到这个事件和已经知晓的另一个事件(乙事件)具有因果关系,于是醒悟。这种情况常常是说话人自言自语,不具有"交际的在场性"特征。例如:

(21)(看见外面下大雪)不怨这么冷嘞。(难怪这么冷。)
(22)(发现家里没人)不怨谁也不搭理我嘞。(难怪没有人答应我呢。)

例(21)(22)原因作为一个事件(甲事件),是在情境中真实发生的,说话人在情境中自我言说因果关系,以表明自我醒悟:以前所知晓的事件(乙事件),是由于现实发生的事件造成的。甲事件可以不在说话人话语中出现,如例(21)(22),也可以在说话人话语中出现,例如:

(21')(看见外面下大雪)下雪了,不怨这么冷嘞。
(22')(发现家里没人)家里没人,不怨谁也不搭理我嘞。

甲事件也可以通过非直接交际的话语呈现。比如说话人听到路人在聊天交流,当说到一个事件的时候,说话人忽然想到这个事件是自己已知的另一事件(乙事件)的原因,于是醒悟。再比如,说话人听收音机或看电视,当得知一个事件正是自己已知事件(乙事件)的原因,也忽然醒悟。这都是情境中通过非直接交际的话语呈现的事件,由于不是通过直接交际获取的信息,因此属于情境提供甲事件的情形。

其次,话序的自由性。

"不怨 VP"是陈述乙事件的,在话语序列中既可后置于甲事件,也可前置。例如:

(23)a.路不好,不怨车走得那么慢嘞。
b.不怨车走得那么慢嘞,路不好么。

例(23)a 符合客观世界的前因后果关系,因为路不好,所以车走得慢。例(23)b 符合认知的顺序,先知果而后求因。例(23)b 原因小句一般需要用"么"结句,根据邢向东(2006),"语气词'么'相当于北京话的'嘛',表达强调性的确认语气,充分肯定前分句所说的理由,以此作为推断结论的基础"。邢向东(2006)讨论的是陕北晋语"么"的用法,其实这种用法在整个晋语都很普遍。

2.2.2 "不怨"的句法表现

"不怨"意义上相当于表示"自我醒悟"的"难怪、怪不得",在结构上和"难怪、怪不得"基本相同。

首先,"不怨"的独立性。

"不怨"能独立回答问题,属于能独用的副词。这一点和"难怪、怪不得"相同。"不怨"在独用时多与"嘞"共现。"不怨嘞"可以单独回答问题,像例(20),也可以在句中作为独立小句。例如:

(24)我说她咋哭嘞,不想是她爷爷老了,不怨嘞。(我说她怎么哭呢,原来是她爷爷去世了,怪不得呢。)

例(24)的用法是基于对话和独白语篇的一致性。一般认为,典型的互动式言谈是以话轮为基本单位的会话(conversation),但独白语篇中语句的自然延伸可以被视为和会话性质相同的过程,"近年来,一些学者借鉴会话分析方法,特别关注实际话语中语句的'延伸'现象,将句子在时间轴上逐步产生的过程视为自然语言语句的一个重要动态语法特征"(方梅 2005)。这样看来,"不怨"独用无论在对答语境还是在独白语篇中都具有相同的性质。

其次,"不怨"的游移性。

与"不是"相同,"不怨"在句中位置也相对比较自由,也具有"焦点敏感算子"的性质。把例(14)"不是"换作"不怨",句子也是可接受的:

(14')a.相媳妇去了?不怨他夜来穿得那么干净。

179

b. 相媳妇去了？他不怨夜来穿得那么干净。
c. 相媳妇去了？他夜来不怨穿得那么干净。
d. 相媳妇去了？他夜来穿得不怨那么干净。

例(14)和例(14')的差异实际上就是"不是"和"不怨"的差异,即前者用来"提醒",后者表达自我醒悟。例(14)前分句是说话人已知的,因此可以用"么"结句;例(14')前分句是说话人先前未知的,不能放在前面用"么"结句,但可以用反问句表示刚刚得知这一事实,也可以放在后面,作为后分句用"么"结句,表示说话人才知道原来是这样的情形。

2.3 "不怨"的熔合推理演成

"怨"和"怪"同义,是心理动词,表示"责怪"或"应该责怪"的意义,其否定形式"不怨"就是"不责怪"或"不应该责怪"。"不怨"作为否定短语,尚未词汇化,其后面可以带 NP 宾语,也可以带 VP 宾语,还可以带小句宾语。例如：

(25)脚大不怨孤拐。(脚大不应该责怪脚踝。)

(26)都是人太懒的过,不怨媳妇不跟他。(都是因为人太懒,不应该责怪媳妇不跟他。)

(27)不怨他没好气,地里谷子都让偷了。(不应该责怪他发火,地里谷子都被偷了。)

例(25)~(27)"不怨"都是否定短语做谓语,后面分别带 NP 宾语、VP 宾语和小句宾语。在张家口晋语中,"不怨"的否定意义也可以用肯定形式"怨"来表达,但句末一定要用语气词"嘞"结句,其语气更加强烈。例如：

(25')脚大怨孤拐嘞。(脚大不应该责怪脚踝。)

(26')都是人太懒的过,怨媳妇不跟他嘞。(都是因为人太懒,不应该责怪媳妇不跟他。)

(27')怨他没好气嘞,地里谷子都让偷了。(不应该责怪他发火,地里谷子都被偷了。)

例(25')~(27')和例(25)~(27)形式相反,但句子意义(客观真值意义)完全相同。这种正反同辞现象跟反问语气脱落有关,例(25')~(27')本来用于反问句,相当于否定意义,当反问语气脱落以后,由于否定意义继续保留,从而造成肯定形式和否定形式意义相同的现象。但肯定形式只能表"不责怪"或"不应该责怪"的意义,不能发展为醒悟义副词,只有否定形式"不怨"才能发展为醒悟义副词。

"不怨"由否定短语发展为醒悟义副词,是在一定的句法语义条件下实现的。其句法条件为:"不怨"所带宾语必须是VP或小句(统一记作VP),不能是NP。其语义条件为:"不怨"所带的宾语必须是表示消极意义,不能是积极意义的,因为只有消极意义的内容才能成为责怪的内容。例(26)(27)都符合"不怨"向醒悟义副词发展的句法语义条件,为"不怨"向副词的发展提供了基础。

如果说话人先前只在知道结果,不知道原因,后来知道了原因,说"不怨VP"的时候,"不怨"可作两解:1)否定短语,不应该责怪;2)副词,难怪。例如:

(26'')B:媳妇咋不跟他过了? A:都是人太懒的过。B:不怨媳妇不跟他。

(27'')B:他咋发那么大火? A:地里谷子都被偷了。B:不怨他发火。

例(26'')(27'')B的回应中"不怨"既可以理解为用于母句的否定短语,意思是"不应该责备",整个结构是双小句结构;又可以理解为副词,意思是"难怪、怪不得",整个结构是单小句结构。"不怨"处于从否定短语到醒悟义副词的过渡状态,还没有彻底演变为副词。

谢晓明、左双菊(2009)对"难怪"的语法化过程进行了刻画,认为"难怪"从"不应该责怪"发展为醒悟义副词,是推理作用下语境吸收的结果,由于其演化过程中吸收了上下文"领悟"的语义,从而成为表醒悟义的副词。尹海良(2015)同意谢晓明、左双菊(2009)的分析,并对整个系列的醒悟义词语的形式及其语法化进行了总体研究。包含"怪"和"怨"的词语都是从否定短语发展为表醒悟义副词的,意义上都是从"不应该责备"演变为"不觉得奇怪",像普通话的"难怪"和"怪不得",北京话的"怨不到"(陈刚等1997),冀鲁官话的"怨不的"(许宝华、宫田一郎1999)等。张家口晋语的"不怨"也是如此。形式不同,语义演变过程完全相同。问题是,"不应该责备"到底是怎样和醒悟联系起来的?前人研究似乎都语焉不详。我们认为,醒悟义是通过对"不应该责备"的回溯推理获得的。具体为:

如果某个消极事件或消极行为是可以理解的,那么这个消极事件或消极行为就是不应该责备的;说话人说这个消极事件或消极行为不应该责备,很可能要表达这个消极事件或消极行为是可以理解的。

于是"不怨"从"不应该责备"发展出"可以理解"这样的意义。这种演变通常发生在因果关系的语境中,说话人事先不知道原因,因此对某一消极事件或消极行为不能理解,后来知晓原因以后,就理解了这一消极事件或消极行为。这一语义恰巧也是"难怪"的语义,即"知道了原因,不再觉得奇怪"(吕叔湘主编1999),"不怨"就发展出醒悟意义,由否定短语而演变为副词。

当VP不再具有消极意义,而是表中性意义或积极意义时,"不怨"就不再表示"不应该责怪"的意义,只表示"难怪","不怨"就彻底副词化了。例如:

(28)A:人太勤快了。B:不怨媳妇那么死心塌地跟他。
(29)A:地里谷子长得特别好。B:不怨他那么高兴嘞。

这里"不怨"已经彻底副词化了,表达说话人"自我醒悟"意义。当"不怨"可以在句中游移,作为焦点敏感算子的时候,"不怨"的副词用法就更加成熟、完善。

综上,"不怨"本来是否定短语,用于母句,表示"不应该责备",后面VP是子句,由于回溯推理,"不怨"发展出"可以理解"这样的意义,"不怨"由否定短语降格为醒悟义副词,后面VP由子句升格主要成分,整个句子则由双小句结构经过小句熔合演变为单小句结构,这是熔合推理演变而成的。

3. "不想"——未知的知情状态和规约熔合演成

"不想"作为表醒悟义的副词,主要分布在涿鹿、怀来、赤城三县。"不想"是轻声词,"想"由于轻读而接近去声,听起来像"不像",但"不像"发展为表醒悟义副词,很难说通。涿鹿等县还有个认知心理动词"思想",意思是"认为",例如:

(30)我思想他不会去么,不想他去了。(我以为他不会去呢,原来他去了。)

"思想"也是轻声词,和"不想"的"想"发音完全相同。因此可以确定,这个醒悟义副词就是"不想",不是"不像"。

3.1 "不想"的知情状态及其句法表现

3.1.1 "不想"的知情状态

"不想"相当于表醒悟意义的"原来"。"不想"反映了说话人未知的状态。具体为:

a. 存在着一个说话人先前不知道的事件；

b. 说话人先前有相反的认识或已知的结果；

c. 说话人知道这个事件以后，有了正确的认识或明白了原因；

d. 说话人醒悟。

"不想"的知情状态性质决定着"不想 VP"的语义条件。

"不想"可以表达两种意义，一是对事实的醒悟，二是对原因的醒悟。先说对事实的醒悟，例如：

(31) 不想他已经回来了。（原来他已经回来了。）

(32) 太阳不想早就落山了，我还当半后晌嘞。（太阳原来早就落山了，我还以为后半晌呢。）

例(31)(32)都是反预期的情形，例(31)说话人以为他还没回来，没想到已经回来了；例(32)说话人以为现在是半后晌，没想到太阳已经落山了。这种情况下，说话人常常用"我当 VP₁，不想 VP₂"这样的对比形式表达，VP₁ 和 VP₂ 具有意义上的反义关系。"我当 VP₁，不想 VP₂"是常规的、完整的形式，"我当 VP₁"也可以像例(32)那样用于后一分句，还可以像例(31)那样不出现，只存在于意念之中。

再说对原因的醒悟，例如：

(33) 这么辣，不想辣胡椒放多了。（这么辣，原来辣椒放多了。）

(34) 自行车老响，不想螺丝松了。（自行车老响，原来螺丝松了。）

例(33)(34)"不想"都是对原因的醒悟：因为辣椒放多了，所以这么辣；因为螺丝松了，所以自行车老响。这种情况下，表示结果的分句常常包含"我说"或"不怨"这样的形式，"我说"还常常带上"为啥、咋"这样的疑问代词形式。如果不用"我说"和"不怨"，一般以果前因后为常，如例(33)(34)；如果用"我说"和"不怨"，果前因后或因前果后都可以，非常自由。例如：

(35) a. 我说咋家里锁门了，不想他们都当客去了。（我说怎么家里锁门了，原来他们都做客去了。）

b. 不想他们都当客去了，我说咋家里锁门了。（原来他们都做客去了，我说怎么家里锁门了。）

(36) a. 不怨他那么瘦嘞，不想是念书张紧的。（难怪他那么瘦呢，

183

原来是读书紧张的。）
  b.不想是念书张紧的,不怨他那么瘦嘞。（原来是读书紧张的,难怪他那么瘦呢。）

  3.1.2"不想"的句法表现
  从句法位置看,"不想"既可领起整个句子,也可领起句子的谓语部分。一般地,领起整个句子时,"不想"用在主语之前,领起谓语部分时,"不想"用在主语之后。例如:

(37)a.不想老张去矾山赶集去了。（原来老张去矾山赶集去了。）
  b.老张不想去矾山赶集去了。（老张原来去矾山赶集去了。）

  这里"不想"不是焦点敏感算子,因为其位置稳定在主语前后,不能自由游移,而且所领起部分不是传统意义的新信息,传统意义的新信息是说话人传达给听话人的信息,而这里的信息是说话人自己新知晓的信息。例(37)a和 b 的区别在于:所醒悟的是整个句子的信息还是谓语部分的信息。
  "不想"领起整个句子,也可能是没有主语的,即在非主谓句的情况下。例如:

(38)不怨外头"呜呜"响嘞,不想刮风了。（难怪外面"呜呜"响呢,原来是刮风了。）

  "不想"和所领起的成分之间可以加"是",意义不变：

(37')a.不想是老张去矾山赶集去了。
  b.老张不想是去矾山赶集去了。
(38')不怨外头"呜呜"响嘞,不想是刮风了。

  张家口晋语"不想"还不如普通话"原来"那么成熟,普通话"原来"具有篇章衔接功能,用来作"补正性解说"（张谊生 1996b）,即"通过提出原因和理由对前面的现象和情况加以证实并做出解释;或者是通过事实和结果的实现以证实和说明原先的预计和想象的正确"。根据副词"谓语副词→句子副词→话语标记"的语法化的走向（吴福祥 2004b）,"原来"已经完成了全部演变历程,而"不想"只是从谓语副词发展到句子副词,还没有走到话语标记这一步。

3.2 "不想"的熔合规约演成

"不想"的醒悟义是从意外义发展来的。"不想"表示意外,意为"没想到、不料",在近现代汉语都有。在近代汉语中,"不想"多为意外义,没有醒悟义。表示意外的"不想"多用于双小句结构,"不想"用于母句,后面的成分是子句,这时"不想"基本上还是否定短语,没有词汇化。当言者主语出现的时候,这种双小句结构最为明显。例如:

(39) 我不想你这般烦恼,不妨事,古人道:隔帘听笑语,灯下看佳人。(《朴通事》)

(40) 众人喝彩道:"我不想这新来的庄家快打。"(《朴通事》)

例(39)(40)"我不想"是母句,后面是子句。

言者主语不出现的时候,如果"不想"没有句法主语,应该还是双小句结构。"不想VP"用于两种意外的情形,一是新情况,一是反预期。先看新情况。例如:

(41) 王曰:"不想皇叔到此。今荆州亦无亲人,吾今有皇叔、关、张,是吾之肘膊。"(元话本《三国志平话》)

(42) 为因清明节近,今日带了丫鬟,往坟上祭扫了方回;不想值雨,若不是搭得官人便船,实是狼狈。(元话本《白娘子永镇雷峰塔》)

例(41)(42)"不想"都用于突发状况,说话人在事先毫无准备的情况下出现了新情况,例(41)"皇叔到此"是荆王事先没有料到的突发新情况,例(42)"值雨"是白娘子事先没有料到的突发新情况。

再看反预期。反预期又分两种情况,一是和计划相反,一是和认识相反。例如:

(43) 先人在时曾定下俺姑娘的女孩儿莺莺为妻,不想姑夫亡化,莺莺孝服未满,不曾成亲。(王实甫《西厢记》)

(44) 老身不负前言,欲招他为婿;不想郑恒说道,他在卫尚书家做了女婿也。(王实甫《西厢记》)

(45) 我兄弟只道他是鬼,不想是人,打杀了他。(元话本《闹樊楼多情周胜仙》)

(46)向来只道王太小心,不想恁般大胆,敢卖放重犯!(冯梦龙《醒世恒言》)

例(43)(44)是和计划相反,例(43)先人的计划是让郑恒娶莺莺为妻,结果出现了和预期相反的情形,姑父去世,莺莺孝服未满,不曾成亲;例(44)老夫人的计划是招郑恒为婿,结果出现了和预期相反的情形,郑恒在卫尚书家做了女婿。例(45)(46)是和认识相反,例(45)说话人本以为他是鬼,没想到他是人,这和原来的认识相反;例(46)说话人本以为王小心,没想到王非常大胆,也和原来的认识相反。

在近代汉语中,表示意外的"不想"也有用于单小句结构的,但用例极少,我们只找到4条用例:

(47)何小姐早连忙上去,把公公手里的烟袋接过来,重新给婆婆装了袋烟。她不想比张姑娘拧的更拧,点着了照旧递到公公手里。(文康《侠女奇缘》)

(48)阿妈不想成病!那其间生药铺里赎也赎不将俺两个来!(关汉卿《邓夫人苦痛哭存孝》)

(49)这天香不想艳阳天气开,我则道无情干罢休!(关汉卿《钱大尹智宠谢天香》)

(50)我害慌躲避了,俺父亲不想就上马,一人一骑过江去了。(《刘玄德醉走黄鹤楼》)

例(47)~(50)"不想"尽管还是"没想到、不料"的意义,但已经词汇化,成为"提升动词"(raising verbs),言者主语不出现,只有句法主语,整个结构是单小句结构。

在张家口晋语中,醒悟义"不想"是从意外义"不想"发展来的。醒悟是从模糊到清晰、从错误到正确的过程,新情况、和计划相反,这样的意外情形都不能满足醒悟义的要求,因此不能发展出醒悟义。醒悟义是在和认识相反的基础上发展出来的,其促动因素是隐含义的规约化。我们再看两个近代汉语的用例:

(51)我只道你死了,不想你又先到此。(元话本《白娘子永镇雷峰塔》)
(52)兄弟道二哥顺了曹操,不想二哥贞烈之心。(元话本《三国志平话》)

例(51)(52)"不想"是"没想到、不料"的意义(A),但同时又有表示醒悟的隐含义(B)。所谓隐含义,是指 A 为真的情况下,B 一般情况下为真,特殊情况下为假的情形。例(51)(52)可以这样理解:

例(51)一般情况下为真,"我以为你死了,原来你先到这里了"(意外且醒悟),特殊情况下为假,"我以为你死了,你怎么先到这里了?"(意外未醒悟);

例(52)一般情况下为真,"我以为二哥归了曹操,原来二哥有贞烈之心"(意外且醒悟),特殊情况下为假,"我以为二哥归了曹操,怎么二哥会有贞烈之心?"(意外未醒悟)

在共同语中,醒悟义始终是意外义的隐含义,没有规约化,在张家口晋语中,醒悟义已经规约化为规约意义,不再是隐含义。"不想"规约化为醒悟义副词后,原来的双小句结构变为单小句结构,不论所领起的是整个句子还是句子的谓语部分。当然,从语法成分演变的普遍规律来看,应该是先用作谓语状语,再用作句首状语,后者是从前者进一步发展来的。"不想"从对事实的醒悟进一步类推扩展到对原因的醒悟,"不想"作为醒悟义副词就完全成熟了。

综上,"不想"是从意外义发展为醒悟义副词的,其促动因素是隐含义的规约化,"不想"表示意外意义,基本上都是双小句结构,规约化之后则熔合为单小句结构,是为熔合规约演成。

4. 结语

在张家口晋语中,"不是、不怨、不想"都表示醒悟意义,但又各有分工:"不是"和"不怨"是对已知事件的醒悟,"不想"是对未知事件的醒悟;"不是"是提醒,"不怨"是自我醒悟。这几个表示醒悟意义的副词彼此对立,又相互依存,在张家口晋语中构成了一个完整的系统:

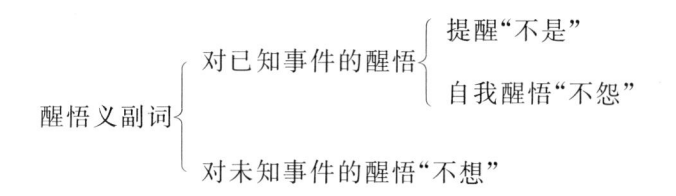

醒悟义副词 { 对已知事件的醒悟 { 提醒"不是" / 自我醒悟"不怨" } / 对未知事件的醒悟"不想" }

醒悟义副词"不 X"实际上反映了说话人的知情状态,或者是说话人已知和未知的状态,或者是说话人对听话人知情状态的预测。强星娜(2008)用知情状态解释了语气词的使用,我们认为,副词的使用也同样可以用知情状态做出解释。

从历时演变看,醒悟义"不 X"类副词都经历了这样的演化过程:双小句结构经过小句熔合演变为单小句结构,用于条件分句或母句的否定短语演变为醒悟义"不 X"类副词。在句法演变中,双小句结构经过熔合演变为单小句结构,是一条普遍的语法化路径,醒悟义"不 X"类副词演化尽管细节各不相同,但都遵循着语言演变的普遍性原则。

第三节　责怨和强化:"还还 VP"句的两种类型

张家口晋语有一类由同源副词"还"并用组成的"还还 VP"句。例如:

(1)我都给他赔不是了,他还还骂嘞。(我都给他赔不是了,他还骂呢。)

(2)他们都在捣学话嘞,还还没睡觉嘞。(他们都在聊天呢,还没睡觉呢。)

在这类句子中,"还"都是副词,前一个"还"读[xæ],是时间副词[朱德熙(1982)、杨荣祥(2005)都把表持续意义的"还"作为时间副词来处理,我们认同这一处理],表持续意义,说明 VP 还在发生或还将发生(以特定时间点为参照,不一定以说话时间为参照);后一个"还"读[xʌʔ],是语气副词,表意外意义,说明 VP 出乎意料。两个同源副词并用,形成"还还 VP"句,用来表示行为或状态持续发生,且出乎意料,即"(NP)VP 持续发生且出乎意料"。

在晋方言相关文献中,有关副词"还"的研究文献不多见,"还还 VP"句只有武玉芳(2010)研究大同县东南部方言副词时提及,认为"还还 VP"句"由副词'还'重叠而成,表示动作行为或状态到某一时间或说话时仍在持续"。例如(武玉芳例):

(3)年省伢还还唱哩。(去年人家还唱着呢。)

(4)你还还在这儿这儿坐的哩啊?(你还在这儿坐着没走啊?)

张家口晋语的"还还 VP"句和大同方言的"还还 VP"句不同。首先,张家口晋语的"还还 VP"句是两个不同性质的"还"并用而成,大同方言是同一个"还"重叠而成。其次,张家口晋语的"还还 VP"句有责怨和强化两种,其中责怨义是规约意义;大同方言只有强化一种,如果有责怨义,则是语境赋予的,尚未成为规约意义。这些差异归根到底是"还"的性质导致的,大同方言受中心晋语的影响，"还"只有时间副词的用法，尚未分化出语气副词用法。邢向东(2002)、武玉芳(2010)对神木方言、大同方言副词的描写都只提及"还"的时间副词用法，未提及"还"的语气副词用法，其他晋语文献也未提及"还"的语气副词用法。笔者对阳原东井集(说大同方言)发音合作人侯彦军的调查也表明大同方言"还"没有表意外的语气副词用法。张家口方言处于晋语和官话过渡地区，受官话影响，"还"既有时间副词用法，也有语气副词用法，其语气副词用法表意外意义。从历时看，表意外的语气副词"还"是从表持续的时间副词"还"发展来的。(Yeh 1998,武果 2009)这一发展在张家口方言中已经完成，但在大同方言中尚未完成。

本节首先讨论张家口晋语"还还 VP"句的语义类别，把"还还 VP"句分为责怨义和强化义两种，然后讨论这两种"还还 VP"句的句法和语用差异，最后说明"还还 VP"句的形成和分化。

1. "还还 VP"句的语义类别

"还还 VP"句有两个语义类别，像例(1)那样的句子，说话人有明显的责怪、埋怨情绪，可以称为责怨义"还还 VP"句，记作 S_1；像例(2)那样的句子，说话人只是强调事件的持续和出乎意料，没有明显的责怪、埋怨情绪，这样的句子可以称为强化义"还还 VP"句，记作 S_2。S_1 和 S_2 的区分不是建立在严格的逻辑学意义基础上的，因为 S_1 表责怨的同时也包含着强化的意味。但 S_2 只表强化，不表责怨。图示如下：

	责怨	强化
S_1	＋	＋
S_2	－	＋

严格说，S_1 是兼责怨意义的句子，S_2 是唯强化意义的句子，为了讨论方便，我们把 S_1 称为责怨义"还还 VP"句，S_2 称为强化义"还还 VP"句。

在共同语和其他方言地区，像张家口晋语"还还 VP"句这样的句子都只用一个"还"表达，张家口晋语当然也可以用一个"还"表达，之所以用两个"还"，就是为了达到强化的目的，因此无论 S_1 还是 S_2，都有强化意义，只不过 S_1 兼有责怨意义而已。

S_1 和 S_2 反映了说话人的不同态度：S_1 反映了说话人对事件消极的主观情绪，是否定性责怨；S_2 说话人只是对事件做出强调，主观情绪没有 S_1 那么强烈，是肯定性强化。否定性责怨还隐含着一个意思，即说话人希望事件中止，不再继续，S_1 具有即时性责怨的性质。

在口语表达中，S_1 和 S_2 有明显的区别，说话人需要通过超语段的重音来表达责怨意义,这时表示持续意义的"还"需要重读;而表达强化意义时,表示持续意义的"还"则是一般读法,不需要重读。

在脱离语境的情况下,"还还VP"句有时会有不同的理解,例如:

(5)菜还还没炒出来嘞。(菜还没炒出来呢。)

例(5)在脱离语境的情况下,可以理解为责怨义,也可以理解为强化义,但如果给出上下文,在上下文语境中,意义就明确了:

(5')菜还还没炒出来嘞,看你们那德性。(菜还没炒出来呢,看你们那德性。)

(5'')菜还还没炒出来嘞,你们先吃点儿别的。(菜还没炒出来呢,你们先吃点儿别的。)

例(5')是责怨义,(5'')是强化义。只要是在具体语境中,S_1和S_2都是相对清楚的,容易区分。

S_1和S_2在句法、语用上也有诸多不同的表现,因此二者的区分不仅仅是百科意义的,而是有语言学基础的。下面我们分别讨论S_1和S_2的句法、语用差异。

2. S_1和S_2的句法差异

在"还还VP"句中,时间副词"还"和语气副词"还"并用在一起,修饰VP。当然这只是权宜的说法,并不能反映其句法层次,其句法层次应该是"还/还//VP","还还"是跨层结构。"还还VP"句一般有主语NP,当然不一定在句法层面出现,句末往往有语气词"嘞"配合共现,因此,完整的"还还VP"句应该记作:NP还还VP嘞。我们基于这样的完整形式对S_1和S_2的句法差异做出分析。

2.1 主语NP的差异——有限制和无限制

S_1的主语NP有限制,不能是说话人自我;S_2的主语NP没有限制。因此,当"还还VP"句的主语NP为说话人自我的时候,一定是S_2,不是S_1。例如:

(6)(打电话)A:你陪我逛街吧。B:我还还在炕上躺的嘞,去不了。(我还在炕上躺着呢,去不了。)

(7)我还还要吃一碗嘞。(我还要吃一碗呢。)

"还还 VP"句的主语 NP 为对方或他者时,有可能是 S_1,也可能是 S_2。例如:

(8)小黑蛋都二十岁了,还还玩藏猫猫嘞。(小黑蛋都二十岁了,还玩藏猫猫呢。)

(9)小黑蛋没回家,还还玩藏猫猫嘞。(小黑蛋没回家,还玩藏猫猫呢。)

例(8)(9)主语 NP 都是小黑蛋,根据语境提示,例(8)是 S_1,例(9)是 S_2。

S_1 和 S_2 主语 NP 的差异不难解释,责怨一般都是针对交际中的对方或他者的,一般不会针对自我,因此作为责怨义的 S_1 在主语选择上排斥说话人自我。尽管理论上说话人也可以责怨自己,但这并不是常见现象,不在语言中反映出来。而强化既可以针对自我,也可以针对对方或他者,因此在主语 NP 的选择上没有什么限制。

2.2 VP 的差异——可自主和非自主

"还还 VP"句 VP 的差异影响着其语义类型,VP 的差异表现在自主和非自主上,S_1 VP 总是自主的,S_2 VP 可以是自主的,也可以是非自主的。马庆株(1988)区分了自主动词和非自主动词,"病、开(花)、涨(水)、着(火)"类动词都是非自主动词,这类动词用在"还还 VP"句中,一定是 S_2,不是 S_1。例如:

(10)猪还还病的嘞。(猪还病着呢。)
(11)花还还开的嘞。(花还开着呢。)

有些 VP 既是非自主的,又是非持续的,如"爆、塌、垮、裂"等,从客观现实看,这类动词不能反映事件的持续发生,但可以反映事件的重复发生;从认知看,这些动词所反映的重复发生可以识解为连续性质,蒋琪、金立鑫(1997)在比较了表重复意义的"再"和"还"后,认为"再"表现"断后之重复","还"表现"连之延续",因此表重复意义的"还"可以识解为连续的性质。这类动词反映事件重复发生,一般是在将来时间,是说话人基于目前存在的事实做出的推断。例如:

(12)水管还还要爆嘞。(水管还要爆裂呢。)
(13)大桥还还要塌嘞。(大桥还要垮塌呢。)

例(12)(13)也都是 S_2，强化意义。拿例(12)来说，其话语背景是，水管已经爆裂过，后来修好了，但由于水管质量差或维修不到位等原因，根据目前存在的情况看，水管还会出现爆裂的状况，这是持续义；说话人旨在告诉听话人这一事实，因为听话人很可能以为水管不会爆裂了，这是意外义。说话人用"还还 VP"句，既表持续又表意外，但并没有责怨的意思，因此是强化义。

如果 VP 是自主的，用在"还还 VP"句中可能是 S_1，也可能是 S_2。例如：

(14)他还还吃嘞，也不怕撑死。（他还吃呢，也不怕撑死。）

(15)他还还吃嘞，多吃点儿顶事，好做活。（他还吃呢，多吃点顶事，方便做活。）

"他还还吃嘞"在不同语境中有不同的意义，例(14)有明显的责怨义，例(15)只是强化。

如果 VP 是自然现象，从客观真实世界的情形看，VP 具有非自主性质，但如果从认知的角度看，VP 仍然有可能成为责怨的内容，"还还 VP"句可能是 S_1，也可能是 S_2。例如：

(16)外头还还下蛋子嘞，也不赶紧停咔。（外头还下冰雹呢，也不赶紧停下来。）

(17)这会儿还还刮风嘞，咱们就呆的家里吧。（现在还在刮风呢，咱们就待在家里吧。）

例(16)是 S_1，表责怨；例(17)是 S_2，表强化。在认知上，人们往往把自然现象看作是有能动因素支配的行为，其能动因素包括天、老天爷等，因此 VP 被识解为自主性质。

S_1 和 S_2 VP 性质的差异，是可以解释的。责怨总是针对特定主体的，在说话人看来，是由于主体的错误导致了事件的消极性，因此主体应该受到责怨，在 S_1 中，VP 必须是主体自主的行为，如果是非自主的，主体无能为力，就不是主体的错误，主体不应该受到责怨。强化则不然，VP 无论是自主的还是非自主的，都可以成为强化的事实，因此 S_2 的 VP 可以是自主的，也可以是非自主的。

2.3 语气词隐现的差异——可出现和必出现

在晋语中，"嘞"大致相当于共同语"呢"，张家口晋语也是如此。"嘞"和

"呢"是偏侧关系,不是对等关系。在张家口晋语中,语气副词"还"和语气词"嘞"往往形成框架形式,用于周遍句、极性句、强调句等。S_2也是如此,作为强化意义的"还还 VP"句,一般必须有语气词"嘞"共现,才能成为一个完整的句子。如果 S_2 用于过去时间,句末也可以用语气词"来"[在晋语文献中,句末"来"一般处理为句末助词,如史秀菊(2011),但从语言事实看,由于"来"居于句末而指向全句,因此处理为句末语气词更为恰当],而且"来"后还可以用"嘞"。例如:

(18)羊还还没有进圈嘞。(羊还没有进圈呢。)
(19)三天前村里还还闹贼来(嘞)。[三天前村里还闹贼了(呢)。]

总之,S_2句末必须有语气词出现,句子才是完整的。

S_1则不然,"嘞"可以出现,但在语气强烈时也可以不出现。这是因为,语气词"嘞"在 S_1 和 S_2 中的功能是不同的,"嘞"在 S_2 中是用来完句的,因为句末语气词是一种完句成分,(贺阳 1994)"嘞"作为语气词,在 S_2 中正是这个功能。在 S_1 中,"嘞"具有舒缓语气的功能,尽管是责怨意义,但还是有舒缓与强硬的分别,有"嘞",语气比较舒缓;无"嘞",语气比较强硬。例如:

(20)都醉成那样了,还还要喝嘞。(都醉成那样了,还要喝呢。语气舒缓)
(21)都醉成那样了,还还要喝。(都醉成那样了,还要喝。语气强硬)

"嘞"用来舒缓语气,还见于其他类型的句子,比如特指问,"你是谁嘞?"比"你是谁?"语气要舒缓,这里"嘞"只有舒缓语气的作用。

当 VP 为非自主性质时,只能是 S_2,不能是 S_1,这种情况下"嘞"都不能隐去,否则是不合法的句子。例如:

(22)a.车链子还还要掉嘞。(车链子还要掉呢。)
　　 b.*车链子还还要掉。
(23)a.脚板子还还要膀嘞。(脚还要肿呢。)
　　 b.*脚板子还还要膀。

只有当 VP 是自主性质,"还还 VP"句是 S_1,"嘞"才有隐去的可能。

3. S_1和S_2的语用差异

3.1 时制性差异——现时事件和泛时事件

从时制看,S_1可以用于进行事件、惯常事件和将然事件,不能用于过去事件,具有现时性特征。例如:

(24)太阳都照着屁股了,还还不起床。(太阳都照着屁股了,还不起床。进行事件)

(25)打架老挨揍,还还天天打架嘞。(打架老挨揍,还天天打架呢。惯常事件)

(26)今天拿事都办完了么,明天还还去县城做啥?(今天把事都办完了嘛,明天还去县城干什么?将然事件)

进行事件、惯常事件和将然事件可以概括为"现时性事件",是因为这些事件都具有"现在时"(present tense)特征。John Taylor(2007)对英语中的时体(tense and aspect)重新进行了梳理,认为英语中并不存在将来时,因为将来时间的表达是通过情态动词或短语表达的,而不是通过词缀的屈折变化表达的。因此,在 John Taylor(2007)看来,英语中只有现在时和过去时两种时范畴,现在时可以表达惯常事件(This book sells well.),也可以表达将来事件(My plane leaves at three tomorrow.),用现在时表达将来事件,目的不是为了说明事件的客观发生,而是为了说明事件到目前为止已经计划实行。John Taylor(2007)有关论述详见高远、李福印(2007)主编的《应用认知语言学十讲》。汉语没有严格意义的时体范畴,但惯常事件和将然事件也像英语一样,具有现在时的意义特征,当然这只是意义上的,没有外在的语法形式标记。至于进行事件,由于S_1只能用于现在正在进行的事件,不能用于过去已经进行的事件,因此也具有现在时意义。因此,进行事件、惯常事件和将然事件都具有现在时意义,是现时性事件。

S_2除了用于上述事件,还可用于过去事件,具有"泛时性"特征。例如:

(27)张明五岁那会儿还还不会说话嘞。(张明五岁的时候还不会说话呢。)

(28)夜来村里还还嚷犯狼来。(昨天村里还说有狼来了。)

S_1之所以不用于过去事件,是因为过去事件已经成为现实,不能再更改、中止。理论上说,过去的事件即使成为现实,也可以成为说话人责怨的对象。但对"还还 VP"句而言,作为 S_1,说话人不仅要表达责怨态度,还隐含着希望事件中止的愿望,进行事件、惯常事件、未然事件都可以中止,如例(24)~(26)VP 都有中止的可能。但过去的事件既然成为事实,就无法中止,尤其是,过去事件用"还还 VP"句,预设事件已经发生逆转,例(27)预设张明六岁以后就会说话了,例(28)预设今天村里不再说有狼来这样的传言了,既然事件已经中止,就和说话人希望中止的隐含义相矛盾,因此表达过去事件的"还还 VP"句只能是 S_2,不能是 S_1。

3.2 意外态差异——突然发现和已然发现

类型学的研究表明,意外态(mirativity)是和言据性(evidentiality)、情态(modality)相关的具有普遍意义的语义范畴。(Delancey 1997)意外态包括突然发现(sudden discovery)、惊讶(surprise)、没有思想准备（unprepared mind)、反预期(counter expectation)、新信息(new information)等内容。(Aikhenvald 2012)其中,突然发现(sudden discovery)在有些语言中用特定的语法形式标记,根据 Aikhenvald(2012),南美洲安第斯山脉附近的很多语言都有一种特殊的动词形式,用来表示"惊讶或者说话人此前没有相关经验(而得到的信息)",在 Tarma Quechua 语中,这套形式被称为"突然发现时"(sudden discovery tense),该时范畴指的是,"事件在未被发觉的情况下进行着,这时突然被说话者或者叙事文中的主人公发现"。汉语没有严格意义的时体范畴,因而像"突然发现"这样的意外态意义只能通过特定的词汇形式或句法结构表达。就"还还 VP"句而言,S_1 只用于说话人"突然发现"这样的意外态,而 S_2 既可以用于说话人"突然发现"的意外态,又可以用于说话人已然发现的意外态。

对 S_1 来说,其背景是,一个现时性的事件正在持续,而说话人之前并不知道,当说话人突然发现之后,在说话人看来,这个事件是不应该持续下去的,因为和说话人预期相反,说话人运用"还还 VP"句表达责怨情绪,并隐含希望事件中止的意思。最能反映这种情形的是反问句。例如:

(29)你还还在这呵儿圪蹲的嘞?(你还在这里蹲着呢?)
(30)二祥子还还没娶媳妇嘞?(二祥子还没娶媳妇呢?)

陈述句也能反映这种情形,但往往同时表现出与社会固有模式相反。例如:

(31)我对你这么好,你还还害我。(我对你这么好,你还害我。)

(32)都这么冷了,还还穿那么点儿,也不怕感冒。(都这么冷了,还穿那么点儿,也不怕感冒。)

例(31)事件和"人不应该恩将仇报"这样的社会固有模式相反,例(32)事件和"天冷时穿得少容易感冒"这样的社会固有模式相反,但也都是说话人突然发现的事实。

对 S_2 来说,其背景是,一个持续的泛时性事件,说话人可能之前不知道,因突然发现而自我醒悟,于是以加强的口吻说出,例如:

(33)我当他们散学了,半天他们还还上的课嘞。(我以为他们放学了,原来他们还上着课呢。)

也可能之前已经发现,但需要把事件告诉听话人,也以加强的口吻说出,例如:

(34)A:我给你介绍个对象吧。B:我还还念的书嘞么,不能谈对象。(我还读着书呢,不能谈对象。)

(35)都五黄六月了,还还下雪嘞,真怪。(都五六月了,还下雪呢,真怪。)

意外态一般都是反预期性质的。从反预期的类型来看,S_1 是说话人突然发现的事实,一定和说话人预期相反,也可以同时和社会固有模式相反,但不可能和受话人预期相反;S_2 不一定是突然发现的事实,既可以和说话人预期相反,也可以和受话人预期以及社会固有模式相反。

3.3 引发者差异——行为回应和话语回应

"还还 VP"句是由于某种引发而出现的,引发者包括行为和话语,说话人对行为或话语做出回应,可用"还还 VP"句。具体说来,S_2 都只用于行为的引发,VP 是现实世界发生的行为(或状态),这一行为(或状态)一直持续且出乎意料,说话人对此做出回应,VP 得以强化。S_1 除了可以用于行为的引发外,还可以用于话语的引发,VP 是对方的话语,这一话语是不正确或不得体的,因而是出乎意料的,说话人引述对方的言说形式,回应对方的话语,从而责怨对方的言说。用于对话语回应的 S_1 可以码化为"还还说 X",但这里"说"一般不出现,只出现 X,X 可以是各种内容,只要是言说的内容均可。例如:

(36)A:我赶集去。B:集早也散了,还还赶集嘞。(集早散了,还说赶集呢。)

(37)A:你给我拿个苹果。B:早吃完了,还还苹果嘞。(早吃完了,还苹果呢。)

(38)A:小黑蛋儿可矬的嘞。B:人家孩子可长高嘞,还还可矬的嘞。(人家孩子可长高了,还说可矬呢。)

(39)A:小卖铺没开门。B:九点就开了,还还小卖铺没开门嘞,哄谁嘞?(九点半就开了,还说小卖铺没开门呢,骗谁呢?)

以上四例都属于"还还 VP"句对话语回应的用法,说话人的意思都是"还还说 X 嘞",对所引发话语的内容或方式表示责怨,属于 S_1。从语法性质上说,例(36)~(39)X 分别是动词、名词、形容词短语、小句。从语境看,用于对话语责怨的"还还 VP"句都是在回应对方话语的时候出现的,对方先陈述一个事实,在说话人看来,对方所陈述的事实是不正确的或不得体的,说话人用"还还 VP"句予以回应,认为对方不应该说这样的话,因此责怨对方的话语。拿例(36)来说,对方先陈述一个事实,即自己要去赶集,但根据说话人掌握的信息,集早已散了,因此对方说要去赶集的话是不切实际的,说话人用"还还 VP"句回应,责怨对方不要说这样的话,进而不要发生这样的行为。例(37)~(39)对方的话语都是不正确的,说话人用"还还 VP"句责怨对方,希望对方改变原有的认识。

用于对话语回应的"还还 VP"句,比用于对行为回应的"还还 VP"句要虚。对 S_1 来说,对行为的回应是"不应该这样做",对话语的回应是"不应该这样说"。对行为的回应具有主观性,话语不一定在交际中出现,也可以是说话人的自言自语;对话语的回应具有交互主观性,话语必须在交际中出现,说话人责怨的是言语行为,而言语行为本质上又是一种交际行为。

4. "还还 VP"句的形成和分化

张家口方言的"还还 VP"句经历了形成和分化的过程,先是形成强化义"还还 VP"句,尔后又分化出责怨义"还还 VP"句。具体说来有以下四个阶段。

4.1 虚化

张家口方言的"还还 VP"句是两个性质不同的"还"并用而形成的,两个性质不同的"还"存在着源流关系,语气副词"还"是时间副词"还"虚化的结果。杨荣祥(2005)对近代汉语副词研究的结果表明,"还"在近代汉语中就已经是多义副词,他把表持续意义的"还"称为时间副词,表语气的"还"称为语气副词,其中时间副词是"还"的基本用法,在《世说新语》中就已经出现,沿用至今。"还"由时间副词发展出语气副词的用法,其中语气副词是在疑问句的条件下变化而来的。Yeh(1998)对"还"的演变过程进行了详尽的描述,分三个阶段,第一阶段在5/6世纪,"还"由返回原处义发展出回到原来情状义,再发展出情状重复义;第二阶段在7~9世纪,"还"由情状重复义分别发展出语篇意义上的添加、递进义和情状持续义;第三阶段在10~16世纪,"还"由情状持续义发展出四种用法,与"是"连用、与预料相反、程度浅、比较用法。武果(2009)进一步从主观化的角度讨论了"还"的演变,认为"还"先是从空间意义衍生出时间意义,然后从时间意义衍生出话语意义,最后从情状持续义衍生出反预期义。

上述研究都对"还"的演变进行了追溯,尽管细节不同,但都承认,"还"的反预期义(语气副词)是在持续义(时间副词)的基础上虚化发展出来的,二者具有源流关系。"还"从时间副词虚化为语气副词之后,原来的时间副词用法仍然保留,这种并存状态一直延续至今。在张家口方言中,时间副词"还"和语气副词"还"不但意义不同,语音上也出现了分化,时间副词的用法读[xæ],语气副词的用法读[xʌʔ]。

4.2 强化

张家口方言"还还VP"句所表达的意义,其实也可以像共同语和北方各官话方言一样,单用一个"还"表达,既可以单用时间副词"还",又可以单用语气副词"还",但语气都不如"还还VP"句强烈。应该说,说话人是为了语气的强化,才将两个不同性质的"还"并用在一起,从而形成"还还VP"句,这是强化义"还还VP"句。

如果单用时间副词"还",意外意义就会被抑制;单用语气副词"还",持续意义就会被抑制。只有"还还VP"句,既凸显持续意义,又凸显意外意义,二者同时得到强化。

	持续意义	意外意义
单用时间副词"还"	凸显	抑制
单用语气副词"还"	抑制	凸显
"还还VP"句	凸显	凸显

在大同方言中,由于"还"没有分化出表意外语气副词的用法,"还还VP"句是一种重叠现象,不是并用现象,但其功能也是强化。大同方言和张家口方言"还还VP"句尽管性质不同,但都具有语气强化的功能。

4.3 专化

强化义"还还 VP"句可用于陈述句,也可用于有疑而问的疑问句和无疑而问的反问句。例如:

(40)老刘还还没上班嘞?(老刘还没上班呢?)
(41)你还还在这里嘞?(你还在这里呢?)

例(40)可以理解为有疑而问的疑问句(说话人发现老刘不在办公室,于是询问办公室其他的人),也可以理解为无疑而问的反问句(说话人明明知道老刘没上班,用疑问形式表达惊讶的语气)。例(41)只能理解为无疑而问的反问句,因为听话人确定是在这里的,说话人不可能是有疑而问。为分析方便,我们不考虑例(38)有疑而问疑问句的情形,把例(40)(41)都作为反问句处理。

"还还 VP"句是在无疑而问的反问句中开始逐渐发展并分化出责怨义的。强化义"还还 VP"句是基础句式,"还还 VP"反问句是强化义"还还 VP"句的一种,是特定的下位句式。从基础句式到特定的下位句式,是句式专化的结果。

例(40)(41)作为反问句,其强化义是规约义,但还包含着责怨的隐含义。例(40),老刘还没上班,这是情状的持续,说话人对这一事实感到意外,根据语用推理,老刘还没上班是不应该的,说话人对此有不满、责怨的态度。例(41),听话人还在这里,这是情状的持续,说话人感到意外,根据语用推理,听话人不应该在这里,说话人有不满和责怨的态度。语用推理的意义是隐含义,一般情况下为真,特殊情况下为假。因此,责怨义在反问句中还不是规约义。

4.4 固化

责怨义"还还 VP"句是随着"还还 VP"反问句反问语气的脱落而形成的。反问语气主要体现在语调上,升调表反问,降调表陈述。例(40)(41)用升调,还是强化义"还还 VP"句,责怨义是隐含义,尚未规约化。当反问语气脱落,用降调表达时,就出现用肯定形式表达否定性责怨意义的"还还 VP"句,这时责怨义已经固化,于是在强化义"还还 VP"句的基础上分化出责怨义"还还 VP"句。强化义和责怨义"还还 VP"句分化之后,在句法、语用上都出现了系列性差异。

在张家口方言中,责怨义"还还 VP"句比强化义"还还 VP"句更有理解优势,在有歧义的情况下,优势理解的意义是责怨义,而不是强化义,这和大同方言的"还还 VP"句有很大的不同,大同方言由于没有分化出规约的责怨义"还还 VP"句,因此强化义成为"还还 VP"句的唯一规约意义。

5. 结语

以上我们讨论了张家口方言的"还还 VP"句,就张家口方言责怨义和强化义"还还 VP"句的句法和语用差异进行了分析,并追溯了其形成和分化过程。张家口方言的"还还 VP"句和大同方言的"还还 VP"句有本质的差异,前者受官话方言的影响,"还"有时间副词和表意外语气副词用法,"还还 VP"句是不同性质副词并用的结果;后者受中心晋语的影响,"还"尚未发展出表意外语气副词的用法,"还还 VP"句是相同性质的副词重叠的结果。张家口方言和大同方言的"还还 VP"句尽管形成过程不同,但都具有强化功能。张家口方言还进一步分化出责怨义"还还 VP"句,大同方言则只有强化义,即使有责怨义,也是语境赋予的,没有成为规约意义。张家口方言和大同方言同属晋语,但由于地理位置不同,其方言语法表现出一定的差异,大同方言具有中心晋语的特征,张家口方言则受到官话方言的影响,在保留晋语特征的同时,也具有某种"去晋语化"特征。

方言现象尽管特殊,但仍然是符合语言规律的。科学研究的起点在于,承认世界是有规律的存在,不是杂乱无章的,"自然界有其根本的秩序,这个秩序可以从发现到的形式和规律中显示出来。这样的知识是可获得的,尽管知识的变动是无限的,但人类的智慧是有能力去学习的"(查尔斯·赫梅尔 2008)。方言语法规律也是如此,无论多么特殊,都一定遵循着人类语言的普遍原则,只要努力研究,"人类的智慧"就会使我们达到科学的彼岸,从而认识语言的"根本的秩序"。

第四节　现实性对立和主观性差异:
一些特殊形式的选择连词

张家口方言有一些特殊形式的选择连词。这些选择连词形式上大多和普通话不同,是谓"特殊形式",性质上符合选择连词的基本特征:1)连接两个或两个以上的选项;2)所连接的选项是并列关系,没有主从轻重之分;3)所连接的选项只提供选择,不做出认定。根据这些特征可以确定,在张家口方言中有三组特殊形式的选择连词:"无论/无了/无""爱""还是/是/也不是"。这些选择连词在共时系统中存在着对立或差异,它们的形成过程也有同有异。以下对三组选择连词依次分别论说,每一组先描写用法,再追溯源流,在方法上主要参考刘丹青(2008)编著《语法调查手册》"并列关系"部分。为叙述方便,有时根据类型学惯例把选择连词称为联系项,把所联系的选项称为并列项。

1. 无论/无了/无

在张家口晋语中,"无论"及其变体形式都普遍存在,涿鹿、怀来还有"无管",康保还有"无拘",但都不如"无论"普遍、常用,因此本节只讨论"无论"。"无论"在涿鹿、怀来是轻声词,听起来像是"无了";在其他市区县音变为"无另","另"可以肯定是"论"的音变,因为"无论如何"要说成"无另如何","论个儿卖还是论斤卖"要说成"另个儿卖还是另斤卖",后者和北京土话一样。"无论"在说快的时候"论"还会脱落,听起来只有"无"。因此,"无论"的音变形式实际上有:无了、无另、无。从用法看,涿鹿、怀来"无论"作为选择连词发展程度最深,而其他市区县虽然比共同语和其他北方官话发展得快、延伸得远,但程度上赶不上涿鹿、怀来话。下面以涿鹿、怀来话用法为基础,描写"无论"的用法。

1.1 "无论"的用法

"无论"可以配套使用,也可以单用;可以连接小句,也可以连接句内成分。在张家口方言中,"无论"连接小句在各地都比较普遍使用,而连接句内成分仅见于涿鹿、怀来等坝下地区。连接小句时,"无论"可以配套使用,有时也可以单用;连接句内成分时,一般只能单用。

首先,连接小句。"无论"可以配套使用,用来连接两个或几个小句。例如:

(1)无论你哥哥去,无论你姐姐去。(或者你哥哥去,或者你姐姐去。)
(2)咱们出去,无论打打球,无论散散步,别老闷在家里。(咱们出去,或者打打球,或者散散步,别老闷在家里。)
(3)今天黑夜吃点稀的,无论稀粥,无论糊糊。(今天晚上吃点稀的,或者稀饭,或者玉米粥。)
(4)你去一遭儿县城,无论今天,无论明天,无论后天。(你去一趟县城,或者今天,或者明天,或者后天。)

例(1)"无论"连接两个主谓结构的小句,例(2)"无论"连接两个谓词性成分小句,例(3)(4)"无论"连接的是体词性成分,这些体词性成分都是删略的结果,例(3)是"无论吃点儿稀粥,无论吃点儿糊糊"的删略形式,例(4)是

"无论今天去,无论明天去,无论后天去"的删略形式,都是相对独立运用,具有述谓性,因此也属于小句性质。

如果"无论"所连接的小句是主谓结构或谓词性成分,而且只有两个小句,那么"无论"也可以单用,用在后一小句前。例(1)(2)"无论"都可以单用,例(3)由于连接体词性成分,不能单用,例(4)不但连接体词性成分,而且有三个小句,因此不能单用。当然,例(3)如果不用省缩形式,而用原有的谓词性成分,"无论"还是可以单用的。再如:

(5)把萝卜放的窨子里,无论放的窨里。(把萝卜放在窨子里,或者放在窨里。)

(6)那块地种点儿黑豆,无论种点儿花生。(那块地种点儿黑豆,或者种点儿花生。)

其次,连接句内成分。"无论"在单用的情况下可以自由地连接句内成分,只要语义上说得通,句法上没有太多的限制。例如:

(7)二明无论三明都能去。(二明或者三明都能去。)

(8)衣裳无论布料随便挑。(衣裳或者布料随便挑。)

(9)让小三儿无论小四子去顶一锤。(让小三儿或小四子去顶替一下。)

(10)把我无论我兄弟衣裳拿给四先生看看。(把我的或我弟弟的衣服拿给四先生看看。)

(11)你往前无论往后稍微挪点儿。(你往前或者往后稍微挪点儿。)

(12)我让我们老六今年无论过年出去做点儿活。(我让我们老六今年或者明年出去打打工。)

(13)你去锄锄地无论搂搂园子。(你去锄锄地或者整整园子。)

(14)这根笔用来写字儿无论画画儿。(这根笔用来写字儿或者画画儿。)

例(7)~(14)"无论"不能配套使用。"无论"配套使用,中间必然有明显的顿断,这时"无论"所连接的是小句,而不是句内成分,例如:

(7')无论二明,无论三明,都能去。

例(7')实际上是省缩的结果,是"无论二明去,无论三明去"的省缩形式,"无论"连接的还是小句。

再次,情态类型。

情态可以从现实和非现实的角度做出区分,现实是已经发生或正在发生的情境,非现实是现实之外的所有情境,是纯粹在思想领域仅仅通过想象获得的认知。(Comrie 1985)"无论"用于非现实情态,包括将来、惯常、虚拟、祈使等。例如:

(15)明天可能不会下雨无论刮风。(明天可能不会下雨或者刮风。将来)

(16)他每天就是喝喝茶无论看看报纸。(他每天就是喝喝茶或者看看报纸。惯常)

(17)看你饿得,要是馒头无论包子吃点儿,倒饿不着了。(看你饿得,要是馒头或者包子吃点儿,就饿不着了。虚拟)

(18)你去集上买点儿猪肉无论羊肉!(你去集市买点儿猪肉或者羊肉!祈使)

1.2 "无论"的演变

"无论"本来是由否定词"无"和谓词性成分"论"组成的否定结构,意为"不要说",后来词汇化为表示无条件意义的连词。(董秀芳 2011)在张家口方言中,"无论"进一步由无条件连词发展为选择连词。

"无论"用作无条件连词,"用于有表示任指的疑问代词或有表示选择关系的并列成分的句子里,表示在任何条件下结果或结论都不改变"(吕叔湘主编 1999)。我们可以用"无论 p,q"来表示这种无条件句,这种无条件句属于让步条件句,包括全称让步条件句和选择让步条件句,(张定 2013)1)全称让步条件句,p 有表示任指的疑问代词,q 表示结果或结论都不改变;2)选择让步条件句,p 有表示选择关系的并列成分,q 表示结果或结论都不改变。例如:

(19)无论谁,都不能搞特殊化。
(20)无论骑自行车还是开车,都要遵守交通规则。
(21)无论去康保还是去张北,都要告诉我一声。

例(19)没有选择关系,"无论"不能发展出选择连词的用法。不过在张家口方言中,当 p 包含有任指疑问代词时,"无论 p"有两种特殊的用法,一

是可以单独回答问题,"无论"意为"随便"。例如:

(22)A:我站哪里? B:无论哪里。(随便哪里。)
(23)A:咱们跟谁借钱? B:无论跟谁。(随便跟谁。)

二是可以用作句内成分,可以独立用在 VP 之前,也可以作为包孕成分用在 VP 之前,也是"随便"义。"无论 p"所在的结构后面必须有 VP 出现。例如:

(24)你先无论去哪个饭馆吃点儿饭。(你先随便去哪个饭馆吃点儿饭。)
(25)你先去无论哪个饭馆吃点儿饭。(你先去随便哪个饭馆吃点儿饭。)
(26)叫黑蛋把无论谁铁锨拿过来!(叫黑蛋把随便谁的铁锨拿过来!)

例(20)(21)本身就包含着选择关系,"无论"正是在这样的情形下开始向选择连词发展的,具体过程如下。

首先,并列项离析。P 包含两个并列项(也可以是三个或三个以上,为了方便,我们只以两个为例讨论),两个表示选择关系的并列项可以被离析出来,由"无论 p,q"变为"无论 p_1,无论 p_2,q",意义不变,"两项前的每项前各有'无论',作用跟一个'无论'后跟两项是一样的"(侯学超 1998):

(20')无论骑自行车,无论开车,都要遵守交通规则。
(21')无论去康保,无论去张北,都要告诉我一声。

就句子的真值意义而言,例(20)和例(20')、例(21)和例(21')是完全相同的。但从语气看,例(20')(21')显然具有强调的意味。可以说,是由于强调的语用要求,表选择关系的并列项被离析为独立的成分,这是"无论"从无条件连词发展为选择连词的第一步。其实,(20')(21')"无论"已经有了某种程度的选择意义,即使理解为"或者"也未尝不可。在普通话中,无条件连词和选择连词用不同的形式,因此区分非常清楚:

(27)无论你去,无论他去,都行。(无条件)

(28)或者你去,或者他去,都行。(选择)

但在张家口方言中,无条件连词和选择连词可以用同一个形式,因此就造成了两可的情形。例(20')(21')的"无论"正是如此,"无论"介于无条件连词和选择连词依违两可之间,是中间状态,具有过渡性质。

在并列项离析阶段,并列项如果有等同成分,还可以通过等同删略操作,使并列项成为不完全形式,但这并不影响所连接对象的性质,"无论"所连接的还是小句,不是句内成分,如例(3)(4)。

其次,联系项单用。"无论"可以单用,成为"p_1,无论 p_2, q":

(20'')骑自行车,无论开车,都要遵守交通规则。
(21'')去康保,无论去张北,都要告诉我一声。

例(20'')(21'')"无论"只能是选择连词,不再是无条件连词。这一发展符合语序类型学中的联系项原则——联系项的优先位置为:(i)在两个被联系成分之间(即"联系项居中");(ii)如果联系项位于某个被联系成分上,则它会在该被联系成分的边缘位置。(Dik 1997,刘丹青 2003)例(20')(21')符合联系项原则(ii),但不符合联系项原则(i),例(20'')(21'')则既符合联系项原则(ii),又符合联系项原则(i),在意义相同的情况下,同时符合联系项原则(i)(ii)的例(20'')(21'')就成为优势形式,"无论"在这种情况下演变为选择连词。

再次,复合句整合。"p_1,无论 p_2, q"是复合句,其中"p_1,无论 p_2"是并列复合句。从语言发展的角度看,由复合句整合成一个简单句,是比较普遍的语法化过程。(Hopper & Traugott 1993,Haboud 1997)一般地,这一过程常常指主从复合句整合为一个简单句的过程。小句整合的概念实际上可以更广泛些,包括从平行句(即并列复合句)整合为一个简单句的过程。(高增霞 2006)当"p_1无论 p_2"独立作为单小句或单小句内的成分,q 或者仍然做单小句,或者做句内成分,这就完成了从并列复合句向简单句的转变,"无论"作为选择连词就更加典型了。例如:

(20''')骑自行车无论开车都要遵守交通规则。
(21''')去康保无论张北,都要告诉我一声。

例(20''')(21''')"无论"都是单用,连接句内成分,其中例(20''')"无论"

连接两个并列成分,做主语,原来的 q 小句成为谓语,整个句子是一个单小句;例(21''')"无论"连接两个并列成分,在等同删略原则的支配下,后一个"去"被删略,两个名词性成分做宾语,整个述宾结构是单小句,q 仍然是单小句。这时,"无论"已经发展成为严格意义的选择连词了。

从方言或共同语分布看,并列项离析阶段,普通话也有相同的形式,但只能理解为无条件连词,张家口方言则还可以理解为选择连词;联系项单用阶段,普通话没有相同的形式,但张家口各地都还存在;到双小句整合阶段,就只有涿鹿、怀来等坝下地区存在了。

2. 爱

2.1 "爱"的用法

"爱"一般都配套使用,而且需要有语气词"嘞"配合使用。"爱"一般只连接小句,不连接句内成分。例如:

(29) 爱你去嘞,爱我去嘞。(或者你去,或者我去。)
(30) 爱扛个筐嘞,爱扛个篮子嘞。(或者扛个筐,或者扛个篮子。)
(31) 爱你爹嘞,爱你娘嘞,反正你们家得去个人。(或者你爹,或者你娘,反正你们家得去个人。)

例(29)"爱"连接主谓结构,例(30)"爱"连接谓词性成分,都是典型的小句;例(31)"爱"连接体词性成分,但这些体词性成分是删略的结果,是"爱你爹去嘞,爱你娘去嘞"的删略形式,都是相对独立运用,具有述谓性,也具有小句性质。

"爱"有时表面看来是连接句内成分,实际上仍然是等同成分删略造成的,从原有形式看仍然是连接小句的。例如:

(32) 你今天爱前晌嘞,爱后晌嘞,来我这里把钱拿走。(你今天或者上午,或者下午,来我这里把钱拿走。)
(33) 给孩子爱把衬衣嘞,爱把夹袄嘞,穿上一件。(给孩子把衬衣或者夹袄穿上一件。)
(34) 你出去买吧,爱包子嘞,爱馒头嘞。(你出去买吧,或者包子或者馒头。)

例(32)(33)表面连接两个成分做状语,其实都是删略的结果,分别是

"爱前晌来我这里把钱拿走嘞,爱后晌来我这里把钱拿走嘞""爱把衬衣穿上一件嘞,爱把夹袄穿上一件嘞"的删略形式;例(34)"爱"表面连接两个成分做宾语,实际上是"爱买包子嘞,爱买馒头嘞"的删略形式。因此,例(32)~(34)"爱"所连接的还是小句形式,不是严格意义的句内成分。

"爱"连接小句,除了"爱 X 嘞,爱 Y 嘞"形式外,还可以是"爱 X 爱 Y 嘞",意义不变。例(29)~(34)还可以是这样的形式:

(29')爱你去爱我去嘞。
(30')爱扛个筐爱扛个篮子嘞。
(31')爱你爹爱你娘嘞,反正你们家得去一个人。
(32')你今天爱前晌爱后晌嘞,来我这里把钱拿走。
(33')给孩子爱把衬衣爱把夹袄嘞,穿上一件。
(34')你出去买吧,爱包子爱馒头嘞。

"爱"作为选择连词,还用于一种特殊结构"爱 V_1 爱 V_2",如"爱死爱活、爱丑爱俊、爱好爱赖、爱高爱低"等,该结构是用两个"爱"连接两个单音节反义词,可以不出现语气词"嘞",意义上和普通话的"爱 V 不 V"结构相同,表示说话人"无所谓、不相干或不满的态度",(江蓝生 2007)只不过"爱 V 不 V"中"爱"后面是动词性成分,而该结构多为形容词性成分。"爱 V_1 爱 V_2"多用来回应,也用于陈述。例如:

(35)A:给你买个大的还是小的? B:爱大爱小嘞。(大小都行。)
(36)反正也不着急,爱快爱慢。(反正也不着急,快慢都无所谓。)

从情态类型看,"爱"和无论一样,都用于非现实情态。例如:

(37)明天爱刮风嘞,爱下雨嘞,我都得走。(明天或者刮风,或者下雨,我都得走。将来)
(38)二大爷那么老了,每天还爱拔拔草嘞,爱锄锄地嘞,反正闲不住。(二大爷那么老,每天或者拔拔草,或者锄锄地,反正闲不住。惯常)
(39)事儿没解决都是你的过,爱夜来嘞,爱前天嘞,你要是去一趟,事儿不是就解决了?(事情没解决都是因为你,或者昨天,或者前天,你要是去一趟,事情不是就解决了吗? 虚拟)
(40)你去爱走走嘞,爱跑跑嘞。(你或者去走走,或者去跑跑。祈使)

207

"爱"和"无论"情态类型相同,但主观性程度不同,"无论"主观性弱,客观性强,是客观性语言成分;"爱"主观性强,是主观性语言成分。一方面,客观性语言成分比主观性语言成分在分布、功能等方面更加自由多样,"无论"既可以连接小句,也可以连接句内成分,"爱"只用来连接小句;对"无论"来说,有没有语气词"嘞"共现,都无关紧要,但"爱"除了特殊结构"爱 V_1 爱 V_2"外,一般必须有语气词"嘞"共现。另一方面,主观性语言成分往往表达极其强烈的语气,比如愤怒地责备、呵斥对方,就非常倾向于用"爱",不宜用"无论"。例如:

(41)你一天要死要活的,你爱死嘞,爱活嘞,有我球相干?(你整天要死要活的,你或者死,或者活,有我什么相干?)

(42)A:(孩子)我穿啥衣裳?B:(母亲)爱穿裙子嘞,爱穿裤子嘞,啥也问老娘?(或者穿裙子,或者穿裤子,啥也问老娘?)

2.2 "爱"的演变

"爱"的基本义是"喜欢",动词。"爱"首先从动词"喜欢"发展出"无论、随便"意义,是无条件连词,然后又分别发展为虚拟连词和选择连词。前者是在全称让步条件句中发展出来的,后者是在选择让步条件句中发展出来的。

2.2.1 从动词到无条件连词再到虚拟连词

在张家口方言中,"爱"可以用作无条件连词,相当于"无论、随便","爱"所在的小句包含有任指意义的疑问代词,例如:

(43)家里有的是吃的,你爱吃啥嘞。(家里有的是吃的,你随便吃什么。)

(44)世界这么大,爱去哪里嘞。(世界这么大,随便去哪里。)

例(43)(44)包含"爱"的小句都是独立小句,"爱"是无条件连词,这种句子只有方言存在,普通话不存在。

但这种句子是从"爱 p,q"这种表喜欢意义的全称让步条件句发展来的,这种全称让步条件句普通话也有,其中"爱"是动词"喜欢"的意义,p 含有任指疑问代词,q 表示"结果或结论都不改变"。"爱 p"是主语从句,表喜欢意义,q 是判断谓语,表无条件的结果,因此"爱 p,q"是表喜欢意义的让步条件句。例如:

（45）这可是饮酒作乐的时候，不是谈公事的时间。只要不吵到别人，爱去哪里都可以。（《魔戒》中译本）

（46）祥子想开了，既然又回到这里，一切就都交给刘家父女吧；他们爱怎么调动他，都好，他认了命！（老舍《骆驼祥子》）

（47）如果你真想逃开我，你也就少管我的事！我爱拒绝谁，我爱跟谁好，与你都没有关系，不用你来管！（琼瑶《聚散两依依》）

（48）一到民国来，宅门里可有了自由，只要有钱，你爱穿什么，吃什么，戴什么，都可以，没人敢管你。（老舍《我这一辈子》）

例（45）～（48）都包含着"爱 p,q"，是表喜欢意义的让步条件句，在普通话中"爱"只能理解为动词"喜欢"。在张家口方言中，例（45）～（48）如果有语气词"嘞"在"爱 p"和"q"中间标记出明显的停顿，成为"爱 p 嘞,q"，"爱"就可以理解为连词"无论、随便"：

（45'）爱去哪里嘞，都可以。
（46'）爱怎么调动他嘞，都好。
（47'）我爱跟谁好嘞，与你都没有关系。
（48'）你爱穿什么嘞，吃什么嘞，戴什么嘞，都可以。

例（45'）～（48'）"爱"尽管可以理解为连词"无论、随便"，但仍然还有"喜欢"的意义。这时候，"爱"实际上介于动词"喜欢"和连词"无论"依违两可之间，是中间状态，具有过渡性质。在两种情况下，"爱 p 嘞,q"中"爱"只能理解为"无论、随便"：1）p 作为一个事件，其主体是非生命事物，不具有情感；2）p 作为一个事件，具有消极色彩，不可能是人所喜欢的。如果这样，那么"爱"只能理解为"无论、随便"，不能理解为"喜欢"，这时"爱"就成为真正意义的无条件连词了。例如：

（49）雨爱下到多会儿嘞，我也不在乎。（雨无论下到什么时候，我都不在乎。）

（50）地爱咋荒嘞，反正我也不打算作物它。（地无论怎样荒废都没关系，反正我也不打算收拾它。）

（51）你爱坐几年监牢嘞，我都等你。（你无论坐几年监狱，我都等你。）

例（49）（50）小句主语分别是"雨、地"，都是非生命物，没有情感，因此不

209

可能有"喜欢"的意义。例(51)"坐监牢"是消极事件,一般情况下不可能有人喜欢坐监牢,因此也不是"喜欢"的意义。例(49)~(51)"爱"只能理解为"无论、随便",是严格意义的无条件连词。

"爱 p 嘞"还可以独立运用,不需要 p 同时出现。例如:

(52)你去给我找个人帮忙,爱找谁嘞。(你去给我找个人帮忙,随便找谁都行。)

(53)A:他又是抹脖子又是上吊的。B:爱咋嘞。(随便他怎么样。)

再向前发展一步,当 p 不包含任指疑问代词,而是用一种在说话人看来的极端状况代替任指疑问代词时,"爱"就成为虚拟连词,相当于"哪怕、即使":

(49')雨爱下到过年六月嘞,我也不在乎。(雨哪怕下到明年六月,我也不在乎。)

(50')地爱荒成沙漠嘞,我也不打算作物它。(地哪怕荒成沙漠呢,我也不打算修整它。)

(51')你爱坐一百年监牢嘞,我都等你。(你哪怕坐一百年监狱呢,我都等你。)

例(49')~(51')的"过年六月""荒成沙漠""坐一百年监牢"在说话人看来都是极端状况,这些极端状况代替了例(49)~(51)的"多会儿""咋荒""坐几年监牢","爱"成为虚拟连词。其语义关联是非常明显的:如果任何条件下结果或结论都不改变,那么在极端状况下结果或结论也不改变。

综上,"爱"在包含任指疑问代词的小句中,首先从动词发展为无条件连词,然后又发展为虚拟连词。

2.2.2 从动词到无条件连词再到选择连词

"爱"从动词"喜欢"发展为无条件连词,还有另一条途径,即从表喜欢意义的选择让步条件句发展而来。我们仍然码化为"爱 p,q"。先看下列例子:

(54)你爱吃米饭还是面条,都没有关系。

(55)爱娶媳妇还是当单身狗,都自己决定。

例(52)(53)"爱 p,q"是表喜欢意义的选择让步条件句,其中"爱"是动词"喜欢"意义,p 是含有选择关系的并列成分,q 表示"结果或结论都不改变",因此也属于表喜欢意义的让步条件句。这种让步条件句普通话也有。在张家口方言中,如果前一分句后面出现语气词"嘞",成为"爱 p 嘞,q","爱"也可以理解为无条件连词:

(54')你爱吃米饭还是面条嘞,都没有关系。
(55')爱娶媳妇还是当单身狗嘞,都自己决定。

例(54')(55')"爱"既可以理解为动词"喜欢",又可以理解为无条件连词"无论、随便",处于中间状态。和包含任指疑问代词的"爱 p 嘞,q"相同,"爱"也是在两种情况下只能理解为"无论、随便",即:p 作为一个事件,其主体是非生命事物,不具有情感;p 作为一个事件,具有消极色彩。这时"爱"只能理解为"无论、随便",不能理解为"喜欢","爱"成为真正意义的无条件连词了。例如:

(56)水爱往东流还是往南流嘞,都淹不着我们地。(水无论往东流还是往南流,都淹不到我们的田地。)
(57)爱他闹灾还是得病嘞,我都管不着。(无论他闹灾殃还是生病,我都管不着。)

例(56)(57)"爱"只能是无条件连词,不是动词。例(56)(57)句子本身就包含了选择关系,在这样的情况下,"爱"开始向选择连词发展。

首先,并列项离析。p 中表示选择关系的并列成分各项可以被离析出来,由"爱 p 嘞,q"变为"爱 p_1 嘞,爱 p_2 嘞,q"或"爱 p_1 爱 p_2 嘞,q",意义不变:

(56')水爱往东流嘞,爱往南流嘞,都淹不着我们地。/水爱往东流爱往南流嘞,都淹不着我们地。
(57')爱他闹灾嘞,爱他得病嘞,我都管不着。/爱他闹灾爱他得病嘞,我都管不着。

例(56')和例(56)、例(57')和例(57)句子真值相同,但例(56')(57')在语气上有强调的意味。这也是由于强调的语用要求,表选择关系的并列成分各项被离析为独立的成分,这一过程和"无论"的发展是相同的。例(56')(57')"爱"已经有了某种程度的选择意义,即使理解为"或者"也未尝不可,因此具有过渡性质。尤其是,当 q 不出现的时候,"爱"更倾向于理解为选择连词。

其次,等同项删略。在"爱 p₁ 嘞,爱 p₂ 嘞,q"或"爱 p₁ 爱 p₂ 嘞,q"中,如果 p₁ 和 p₂ 有等同成分,这些成分在一定条件下被删略,那么"爱"所连接的成分就成为不完全形式,这时"爱"应该是真正意义的选择连词。例如:

(56'')水爱往东嘞,爱往南嘞,都淹不着我们地。/水爱往东爱往南嘞,都淹不着我们地。

(57'')他爱闹灾嘞,爱得病嘞,我都管不着。/他爱闹灾爱得病嘞,我都管不着。

如果"爱"连接的两个选项恰巧是单音节反义词,那么,"爱 p₁ 爱 p₂ 嘞"可以删略语气词"嘞",成为一种特殊构式"爱 V₁ 爱 V₂",如例(39)可以变为:

(39')你一天要死要活的,你爱死爱活,有我球相干?

例(39')和例(39)意义相同。

综上,"爱"在包含选择关系并列成分的小句中,首先从动词发展为无条件连词,然后又发展为选择连词。

兹将"爱"的演变过程图示如下:

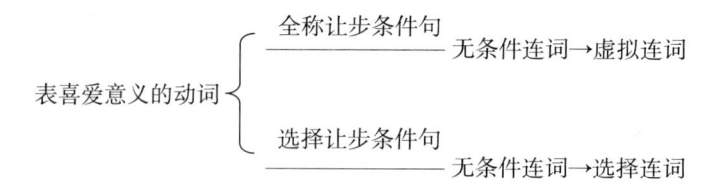

$$\text{表喜爱意义的动词} \begin{cases} \text{全称让步条件句} \longrightarrow \text{无条件连词} \to \text{虚拟连词} \\ \text{选择让步条件句} \longrightarrow \text{无条件连词} \to \text{选择连词} \end{cases}$$

这些用法在张家口方言中都普遍存在,而且其他晋方言地区,尤其是大包片和张呼片地区,应该都存在。

在近代汉语和现代汉语普通话中,"爱"也有"任凭、随便"的意义,但在用法上仅限于几种特殊的结构。根据江蓝生(2007),普通话表示"任凭、随便"意义的"爱"所在的特殊结构,都是同谓双小句省缩所形成的,主要有两种结构,一是"爱XX"三字格结构,有"爱怎怎、爱咋咋、爱哪儿哪儿、爱谁谁、爱啥啥",以"爱怎怎、爱咋咋"为例,其发展过程为"爱怎么 VP 就怎么 VP→爱怎么 VP 怎么 VP→爱怎么(着)怎么(着)→爱怎怎/爱咋咋";一是"爱 V 不 V"结构,其发展过程为"爱 V 就 V,不爱 V 就不要 V 了→爱 V 就

V,不爱 V 别 V→爱 V 就 V,不爱 V 拉倒→爱 VV,不 V 拉倒→爱 V 不 V"。张家口方言也有这两种结构,这是许多北方官话地区所共有的。张家口方言"爱"作为无条件连词、虚拟连词、选择连词则是其所在晋方言地区特有的用法。

3. 还是/是/也不是

3.1 "还是/是/也不是"的用法

作为选择连词,"还是""是""也不是"三个词用法基本相同,用来连接两个可供选择的并列成分。

首先,连接小句。

"还是/是/也不是"都可以连接小句,"还是"倾向于单用连接小句,"是"和"也不是"既可以配套使用,也可以单独使用。连接小句时,前后可以出现总括性小句,也可以不出现。例如:

(58)他姥姥死了,还是他姥爷死了,反正是死了一个。
(59)夜来黑夜可冷嘞,是下霜来,是下雪来。
(60)也不是主任打了书记,也不是书记打了主任。
(61)他去老张家了,还是/是/也不是去老王家了,反正往巷子里头去了。

例(58)~(61)都是用来表达说话人疑惑的,意思是"不知道 p_1,还是 p_2":

(58')不知道他姥姥死了,还是他姥爷死了。
(59')不知道下过霜,还是下过雪。
(60')不知道主任打了书记,还是书记打了主任。
(61')不知道去老张家了,还是去老王家了。

"还是/是/也不是"也可以单用连接句内成分。例如:

(62)他们家的梨儿还是/是/也不是苹果让人偷了。
(63)门还是/是/也不是窗户上钉子掉下来了。
(64)老赵半前晌还是/是/也不是半后晌走的。
(65)早起吃了两块槽子糕还是/是/也不是大八件。

213

例(62)~(65)仍然是"不知道 p_1,还是 p_2"的意思:

(62')不知道他们家的梨儿还是苹果让人偷了。
(63')不知道门还是窗户上的钉子掉下来了。
(64')不知道老赵半前晌还是半后晌走的。
(65')不知道早起吃了两块槽子糕还是大八件。

例(58)~(65)都包含两个选项(理论上也可以是两个以上选项),"还是/是/也不是"用来连接两个选项,而且两个选项没有主从之分,说话人不知道哪个选项为真,因此两个选项只提供选择,无法认定。"还是/是/也不是"符合选择连词的标准,都是选择连词。

再次,情态类型。

"还是/是/也不是"用于现实情态,包括过去和现在发生的事件。例如:

(66)夜来还是/是/也不是前天下的蛋子。(不知道昨天还是前天下的冰雹。过去)
(67)这会儿他正在吃饭还是/是/也不是看电视。(不知道他现在正在吃饭还是看电视。现在)

有时也用于将来,但一定是事件的主体计划好的、有过准备的事件,或者是已经言说过的事件。例如:

(68)他想把猪宰咾还是/是/也不是卖咾。(不知道他想把猪杀了还是卖掉。)
(69)明天还是/是/也不是后天下雨。(不知道明天还是后天下雨。)

例(68)(69)都是将来事件,但例(68)是他计划好的事件,只不过说话人不能确定到底是杀了还是卖掉;例(69)说话人一定事先听说明天或后天要下雨的消息,但不能确定到底是哪一天。例(66)(67)属于行域,是现实世界真实发生的事件,例(68)(69)则属于言域,是言说的事件,例(68)是"他说过要把猪杀了或卖掉",例(69)是"有人说过明天或后天下雨"。例(68)(69)尽管是尚未发生的事件,但言说行为是已经发生的,因此还属于现实情态。

3.2 "还是/是/也不是"的演变

"还是"作为表示选择意义的连词,用来连接小句,意义相当于"或者"

(吕叔湘主编1999)。我们看吕叔湘(1999)的用例：

(70)你同意还是不同意？
(71)坐九路车还是坐二十路车，一时拿不定主意。
(72)先修这个，还是先修那个，咱们商量一下。
(73)老张去，还是老刘去？

以上四例实际上是两种情况，一是用于疑问结构，用来询问，"还是"不能用"或者"替换，有例(70)(73)；二是用于陈述结构，用来表达言者疑惑，可以用"或者"替换，有例(71)(72)。在普通话中，疑问结构可以用于主句，陈述结构只能用于从句。在张家口方言中，"还是"用于陈述结构，不限于从句。

在普通话中，"是"也可以作为选择连词，但没有"还是"自由。邵敬敏(1996)认为，选择问句中的"是"必须同"是"或"还是"配合使用，不能单用。丁力(1998)则认为"是"能单用，但有很大的限制，即只用于反义关系的双音节词语。张家口方言"是"作为选择连词非常自由，"还是"能怎样用，"是"也能怎样用，不限于反义关系的双音节词语。例(70)~(73)"还是"都可以用"是"替换：

(70')你同意是不同意？
(71')坐九路车是坐二十路车，一时拿不定主意。
(72')先修这个，是先修那个，咱们商量一下。
(73')老张去，是老刘去？

例(70')~(73')在张家口方言中都是非常自然的表达，而且"是"也可以连接句内成分，表达言者疑惑，有时可以用"或者"替换。

在北京话等北方官话中，"也不是"用来表达言者疑惑。"也不是"是"也不知"的弱化形式，"也不知"是语气副词"也"和情态动词"不知"的组合形式，情态动词"不知"则是从否定短语"不知"发展而来。具体请看下列例子：

(74)我不知雨什么时候停的。
(75)雨我不知什么时候停的。
(76)雨不知什么时候停的。
(77)雨也不知什么时候停的。
(78)雨也不是什么时候停的。

例(74)"不知"是否定短语,用来否定认知信息,有相应的肯定形式"我知道雨什么时候停的"。例(75)由于语用的需要,宾语从句的主语被提升为全句话题,"不知"仍然是否定短语。例(76)代词"我"脱落,"不知"成为情态动词,用来标记言者疑惑,没有相应的肯定形式"*雨知道什么时候停的"。黄正德(Huang 1989)认为,汉语是代词脱落(pro-drop)语言。李明(2008)用"代词脱落"解释了汉语中一类情态词的形成。李明(2008)对"容/许、烦/劳、许/准、欲、保"等动词的情态化过程进行了分析,发现这些动词都是经过小句主语提升、代词脱落的过程实现的。例(77)语气副词"也"修饰"不知",强化了"不知"的情态性。例(78)"也不是"是"也不知"的弱化,当"知"读为轻声的时候,就成为"变音式轻声","变音式轻声,是指字读轻声后,或字的声母或字的韵母有变化。如'裳''匙''殖',声母本为 ch、ch、zh,轻读后则为 sh,由塞擦音变为擦音"(曹先擢 2002)。"也不是"是"也不知"的弱化,不仅意义上吻合,语音上也完全说得通,可以肯定二者就是源流关系。"也不知"还是短语,例(77)可以扩展"雨也确实不知什么时候停的";"也不是"则已经词汇化为情态动词,例(78)不能扩展"*雨也确实不是什么时候停的"。

从历时看,先秦两汉"不知"只有否定短语的用法,没有情态动词的用法。例如:

(79)呜呼!箕子,惟天阴骘下民,相协厥居,我不知其彝伦攸叙。(《尚书·洪范》)

(80)人皆以为不治产业饶给,又不知其何许人,愈争事之。(《论衡·道虚》)

魏晋南北朝时期,"不知"出现情态动词用法。例如:

(81)先生不知何许人也,亦不详其姓字,宅边有五柳树,因以为号焉。(陶渊明《五柳先生传》)

(82)洺水之目不知谁改,俗谓山之下,地名洺,故曰洺水。(郦道元《水经注》)

元代以后,才有语气副词"也"和情态动词"不知"组合的情形。例如:

(83)一阵秋风起,饭也不知在何处吃。(冯梦龙《警世通言》第三十七卷)

(84)这光棍也不知听谁调唆了。(西周生《醒世姻缘传》第四十六回)

降至有清,情态动词"也不是"出现,但用例极少,而且只出现在公案作品中,后面同现的疑问形式仅限于"哪"。例如:

(85)也不是哪里来的这么个愣小子,今天有他个好瞧的!(贪梦道人《彭公案》第一九三回)
(86)这也不是哪路宾朋,与我夏得贵栽赃。(《大八义》第二十七回)

发展至今,情态动词"也不是"见于北京话以及其他一些方言中,用法也有一定的发展,后面同现的疑问形式更加丰富多样,可以是表示任指意义的疑问代词,也可以是表示选择关系的并列成分。我们举两个老舍作品的例子:

(87)大哥和二哥开了打,把以前彼此请客的互惠都翻腾出来:"谁他妈的吃了人家口香糖?""对!也不是谁他妈的要人家的手工纸!"(老舍《牛天赐传》)
(88)哼!也不是咱的命不好,还是冯大人的运不济,还没到任呢,又撤了差。猫咬尿胞,瞎欢喜一场!(老舍《我这一辈子》)

"也不是"后面有表示任指意义的疑问代词,如例(87),和选择无关,不可能发展出选择连词的用法。"也不是"后面有表示选择关系的并列成分,如例(88),可以发展出选择连词的用法。我们把例(88)包含"也不是"的句子码化为"也不是 p,q",p 是具有选择关系的并列成分,q 是总括性小句("还没到任呢,又撤了差")。"也不是"是在例(88)这样的情况下向选择连词发展的。

首先,并列项离析。

"也不是"发展出选择连词的用法,和 p 的离析有关。如果 p 中表示选择关系的并列成分各项被离析出来,由"也不是 p,q"变为"也不是 p_1,也不是 p_2,q",那么"也不是"就开始向选择连词过渡。例(88)并列项可以离析为:

(88')也不是咱的命不好,也不是冯大人的运不济,还没到任呢,又撤了差。

217

例(88')在北京话等北方官话中还存在,但"也不是"只能理解为情态动词。在张家口方言中,"也不是"还可以理解为选择连词,一方面,意思上可以等于"或者"("或者咱的命不好,或者冯大人的运不济");另一方面,"也不是"可以用选择连词"是"替换("是咱的命不好,是冯大人的运不济"),意思完全相同。因此,在张家口方言中,例(88')"也不是"介于情态动词和选择连词之间,可此可彼,是中间状态。

例(88')没有可以删略的等同成分,如果离析后的并列项有等同成分,还可以删略。例如:

(89)您知道咱们省的诗人孙醒吧?本来北欧的院士告诉他,是他要得诺贝尔文学奖的,一不留神,让莫言得上了。反正他早晚会得的,也不是挪威的也不是丹麦的,反正人家都知道了,五年以后孙醒获奖。(王蒙《奇葩奇葩处处哀》,《上海文学》2015年第5期)

(90)他吃了也不是三个,也不是五个。

例(89)(90)是等同成分删略所致:

(89')也不是挪威的知道了,也不是丹麦的知道了,反正人家都知道了。

(90')他也不是吃了三个,也不是吃了五个。

例(89)(90)"也不是"性质和例(88')相同,在北京话等北方官话里只能理解为情态动词,在张家口方言里则既可以认为是情态动词,也可以认为是选择连词,具有过渡性质。

其次,联系项单用。

在张家口方言中,"也不是"还可以单用,作为联系项居于并列项中间,这时"也不是"只能是选择连词,不是情态动词。例如:

(89')挪威的也不是丹麦的,反正人家都知道了。

(90')他吃了三个也不是五个。

例(89')(90')"也不是"连接句内成分,例(89')可以看作省略了谓语,"也不是"连接两个"的"字短语做主语,例(90')连接两个数量短语做宾语,这时"也不是"已经是严格意义选择连词了。

4. 结语

以上我们讨论了张家口方言三组特殊形式的选择连词,这三组选择连词在张家口方言系统中形成了对立和互补。"无论/无了/无"和"爱"用于非现实情态,是"提供可能的选择",这种选择是在思想领域通过想象而产生的选择,不具有现实性;"还是/是/也不是"用于现实情态,是"表达疑惑的选择",这种选择是基于现实而产生的疑惑,具有现实性。"无论/无了/无"和"爱"具有主观性程度差异,前者是客观性语言成分,分布和功能自由多样,后者是主观性语言成分,分布和功能有较多的限制,但语气强烈。兹将上述选择连词对立互补的情形图示如下:

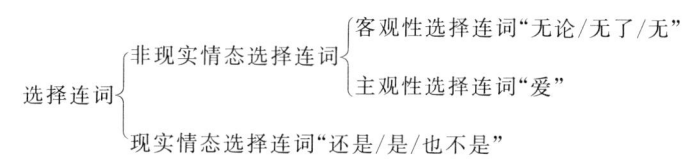

```
                    ┌ 非现实情态选择连词 ┌ 客观性选择连词"无论/无了/无"
选择连词 ┤                              └ 主观性选择连词"爱"
                    └ 现实情态选择连词"还是/是/也不是"
```

在演变方面,这三组选择连词既有共性,也有差异,三者都经历了并列项离析的过程,"无论/无了/无"还经历了联系项单用、复合句整合两个过程,其中并列项离析、复合句整合涉及了等同项的删略;"爱"只通过等同项删略成为选择连词;"还是/是/也不是"则主要通过联系项单用成为选择连词,尽管也有等同项的删略,但在演变中并不起关键作用。

语言是个系统,其内部同义要素都应该具有对立和互补关系。张家口方言选择连词具有现实/非现实、客观/主观的差异,而北京话和其他官话地区选择连词具有疑问("还是")和陈述("或者")等方面的差异,这都是不同语言或方言系统内部运作的结果。

第五节 连词"紧自"在近代汉语和涿怀话中的用法

"紧自"一词见于近代汉语作品《金瓶梅》《醒世姻缘传》和现代汉语的一些方言中。前人关于这一词语的研究成果很少,且在释义等方面存在着很大的问题。本节拟对"紧自"一词在近代汉语和涿怀话中的用法做出分析。

1. "紧自"的形式和意义

1.1 "紧自"的形式

1.1.1 "紧自"的词形

"紧自"又写作"紧仔"或"紧着",有的意义也写作"紧子"。《汉语方言大词典》(许宝华等 1999)以"紧自"为正条,"紧子""紧仔"都注"见'紧自'"。可见,在各种词形中,"紧自"应该是主要的、典型的形式,如果作为现代汉语规范词形处理,是应该作为推荐词形的。

在"紧自"系列词形中,"紧"没有另外的写法(副词意义不予考虑),"自"有作"仔""着"等,这和"自"的性质有关。根据杨荣祥(2005),"紧自"中"自"是一个词尾,这意味着"自"没有实在意义,应该只是由于双音化的要求后面加上的一个音节成分。有个直接的证据是,在《金瓶梅》中,还有单独用"紧"的用例,其意义与"紧自"相同。例如(本节近代汉语用例只有《金瓶梅》和《醒世姻缘传》,故均不标作者):

(1) 那李瓶儿越发哭起来,说道:"我的哥哥,你紧不可公婆意,今日你只当脱不了,打这条路儿去了!"(《金瓶梅》第五十九回)

(2) 你见我不死来,撺掇上路儿来了。紧教人疼的魂儿也没了,还要那等掇弄人,亏你也下般的,谁耐烦和你两个只顾涎缠。(《金瓶梅》第七十五回)

但这种单音节用例并不如双音节用例更为常见。这是因为,在明代,汉语双音化趋势的发展已经完成,双音词成为主流。根据石毓智(2003),5～12世纪是双音化趋势发展的最为关键时期,由于双音词的急速增加以及双音词构词词缀的大量出现,双音节作为汉语词汇的基本语音单位在汉语里已经牢固建立。因此,明代及其以后显然已经是双音节词占优势,"紧自""紧仔""紧着"更为常见。

从作品看,《金瓶梅》用"紧自""紧着",《醒世姻缘传》用"紧仔"。例如:

(3) 李瓶儿道:"你看孩儿紧自不得命,你又是怎样的。孝顺是医家,他也巴不得要好哩。"(《金瓶梅》第五十九回)

(4) 妇人回首流眸叫道:"好达达,这里紧着人疼的要不的,如何只顾这般动作起来了?我央及你,好歹快些丢了罢。"(《金瓶梅》第五十二回)

(5) 太太道:"新到的物儿贵的怕,你紧仔没钱哩,教你费这个事。"(《醒世姻缘传》第七十一回)

在《金瓶梅》中,"紧自""紧着"没有任何意义差异,请看下面两例,语境、意义完全相同,却一个用"紧自",另一个用"紧着":

(6) 西门庆道:"紧自他麻犯人,你又自作耍。"(《金瓶梅》第八回)

(7)西门庆笑赶着打,说道:"你这贼天杀的,单管弄死了人,紧着他怎麻犯人,你又胡说。"(《金瓶梅》第十二回)

而且这也不是版本的差异,上面所有用例都是崇祯本《金瓶梅》,因此可以断定,"紧自""紧着"完全是词形差异。

鉴于"紧自"是主要的、典型的词形,下面论述中一律写作"紧自",但在引例和释义的时候遵从原文的词形。

1.1.2"紧自"的词性

《古今汉语虚词大词典》(张玉金等1996)、《汉语方言大词典》(许宝华等1999)都把"紧自"作为副词处理。这样处理也不能算错,但有些简单化了。实际上,"紧自"由于意义复杂,不同的意义可能对应着不同的词性。如果是"老是、总是"的意义,肯定是副词无疑。例如:

(8)紧自攥着耳机干什么呀!(许宝华等1999用例)
(9)别紧自蹲着啦。(陈刚等1997用例)

如果是"本来"的意义,则应该处理为连词,而且是关联连词。根据张宝林(1996),连词的基本特征有两点,一是必须出现于关联场合,二是可以用于主语前后或只能用于主语前。根据这两条标准,"紧自"完全符合连词的基本特征。一方面,在近代汉语和现代汉语方言中,凡是表示"本来"意义的"紧自",都具有关联性,连接一方面,并和另一方面形成关联,这符合连词表连接意义的基本特征。例如:

(10)众人齐说:"奶奶大娘倘有甚么分付,只叫人传一声,我们即时就来,不敢迟误。"晁夫人又谢说:"紧仔年下没钱,又叫你们费礼。"(《醒世姻缘传》第二十一回)
(11)紧着你感冒哩,又去耍凉水。〔林州方言,谷向伟(2012)用例〕

例(10)是近代汉语用例,"紧仔"连接年下没钱,同时和被对方(众人)费礼(即费钱)形成关联。例(11)是现代汉语方言用例,"紧着"连接"你感冒",同时又和"又去耍凉水"形成关联。

另一方面,"紧自"既可以放在主语之前,又可以放在主语之后,这也符合连词特征。例如:

(12)狄希陈道:"你悄悄的罢,紧仔爹不得命哩!看爹听见生气。"

(《醒世姻缘传》第七十六回)

(13)素姐骂道:"小砍头的!没的家臭声!他紧仔怕见去哩,你又唬虎他!"(《醒世姻缘传》第七十四回)

例(12)"紧仔"放在主语之前,例(13)则放在主语之后,这和一般的关联连词的特征是相符的。

综上,"紧自"符合连词的标准,应该处理为连词。还有一个问题就是,"紧自"意义上相当于"本来",但"本来"是副词,而"紧自"则是连词。词性是根据分布确定的,不是根据意义,意义相同,词性未必相同,就像"因为"和"原因",意义相同,但前者是连词而后者是名词,前者用于关联场合,而且可以用于主语前后,后者受数量词修饰,因此尽管意义相同,但由于分布不同,属于不同词性。"本来"可以单用,如"我本来就不笨嘛"。"本来"不一定用于关联场合,但"紧自"都用于关联场合,因此是连词。

1.2"紧自"的意义

"紧自"应该有两个,一是副词,意为"老是、总是",见于现代汉语北京官话和冀鲁官话中。(许宝华等1999)这个意义的"紧自"应该只有"老是、总是"意义。陈刚等(1997)分为两个义项解释,一是"接连不断、频繁",如"他不大敢紧自去麻烦别人",一是"总是、老是"。其实前一个义项也是"老是、总是"的意义,"他不大敢紧自去麻烦别人",也就是"他不大敢老是去麻烦别人",因此,两个义项应该合并为"老是、总是"。第二个"紧自"是连词,意为"本来",见于近代汉语和现代汉语方言。这个意义前人多有注释不妥之处。首先是词性的判定,张玉金等(1996)、许宝华等(1999)都标为副词,如果严格按照语法的标准,应该标为连词为宜。其次是意义的解释,黄霖(1991)解释为"已经、非常",显然是说不通的;张玉金等(1996)解释为"用在短语或句子的开头,表示正值某种情况的时候",虽然说接近"本来"的解释,但还是不够到位。许宝华等(1999)、白维国(1991)、杨荣祥(2005)都释为"本来",是合乎"紧自"本来意义的。

《醒世姻缘传》"紧仔"一般都等同于连词用法的"紧自",但还有个特殊用法,相当于"正好、正在",副词。例如:

(14)素姐道:"你休叫唤,待休就休,快着写休书,难一难的不是人养的!我紧仔待做寡妇没法儿哩!我就回家去。写了休书,快着叫人送与我来,我家里洗了手等着!"(《醒世姻缘传》第七十三回)

这里"我紧仔待做寡妇没法儿哩"就是"我正好打算做寡妇而没办法

呢"。这个意义的"紧仔"也写作"紧子",只有一例:

(15)狄希陈道:"我要得合寄姑娘做了两口子,我疼甚么钱,该使一个的,我就给你两个。你们别要小气呀。"周嫂儿道:"是了,舍着俺两个的皮脸替狄大爷做去,紧子冬里愁着没有棉裤袄合煤烧哩。"狄希陈道:"你放心,做成了,情管叫你二位暖和。"(《醒世姻缘传》第七十五回)

根据上下文,"紧子冬里愁着没有棉裤袄合煤烧哩"是说"正在愁没有钱买衣服和煤呢","紧子"就是"正好、正在"意义。但"紧自"没有这样的意义。许宝华等(1999)收录"紧子",释为"见'紧自'",似不甚妥当。

《金瓶梅》"紧着"一般都等同于连词用法的"紧自",但也有个特殊用法,相当于"赶紧、赶着",副词,这种用法在其他近代汉语作品中也有用例。例如:

(16)那潘金莲见李瓶儿待养孩子,心中未免有几分气。在房里看了一会儿,把孟玉楼拉出来,两个站在西梢间檐柱儿底下那里歇凉,一处说话。说道:"耶嚛嚛! 紧着热刺刺的挤了一屋子的人,也不是养孩子,都看着下象胆哩!"(《金瓶梅》第三十回)

例(16)"紧着热刺刺的挤了一屋子的人"是表达潘金莲不满的话语,意思是人们不应该赶着热辣辣地挤一屋子。

综上,"紧自"以及相关词语形式的意义应该做如下归纳:
紧自——1)副词,老是,总是;2)连词,本来;
紧仔——1)连词,本来;2)副词,正好,正在;
紧子——副词,正好,正在;
紧着——1)连词,本来;2)副词,赶紧,赶着。

2. "紧自"在近代汉语的用法

在近代汉语中,表"本来"意义的连词"紧自"只见于《金瓶梅》和《醒世姻缘传》。其具体使用情形如下。

2.1 多用于消极语境,少用于积极语境

"紧自"主要用于消极语境,由"紧自"引起的复句或句群,前后分句往往都是消极的、不如意的事情。例如:

(17)伯爵急了,走起来把金钏儿头上打了一下,说道:"紧自常二那

天杀的韶叨,还禁的你这小淫妇儿来插嘴插舌!"(《金瓶梅》第五十四回)

(18)这西门庆在上,又将手中拿的洒金老鸦扇儿,只顾引逗他要子。被妇人夺过扇子来,把猫尽力打了一扇靶子,打出帐子外去了。昵向西门庆道:"怪发讪的冤家!紧着这扎扎的不得人意,又引逗他怎上头上脸的,一时间挝了人脸却怎的?好不好我就不干这营生了。"(《金瓶梅》第五十一回)

例(17)是伯爵的话语,前后两个分句都是有关伯爵所听到的不如意的话语,是消极的。例(18)是潘金莲的话语,前后两个分句都是有关猫儿妨碍二人房事的事实,在说话人看来是消极的事情。

《金瓶梅》中只有一例用于积极语境:

(19)(桂姐)唱毕,把个西门庆喜欢的没入脚处。分付玳安回马家去,晚夕就在李桂卿房里歇了一宿。紧着西门庆要梳笼这女子,又被应伯爵、谢希大两个一力撺掇,就上了道儿。(《金瓶梅》第十一回)

例(19),无论是"梳笼这女子",还是"被应伯爵、谢希大两个一力撺掇",在话语主体西门庆看来都不是消极的。

2.2 有简单形式,也有复杂形式

"紧自"引起的复句或句群有的形式简单,只有两个分句或句子,意义也比较简单;有的形式很复杂,有若干个分句或句子,而且意义也非常复杂。例如:

(20)龙氏在旁说道:"这没要紧的话,不对他学也罢了,紧仔睃拉他不上,又挑头子。"(《醒世姻缘传》第五十二回)

(21)我从头里听见你像生气似的,可是疼的我那心里说:"紧仔这几日他身上不大好,没大吃饭,孩子又咂着奶,为甚么又没要紧的生气?"(《醒世姻缘传》第九十六回)

(22)要说打他,我就敢说誓,实是一下儿也没打;要是衣服饭食,可是撺当他来。紧仔不中他意!端着个铜盆,豁朗的一声撂在地下,一个孩子正吃着奶,唬的半日哭不出来,把他送到空屋里锁了二日,他得空子自己吊杀了。(《醒世姻缘传》第八十一回)

例(20)除去前面的内容,由"紧仔"引起的复句只有两个分句,"睃拉他不上"(看不上他)和"又挑头子"(又挑起事端),是简单形式,都是消极意义。例(21)"紧仔"引起的复句是复杂的,虽然也只有前后两层,但前一层很复杂,包含三个并列分句——"他身上不大好""没大吃饭""孩子又唼着奶",后一层只有一个分句。例(22)形式也很复杂,"紧仔"引起的是一个句群,包含两层,前一层是一个单句"紧仔不中他意",后一层是一个复句,包含六个分句,前四个分句是和"紧仔不中他意"相联系的另一个消极事件,后两个分句是结果,实际上是说,一方面小女不喜欢丫头,另一方面丫头不小心闯了祸(把铜盆掉在地上吓坏了吃奶的孩子),所以丫头被送到空屋锁了二日上吊自杀了。

2.3 有已然事实,也有未然事实

一般地,"紧自"引起的复句都是已然的事实,尤其是前分句,必须是已然的。后分句一般也是已然事实,但个别也有未然事实,是说话人的提醒。例如:

(23)金莲紧自心里恼,又听见他娘说了这一句,越发心中撺上把火一般。(《金瓶梅》第五十八回)

(24)相于廷道:"就只你有嘴,别人没嘴么?狄大哥,你听不听在你,你紧仔胳膊疼哩,你这监生前程遮不的风,蔽不得雨,别要再惹的官打顿板子,胳膊合腿一齐疼,你才难受哩!"(《醒世姻缘传》第七十四回)

例(23)"紧自"引起的复句都是已然事实,"金莲心里恼"和"听见他娘说了这一句"都是一件发生过的,从而导致了某个结果。例(24)"紧仔"引起的复句,前分句是已然的,即"你胳膊疼"是已然事实,而后面的分句"别要再惹的官打顿板子,胳膊和腿一起疼"则是未然事实,是虚拟的,说话人所想象的,用于提醒听话人以免出现不良后果。

3. "紧自"在涿怀话中的用法

张家口晋语涿怀话也有"紧自"的存在,和近代汉语用法基本相同,即用作连词,表示"本来"意义。但涿怀话"紧自"还有如下一些特点。

1)在语音上,"紧自"读如"紧是"。由于"紧自"的"自"是词尾,近代汉语和现代汉语方言有不同的形式表现。涿怀话塞擦音如果在词尾,有擦音化倾向,这不是一个孤立的现象,比如,"也不知"在涿怀话里说成"也不是",也是塞擦音的擦音化现象。虽然读为"紧是",但本字应该还是"紧自",因此我们仍然写作"紧自"。

2)在句法上,"紧自"和近代汉语一样,都必须用于关联场合,在句法位置上,"紧自"和近代汉语作品相同,既可以用于主语之前,也可以用于主语之后。例如:

(25)你紧自还没钱嘞,孩子又生病。(你本来就没钱,孩子又生病。)
(26)紧自豆少,你三六烂圪拗。(本来赌资就少,你还出大牌让我输钱。)

例(25)"紧自"在主语"你"之后,例(26)"紧自"在主语"豆"之前。例(26)是打骨牌常用的俗语,本地人打骨牌(本地人称为"打天九")一般不赌钱,而是用豆子赌输赢,如果豆子少了,说明已经输了,当对方出三六组合牌(本地人称为"中子")的时候,需要马上再给出牌人豆子,对豆子少的人来说,真无异于雪上加霜。

涿怀话"紧自"还有一种用法,就是主语不出现,"紧自"后接 VP,这就无所谓在主语前后了。例如:

(27)紧自旱,河也干了。(本来就旱,河也干了。)
(28)紧自乱得不行,你又给填东西。(本来就乱得很,你又给填东西。)

3)在意义上,"紧自"所引起的句子都是消极意义,不能是积极意义,这一点和近代汉语用法不同,近代汉语有个别用例不用于消极意义。"紧自"的消极意义不限于责怪、埋怨等,可以是其他消极状况,比如自然、社会的不良状况等。例如:

(29)紧自风大,墙上又虬了个窟窿。(本来就风大,墙上又捅了个窟窿。)
(30)这会儿紧自风气不好,人们又不改正。(现在本来就风气不好,人们又不改正。)

再比如用于说话人自怜、后悔。例如:

(31)你看我,紧自没有人待见,又把腿弄瘸了。(你看我,本来就没人喜欢,又把腿弄瘸了。)
(32)紧自今年不顺,我又这么不小心。(本来今年就不顺利,我又这么不小心。)

还可以用于说话人对听话人或他者的同情、怜悯。例如：

(33)你紧自家里着火,媳妇还跑了,这咋闹?(你本来家里就着火了,媳妇也跑了,这怎么办?)
(34)你看老赵,紧自让人家把官儿给免了,又挨了一顿揍,真是祸不单行。(你看老赵,本来就让人家把官儿给免了,又挨了一顿揍,真是祸不单行。)

总之,只要是消极意义,都可以用"紧自"引起。

除了涿怀话,河南林州方言也有"紧自"存在,谷向伟(2012)根据实际发音写为"紧着",并对其用法进行了分析。下面是谷向伟(2012)的用例:

(35)紧着伢不待见你哩,你还去惹人家。
(36)紧着你爹胃不好哩,你家还天天吃饭不照点儿。

谷向伟(2012)认为,"紧着……还……"形成了一种固定的表达结构,前面提出一个紧要问题,是一个关键问题,后面引进一个新问题,从而导致问题的升级和加重,成为一种"雪上加霜"的情形,用来表达说话人的责怪、埋怨情绪。而积极意义是不成立的。谷向伟(2012)举了一个积极意义不成立的例子:

(37)*紧着你待见他哩,又给他买了一身儿衣裳。

谷向伟(2012)还比较了"紧着"和普通话"本来就"的异同,尽管二者都引导"已指出的"事实,但"紧着"用于主语之前,而"本来就"只能用于主语之后,这和近代汉语以及涿怀话用法都不相同。林州方言"紧着"更有资格作为连词,一方面,"紧着"只能用于关联场合,另一方面,"紧着"只能位于主语之前,这都是连词的最典型的表现。

关于"紧自"引起复句前后分句的句意轻重问题,冯春田(1996)认为是递进关系,谷向伟(2012)认为是前重后轻,因此不应该是递进关系。其实所谓递进,从客观真实世界的状况来看并不一定是前轻后重的,而是说话人在认知上以一个基点为基础向前推进,根据邢福义(2001),有些并列关系都可以实现递进意义,如"她不但身材好,而且性格也好"。因此,"紧自"所引起的复句还是应该看作递进关系,是说话人以一种消极状况为基点向前推进到另一种消极状况。"紧自"引起递进关系的复句,近代汉语作品如此,现代汉语方言也是如此。

4. 结语

以上我们讨论了连词"紧自"在近代汉语和涿怀话中的用法。从近代汉语材料来看,"紧自"系列连词都出自《金瓶梅》和《醒世姻缘传》,即传统所谓的山东话文献,许宝华等《汉语方言大词典》4776页、4777页就把《金瓶梅》《醒世姻缘传》中表示"本来"意思的"紧、紧自、紧子"看作是山东话语言成分,他们把这两本书看作是山东话资料。张惠英(1985)指出,有些日常用语,虽然山东话常用,但河南、河北话里也有,因此只能算是北方话通语。"紧自"正是如此。"紧自"在近代汉语应该是北方话通语成分,保留在现代汉语方言中。《金瓶梅》和《醒世姻缘传》中的许多语言成分都是北方话通语成分,而不是山东话。这样就可以解释,为什么《金瓶梅》和《醒世姻缘传》中一些语言成分,见于河北、河南、山西等方言,而不一定见于山东。因为这些语言成分是近代汉语北方话通语成分,保留在现代汉语方言中,至于保留在哪个方言中,则具有不确定性。连词"紧自"正是如此。

第六节 介词"往、朝、搁"的功能扩展

1. 引言

在张家口晋语中,有些介词可以成系统地带趋向动词宾语,其功能由介引名词性成分扩展延伸到趋向动词,这样的介词有"往、朝、搁",是谓介词"往、朝、搁"的功能扩展。其中"往"的功能扩展最深入,其次是"朝"。"搁"见于万全、怀安、崇礼、尚义等县,不见于涿鹿、怀来、赤城、沽源等县,其地区分布还不够广泛。看几个例子(本节用例主要来自网络地方贴吧,稍有改造,有些为自拟用例):

(1)做完腰椎手术,多长时间可以往起来坐啊?(做完腰椎手术,多长时间可以坐起来啊?)

(2)从石门眼里朝进看,他们看到一个穿着红衣红裤的年轻姑娘,

正在不停地推磨。(从石门眼里往里看,他们看到一个穿着红衣红裤的年轻姑娘,正在不停地推磨。)

(3)快搁过跑,要不来不及了。(快往那边跑,要不来不及了。)

例(1)"往起来坐",例(2)"朝进看",例(3)"搁过跑",都是"介词+趋向动词+VP"结构(以下简称"介趋结构")。介趋结构已经被一些学者注意到了,前人研究主要集中在"往+趋向动词+VP"结构。傅雨贤等(1997)说:"'往'还可带上趋向动词再修饰动词,如'往出走'。……限于'起、出、回'等少数几个趋向动词。""起、出、回"用作介词"往"的宾语,并不都是共同语现象,根据柯理思(2009),只有"往回 VP"是共同语现象,"往起 VP""往出 VP"都带有方言色彩。王琦、郭锐(2013)对全国 26 个方言点的介趋及相关现象进行了调查,结果显示,晋语(并州片、吕梁片、大包片)介趋相对比较发达。尽管如此,所调查的晋语各点的介趋结构仍然不是最全面、最系统的,比如,"往来 VP"都不能接受,"往+双音节趋向动词+VP"也不能接受。张家口晋语不在王琦、郭锐(2013)调查范围内。根据我们的调查分析,张家口的介趋结构呈现出全面、系统的态势,其句法所呈现的多样性,是非常独特的。本节拟对张家口晋语介趋结构的句法多样性做出描写,并对介趋结构的构式意义及形成过程做出分析。

2. 介趋结构的句法多样性

介趋结构由介词、趋向动词和 VP 三部分构成。以下我们分别从这三个部分论说。

2.1 介词

带趋向动词宾语的介词有三个:"往""朝"和"搁"。

2.1.1 往

"往"表示动作的方向,在共同语中可以介引处所词语、方位词语以及抽象的处所方位。例如:

(4)往学校走,进了校门就看见语言所了。(介引处所)

(5)他们往南去了。(介引方位)

(6)往大里说,这都是为了国家啊。(介引抽象处所方位)

"往"介引趋向动词,共同语只有"回"最常见。在张家口晋语中,"往"可以介引任何趋向动词,还可以介引表过程走向的动词或形容词。例如:

(7)你把苹果多往出来拿几个。(你把苹果多拿几个出来。介引趋向动词)

(8)别往哭骂她。(别骂哭她。介引表过程走向的动词)

应该说,介词"往"功能扩展程度最深,是同类介词中用法最泛化的成员。

从地区分布看,"往"介引趋向动词,广泛见于张家口各市区县,而且整个晋语、西北官话、西南官话等都有不同程度的分布。

2.1.2 朝

"朝"表示动作针对的方向。根据吕叔湘主编(1999),"往"和"朝"基本意义不同,前者表示移动,后者表示面对,只有面对没有移动的意思只能用"朝",只有移动没有面对的意思只能用"往"。向着某个处所、方位移动,往往既有面对意义,又有移动意义,因此用"往"和"朝"皆可,而且意义没有太大的区别。"朝"泛化程度没有"往"深。例(4)(5)"往"换作"朝"都没问题,例(6)只能用"往",不能用"朝"。

在张家口晋语中,"朝"可带一些单音节趋向动词宾语。例如:

(9)我站起来就朝转跑,烟叶在我身后发出了噼里啪啦的响声。(我站起来就往别处跑,烟叶在我身后发出了噼里啪啦的响声。)

(10)我们挤破了头把钱朝进递,大帝都不愿意收。(我们挤破了头把钱往里面递,大帝都不愿意收。)

"朝"不能介引表过程走向的动词和形容词。

从地区分布看,"朝"介引趋向动词,见于张家口绝大多数地区,从调查情况看,只有阳原不存在这一现象,其他市县区都存在。

2.1.3 搁

"搁"用作介词,在方言中比较多见。张惠清(2015)绘制了昌黎方言及其他方言相关形式的语义地图,就"搁"的处所、来源、路径、方向、工具、被动等意义之间的关系进行了分析。"搁"表示方向意义时相当于"往",这在乌鲁木齐方言(周磊1995)和宁夏同心方言(张安生2006)都存在。例如:

(11)他人搁哪走咧?(乌鲁木齐方言,周磊1995)

(12)搁哪里去了?(宁夏同心方言,张安生2006)

例(11)(12)"搁"相当于"往",表示动作的方向。

张家口晋语许多地区也有这种用法,而且还扩展延伸到趋向动词。例如:

(13)用劲搁起爬,爬起来就看见了。(用劲爬起来,爬起来就看见了。)

(14)你看兀个牛,正搁过来驮草料嘞。(你看那个牛,正往这边驮草料呢。)

在张家口晋语中,"搁"用作表示方向意义的介词,一方面受到地区限制,在靠近北京、河北官话的各县都没有这样的用法,包括涿鹿、怀来、赤城、沽源四县;二是受到人群的限制,在有些地方,如万全、怀安、崇礼、尚义等区县,一般老年人还常这样用,但年轻一代已经很少说了,当问及年轻人能不能说时,都表示能说,但又表示还是以说"往"为常,不常说"搁"。

2.2 趋向动词

2.2.1 专职趋向动词和兼职趋向动词

有些趋向动词是专职的,如"回、起、过、进、出、来、去";有些趋向动词兼作方位词,有"上、下"。张家口晋语单音节趋向动词都可以自由用作"往"的宾语,万全、怀安、崇礼、尚义等县也可以用作"搁"的宾语,除了"来、去",其他单音节趋向动词也都可以用作"朝"的宾语。例如:

(15)往去寄一个笔记本要多少邮资?(往那里寄一个笔记本要多少邮资?)

(16)我把衣服往外提,胡平治公公把衣服朝进拿。(我把衣服往外提,胡平治公公把衣服往里拿。)

(17)先别搁来拿,等需要的时候我过去取。(先别往这里拿,等需要的时候我过去取。)

单音节方位词也都可以用作介词的宾语,例如:

(18)小腿不能往前迈步,是怎么啦?

(19)两个人从铁窗朝外望去,一个人看到的是满地的泥泞,另一个却看到满天的繁星。

(20)再向前走一段,搁左转弯就到了。(再向前走一段,往左转弯就到了。)

"上、下"是方位词兼趋向动词,因此,从理论上说,"往上跳""朝下扔垃圾"这样的结构既可以看作介趋结构,又可以看作"往+方位词+VP"结构。邢向东(2011)在研究陕北神木方言该类现象时就是这样处理的。邢向东(2011)认为,"上/下"后面可以加"来/去",因而可以分析为趋向动词;"上/下"后面可以加"头",因而又可以分析为方位词。这一分析是合理的。请看下面例子:

(21)一只青蛙从5米深的井底往上跳。
(22)请别从楼上朝下扔垃圾!

例(21)可以说"往上头跳","上"是方位词,也可以说"往上来跳",是趋向动词。例(22)可以说"朝下头扔垃圾","下"是方位词,也可以说"往下来扔垃圾"("朝"不能带双音节趋向动词宾语),是趋向动词。这在张家口晋语都是说得通的,由此可见"上、下"的兼类性质。另外还有一个事实可以说明,在矾山话中,"下"有舒入两读,舒读是方位词,入读是趋向动词,"朝下扔垃圾"的"下"有舒入两读,分别对应着不同性质的语法成分。

在"往(朝、搁)上/下 VP"中,如果"上/下"是趋向动词,就是凸显路径;是方位词,就是凸显方向。尽管二者真值相同,但语法意义并不完全一致。

2.2.2 单音趋向动词和双音趋向动词

只要语义条件合适,单音节趋向动词都能自由进入介趋结构。双音节趋向动词能进入"往"和"搁"带趋向动词宾语结构,"朝"不可以。例如:

(23)哥哥躺在地上,二柱子抓住哥哥的手使劲往起来拉。(哥哥躺在地上,二柱子抓住哥哥的手使劲往起拉。)
(24)外头那么冷,你咋还要搁出去跑嘞?(外头那么冷,你怎么还要往外面跑呢?)

但这两例的双音节趋向动词都可以用单音节趋向动词表达,例(23)可以用"往起拉"表达,例(24)可以用"搁出跑"表达,意义不变。"来"和"去"是直指性趋向动词(唐正大 2008),和说话人位置有关,在语境中是明确的,在介趋结构中,即使趋向动词不用含"来/去"的复合形式,其语义也是明确的。那么,既然单音节趋向动词可以表达清楚,用双音节趋向动词似乎就是多余的。因此,双音节趋向动词只是"可以这样用"而已,其语用量显然少于单音节趋向动词。双音节趋向动词能够进入介趋结构,并不是张家口晋语特有的现象,根据邢向东(2011)的研究,陕北神木方言也有同样情形,看来这一现象并不是孤立存在的。

2.2.3 共同语趋向动词和方言趋向动词

上述趋向动词为共同语和方言所共有。在张家口晋语中,还有离位义趋向动词"转",是具有方言特色的趋向动词。"转"作为方言趋向动词,也可以用在介趋结构中。例如:

(25)我切肉,切好你给往转拿。(我切肉,切好你给拿走。)
(26)看见放炮就赶紧朝转跑,别让炸着你了。(看见放炮就赶紧跑开,别让炸着你了。)
(27)你先搁转挪挪,我进去。(你先挪开,我进去。)

例(25)~(27)共同语中没有相应的表达,只能用动趋式或动结式表达。

2.3 VP

2.3.1 实体位移和视线位移

VP可以是表示实体位移的动词,也可以是表示视线位移的动词。实体位移动词又包括两种,一是主体位移,有"走、跑、爬、扑"等;一是客体位移,有"拿、搬、扛、抬"等。视线位移动词主要是"看"。在介趋结构中,只要语义条件合适,所有趋向动词都可以和实体位移动词形成选择关系。除了"起、转、来、去",其他单音节趋向动词都可以和视线位移动词形成选择关系。双音节趋向动词不能和视线位移动词形成选择关系。

2.3.2 简单形式和复杂形式

介趋结构是状中结构,中心语不仅可以是简单形式,即光杆动词V;也可以是复杂形式VP。在介趋结构中,简单形式更为常见。复杂形式虽然不常见,但也有用到。主要有述宾结构、重叠形式和"一V"三种。

述宾结构,宾语只能是受事宾语或数量宾语,不能是处所宾语。例如:

(28)他们正在那里往出搬粮食,你赶紧过去帮帮忙。(他们正在那里往外搬粮食,你赶紧过去帮帮忙。)
(29)你再搁过走几步就到了。(你再往那边走几步就到了。)

重叠形式,包括VV、V一V、V了V等。例如:

(30)你先往进站站,我扫扫门框你再出来。(你先往里站站,我扫扫门框你再出来。)

(31)叫你儿子把头搁起抬一抬,要不照不好相。(叫你儿子把头往起抬一抬,要不照不好相。)

(32)老刘朝转挪了挪,就看不着人了。(老刘往一边挪了挪,就看不见人了。)

"一V",表示动作的瞬间趋向。例如:

(33)小明猛不防往起一站,吓了别人一跳。
(34)他把烟锅子从烟荷包里搁出一抽,就给了二大眼了。(他把烟杆从烟袋里往外一抽,就给了二大眼了。)

2.3.3 异形组配和同形组配

在介趋结构中,趋向动词和VP常常是异形组配,但也有同形组配的情形。从理论上说,趋向动词可以用作谓语中心语,又可以用作介词"往"的宾语,那么,在介趋结构中,趋向动词和VP出现同形,应该是可以接受的。在同形组配的情况下,介词可以是"往"和"搁",不能是"朝",如"往/搁上上、往/搁下下、往/搁进进、往/搁出出、往/搁回回、往/搁过过、往/搁起起"。但根据修辞学语音制约的原则,这些组合违背了"同音不能相加"这一原则,因此又是不可接受的。趋向动词和VP同形,有的方言点能接受,有的不能接受,能接受是因为遵循了语法规则,不能接受是因为违背修辞原则。相比而言,语法规则应该高于修辞原则,规则是必须遵循的,而原则具有一定的灵活性。因此,趋向动词和VP同形是不难见到的现象。例如:

(35)现在正在换届,有的局简直是敞开大门往进进人了。(现在正在换届,有的局简直是敞开大门往里面进人了。)
(36)外地赶来大群的马,从栅栏一匹一匹搁过过。(外地赶来大群的马,从栅栏一匹一匹往那边走。)

"转"不能用作谓语中心语,因此没有同形组配的情形。双音节趋向动词也没有同形组配的情形。

3. 介趋结构的构式意义

介趋结构是形式和意义的结合体,而且不能根据部分预测整体,因此是一个构式。以下先通过和"介词＋方位词＋VP"的比较,把介趋结构的整体构式义从"介词＋方位词＋VP"的构式义中剥离出来,然后讨论介趋结构具体的下位构式义。

3.1 介趋结构的整体构式义

"介词＋方位词＋VP"和介趋比较接近,其构式意义有可能被混同。有一种观点认为,介趋结构中趋向动词已经方位词化了。(邢向东 2011,王琦、郭锐 2013)如此,那么介趋结构和"介词＋方位词＋VP"应该具有相同的构式意义。还有一种观点认为,介趋结构和"介词＋方位词＋VP"中的介词都是用来标引方向的,(曾传禄 2008)那么,介趋结构和"介词＋方位词＋VP"的构式意义也应该是相同的,而且都应该和标引方向有关。

其实,介趋结构和"介词＋方位词＋VP"的构式意义并不相同,我们需要通过比较把介趋结构的构式义剥离出来。以下是我们的初步结论:

介趋结构的构式义——实体或视线沿着某一路径位移;

"介词＋方位词＋VP"的构式义——实体或视线向着某一方向位移。

介趋结构和"介词＋方位词＋VP"作为不同构式,有不同的句法语义表现。

3.1.1 路径和方向

介趋结构是"趋向性移动",凸显位移路径;"往＋方位词＋VP"是"方向性移动",凸显位移方向。路径必然包含方向,但方向未必包含路径。例如:

(37)a.往前五十米有一座塔。
　　b.往前走五十米有一座塔。
(38)a.*往过五十米有一座塔。
　　b.往过走五十米有一座塔。

例(37)a 有方向,但没有路径;例(37)b 既有方向,也有路径。例(38)趋向动词是用来凸显路径的,由于例(38)a 只有方向没有路径,因此不可接受;例(38)b 既有方向也有路径,可以接受。由于例(37)b 和例(38)b 都既有方向又有路径,因此给人一种混同感,这就是为什么前人总把这两类不同的构式看成是一类。其实,例(37)b 和例(38)b 只是句子意义相同,也就是说它们的真值意义相同,但其构式意义并不相同,例(37)b 凸显方向,例(38)b 凸显路径,这从它们分别对应的例(37)a 和例(38)a 的差异可以看出。

3.1.2 封闭和开放

就介趋结构而言,"趋向"总是封闭的,有起点、路径、终点。就"介词＋

方位词＋VP"而言,"方向"可以是封闭的,有起点、路径、终点;也可以是开放的,只有起点、路径,没有终点。表现在句法上,如果 VP 是没有终点意义的动词,如"发展、前进、扩张、延伸"等,就只能进入"介词＋方位词＋VP",不能进入介趋结构。例如:

(39)往东发展　往左前进　朝外扩张　搁前延伸
(40)*往回发展　*往出前进　*朝过扩张　*搁来延伸

另外,如果是"一直＋往＋方位词",VP 不出现,也给人以无终点的感觉,如"一直往/朝/搁东",不过这时的"往/朝/搁"已经不是介词,而是动词了。介趋结构中 VP 必须出现,"往/朝/搁"都不是动词用法。

3.2 介趋结构的下位构式义

3.2.1 "往/朝/搁上 VP"和"往/朝/搁下 VP"

"上"和"下"兼做趋向动词和方位词。"上"和"下"做趋向动词,其构式义为:"往/朝/搁上 VP"表示实体或视线沿着由低到高的路径位移,"往/朝/搁下 VP"表示实体或视线沿着由高到低的路径位移。"上"和"下"做方位词,其构式义为:"往/朝/搁上 VP"表示实体或视线向着上面的方向位移,"往/朝/搁下 VP"表示实体或视线向着下面的方向位移。

3.2.2 "往/朝/搁进 VP"和"往/朝/搁出 VP"

"往/朝/搁进 VP"表示实体或视线沿着由外到内的路径位移,"往/朝/搁出 VP"表示实体或视线沿着由内到外的路径位移。"往/朝/搁进 VP"和"往/朝/搁里 VP"意义接近,"往/朝/搁出 VP"和"往/朝/搁外 VP"意义接近,但有所不同。"往/朝/搁进 VP"和"往/朝/搁出 VP"一定是空间内外的移动,而"往/朝/搁里 VP"和"往/朝/搁外 VP"既可以是空间内外的移动,也可以是空间内部的移动,如果是空间内部的移动,那么,向着进出口方向的移动是"往/朝/搁外 VP",背离进出口方向的移动是"往/朝/搁里 VP"。例如:

(41)快往出走,别堵着门!(由内到外位移,空间内外的移动)
(42)快往外走,别堵着门!(向着空间外面的方向位移,空间内外的移动)
(43)快往外走,再走几步就到洞口了。(向着进出口的方向位移,空间内部的移动)

"往/朝/搁进 VP"和"往/朝/搁出 VP"凸显位移路径,而有关空间内外的位移,路径都是明确的;"往/朝/搁里 VP"和"往/朝/搁外 VP"凸显位移方向,无论是空间内外的位移还是空间内部的位移,方向都是明确的。

3.2.3 "往/搁来 VP"和"往/搁去 VP"

"往来 VP"表示实体沿着由特定位置到说话人位置的路径位移,"往去 VP"表示实体沿着由说话人位置到特定位置的路径位移。

3.2.4 "往/朝/搁回 VP"和"往/朝/搁转 VP"

"往/朝/搁回 VP"表示实体或视线沿着由他处到原处的路径位移。"往/朝/搁转 VP"表示实体沿着由原处到他处的路径位移。

3.2.5 "往/朝/搁起 VP"

"往/朝/搁起 VP"表示实体沿着由下位到上位的路径位移,比如"往/朝/搁起坐"是主体沿着由躺姿(下位)到坐姿(上位)的路径位移(主体身体姿势的变换也可以理解为位移),"往/朝/搁起背"是客体沿着由地面(下位)到背上(上位)的路径位移。

3.2.6 "往/朝/搁过 VP"

"往/朝/搁过 VP"表示实体或视线沿着由所在位置到说话人心目中位置的路径位移。说话人心目中的位置包括:1)说话人自己;2)背离说话人的某个位置;3)和说话人向背无关的某个位置。例如:

(44)我饿了,你给我往过拿一块点心吃。(我饿了,你给我拿一块点心过来吃。)

(45)你挨我这么近做啥?快朝过挪挪。(你挨我这么近干什么?快往一边挪挪。)

(46)你看他还跑哩,再搁过跑两步就到河边了。(你看他还跑哩,再往那边跑两步就到河边了。)

例(44)是客体"点心"(也包括主体"你",但凸显的是客体)沿着由所在位置到说话人位置的路径位移;例(45)是主体"你"沿着由说话人位置到背离说话人的某个位置的路径位移;例(46)是主体"你"沿着由所在位置到河边位置的路径位移。

如果说话人心目中的位置是说话人自己,"往/朝/搁过 VP"和"往/搁来 VP"比较接近;如果是背离说话人的某个位置,"往/朝/搁过 VP"和"往/搁去 VP"比较接近。但一般地,"往/搁来 VP"和"往/搁去 VP"还有"长距离"的语义要求,尤其是在说话人视线范围之外,更容易用到"往/搁来 VP"和"往/搁去 VP";如果在说话人视线范围之内,一般只能用"往/朝/搁过

VP"。例(44)也可以用"往/搁来 VP",比如打电话的时候,但例(45)绝对不能用"往/搁去 VP",因为距离太近,不符合"远距离"的语义要求。

4. 介趋结构的形成过程

前人关于介趋结构形成的研究,主要集中在"往＋趋向动词＋VP"的形成上。柯理思(2009)认为,"往＋趋向动词＋VP"是从"往＋趋向动词＋里＋VP"发展来的,"往＋趋向动词＋里＋VP"又是从"往＋名词＋里＋VP"发展来的。我们认为,柯理思的观点是正确的,只是还需要进行详细论证。以下我们先从范畴扩展、附缀脱落两个方面说明"往回 VP"结构的形成,然后说明其他介趋结构具有同类共变的性质。

我们先讨论"往回 VP"的形成。先讨论"往回 VP",是基于两个理由:1)"往回 VP"是"往＋趋向动词＋VP"的典型代表,是汉语中最普遍存在的结构形式;2)"往回 VP"的形成可以找到历时语言事实的支持。

4.1 范畴扩展:"往回里 VP"。

(47)a. 往家里走。
　　　b. 往回里走。

例(47)a、b 分别是"往 N 里 V"和"往回里 V",都可以用"往 X 里 V"概括,"往 X 里 V"构成一个范畴,在这个范畴中,例(47)a 是典型成员,居于范畴中心;例(47)b 是非典型成员,是范畴扩展的结果。也就是说,例(47)b 是从例(22)a 发展来的:

　　　　　　　　　扩展延伸
往家里走(典型成员)—————→ 往回里走(非典型成员)

首先,典型成员比非典型成员具有思维的优先性,说起这个范畴,人们在第一时间首会想到这个范畴的典型成员,具体到"往 X 里 VP",一般首先想到的是"往 N 里 VP",而不大可能是"往回里 VP"等。其次,典型成员比非典型成员具有组合的自由性,只要语义条件符合,所有聚合关系内的成员都可以进入典型成员的组合,而非典型成员比较受限制,具体到"往 X 里 VP",只要符合三维空间的语义条件,都可以进入典型成员的组合,如"往院里走、往屋里走、往城里走、往村里走"等;而对于非典型成员,并非所有的动词都能进入"往 X 里 VP"结构。第三,典型成员比非典型成员具有意义的实在性,"往 N 里 VP"意义非常实在,"N 里"一般都是典型的三维空间;"往回里 VP"意义比较泛化,"回里"是隐喻的空间,不是真正的三维空间。

这一扩展过程不仅能从理论上说明,也可以得到历时语言事实的支持。从历时看,范畴典型成员形成早,非典型成员形成晚。具体到"往 X 里 VP"结构,"往 N 里 VP"类结构最晚在明代就大量出现了。例如:

(48)这人哄的三官往芦苇里去了,即忙走在前面等着。(冯梦龙《警世通言》第四十章)

(49)一个前,一个后,竟往后面书房里跑。(罗懋登《三宝太监西洋记》第五十三回)

"往回里 VP"在清代才出现。例如:

(50)男女家人一同出来,往回里抢,被相府家人又乱打一阵。(石玉昆《小八义》第四十九回)

(51)他又连拉了几拉,娘娘反将竹杖往回里一抽。(石玉昆《三侠五义》第十五回)

因此,"往 X 里 VP"结构的范畴扩展也可以得到语言事实的支持。

范畴从"往 N 里 VP"扩展到"往回里 VP",既和语言系统有关,也和认知促动有关。从语言系统看,包含晋语在内的整个西北地区的方言,都具有动前显著和动后限制的特征,在晋语中,动结式和动趋式都有相对应的"往 X＋VP"形式,比如"往饱吃、往着睡、往过跑、往进拿"等,这都是动前显著的具体表现。从认知促动看,在认知语言学看来,范畴扩展不是任意的,而是靠某种因素促动的,具体到"往 X 里 VP"结构,是隐喻的促动导致了范畴的扩展。根据认知语言学原理,容器隐喻是本体隐喻(ontological metaphor)中最重要的一种,事件、行为、活动、状态都可以构想成时空中具有明确边界的"容器",如"退出比赛""陷入痛苦",就是把"比赛"这样的事件、"痛苦"这样的状态都看作"容器",可以"退出",也可以"进入"。(Lakoff & Johnson 1980,张敏 1998)"回"是趋向行为,有起点、路径、终点,可以识解(construe)为容器,并用容器方位词"里"加以标记,于是范畴就由"往 N 里 VP"扩展到"往回里 VP"了。

4.2 附缀脱落:"往回 VP"

"往回 VP"是"往回里 VP"脱落附缀"里"形成的。

首先要证明"往回里 VP"的"里"是一个附缀。根据刘丹青(2008),"附缀"(clitics)就是失去语音独立性、必须依附于一个独立的词,但句法上仍有词的地位(而非词内语素)的词。"往回里 V"的"里"完全符合这一定义的描述。首先,"里"失去了语音的独立性,语音弱化,不能重读。"里"由于轻读,读音和"了"非常接近,因此晋语地区许多被调查者认为这里是"了"而不是"里",但"了"作为完成体标记,用在这里显然说不通,而按照"里"弱化来解释,是完全合理的。其次,"里"必须完全依附于"回",不能独立运用。刘凤樨(Liu 1998)认为,由于单音节方位词有很强的黏着性,因此都可以看作后附缀。再次,"里"尽管已经虚化,但它仍然有词的地位,它既然和介词"往"、趋向动词"回"、动词 V 组合使用,那么,根据语法单位同功能级组合的原则(宗守云1998),它仍然具有词的性质。因此,"里"是典型的附缀。

附缀性是有程度差别的。"往 N 里 VP"的"里"是典型的方位词用法,是真正的"里面"意义,附缀化程度极低;"往回里 VP"的"里"不是真正的"里面"意义,是隐喻的"里面",附缀化程度很高。根据张谊生(2010),附缀化程度越高,附缀就越容易脱落,"往回里 VP"很容易脱落附缀"里",从而形成"往回 VP"结构。从语法化程度看,存在着"方位词→后附缀→零形式"这样的连续统,后附缀最终会脱落而成为零形式。

"往回里 VP"发展为"往回 VP",也可以得到语言事实的支持。

"往回里 VP"和"往回 VP"都是在清代出现的,但"往回里 VP"还是比"往回 VP"出现要早。"往回里 VP"最早出现在雍正初年曹去晶的《姑妄言》中:

(52)知是巡夜的官来了,转身往回里就跑。(曹去晶《姑妄言》)

而"往回 VP"则是在乾隆中叶以后才出现的。例如:

(53)妖王两处带伤,提刀往回飞跑。(李百川《绿野仙踪》第九十七回)
(54)秦相爷一愣,冒然间这灯又往回缩。(郭小亭《济公全传》第二十回)
(55)老管家一撒手,和尚往回也一拉手。(郭小亭《济公全传》第三十二回)

王琦、郭锐(2013)认为例(54)(55)是最早用例,不确。这涉及作品版本的问题。《济公全传》早期版本作者确实是顺治、康熙时期文人王梦吉,但王梦吉所撰《麹头陀新本济公全传》三十六则故事,"内容全同《钱塘渔隐济颠禅师语录》,唯于书前著高宗、孝宗事,后加禅师圆寂后轶闻。"(欧阳健等1990)《钱塘渔隐济颠禅师语录》为明代作品,还没有"往回VP"的用例。事实上,直到晚晴郭小亭《济公活佛传》一百二十回,才有了"往回VP"的用例,这已经是很晚的事情了。

在乾隆中叶的《绿野仙踪》里,"往回里VP"和"往回VP"是并存的。几乎同一时代的《红楼梦》,则只有"往回里VP",没有"往回VP"。可见,应该是先有"往回里VP",再有"往回VP"。在历史上,"往回里VP"曾经一度占优势,根据柯理思(2009)的调查,《儿女英雄传》《雍正剑侠图》既有"往回里VP",也有"往回VP",而《红楼梦》《官话指南》只有"往回里VP",没有"往回VP"。而随着"里"的脱落越来越稳定,到现代汉语,"往回VP"终于占了优势。

4.3 同类共变:其他介趋结构

上面我们谈的都是"往回V"的形成过程。那么,张家口晋语其他介趋结构是怎么来的?是"往回VP"类推的结果,还是也都应该经历了同样的形成过程?我们认为是经历了同样的形成过程。这是因为,在张家口晋语中,比较普遍地存在着"往/朝/搁+趋向动词+里+VP"结构,甚至双音节趋向动词也不例外。例如(因为意义比较明确,故不再提供相应的共同语的说法):

(56)只要跌倒了还肯往起里爬,人生的玩笑或许就会变成一个契机。
(57)正当她拿起自动铅要往出来里挑的时候,王老师走过来。
(58)众人都围了过来,互相嘱托一番,然后朝回里走。
(59)她朝过去里看,每一页都被泪水打湿过。
(60)倒是你那个表弟嘴巴太大,什么都搁出里说,分明搞得大家不安生。
(61)拿得起,就要放得下,要是你放不下,就最好不要搁起来里拿。

由于附缀"里"的脱落,介趋结构得以形成:

(56')只要跌倒了还肯往起爬,人生的玩笑或许就会变成一个契机。
(57')正当她拿起自动铅要往出来挑的时候,王老师走过来。
(58')众人都围了过来,互相嘱托一番,然后朝回走。
(59')她朝过去看,每一页都被泪水打湿过。
(60')倒是你那个表弟嘴巴太大,什么都搁出说,分明搞得大家不安生。

(61')拿得起,就要放得下,要是你放不下,就最好不要搁起来拿。

如果认为其他介趋结构是"往回 VP"类推的结果,就没有办法解释为什么会有例(56)～(61)那样的结构。从语用上说,例(56)～(61)和例(56')～(61')表达完全相同的意义,但例前者显然不如后者经济、简洁,因此介趋结构成为优势语用结构,而例(56)～(58)只是历史遗留的结构,尚未完全退出语言舞台,但语用量已经大大减少了。

第七节 "往 CV"结构的语义性质及形成过程

张家口晋语中普遍存在着这样的句法结构:

(1)往饱吃　往死打　往碎摔　往大放　往粗憋　往红染

共同语里这样的句法结构极为罕见。我们在王朔小说《千万别把我当人》中发现这样的用例:"你敢开练,只管往死打,出了人命我手下有的是人替你去蹲这大牢。"但根据刘辉博士(北京人)的语感以及对其他北京人的征询,"往死打"这样的说法基本上不能接受,刘辉博士建议处理为"极为罕见"。我们采用这个意见,但文责由笔者自负。在共同语和张家口晋语中都有和这类句法结构相平行的动结式结构:

(2)吃饱　打死　摔碎　放大　憋粗　染红

共同语的动结式用"VC"表示,相应地,我们把"往饱吃"这类和"VC"相平行的句法结构表示为"往 CV"。不过,在"往 CV"中,"C"不再是结果补语,而是介词"往"的宾语。这类构式表示预期性和过程性意义,因此可以称为预期过程性构式。这一构式和介词"往"的功能扩展有关。本节首先讨论"往 CV"的句法构成,其次讨论"往 CV"的语义性质,最后讨论"往 CV"形成过程。

1. "往 CV"的句法构成

1.1 "C"的构成

在"往 CV"构式中,C 可以是动词、形容词、唯补词,但只有能够表达状态变化意义的词才能进入"往 CV"构式。具体说来有以下一些。

1.1.1 动词

有两类动词能够进入"往 CV"构式:感觉动词和结果动词。

先说感觉动词。根据施春宏(2008),感觉动词包括两类:甲类感觉动词只表示行为主体的心理状态,如"尊敬、知道、抱歉、同情、相信、喜欢、讨厌"等,乙类感觉动词不仅可以表示主体的心理状态,还可以表示主体在外部力量的作用下变化而产生的状态,如"懂、会、明白、忘、怕、怵、恼、厌、烦、腻、厌烦、腻烦、惯、习惯、熟、熟悉"等。甲类感觉动词都不能进入"往 CV"构式,乙类感觉动词在满足"往 CV"语义性质的前提下,可以进入"往 CV"构式。例如:

(3)往懂看　往会学　往明白问　往恼逗他

再说结果动词。根据施春宏(2008),结果动词表示受动作的影响而产生的状态或结果,含有时间的终点,可以进入动结式的补语位置。结果动词有"倒、断、坏、垮、漏、落、散、伤、死、碎、醒、皱、醉"等,这些动词也都可以进入"往 CV"构式。例如:

(4)往倒砍　往断割　往坏砸　往落捅　往碎捣　往醒聒　往皱揉　往醉喝

1.1.2 形容词

形容词包括性质形容词和状态形容词,性质形容词如"大、红、快、好、大方、干净、规矩、伟大"等;状态形容词如"煞白、冰凉、通红、喷香、黑乎乎、绿油油、灰不溜秋、可怜巴巴"等。性质形容词可以表达状态变化的意义,比如从"不大"到"大"再到"很大",因此,在满足"往 CV"语义性质的前提下,都能进入"往 CV"构式。例如:

(5)往小写　往黑涂　往快开　往远看　往干净洗　往清楚说

状态形容词不能表达状态变化的意义,根据张国宪(2006),状态形容词的存在"是以时间为背景的,表述的是一种静止的临时状态",因此,状态形容词一般都不能进入"往 CV"构式。

1.1.3 唯补词。在共同语中,有些词只能作补语,因此被称为"唯补词"

(刘丹青 1994)。有的唯补词既能做结果补语,也能做可能补语,如"着、到、住、走、掉、开"等;有的唯补词只能做可能补语,如"了、来、起、动、得"。既能做结果补语又能做可能补语的唯补词,在晋语中还能做介词"往"的宾语。例如:

  (6)往着睡 往住抓 往走带 往开说

  "唯补词"这一名称只反映共同语的情形,并不能适用于方言,我们只是以共同语为参照使用这个名称而已。

  总之,C可以是动词、形容词、唯补词,但都必须能够表示状态变化意义,不表状态变化意义的C不能进入"往CV"构式。

1.2 "V"的构成

  在"往CV"构式中,"V"必须是具有过程性意义的动词。郭锐根据动词的过程结构给动词做了分类,过程结构就是起点、终点、续段三个要素的组织,如果起点、终点、续段齐备,动词的过程性就最强。(郭锐1993)其中双限结构是起点、终点、续段齐备的,但强弱程度又有所不同,那些动作性强、状态性弱的双限结构动词是最容易进入"往CV"构式的。例如:

  (7)往齐摆 往对猜 往走担 往平端 往碎敲 往透想 往烂踢
  (8)往完搬 往懂看 往断锯 往坏撕 往贵卖 往净洗 往好修

  例(7)"摆、猜、担、端、敲、想、踢"是双限结构动词的第四小类,例(8)"搬、看、锯、撕、卖、洗、修"是第五小类,二者差异不大,只是第五小类比第四小类终点性更强。(郭锐1993)

  例(7)(8)的V都是人发出的动作行为,给人的感觉是V应该具有述人的性质。其实,一些表示某些动物行为、自然现象的V也能进入"往CV"构式。例如:

  (9)狗往开咬袋子 驴往坏踢圈门 雨往小下 风往大刮

  当然,并非所有双限结构的动词都能进入"往CV"构式,还有一定的语义、语境等条件制约着。

1.3 "往CV"的成句条件

  "往CV"一般不能独立成句,通常需要借助其他成分或手段才能成句。

张斌(2003)认为:"句子既叙述客观现实,又表示说话人对事实的主观态度。主观方面主要是语气,每一个句子必定有特定的语气。客观方面主要是时间因素。"特定语气和时间因素是短语成句的条件,"往 CV"也不例外。例如:

(10)a.?把桌子往远搬! b.把桌子往远搬搬!(把桌子往远处搬搬。)

(11)这天气,真要往死热嘞!(这天气,真要热死人呢。)

(12)(看见对方洗东西用力过猛)往烂洗呀!洗烂可咋闹?(往烂里洗啊?洗烂怎么办?)

例(10)a 是祈使语气,但不具有时间因素,因此句子的可接受度不如(10)b,对语境的依赖性极强;例(10)b 是祈使语气,也具有时间因素,动词重叠表示短时态意义,句子的可接受度很高。例(11)有语气词"嘞",是往大里说,表示程度高,还具有"正在发生"的时间意义,句子可以接受。例(12)有语气词"呀",是提醒语气,提醒对方东西可能被洗烂,还具有"将要发生"的时间意义,句子可以接受。

因此,"往 CVV""往 CV 嘞""往 CV 呀"这样的结构既表示特定语气,又具有时间因素,在满足语义性质的条件下都可以成立。

2."往 CV"的语义性质

晋语既有像共同语那样的"VC"结构,也有独特的"往 CV"构式,通过二者的对比,可以揭示"往 CV"构式的语义性质。"往 CV"构式是形式和意义的匹配体,而且不能从部分预测整体,具有构式性质。"往 CV"构式作为一种构式,一方面反映了说话人的主观认识,一方面反映了客观事件,因此可以从这两个方面和"VC"做出对比,从而揭示其语义性质。和"VC"相比,"往 CV"在主观认识上具有预期性,在对客观事件的报道上具有过程性。

2.1 预期性

"往 CV"具有预期性,"VC"既可能是预期的,也可能是非预期的。例如:

(13)这酒喝得!你想往醉喝呀?

(14)a.我就知道你会喝醉。

b.我没想到你会喝醉。

例(13)对方还没有喝醉,但说话人预期对方会喝醉。例(14)对方已经喝醉,(14)a 对方喝醉在说话人意料之中,是预期的;(14)b 对方喝醉在说话人意料之外,是非预期的。

"往CV"的预期性可以得到句法的测试,"往CV"和"故意、成心"等词语相容,而排斥"不小心、不留神"等词语。例如:

(15)他是故意摔倒的。——他是故意往倒摔的。
他是不小心摔倒的。——*他是不小心往倒摔的。
他是成心拿走的。——他是成心往走拿的。
他是不留神拿走的。——*他是不留神往走拿的。

因此,在满足句法条件的前提下,如果动作行为是预期的,"往CV"和"VC"都可以成立;如果动作行为是非预期的,只有"VC"可以成立,"往CV"不能成立。

"往CV"的预期性和主体的同指、异指有关。在有关动结式的研究中,许多学者都注意到了动词和补语的主体同指(co-referential)和主体异指(disjoint referential)问题,有 Hashimoto(1965)、吕叔湘(1986)、袁毓林(2001)、王玲玲、何元建(2002)、施春宏(2008)等。比如,"吃饱"是主体同指("张三吃,张三饱"),"吃完"是主体异指("张三吃,饭完")。相应地,"往CV"也有两种指称关系:主体同指和主体异指,"往饱吃"是主体同指,"往完吃"是主体异指。对"往CV"来说,无论是主体同指还是主体异指,C都必须具有预期性,这样才能保证整个"往CV"构式的预期性。

先说主体同指的情况。

有些C本来就是不可预期的,不论是怎样的V,都无法改变C的不可预期性。这样的C有"醒、忘、糊涂"等。例如:

(16)往着睡——*往醒睡　往熟背——*往忘背　往明白想——*往糊涂想

"睡着、背熟、想明白"是可以预期的,因而有"往CV"这样的平行结构。而"睡醒、背忘、想糊涂"是不可预期的,没有"往CV"这样的平行结构。

有些C是否可以预期,并不取决于C自身,而是取决于C和V的整体互动。例如:

(17)往胖吃——*往胖减。

(18)往懂看——*往笑看。

例(17)C相同,V不同,预期情形不同,"吃胖"是可以预期的,而"减胖"(如"减肥反而减胖了")是不可预期的。例(18)C不同,V相同,预期情形也不同,"看懂"是可以预期的,而"看笑"(如"看魔术看笑了")是不可预期的。凡可以预期的,"往CV"构式就有可能成立;凡不可预期的,"往CV"构式一定不成立。

再说主体异指的情况。

对主体异指的"往CV"来说,V必须是主体有意识的行为,这样才能保证C的预期性。如果V是生命体无意识的行为或自然的行为,就不能预期某个过程和某个结果。例如:

(19)婴儿哭醒了妈妈——*婴儿往醒哭妈妈
鸟儿聒跑了游客——*鸟儿往跑聒游客
地震震怕了居民——*地震往怕震居民
炮声吓惊了牲口——*炮声往惊吓牲口

"婴儿啼哭、鸟儿聒噪"是生命体无意识的行为,"地震、炮声"是自然行为,都无法预期"妈妈醒、游客跑、居民怕、牲口惊",因此只有动结式,没有平行的"往CV"构式。

在和"往CV"有关的各种成句结构中,"往CV呀"是最能反映预期性的结构。邢向东(1993)认为,"呀"在神木话中是将来时助词,其实"呀"表示"将来"意义在整个晋语中都是非常普遍的,并不仅限于神木话。"呀"还常常有"提醒"的意味,说话人预期一种状况,希望引起对方注意。例如:

(20)哪有你这么学的?往傻学呀!
(21)你看那风把电线刮得,往断刮呀!

例(20)的语境是,说话人觉得对方学习方法不当,预期对方会越学越傻,于是提醒对方,以达到警告、劝止的目的。例(21)的语境是,说话人看见风把电线刮得很厉害,预期电线会被风刮断,于是提醒听话人注意。例(21)虽然也是自然行为,但"风刮电线","风"比"电线"生命度高,所以是可以预期的,而例(19)"地震"比"居民"生命度低,"炮声"比"牲口"生命度低,所以是不可预期的。

2.2 过程性

"往 CV"是一个过程,是动作事件;而"VC"是一个结果,是状态事件。"往饱吃"是从不饱到饱的一个过程,"吃"是动作方式;"吃饱"是经过"吃"以后出现了"饱"的结果,尽管"吃"也是过程,但这个过程是不被凸显的,凸显的对象是焦点成分"饱"。

过程需要持续一段时间,因此"往 CV"和持续体兼容;结果是已经完成的状态,因此"VC"和完成体兼容。二者可以通过时间副词"正在""已经"和体标记"着""了"进行测试,"着"是持续体标记,"了"是完成体标记:

(22) a. 正在往饱吃——往饱吃着——正在往饱吃着
b. *正在吃饱——*吃饱着——*正在吃饱着
c. 已经吃饱——吃饱了——已经吃饱了
d. *已经往饱吃——*往饱吃了——*已经往饱吃了

这可以解释为什么"往 CV"中 V 是双限结构的过程性动词。因为整个结构要反映事件的过程性,V 是结构中关键性的要素,对结构意义有着至关重要的影响,只有保证 V 具有过程性,整个结构才能具有过程性。正因为双限结构的动词具有过程性,因此,只有选择这类动词,才能实现"往 CV"构式的过程性。

3. "往 CV"的形成过程

"往"本义是"前往",动词。《说文》曰:"往,之也。""往"由动词虚化为介词的条件是,后面接一个表示处所意义的宾语,而且"往+宾语"用在连谓结构的前项。这样的用法在魏晋南北朝就出现了。(邵宜 2005)例如:

(23)王恭随父在会稽,王大自都来拜墓,恭暂往墓下看之。(刘义庆《世说新语·识鉴》)

相邻句位是句法单位语法化的必要条件之一。在此基础上,随着句法重心的后移,"往+宾语"和连谓结构的后项被重新分析为状中结构,"往"于是虚化为介词。这样的用法在唐五代出现,在元明清成熟。(邵宜 2005)例如:

(24)法华和尚闻语,遂袖内取出盒子,以龙仙膏往顶门便涂。(佚名《韩擒虎话本》)

(25)却元来金老推逊时,王老往袖里乱塞,落在着外面的一层袖中。(凌濛初《初刻拍案惊奇》)

(26)正拿着往外走,遇见玳安,问道:"你来家做甚么?"(兰陵笑笑生《金瓶梅》)

如果说例(24)(25)"往"的介词性质还不够纯粹,还带有一定的动词性,那么例(26)"往"已经是名副其实的介词了。

从基本用法看,介词"往"的宾语有处所词、方位词、方位短语等,都是和空间有关的词语。在此基础上,"往+空间性宾语+V"逐渐去范畴化,最后形成了"往CV"这样的结构。具体说来有以下两个过程。

3.1 范畴扩展——从真实空间到隐喻空间

吕叔湘主编(1999)认为,介词"往"有两种用法,一是表示动作的方向,二是"往+形/动+里"(以下记作"往C里V")结构。我们认为,前者是介词"往"的基本用法,"往"的宾语都具有真实空间性;后者则是扩展用法,"往"的宾语不是真实空间,而是隐喻性空间。二者具有源流关系。例如:

(27)老张勇敢而快活的冲着北风往家里走,好似天地昏暗正是他理想的境域!(老舍《老张的哲学》)

(28)好,现在既有现成的菜饭,而且吃了不会由脊梁骨下去,他为什么不往饱里吃呢?(老舍《骆驼祥子》)

例(27)"家里"是真实空间,例(28)"饱里"则是隐喻空间。根据认知语言学原理,容器隐喻是本体隐喻(ontological metaphor)中最重要的一种,事件、行为、活动、状态都可以构想成时空中具有明确边界的"容器",如"退出比赛""陷入痛苦",就是把"比赛"这样的事件、"痛苦"这样的状态都看作"容器",可以"退出",也可以"进入"。(Lakoff & Johnson 1980,张敏1998)就"往饱里吃"而言,"饱"显然是一种状态,可以构想成时空中有明确边界的"容器",从"不饱"到"饱",就是从"容器"外面进入"容器"内部的过程。"饱"隐喻为"容器",后面可以出现用于容器的方位词"里","饱里"成为隐喻空间。

"往C里V"的发展具有程度差异。"往C里V"在共同语里不怎么发达,而在晋语里相对比较发达。在共同语里,形容词、动词只限于少数几个单音节的能够进入该结构。根据马喆(2009),形容词只有"深、大、小、远、近、高、多、少、好、坏、宽、严、难、短、细、轻、重"能够进入"往C里V";根据傅雨贤等(1997),动词只有"死、饱"能够进入"往C里V"。而在晋语里,

249

"往C里V"相对比较发达,一般地,只要语义条件许可,"往C里V"就能成立。例如:

(29)咋会睡不着?试着往着里睡呀!
(30)别跟他们拐弯抹角的,该夸就往死里夸,该骂就往哭里骂。

"往着里睡""往哭里骂"共同语都不能说,但晋语地区基本上都可以接受,关中方言等也可以接受。

3.2 附缀脱落——从复杂形式到简单形式

在晋语中,"往C里V"的"里"进一步脱落,就成为"往CV"构式。关中方言等则没有继续发展,一直停留在"往C里V"阶段。看以下"往CV"的用例:

(31)赶紧往着睡吧,明天早起五点就得起床嘞。
(32)骂骂就行了,别往哭骂呀!

"往着睡""往哭骂"应该看作是"往着里睡""往哭里骂"脱落"里"形成的。这和"里"的后附缀性质是分不开的。所谓"附缀"(clitics),就是失去语音独立性、必须依附于一个独立的词,但在句法上仍有词的地位(而非词内语素)的词(刘丹青编著 2008)。附缀都是从语法词虚化来的。"里"作为方位词,具有语法词的性质,最基本的功能就是依附于一个独立的词,成为方位短语,如"家里"。在"往饱里吃"这样的结构中,"里"实际上已经失去了语音独立性,具体表现为:语音已经大大弱化,不能重读。正因为如此,有人把"里"当成了"了"。例如:

(33)他叔,你走南闯北的,见多识广。你说这共产主义——就是住楼房,大米白面可劲往饱了吃那种好日子,究竟有没有个谱?(梁晓声《年轮》)
(34)别看您有时没头没脸往死了打我,疼劲儿过去我还真没恨过您,准知道您是气糊涂了,轻易您也不下了那么狠的手。(王朔《我是你爸爸》)

"往饱了吃"其实就是"往饱里吃","往死了打我"其实就是"往死里打我","了"是"里"的弱化形式。首先,"了"本来是完成体标记,但这里的"了"

和"完成"义无关,可以肯定不是完成体标记。其次,"里"弱化以后和"了"读音完全相同,甚至在北京话里,"屋里坐"的"里"读音也和"了"一样。因此,"里"就是一个后附缀(enclitics)。Liu(1998)认为,由于单音节方位词有很强的黏着性,因此都可以看作后附缀。但附缀性是有程度差别的,"往家里走"的"里"是一个方位词,表示"里面"的意义,附缀化程度极低;而"往饱里吃"的"里"却不再表示"里面"这样的真实空间的意义,虚化程度增加,附缀化程度就很深了。附缀化程度越深,附缀就越容易脱落。从语法化程度看,存在着"方位词→后附缀→零形式"这样的连续统,后附缀最终会脱落而成为零形式,这就走到了语法化的尽头。就"往+宾语+V"结构来说,语法化的最终结果就是"往 C 里 V"脱落后附缀"里",从而形成"往 CV"构式。

要而言之,"往 CV"的形成的途径是:往 N 里 V("往家里走")→往 C 里 V("往饱里吃")→往 CV("往饱吃")。

有一个旁证可以说明这一发展途径。根据柯理思(2009)的研究,在"往+趋向动词+V"结构中,"往回 V"是唯一不带方言色彩的结构,"往起 V""往出 V""往过 V"等都带有方言色彩,从历时材料看,"往回 V"就是从"往回里 V"发展来的。"往 CV"和"往回 V"结构非常相近,它们应该经历了相同的发展过程,即都是由于附缀"里"脱落而形成的。

从发展动因看,由真实空间到隐喻空间,是靠隐喻促动的;由复杂形式到简单形式,是靠经济原则促动的。"往 C 里 V"是隐喻性的,"往 CV"也是隐喻性的,后附缀"里"成为一个羡余成分,由于经济原则的促动,后附缀"里"脱落而形成"往 CV"构式。

相比而言,"往 CV"比"往 C 里 V"更加经济简洁,因此"往 CV"构式成为张家口晋语地区普遍使用的语言结构,而"往 C 里 V"倒相形见绌了。"往 C 里 V"只是一个必经的历时发展阶段,但和"往 CV"相比并不具有语用优势,因此其他晋语的某些方言点不能说或不大说"往 C 里 V",是完全可以理解的。这正如"往回里 V"和"往回 V","往回里 V"是一个必经的历时发展阶段,在近代汉语颇有优势,《红楼梦》《官话指南》都只有"往回里 V"没有"往回 V",但随着"里"的脱落,到现代汉语,"往回 V"成为一种优势语用结构,"往回里 V"倒不怎么使用了。

第八节 后置原因标记"的过"及其词汇化

"的过"是山西、河北方言普遍使用的一个后置原因标记,在张家口晋语中极其常见。"的过"不仅在方言口语中使用,还进入了方言作家作品。笔者考察了河北作家梁斌、孙犁的作品,山西作家曹乃谦的作品,共找到30余条用例,这为我们的分析提供了很好的材料基础。曹乃谦的作品,有时写"得过",例如:

(1)他尿得又很没劲,那尿就软软地流滴在地皮上裤腰上,还有他的手背背上。"你妈的。"蛋娃说,"饿得过。"(曹乃谦《蛋娃》)

但曹乃谦作品写"的过"的更多些。梁斌、孙犁则一律写为"的过"。例如:

(2)公休日我回到城里。我妈看见我吓了一跳,问我脸色咋那么难看,死白死白的。我哄她说宣传队加班儿赶排节目,没休息好的过。(曹乃谦《冰凉的太阳石》)

(3)冯老兰这么一说,像揭着冯贵堂头上的疮疙疤。他不等老爹说完,抢上一句说:"这就是因为村里没有'民主'的过,要从改良村政下手。村里要是有了议事会,凡事经过'民主'商量,就没有这种弊病了!咱既是掌政的,就该开放'民主'。"(梁斌《红旗谱》)

(4)那倒是有家有主,有丈夫也有孩子,落得怎样?还不是丈夫死在逃难的路上,自己叫日本炸死在我们河里,孩子留在别人家里!那都是没有人去打仗的过,现在我们有了队伍,只有他们才能保护我!(孙犁《风云初记》)

"的过"和"得过",只是字形上的差异,意义和用法没有任何区别。为统一起见,本节从例(5)开始一律写为"的过",不管原文是"得过"还是"的过"。

"的过"是值得研究的现象,晋冀地区以外的人往往不解其意。瑞典汉学家马悦然在翻译曹乃谦小说的时候,不懂"饿得过"的意思,让曹乃谦解释,曹乃谦解释说:

"过",事情的原因。"过",可以理解为"因为"。"饿得过",尿不出去的原因是什么?因为"饿"。什么什么得"过",在我们雁北地区这种用法很多。如,喘气的原因是什么?"跑得过"(因为跑)。再如,你为啥皱眉头?"牙疼得过"(因为牙疼)。你咋老是叹气?"麻烦得过"(因为麻烦)。(曹乃谦《温家窑风景三地书》)

《汉语大词典》对这种用法"过"的解释是:方言,缘故。这里的"的过"形式凝固,能独立运用,又有表示原因的语法意义,因此是一个独立的虚词。根据张谊生(2002),助词是附着在词、短语或句子上的,黏着、定位的,表示一定附加意义的虚词。"的过"符合助词特征,是原因助词。"的过"总是后置于句末,是一个后置的原因标记。

"的过"成词是跨层词汇化现象。共同语的词汇化和跨层词汇化研究,已经有了一些成果,如江蓝生(2004)、肖奚强、王灿龙(2006),方言的词汇化研究,尤其是跨层词汇化研究,还有待加强。晋冀方言"的"和"过"结合成一个跨层的语法词,既有一般词汇化的共同动因和机制,也有其特殊的语义个性。本节首先分析词汇化之前的跨层结构"的过$_1$",然后分析作为原因标记的"的过$_2$",最后分析"的过"的词汇化过程。无论"的过$_1$"还是"的过$_2$",都有一个表示结果的成分,用 S 表示;"的过$_1$"前的修饰成分和"的过$_2$"前的被附着成分,用 X 表示。"的过$_1$"和"的过$_2$"都可以码化为:S 是 X 的过。

1. "的过$_1$"

例(5)(6)是"的过$_1$"的用例:

(5)我们东伙十几年,按实情说,我们谁也没有亏待谁。就说前几天把你吊了一下,使你受了点委屈,那也是耀武的过,现在他走了,你叫我怎么办?(孙犁《风云初记》)

(6)村长怨根根没给务弄好,不给他工钱。根根说又不是我的过,是老天爷的过。(曹乃谦《根根》)

"的过$_1$"在用法上有以下一些特点:

第一,"的过$_1$"是个跨层结构,前面的 X 是表人 NP,"的"是结构助词,"过"是名词,意为"过错、错误","过"用"过错、错误"等替换,意义不变,张家口晋语名词"过"可以用于这样的对话语境,"——两个人打架,是谁的过?——两个人都有过";

第二,"X 的过$_1$"不用于主语位置,只用于宾语位置,通常做"是"的宾语;

第三,"X 的过$_1$"也可独用,用来提问和回答,提问用"谁的过?"回答用"NP 的过";

第四,S 都是消极结果,而且一般都是比较严重的后果,不能是中性结果和积极结果;

第五,"S 是 X 的过$_1$"用于说话人承担责任或追究责任,当 X 为自我时是说话人承担责任,当 X 为他人时是说话人追究责任,例(5)是追究责任,是耀武的过错,例(6)先否定说话人应该承担责任,再追究责任;

第六,"的过$_1$"不仅见于晋冀作家作品,也见于其他方言作家作品,但不见于北京话作品,例如:

(7)地主、债主们用责备的眼光盯望他,像是说:"都是你的过!"(冯志《敌后武工队》,天津作家作品)

(8)青年,不爱说话,只知劳动,人又诚实,就是思想不开窍,这是他爹的过!(冯德英《迎春花》,山东作家作品)

(9)我们没有朋友在此是师母的过,为什么不先日早告给我们,我们纵没有,也好要师母帮到找?(沈从文《蜜柑》,湖南作家作品)

相比而言,"的过$_1$"在句法和语义上都比较简单,而"的过$_2$"情况要复杂些。

2."的过$_2$"

2.1 句法构成

"的过$_2$"常常附在 NP、VP、AP 以及小句后面表示原因。在"的过$_2$"句中,VP、AP 和小句性质都相同,因此本节用 VP 表示"VP/AP/小句",也就是说,VP 实际上包含了 AP 和小句。

2.1.1 NP 的过

NP 为非表人词语,简作"非人 NP"。例如:

(10)"萍儿!不想吃点什么?"严萍说:"不想吃。""病了吗?""夏天的过……妈妈,给我盖上。"她又翻了个身,脸朝里睡着。(梁斌《红旗谱》)

(11)下等兵的这种牲口古事太多了,日每日黑夜给光棍儿们叨古。听得光棍儿们坐也坐不稳,一个一个的在炕上尽揉屁股,好像有尿憋得慌似的那么揉来揉去地摇晃。保险是那管物件的过。(曹乃谦《玉茭》)

2.1.2 VP 的过

"VP 的过"中 VP 为动词性成分、形容词性成分以及小句。例如:

(12)他把裤带重又挂在树上,把两头的断茬牢牢绾住。可是,不行了,脑袋够不着套儿。他只好又把圪瘩解开,把裤带抽下来。人们说西

沟有鬼西沟有鬼,看来就是有鬼。就怨没看日子得过。就怨没点长明灯得过。回去还得寻愣二妈给缝裤带。(曹乃谦《老银银》)

(13)白脖儿躺在干草上,身子黏糊糊的,一抖一抖的。"冷的过。尔娃是冷的过。"贵举说。(曹乃谦《贵举和他的白脖儿》)

"的过"前面还可以是疑问代词"啥"和"咋",分别对应于"非人NP的过"和"VP的过"的疑问形式:

啥的过?——非人NP的过;

咋的过?——VP的过。

"啥的过"就是"因为啥","咋的过"大致相当于"怎么搞的",也是询问原因的。

"NP的过""VP的过"常用作判断动词"是"的宾语。没有用作"是"宾语的那些用例,前面也可以加上"是",意义不变:

(尿得没劲),是饿的过;

(不想吃东西),是夏天的过;

(白脖儿一抖一抖的),是冷的过。

此外,"的过$_2$"句都可以在"是"后面加上"因为",形成前置原因标记和后置原因标记配合的"框式原因表达式"。看两个实际用例:

(14)同学们后来跟我说,当时我给剥皮喊的那两下,干净利索很有气魄,普通话也挺标准。我心想,我那一定是心情放松的过。(曹乃谦《鱼翔浅底》)

(15)听我这么一说,她差点儿又给笑了,但绷住嘴没笑。离得近了我才看清楚,她那黑皮肤并不完全是因为风吹日晒的过。她的脸上脖子上和能看得见的头皮上,都厚厚地积着一层污垢。(曹乃谦《沙蓬球》)

例(14)(15)都是两个原因标记配合使用,去掉其中的任何一个,意义都不变。"因为NP/VP的过"是强化现象,属于同义框式强化。(刘丹青2001)

"的过$_1$"句也可以在"是"后面加"因为",如"是因为耀武的过""不是因为我的过,是因为老天爷的过",但不是"框式原因表达式"。首先,这里的

"因为"引出的是"引起某种结果的因素"(cause),而不是"解释某种结果的理由"(reason)。汉语中"因为"带两种类型的"原因",一是引起某种结果的因素(cause),一是解释某种结果的理由(reason),两种类型用一种形式表达,这是导致"的过"词汇化的一个诱因。因此,这里的"因为"并不是严格意义的原因。其次,"的过₁"本身只表过错,不表原因,即使前面有"因为",也不是同义框式强化。

"NP/VP的过"在没有用作"是"宾语的情况下,都是独立的分句或句子形式,但都可以改写为"是"的宾语,而且"是"后面还可以用介词"因为"进行强化。"的过₂"句可以码化为:S是(因为)NP/VP的过。

2.2 语义表现

2.2.1 原因的追溯性

因果句有两种,一种是据因推果(纪效句),一种是由果溯因(释因句)。"的过"句都是由果溯因、果前因后的情形。

"的过₂"的原因义来源于"过"的过错义,具体请参看下文。"的过"成为原因标记后,其用法和使用范围还会受到"过"的词汇意义的影响,因此"的过"句多用于消极结果。消极结果能引起注意,具有显著性。例如:

(16)她为啥要杀她呢?大盖帽们只说证据确凿,可大盖帽们就说不出她为啥要杀她。大盖儿帽们实在是太蠢笨了。这有啥难懂的。要叫我说的话,穷的过。有时候人一穷了就想杀杀人。(曹乃谦《山丹丹》)

(17)会计说,"人们都说这些时白脖儿不听话,还不给好好儿受。是性得过。"见贵举老汉没作声,会计又说,"人们都说,把它骟了它就不性了。就老实了。"(曹乃谦《贵举和他的白脖儿》)

例(16)是关于山丹丹杀死黄凤的事件,例(17)"白脖儿不听话还不给好好儿受",都是消极结果,具有显著性。

由于"的过"作为原因标记虚化程度比较深,"的过"句有时并不限于消极结果,例如:

(18)高翔说:"我看就是秋分嫂子不显老,还是我们离开时那个样儿。"秋分笑着说:"那是你近视眼的过,我老了你也看不见……"(孙犁《风云初记》)

(19)临完,她把一颗枣核扔进嘴里,像吮糖蛋蛋似的吮了又吮。怨

不得给梦见吃粽子呢,敢情是闻见了粽子的味道的过。(曹乃谦《温善家的》)

例(18)"秋分嫂子不显老"并不是消极结果,例(19)不但不是消极结果,反而还有高兴的意味。这些结果都能引起注意,具有显著性。

当一个显著的事实呈现在眼前,说话人总要追溯它出现的原因。例如:

(20)她弯下腰,两手扐着膝头,对着江涛的脸说:"你瘦了,黑了!"又伸出指头,指着江涛的鼻子说:"是在灯影儿里的过?"(梁斌《红旗谱》)

(21)"他没有信来,是离家远的过。"婆婆说。(孙犁《光荣》)

例(20)是询问原因,例(21)是解说原因,都是对原因的追溯。

2.2.2 事实的已然性

"的过$_2$"都用于已然发生的事实,只有已然性的因果句才能用"的过$_2$"。例如:

(22)a.他一后晌的叹气,因为他爸爸病了。→他一后晌的叹气,他爸爸病了的过。

b.他想后晌回家,因为他爸爸病了。→*他想后晌回家,他爸爸病了的过。

c.你应该好好学习,因为你是学生。→*你应该好好学习,你是学生的过。

例(22),a是已然发生的事实,能用"的过$_2$";b是未然的事实,c是惯常的事实,都不能用"的过$_2$"。

3. "的过"的词汇化

3.1 相邻句位

"过",《说文解字》云"过,度也,从辵,咼声",本义为经过。先秦时期,"过"已经发展出"经过、度过、超过、过分、责备"等一系列意义,而"过失、错误"义就是从"超过"义发展来的,根据金颖(2008),唐代以后,表错误义的"过"在口语中虽有出现,但多用于复音词或前期遗留下来的一些固定搭配中,如"过错、悔过、功过"等。先秦汉语表"过错"义的"过"用在结构助词

"之"后面,多用作宾语中心语,也用作主语中心语,其定语以表人词语为常。例如:

(23)自先王莫坠其国,当君而亡之,君之过也。(《国语·楚语下》)
(24)不谷之过也,大夫无辱。(《左传·昭公五年》)
(25)君子之过也,如日月之食焉。(《论语·子张》)

唐代以后,结构助词"之"逐渐被"底"取代。"底"盛行于宋,而且还出现了许多新兴用法。(刘敏芝 2006)元代以后,结构助词通常写为"的"。由于"底"使用时间较短,文献中没有出现"NP 底过"。结构助词"的"出现以后,表示某人有过错一般用"NP 的错、NP 的过错、NP 的过失、NP 的过犯、NP 的错误"等。也有用"NP 的过"。例如:

(26)这都是二哥的过,怎的不约实了他来?(兰陵笑笑生《金瓶梅词话》)
(27)你若说吊膀子是你的过,那你一生都是过。(不肖生《留东外史》)

综上,在古代和近代汉语中,表示某人有过错都有用"S 是 NP 之过"或"S 是 NP 的过"的情形。具体表现为:有一个消极结果;这个消极结果是由某个人导致的。如例(23),有一个消极结果"亡国","亡国"是由"君"导致的。再如例(26),根据上下文,有一个消极结果"董娇儿没有来",这是由"二哥"导致的。"的"和"过"处在相邻的句位上,而且在句末的位置,这是"的过"词汇化的前提。

3.2 重新分析

一般地,"过错"包含这样几个因素:过错的主体,过错的表现,过错的结果。在"的过"词汇化之前,"NP 的过"表示某人的过错导致了某个结果,其形式为"S 是 NP 的过"。

过错的主体是引起结果的因素(cause),过错的表现是导致结果的理由(reason)。二者凸显、抑制的变化是导致"的过"词汇化的诱因。过错的主体是显明的,过错的表现则往往被抑制,因此凸显主体有过错导致某个结果的"S 是 NP 的过"是最基本的形式,使用时间较长,从近代一直用到当代;使用范围较广,包括晋冀方言和其他方言,见例(5)～(9)。

例(26)(27)都抑制了过错的表现,具体为(根据原文意思):

主体	表现	结果
二哥	不约实了他来	董娇儿没有来
黄文汉	吊膀子	圆子生气

如果凸显过错的表现，抑制过错的主体，就是：

主体	表现	结果
二哥	不约实了他来	董娇儿没有来
黄文汉	吊膀子	圆子生气

当过错的表现得到凸显，"的过"就在词汇化的道路上迈出了第一步。其形式为"S 是 VP 的过"。例(26)(27)可以改写成凸显过错表现的形式"S 是 VP 的过"，过错的主体虽然可以出现，但所凸显的是过错的表现而不是主体：

董娇儿没有来，是二哥没有约实他的过。
圆子生气，是黄文汉吊膀子的过。

这里的修饰语 VP 就是中心语"过"的内容，过错的表现就是过错本身，二者具有同一性。这时"的过"近似于一个羡余成分，尤其是，当"VP 的过"与"因为"共现时，"的过"就完全羡余了，去掉它对句义没有影响：

董娇儿没有来，是因为二哥没有约实他(的过)。
圆子生气，是因为黄文汉吊膀子(的过)。

由于语义重心前移，短语的内部结构也发生了变化，在"S 是 NP 的过"中，"是"是指向中心语的；而发展到"S 是 VP 的过"时，"是"侧重指向修饰语 VP，尤其是当"因为"出现的时候，"的过"就成为一个功能悬空的成分（"功能悬空"见李宗江 2003），从而演变为一个原因助词。这种"重心前移、成分悬空"所导致的后附成分的变化在词汇化和语法化中是普遍的，如时间词"时"和"后"的语法化（江蓝生 2002）、"的话"的词汇化（江蓝生 2004）、"为好"和"的好"的词汇化（李宗江 2010）等。

词汇化的基本原则是一致的，但具体的演变内容是由语义决定的，"时"和"后"发展为假设标记，"的话"发展为话题标记和假设标记，"为好"和"的好"发展为道义情态标记，"的过"发展为原因标记，都和"语义相宜"有关。"过"本来是过错义，由于过错表现的凸显，过错主体受到抑制，"的过"演变为原因标记。在汉语中，由过错义发展为原因标记，不是孤立现象。根据马贝加(2009)的研究,动词"坐"表示因某种罪过、错误而受到刑罚、惩处,在汉代开始语法化,到唐代发展为表示原因的介词,成为原因标记。

3.3 类推扩展

在"S 是 VP 的过"中,"VP"最初都是人的自主行为。值得一提的是,有的行为主体是由人组成的组织或机构,这样的主体在性质上和人相同,根据"移情"原则,组织和机构也可以理解为施事。(Kuno 1976)例(3)"村里"可以看成是一个组织机构,"没有民主"也是自主行为。

随着"的过"词汇化的加深,VP 又类推扩展到非自主行为,包括人和动物。例(1)"饿"和例(19)"闻见了粽子的味道"是人的非自主行为,是不可控的,例(13)"冷"是羊的非自主行为(感到冷),也是不可控的。非自主行为不可控,其主体就无所谓过错不过错,这种非自主的行为成为原因,"的过"原因标记的性质就更加明显了。

"S 是 VP 的过"继续类推扩展,"VP"就从表示人或动物的行为延伸到自然事物——"S 是 NP 的过"(如"湖面结冰是天气的过"),以及自然事物的活动或状态——"S 是 VP 的过"(如"湖面结冰是冷的过""湖面结冰是天气冷的过")。作为自然事物及其活动或状态,和过错没有任何关系,S 也不一定是消极意义,"的过"已经发展为一个纯粹的原因标记了。

第九节　万全话多功能后置词"先"及其演化历程

万全位于河北省西北部,西、北以明长城为界与尚义、张北两县接壤,南隔洋河与怀安县相望,东临张家口市。万全地理位置独特,地处京、晋、冀、蒙四省市区交界处。万全原来是县治,2016 年撤县设区,归张家口市。

万全话是晋语张呼片下的一种土话,这种土话非常有特色。比如,张呼片入声不分阴阳,但万全话不但入声分阴阳,而且还有两个入声韵。再比如,万全话儿化很有特色,有些"儿"还自成音节,如"猪儿、狗儿";有些音节在儿化之后,后面还出现一个自成音节的"儿",如"猫儿儿、猴儿儿"。

早在 1958 年 7 月,语言学家丁声树就带领中国科学院语言研究所方言组专业人员到万全调查方言,调查材料至今还保存在中国社会科学院语言研究所方言研究室。

本节讨论万全话的一个多功能后置词"先",对其用法做出描写,对其演变历程做出分析。"先"主要分布在万全和张北,怀安有"前",尚义有"些",用法和万全、张北话的"先"相同。本节只讨论"先",以万全话为基础拟出语料,做出分析,因此这项研究本质上是万全话多功能后置词"先"的研究。

1. "先"是多功能的后置词

"先"总是用在词、短语、小句、句子等语法单位后面,表示过去时间、过去虚拟等意义,因此"先"是个多功能的后置词(postposition)。例如:

(1)夜来先可下雨来。(昨天雨下了很久。)
(2)我爷爷先村里饿死好多人。(我爷爷那时候村里饿死好多人。)
(3)我去先,肯定拿苹果卖完咾。(我去的话,肯定能把苹果卖完。)
(4)没去先么。(要是没去就好了。)

例(1)~(4)"先"分别用在词、短语、小句、句子后面,表示过去时间、虚拟意义。

在汉语方言中,后置词现象是比较多见的,曹志耘(1998)研究了汉语方言中一些表示动作次序的后置词,他认为,"如果从类型学的角度来看,在中国中、东部从内蒙古到广东的广大地区(汉语的主要分布地区),竟然分布着如此丰富多样、功能丰富的后置词,或许值得我们重新专门考虑一下后置词的语法身份问题"。曹志耘(1998)对后置词的研究有涉及晋语的内容,主要有山西偏关方言"等、等价、着"以及山西大同方言"着",而"先"则是南方方言后置词,包括浙江南部、福建西南部、广东广州等,而且主要是表示动作次序。在晋语万全话中,"先"也可表动作次序,但这一用法和共同语相同,例如:

(5)你先出去。
(6)你出去先。
(7)你先出去先。

在共同语和北方方言中,例(5)~(7)都是可接受的,但例(5)是常规句子形式,例(6)是"倒装句"(或"易位句",陆俭明1980),例(7)是"口语里的一种重复"(孟琮1982)。这和广州话情况不同,广州话例(5)不如例(6)(7)常用,(李新魁1995)其发展过程是从后置走向前置,即"你出去先"→"你先出去先"→"你先出去"。(曹志耘1998)可见,在表示动作次序的时候,北方方言"先"的不同用法是常规和变异的差异,而广州话"先"的不同用法是发展进程的差异,是完全不同的两种情形。

万全话"先"表示动作次序,和共同语以及其他北方方言用法相同,都不是后置词,其后置用法是语用导致的变异用法。而且,"先"表示动作次序,和"先"作为后置词的用法也不存在源流关系,这我们将在"先"的演化历程部分详细探讨。

2. "先"是过去时间标记

2.1 "先"表示时间意义

万全话后置词"先"可以用来表达时间意义,相当于"时"或"的时候"。"先"既可以表达时点意义,也可以表达时段意义。例如:

(8) 张老汉死先儿女都在跟前。(张老汉死的时候儿女都身边。)
(9) 早起吃饭先他娘老子一直嚷架。(早晨吃饭的时候他父母一直吵架。)

例(8)"先"是时点意义,死的时候是一个时点;例(9)"先"是时段意义,吃饭是个过程,在吃饭这一时段他父母一直吵架。

"先"有时可隐,有时必现。例如:

(10) 年时先俺可病来。(去年我病了很长时间。)
(11) 他夜来黑咯从地里回来先,碰到了个狼。(他昨天晚上从地里回来的时候,碰到一只狼。)
(12) 下雨先牲口都跑进洞合里去了。(下雨的时候牲口都跑进洞里去了。)

例(10)(11)"先"可以不出现,意义不变;例(12)"先"必须出现。例(10)"先"在时间名词"年时"的后面,时间名词本来就表达时间意义,有没有"的时候"都不影响其时间意义,因而可以不出现。例(11)"先"所附着的小句是状语从句,和主句关系松散,因而"先"可以不出现;例(12)"先"所附着 VP 也是状语从句,但和主句关系紧凑,因而"先"必须出现,在这里,"先"不但表示时间意义,还具有连接主句和从句的功能。

例(12)"先"意义比较实在,功能比较明显;例(10)(11)"先"意义比较虚灵,功能比较弱化,有一定的羡余(redundancy)色彩,具有后附缀(enclitic)性质。

2.2 "先"用于已然事件

"先"表示时间意义,只用于已然事件,不用于未然事件,从这一情况看,"先"应该是过去时间标记。

在表示时间意义上,"先"和"顿"形成对立:"先"用于已然事件,是过去时间标记;"顿"用于未然事件,是将来时间标记。试比较:

(13)夜来吃饭先剥了个咸鸭蛋。(昨天吃饭的时候剥了个咸鸭蛋。)
(14)明天吃饭顿咾剥个咸鸭蛋。(明天吃饭的时候剥个咸鸭蛋。)

例(13)是昨天已经发生的事件,用"先"标记;例(14)是明天即将发生的事件,用"顿"标记。"顿"后面常常出现"咾",用来提顿。

"先"用作过去时间标记,在晋语研究文献中未见有报道。"顿"用来表示时间意义,则是晋语中比较普遍存在的现象,晋语研究文献多有报道,如马文忠(1987)、武继山(1990)、陈茂山(1990)、田希诚(1996)等。在晋语研究文献中,"顿"有时写作"动"(谷向伟2007,邱闯仙2012),"咾"也有人写作"了"(谷向伟2007)。在晋语中,普遍存在前后鼻音不分的情形,"顿"和"动"读音相同,因此有用"动"来记音。但"顿"本身具有时间意义,可以表示"短时停止""立刻"等意义,因此从语义看应该是"顿"而不是"动"。"顿"表示时间意义,多用来表示时点意义,这应该是积淀了"顿"原有意义的结果。在晋语中,"顿"表示时间意义,情况比较复杂,根据谷向伟(2007),河南林州话"顿"用于已然事态和经常性事态,"顿咾"用于未然事态;根据邱闯仙(2012),山西平遥话"顿"可以用于已然事态、未然事态和惯常性事态。在张家口晋语中,"顿"只用于未然事件,不但万全话如此,其他方言也是如此。谷向伟(2007)、邱闯仙(2012)关于"顿"用于经常性或惯常性事态的用法,张家口晋语也是可接受的,但我们认为并不是经常性或惯常性事态,还是未然事件。例如(原例都写作"动"):

(15)下雨顿记住打伞。(谷向伟例)
(16)上班儿顿不要打毛衣。(谷向伟例)
(17)走路路顿抬起脚来。(邱闯仙例)
(18)咬东西顿不要发出声音。(邱闯仙例)

例(15)~(18)都是说话人建议或要求听话人在某个时候做某事或不做某事,其实都应该是未然的情形。拿例(15)来说,其背景很可能是,听话人下雨老不打伞,说话人希望听话人以后改掉这不良习惯,那么,下雨的时候记住打伞就是将来的未然情况,而不是过去、现在、将来都发生的惯常情况。如果上述例子换成严格的惯常表述,都是不能接受的:

(15')* 每回下雨顿都打伞。
(16')* 每回上班儿顿都不打毛衣。
(17')* 每回走路路顿都抬起脚。
(18')* 每回咬东西顿都不发出声音。

把上述例子"顿"去掉,就都可以接受了。可见,所谓"顿"用于经常性或惯常性事态,是不成立的。应该说,"顿"主要用于未然事件,这在晋语各地都是共同的;而在某些方言点还用于已然事件,这是特殊情形。

万全话用"先"标记过去的已然事件,用"顿"标记将来的未然事件,二者形成对立互补,使时间表达具有系统性。

2.3 "先"具有标状性质

在分布上,"先"居于 X 之后,"X 先"用作句子的状语。"X 先"即可用作句中状语,也可用作句首状语。例如

(19)俺去银行取钱先忘了带存折了。(我去银行取钱的时候忘记带存折了。)
(20)娶媳妇先他才 15 岁。(娶媳妇的时候他才 15 岁。)

例(19)"去银行取钱先"是句中状语,例(20)"娶媳妇先"是句首状语。

"先"具有标记状语成分的作用,对有些句子来说,有"先",谓语是状中结构;没有"先",谓语是连动结构。试比较:

(21)二小出门先跌了一跤。(二小出门的时候跌了一跤。)
(22)二小出门跌了一跤。

例(21)"出门先跌了一跤"是状中结构,"出门先(出门的时候)"是状语,"跌了一跤"是中心语,状语和中心语是同时性事件,至少说话人认知上是同时性的。例(22)"出门跌了一跤"是连动结构,"出门"和"跌了一跤"是先后性事件,在说话人认知上是先"出门"后"跌了一跤"。因此,"先"可看作状语

264

成分标记。

X 既可以是谓词性的,也可以是体词性的。先说 X 为谓词性成分的情形。看下面例子:

(23)兀个贼小走先还荷了俺二百块钱儿。(那小子走的时候还拿来我二百块钱。)
(24)宝子念初中先可是个显猴,后来好了。(宝子念初中的时候人品不好,后来好了。)
(25)早先人们日子过得可苦贫了。(早些时候人们日子过得很苦。)
(26)孩儿们小先爱闹毛病。(孩子小时候爱闹毛病。)
(27)爷儿落上来先俺还没到家嘞。(太阳落山的时候我还没到家呢。)
(28)未家三头在北京打工先俺见过。(那家三女儿在北京打工的时候我见过。)

X 为谓词性成分,都具有陈述性。例(23)(24)X 是动词和动词短语,"X 先"表示"过去的某个行为 X 发生的时候",具有陈述性。例(25)(26)X 是形容词,"早先"是"早些时候","小先"是"小时候","早先、小先"表示"处于过去的某个阶段",也具有陈述性。"早先、小先"某种程度上已经词汇化了。其他形容词,如"胖、瘦、冷、热"等也可用于"X 先",表示"过去某个阶段处于 X 状态",比如,"她瘦先可喜人嘞"(她瘦的时候很漂亮),说明她过去有个阶段处于瘦的状态,暗含着现在已经发胖的意思。例(27)(28)是小句形式,小句本身不属于谓词性成分,但在这里,小句和谓词性成分功能完全相同:X 具有陈述性,而且"X 先"都属于背景信息。因此,X 为小句,也可以认为是谓词性成分。

再说 X 为体词性成分的情形。X 可以是表示过去时间的名词和名词短语,如"过去、以前、前年、年时(去年)、前忍(前天)、夜来(昨天)、上个月、上个礼拜、早以前、夜来后晌(昨天下午)"等。例如:

(29)前忍先去口上买了个彩电。(前天去张家口买了台彩电。)
(30)她老奶奶上个礼拜先死了。(她婆婆上个礼拜死了。)

例(29)(30)去掉"先",意义不变,X 作为表示过去时间的词语,本来就具有时间意义,不必像谓词性成分或其他体词性成分那样必须用"先"指示,因此"先"在这里有羡余的性质。事实上,在共同语里,类似的说法是不能出

265

现"时"或"的时候"的,"前天时、前天的时候、上个礼拜时、上个礼拜的时候"都不能说。万全话过去时间词语后可以出现"先",有某种程度的规约性质,并没有太多的理据性。

X 为体词性成分,还可以是指示词语。例如：

(31)我先可受治来。(我那时候受了很大委屈。)
(32)外先他老抬俺,宰不了。(那时候他老和我过不去,现在不这样了。)

例(31)"先"在人称指示词语"我"后面,意为"我那时候"。其他人称指示词语都可以这样用。人称指示词语还可以和亲属词语组合,表示某人以前某个时候,如"我爷爷先"(我爷爷那时候)。例(32)"宰""外"相当于指示代词"这""那"。万全话有两套指示代词,一套用来指示,有"这(近指)、兀(中指)、未(远指)",一套用来替代,有"宰(近代)、外(远代)"。表示远代的指示代词"外"可以用"先",表示"那时候"。"未先"也偶有使用,但不多见。

3. "先"是过去虚拟标记

3.1 "先"表示虚拟意义

"先"后置表虚拟,相当于"的话"。"先"表虚拟,一定是在虚拟语境中,但在虚拟语境中,并不一定表虚拟。例如：

(33)买票先可好好看来。(买票的时候看得特别仔细。)
(34)要是买票先好好看看,倒买不上假票了。
(35)要是买票那会儿好好看看先,倒买不上假票了。

例(33)话语反映的是现实语境,是过去某个时间真实发生的事情,"先"表示过去时间意义。例(34)(35)话语反映的是虚拟语境,但有不同:例(34)"先"仍然表示过去时间意义,相当于"的时候";例(35)"先"表示虚拟意义,相当于"的话"。例(34)(35)的意义是"要是买票的时候仔细看的话,就不会买到假票了",两个例子反映的事实都是相同的:某主体买票的时候没有仔细看,结果买了假票;说话人虚拟了一个事实,如果仔细看,就不会买到假票了,而这一事实实际上是不存在的。也就是说,"买票"是实际发生的事实,而"仔细看"是虚拟的、未发生的事实,例(34)"先"后置于实际发生的事实"买票",表时间意义,例(35)"先"后置于虚拟事实"好好看看",表虚拟意义。

266

因此,在虚拟语境中,只有当"先"后置于虚拟事实时,才表示虚拟意义。

虚拟可能是反叙实的(contrafactive),也可能是非叙实的(non-factive)。反叙实命题为假,说话人知道命题所反映的事件实际没有发生;非叙实命题真假不定,说话人不知道命题所反映的事实到底有没有发生。"先"只用于反叙实,不用于非叙实,是表示反叙实的虚拟意义。例如:

(36)去了么,没去先倒好了。(去了嘛,没去的话就好了。)

(37)去了没啦?没去的话最好了。(去了吗?没去的话最好了。)

例(36)"没去"是反叙实的,实际上已经去了,因此可以用"先";例(37)"没去"是非叙实的,说话人不知道去没去,因此不能用"先",只能用"的话"。

说话人之所以对事实进行虚拟,是要表达对事实的主观态度。主要包括两种情况。其一,说话人庆幸事实的存在或发生,虚拟不存在或不发生的后果;其二,说话人遗憾事实的存在或发生,虚拟不存在或不发生的愿望。例如:

(38)幸亏试了试,不试先当破烂儿卖了。(幸亏试了试,不试的话当废品卖了。)

(39)没有卖的么,有先早买了。(没有卖的,有的话早买了。)

例(38)说话人庆幸试了试,虚拟不试就会当废品卖了的后果;例(39)说话人遗憾没有卖的,虚拟有的话早买了的愿望。例(39)其实是肯定和否定倒过来的情形,事实的存在是否定的(没有卖),说话人虚拟不存在,就是肯定的(有卖的)。

3.2 "先"用于过去假设

强星娜(2011)对上海话过去虚拟标记"蛮好"做了透彻的分析,她把虚拟分为对过去、现在、将来事件的虚拟,"蛮好"用于对过去确定已经发生或没有发生的事件做出相反的假设。万全话"先"也用于对过去事件的假设,这和"先"表示时间意义的时制要求是一致的。"先"用于过去假设,常常和过去时间词语共现。例如:

(40)上个月下场雨先也不会旱成宰的嘞。(上个月下场雨的话就不会旱成这样了。)

(41)早起饿的先倒跑不了这么快了。(早晨饿着的话就跑不了这么快了。)

有些用法似乎不像是对过去的假设,而像是对惯常事实的假设。例如:

(42)有钱么,让人家划成地主了,没有先多好。(因为有钱,让人家划成地主了,没有的话多好。)
(43)家孩儿不是俏货么,是先娶不上媳妇了。(人家孩子不是二货嘛,是的话娶不上媳妇了。)
(44)要是爷爷活的先。(要是爷爷活着的话就好了。)

例(42)~(44)"先"所假设的事实分别是"没有(钱)""是(俏货)""活的",这些事实都是表示存在的,本身确实属于惯常事实,但结合语境来看,这些存在事实还是对过去的假设。例(42)主体因为有钱而被划成地主,是过去的事实;例(43)人家孩子因为不是俏货而娶上了媳妇,是过去的事实;例(44)爷爷死了,也是过去的事实。例(42)~(44)说话人都是对过去的事实做出相反的假设,因此仍然是对过去事实的虚拟,不是对惯常事实的虚拟。

对将来事实的虚拟,万全话用"要(是)""的话"或"要是 X 的话"表达。试比较:

(45)夜来不出门先,倒出不了事了。(昨天不出门的话,就不会出事了。)
(46)要明天不出门的话,就不会出事。

例(45)是对过去事实的虚拟,用"先"标记。其事实是:昨天出门,结果出事了。说话人对这样的事实感到遗憾,因此做出相反的假设。例(46)是对将来事实的虚拟,用"要 X 的话"标记。其事实是:如果明天出门,就可能出事;如果不出门,就不会出事。说话人对这样的事实做出一般性假设。

现代汉语共同语用假设连词"如果(要是)"、假设助词"的话"或框架结构"如果(要是) X 的话"表示虚拟意义,万全话也可以采用相同的方式表达。"如果(要是)""的话"或"如果(要是) X 的话"使用范围广,既可以用于反叙实,也可以用于非叙实;既可以用于过去虚拟,又可以用于将来虚拟。"先"只用于反叙实的过去虚拟。在万全话中,如果是反叙实的过去虚拟,就优先用"先"表达,尽管也可以用"如果(要是)""的话"或"如果(要是) X 的话"表达;如果是非叙实事件,或者是对将来的虚拟,就只能用"如果(要是)""的话"或"如果(要是)X 的话"表达。因此,"如果(要是)""的话"或"如果(要是)X 的话"实际上起到了"先"的补充作用。

3.3 "先"具有标句性质

表示过去虚拟意义的"先"用在分句或单句之后,具有标示句子的性质。分句和单句都是述谓性单位,区别在于,前者依赖其他分句,是黏着的,后者是独立的、自由的。带"先"的分句或单句不能关系化为定语从句,而表示时间意义的"先"所在的结构可以关系化为定语从句。例如:

(47)他娘死先穿的装老衣裳都是他妹妹花的钱。(他娘死的时候穿的寿衣都是他妹妹花的钱。)

例(47)"他娘死先穿的"是关系化小句(定语从句),"先"仍然是标记状语的,"死先"是状语,修饰中心语"穿",整个状中结构做谓语,再和"他娘"组合成主谓结构,用作定语,成为定语从句。表示过去虚拟意义的"先"没有这样的用法。

表示过去虚拟意义的"先"所在的语义背景是:某种行为 A,导致了某种结果 B,说话人做出相反的假设,如果出现和 A 相反的行为 C,就会导致相反的结果 D。如果这些因素全部出现,就是完整的 A+B+C+D 形式。例如:

(48)张明没好好念书,所以没考上大学,要是好好念书先,早就考上了。(张明没好好念书,所以没考上大学,要是好好念书的话,早就考上了。)

事实上,这种完整形式在实际语言中并不多见,因为有些信息是多余的,是交际者共有的知识,这些信息完全可以根据语境确定,说话人出于表达的经济原则,没有必要把所有内容全部表达出来。因此在实际语言中,常常出现省略形式。例如:

(49)张明没好好念书,要是好好念书先,早就考上大学了。(A+C+D)

(50)张明没考上大学,要是好好念书先,早就考上了。(B+C+D)

(51)张明没考上大学,要是好好念书先。(B+C)

(52)张明要是好好念书先,早就考上大学了。(C+D)

(53)张明要是好好念书先。(C)

例(48)~(52)尽管详略程度不同,但"先"都用于分句之后,如果单剩下C,像例(53)那样,"先"就是用于单句之后的情形了。可见,"先"用于分句或单句之后,主要表现为信息详略程度的差异,基本性质并无太大不同。

"先"作为过去虚拟标记,可以表达说话人庆幸或遗憾的态度,这可以在后分句反映出来,如果后分句是"倒好了",是遗憾;是"麻烦了",是庆幸。例如:

(54)没下雨么,下先倒好了。(没下雨,下雨的话,就好了。)
(55)没下雨么,下先麻烦了。(没下雨,下雨的话,就麻烦了。)

例(54)(55)后半部分是紧缩句形式,但内容上还是两个分句。例(54)是遗憾没有下雨,如果下雨就好了;例(55)是庆幸没有下雨,如果下雨就麻烦了。

"先"用在单句后面,只能表达遗憾,不能表达庆幸。例如:

(56)该炒一半先。(炒一半就好了。)
(57)要是姥爷活的先。(要是姥爷活着就好了。)
(58)别去先。(别去就好了。)

例(56)意思是菜全炒了,结果没吃完,如果炒一半就好了;例(57)意思是姥爷已经去世,要是姥爷还活着就好了;例(58)意思是某人去某个地方,结果出现了不好的状况,如果别去就好了。

"先"还可以和"霎"组合为"霎先",表达过去虚拟意义。"霎先"具有关联作用,意思是"不然的话"。例如:

(59)早该吃药么,霎先早好了。(早该吃药,不然的话早治好了。)
(60)老李胆胆太小了,霎先可挣两个好钱。(老李胆子太小了,不然的话能挣很多钱。)

"霎先"表面看并非是标句性质的,因为"霎先"已经词汇化为一个关联词。如果只就形式而言,确实如此;但如果着眼于意义,"霎先"还是具有分句性质。拿例(59)来说,"早该吃药么"和"霎先早好了"是第一层,并列分句;"霎先"和"早好了"是第二层,假设分句。那么,"霎先"作为假设分句的前分句,"先"仍然具有标句性质。

4. "先"的演化历程

4.1 从时间名词到过去时间标记

"先"应该是从时间名词演化为过去时间标记的。"先"作为时间名词，常用"NP/VP之先"的形式表达时间意义，"先"相当于"前"，"NP/VP之先"相当于"NP/VP之前"。"NP/VP之先"既可用作前景信息，也可用作背景信息。"先"由时间名词向过去时间标记演变，是在相邻句位中实现的：首先，演化只能在"VP之先"的情况下，不能作"NP之先"的情况下；其次，"VP之先"只能用作背景信息，不能用作前景信息。例如：

(61) 出家之先，常作陇西太守。（李昉《太平广记》）
(62) 开河之先，必须两头将坝筑住，而后可以戽水。（陈其元《庸闲斋笔记》）

例(61)(62)都是包含两个主要VP的句子，"之先"前的VP标为VP_1，后面的标为VP_2，那么，从时间顺序来说，VP_2总是在VP_1之前，动作行为的先后顺序非常清楚，"先"意义非常实在。

当VP_1为否定形式时，VP_1和VP_2在认知上还是有先后顺序的，但在语义上具有同时性，"之先"可以理解为"的时候"，这时"先"介于时间名词和过去时间标记依违两可之间，当然还是倾向于理解为时间名词。例如：

(63) 吾未遇大王之先，在营中以铺下此卦，断成歌句，留为今日应验。（罗贯中《残唐五代史演义》）
(64) 原来梁氏未嫁小人之先，与邻人周得有奸。（冯梦龙《喻世明言》）

例(63)(64)实际意义分别是"遇大王之先，在营中以铺下此卦""嫁小人之先，与邻人周得有奸"，在没有"未"的情况下，和例(61)(62)的情形完全相同。VP_1为否定的情形，有点类似现代汉语的"没VP之前"，根据江蓝生(2008a)，"没VP之前"是概念叠加和构式整合的结果，兼表状态和时段，但凸显的是状态。同样，VP_1为否定时，"VP_1之先"也是凸显状态的，这样，"之先"在语义上就可以理解为"的时候"，这就向过去时间标记迈进了一步。当VP_1为肯定形式，而且VP_1和VP_2具有同时性意义时，"先"的意义虚化，由"前"演变为"时候"，"之先"相当于"的时候"。例如：

(65)再记得遇这道人之先,明明闻着一种异臭,多分就是这道人身上来的!(无垢道人《八仙得道》)

(66)次日庙见之先,新妇抱柴送于厨,亦古人中馈羹汤之义也。(福格《听雨丛谈》)

例(65)(66)根据上下文语境,"遇道人"和"闻异臭","庙见"和"新妇抱柴送于厨"都是同时发生的动作行为,"之先"就是"的时候","先"基本上完成了过去时间标记的演变。当"之"不出现的时候,"先"就彻底成为过去时间标记了。这种近现代汉语用例极少,但在万全话中却成为一种常态的语法现象。我们举两个清代用例:

(67)不然,观常熟《日记》,未开战先,常熟曾至津,督促宣战。(刘体仁《异辞录》)

(68)刚刚吃先,打杂的回来,又同了一个被押的管家一块儿回来。(李宝嘉《官场现形记》第五十回)

这两个用例和万全话的情形完全相同,但在实际语料中极为少见,可见"先"用作过去时间标记并不是普遍现象。

"先"从时间名词发展为过去时间标记,其过程为:肯定性VP之先(前)→否定性VP之先(前,时候)→肯定性VP之先(时候)→肯定或否定性VP先(的时候)。这一演化过程是在原位实现的,不涉及重新分析。其语义演变表现为词义扩大——由专指"在过去某个时间之前"扩大到泛指"在过去某个时间"。

"先"发展为过去时间标记后,又由"VP先"类推到"NP先",这时"先"的意义更加虚化,尤其是当NP为表示时间的名词或名词短语的时候,"先"可有可无,已经是纯粹的标记性质的成分了。

4.2 从过去时间标记到过去虚拟标记

"先"从过去时间标记发展为过去虚拟标记,是在虚拟语境中实现的。用作虚拟语境中的"先"并不一定是虚拟标记,也有可能还是过去时间标记。例如:

(69)要是炒菜先少放点儿盐,就不会那么咸了。(要是炒菜的时候少放点儿盐,就不会那么咸了。)

例(69)是虚拟语境,但这里"先"仍然表示过去时间意义,相当于"的时候"。

"先"发展为过去虚拟标记,首先必须是在"要是 VP 先,就 X 了"这样的相邻句位中。VP 必须符合这样的条件:VP 是过去的已然动作行为,不能是将来的未然动作行为。例如:

(70)要是夜来做作业先问问老师,就不会错了。(要是夜来做作业的时候问问老师,就不会错了。)

(71)要是明天做作业先问问老师,就不会错。(要是明天做作业的时候先问问老师,就不会错。)

例(70)"先"是过去时间标记,在一定的条件下可以发展为过去虚拟标记;例(71)"先"是时间名词,不能发展为过去时间标记。

虚拟语境包括虚拟条件和虚拟结果两部分。在例(70)中,虚拟条件 VP 是一个连动结构,由"VP$_1$ 先,VP$_2$"构成,VP$_1$ 是现实的,是背景信息;VP$_2$ 是虚拟的,是前景信息。在整个虚拟语境中,VP$_1$ 其实是不重要的,VP$_2$ 是虚拟条件的前景信息,但在整个虚拟句中又是背景信息,虚拟结果是前景信息。这样,VP$_1$ 其实是可有可无的,即使不出现,也不影响意义的完整。因此,"先"演变为过去虚拟标记,应该是在只有 VP$_2$ 或 VP$_1$ 和 VP$_2$ 合流的情况下,即虚拟条件只有一个 VP。作为虚拟条件的 VP 还应符合第二个条件:VP 必须是时间状态,不能是动作行为。例如:

(72)这会儿管得严,不好报销,要是以前先,就没有问题了。(这会儿管得严,不好报销,要是以前的时候/的话,就没有问题了。)

(73)这两年甚的心也得操,要是还在念书先就好了。(这两年什么心也得操,要是还在念书的时候/的话就好了。)

例(72)(73)"先"是中间状态,既可以理解为过去时间标记"的时候",又可以理解为过去虚拟标记"的话",呈现出过渡状态的性质。当 VP 类推扩展到动作行为意义时,"先"就彻底成为过去虚拟标记了。例如:

(74)要是少放点儿盐先,就不会那么咸了。(要是少放点儿盐的话,就不会那么咸了。)

273

(75)要是问问老师先,就不会错了。(要是问问老师的话,就不会错了。)

例(74)(75)都有两个虚拟标记:"要是"和"先",而且还有后分句,是完整表述。由于有后分句制约,前一分句,即虚拟条件部分的两个标记可以去掉一个甚至全部去掉,都不影响意义:

A. 要是 VP,就 X 了。
B. VP 先,就 X 了。
C. VP,就 X 了。

虚拟句表达说话人的愿望,并不传递新信息。虚拟结果是不言自明的,因此有时无须说出来,说话人只要表达虚拟条件即可。如果只出现虚拟条件,"先"就成为后附于单句的成分,相当于"就好了",意义进一步虚化。例如:

(76)要是少放点儿盐先。(要是少放点儿盐就好了。)
(77)要是问问老师先。(要是问问老师就好了。)

对(76)(77)来说,如果把两个虚拟标记全部去掉,就成为祈使句,不能再表达虚拟意义;如果把"先"去掉,只保留"要是",就成为半句话,不能完句,因为"要是"是前分句连词,没有后分句就不能单独表达整体意义。因此,"先"成为该类句子必有的成分,"VP 先"独立成句,表达过去虚拟意义。例如:

(78)少放点儿盐先。(少放点盐就好了。)
(79)问问老师先。(问问老师就好了。)

例(78)(79)"先"用于单句表达过去虚拟意义,虚化程度较深,"先"可以看作句末语气词。此外,这类单句还常常和其他具有虚拟意义的词汇形式的成分共现,共同表达虚拟意义。例如:

(80)该你去先。(该你去,你去就好了。)
(81)忘了拾个豆腐先。(忘了买豆腐,买个豆腐就好了。)
(82)早知道别骂孩子先。(早知道别骂孩子就好了。)
(83)那会儿多种点儿山药先。(要是当时多种点儿土豆就好了。)

"该、忘了、早知道、那会儿"都是表达虚拟意义的词汇形式,和"先"共现,强化了过去虚拟意义。

"先"发展为过去虚拟标记,其动因是"语境吸收",所谓"语境吸收"(absorption of context)就是指"在词语的使用过程中诱发某个成分虚化的上下文"(张谊生 2000a)。诱发"先"虚化的上下文是虚拟语境,"先"吸收了虚拟语境的意义,从而出现了过去虚拟意义。

5. 结语

河北万全话的"先"除了上述用法外,还有停顿标记的用法,但这种用法不太常见,而且用在极其复杂的上下文里面,意义上似乎包含"结果"的性质,在形式上"先"常常和"是"并用,组合成"先是"。例如:

(84)小子说丫头是鬼,丫头说"我是鬼你也是",小子先是,"你太厉害了"。(男孩说女孩是鬼,女孩说"我是鬼你也是",男孩说"你太厉害了"。)

(85)以前人家吃肉你喝汤,这会儿人家照样吃肉,你先是喝不上汤了。(以前人家吃肉你喝汤,这会儿人家照样吃肉,结果,你呢,喝不上汤了。)

(86)胳膊疼得厉害,试的做了两锤活儿,疼得先是做不下去了。(胳膊疼得厉害,试着做了两下活儿,结果,疼得做不下去了。)

停顿的用法应该是"先"进一步虚化的结果,至于加"是",应该是语法化过程中强化所导致的,所谓"强化"(reinforcement),是指"在已有的虚词虚语素上再加上同类或相关的虚化要素,使原有虚化单位的句法语义作用得到加强"(刘丹青 2001)。由于"先"的意义已经大大磨损,需要增加相关语素来强化相应的句法语义。

从语言共通性看,"先"的演化显然符合"时间-条件"的一般惯例,过去虚拟标记所在的句子是一种虚拟条件句。早在 1942 年,吕叔湘先生就指出了时间词和条件词之间的关联:"两件事情的同时或先后出现,可能是偶然的,也可能是非偶然的:前者是纯粹的时间关系,后者就往往含有条件关系,尽管用的连系词还是时间方面的。"Heine & Kuteva(2002)从跨语言的角度描述了 TEMPORAL 演化为 CONDITIONAL 的普遍路径。江蓝生(2002)描写了近代汉语"时"和"后"由时间词语法化为假设助词的发展历程(假设助词所在的句子也是虚拟条件句),而且还运用其他语言材料佐证:英语 when 常兼有 if 之意,德语时间和假设两种关系同用 wenn 一词。总之,从时间关系词语发展为条件关系词语,是语言发展的一般原则,万全话"先"的演化史符合这样的一般原则的。

从语言区域性看,"先"的存在和演化显然是晋方言区域背景的产物。田希诚(1996)讨论了晋中、吕梁诸方言中"时间"类词语表过去时间和过去虚拟意义的用法。邢向东(2006)对陕北晋语各方言点表愿望类虚拟语气词做了比较详尽的研究,包括"时价、价、些、来些、去来"等,对"时价"类词语的语法化过程进行了刻画。我们发现,邢向东(2006)对陕北晋语"时价"类词语演化历程的刻画,和万全话"先"的演化历程非常相似,都经历了"时间标记→虚拟标记(假设分句末→脱离假设连词→单独结句)→停顿标记"的过程。可见,晋语中这种兼表时间和虚拟的后置词是比较普遍地存在着的,万全话"先"只是这种普遍存在的一个个例。那么,这样的后置词还有哪些,它们之间具有怎样的共时或历时联系,是需要进一步调查研究的。

第十节 表轻贬意义的句末语气词"还"

在张家口晋语中,"还"可用作句末语气词,表达轻视或贬抑意义。例如:

(1)三百块钱还,用不着开支票。
(2)想买车嘞?买吧,你那么有钱还。
(3)他那笨得还。

以上三例都是带句末语气词"还"的句子,可以概括为"X 还"句,"还"是表达轻贬意义的语气词,"X 还"是表达轻贬意义的句子。例(1)说话人认为三百块钱不算什么,用不着开支票。例(2)说话人认为对方那么有钱完全买得起车,不必在乎。例(1)(2)表达轻视意义,例(1)X 是轻视对象,例(2)X 是轻视因素,轻视对象是买车这件事。例(3)说话人对"他那笨得"持不满意、不认可的态度,表达贬抑意义。轻视意义和贬抑意义,可以合为轻贬意义。

从已有文献看,只有邢向东(2002、2008)讨论过这种现象。本节拟在邢向东研究的基础上,继续讨论晋语的这一现象。共三个问题:1)"还"的语气词性质;2)"还"表轻贬意义;3)语气词"还"的来源。

1. "还"的语气词性质

根据邢向东(2008),"还"在晋语中的语法化程度有不同,陕北清涧话"还"不能用于句末,仍然处于充当状语的阶段;陕北神木话"还"已经发展为准语气词,"联系单句中'还'的用法,可以说,句末的'还'在神木话中的语法化程度已经很高,功能严重泛化,已经是一个准语气词了";而内蒙古丰镇话已经"逐渐演化成为独立的句末语气词"。其实,在晋方言大部分地区,"还"都已经像丰镇话那样是独立的句末语气词了。

首先,位置上,"还"总是位于句末,包括单句句末和分句句末。例(1)(2)"还"位于分句句末,例(3)"还"位于单句句末。

根据邢向东(2008),在神木话中,如果前一分句句末出现语气词"么","还"必须放到后一分句。但在晋语大部分地区,即使句末位置出现其他语气词,"还"仍然可以出现,而且都居于最末端的位置。例如:

(4)那么点点饭,吃完它了吧么还。

例(4)意思是吃完剩下的那点饭不算什么,句末连续出现四个语气词"了、吧、么、还","还"仍然在最末的位置上。

邢向东(2002)还指出一个事实,"还"可在话题后头用作提顿语气词。例如:

(5)你哥哥还,自当了官儿就把咱忘了。(邢向东例)

邢向东(2002)认为,"还"的作用是突出话题,引起听者注意,为下文的评说做语气上的准备,全句往往表达比较强烈的不满或略为夸张的语气。其实,这类句子完全符合方梅(1994)按韵律特征分出来的第二类句中语气词,即"句重音在语气词之前,全句的轻重音模式是前重后轻,语气词前的语段不伴随上升语调。"方梅(1994)认为,从表达的角度看,这类用例里语气词前的语段在功能上相等于一个分句,而且语义负载远远超过语气词前的语段。真正的句中语气词(提顿语气词)是没有语气的,例(5)"还"既然有明显的语气意义,应该不是真正的提顿语气词,"X还"仍然具有分句性质,"还"还是分句句末的语气词。

其次,辖域上,"还"是加在整个X上头的,是X的直接成分。

再次,功能上,"还"有时具有完句功能。一般情况下,"X还"即使去掉

"还",X也能独立成句,例(1)～(5)都是如此。当X是跨层结构时,去掉"还",X就不能独立成句。例如:

(6)神木人这嗒会儿把那钱还!(邢向东例)

例(6)"神木人"是主语,"这嗒会儿""把那钱"是状语,谓语中心语没有出现,"神木人这嗒会儿把那钱"是跨层结构,不能独立成句,当加上句末语气词"还"以后,就具有述谓性,能够单说。这是因为,句末语气词是一种完句成分,(贺阳1994)"还"作为语气词,也具有完句功能。

最后,语音上,"还"不能重读。根据刘丹青(2008),汉语语气词带有句末附缀的性质,"在语音上大都符合附缀的属性……不再能重读"。根据邢向东(2008),在神木话中,句末"还"还是个"准语气词",在语音上还不像典型的语气词,"说话人为了表达特殊的语气,没有在复句的分界处——'还'的前面停顿,而是将'还'拖长,有时甚至隐含后面表反问的内容"。但在晋方言大部分地区,句末"还"都不能拖长,就像邢向东(2008)所言丰镇话一样,"句末'还'已经促化,读[xəʔ⁰]",其语音上的弱化反映了"还"的语气词化已经完成,"还"已经是真正的语气词了。张家口晋语句末的"还"是真正的语气词。

2. "还"表轻贬意义

2.1 具体意义和抽象意义

邢向东(2002、2008)对"还"和"X还"的意义进行了具体分析。比如,"还"结尾的感叹句隐含着"就这样了""再怎么也是白费劲"的言外之意。再比如,"还"可以构成"NP还"和"VP还"两种格式,前者是"对对话中提到的对象表示不满的感叹句",后者"只要是表达不可能、无奈、不满、追悔等意思,就可以用'VP还'的格式"。所有这些,都是具体意义,适用于每一个具体例句的分析。我们还可以把"还"进一步抽象为统一的"轻贬"意义:"还"用于表达说话人轻贬的态度,具有轻贬意义。相应地,"X还"是表达轻贬意义的句子。

2.2 轻贬对象和轻贬因素

根据X的情况,"X还"可分两类:X是轻贬对象,记作"X₁还",如例(1)(3);X是轻贬因素,记作"X₂还",如例(2)。轻贬对象是"轻贬什么",例(1)轻贬三百块钱,例(3)轻贬"他那笨得";轻贬因素是"凭什么轻贬",例(2)意思是就凭你那么有钱,因而可以轻贬买车。

"X_1"包括轻视和贬抑两种。轻视和贬抑都是看不起某一对象或事实,但轻视重在表达"不值得",贬抑重在表达"不认同"。例(1)是轻视,说话人认为三百块钱不值什么;例(3)是贬抑,说话人对"他那笨得"不认同,有贬抑的态度。说话人对某一对象或事实有不满、无奈、追悔等态度,其实也是贬抑,因为这些态度也是说话人不认同的。例如:

(7)你连饭也没做上还!(假装让人家吃嘞!)(邢向东例)

例(7)有明显的不满意味,但完全可以理解为贬抑,说话人不认同对方没有做饭这一事实,不满意,不赞成,因而是贬抑的。

有轻贬对象,不一定有轻贬因素;有轻贬因素,一定有轻贬对象。"X_2"既然有轻贬因素,就一定有轻贬对象,但轻贬对象不一定在句中出现,有时甚至是不明显的。例如:

(8)你这阵儿把窑也箍起了还,愁啥嘞?(邢向东例)
(9)甲:火腿肠还能往菜里烩嘞?乙:那还!(邢向东例)

例(8)"把窑也箍起了"是轻贬因素,轻贬对象没有在句中出现,但可以理解为"其他事情",可以这样理解:既然把窑也箍起来,那么其他事情也就不算什么了,所以不必发愁("愁啥嘞?")。例(9)"那"指代"火腿肠能往菜里烩",轻贬因素和轻贬对象都不明显。但轻贬因素和轻贬对象都是存在的,其解读是基于这样的认知推理:既然可以做某事,就能够做某事。其中"可以做某事"是条件,是轻贬因素,"能够做某事"是结果,是轻贬对象。条件是前提,是必要的,因而作为轻贬因素;结果是在条件的基础上产生的,因而作为轻贬对象。"火腿肠可以往菜里烩"是条件,作为轻贬因素;"我能够把火腿肠烩到菜里"是结果,作为轻贬对象。

有的句子 X 既包含轻贬因素,也包含轻贬对象,如例(6),"神木人这嗒会儿"是轻贬因素,"把那钱"是轻贬对象。这样的句子仍然是"X_2还"。首先,从形式看,轻贬因素往往是主语,轻贬对象往往是宾语(包括介词宾语),在句子中,主语显然具有统制(command)作用,可以决定句子的性质。其次,从意义看,轻贬因素是前提条件,是必要的,相比之下,轻贬对象倒不重要了,轻贬对象出现与否,不影响句子的性质。拿例(6)来说,如果说"神木人这嗒会儿还",轻贬对象没有出现,意义没有任何变化。因此,这类句子仍然是"X_2还"。

X 究竟是轻贬对象还是轻贬因素,有时需要靠语境确定。像例(2),"那么有钱"明显具有"有能力"的意义,既然有能力,就不必在乎,因此肯定是轻贬因素。例(3)"他那笨得"明显是贬抑的,肯定是轻贬对象。但例(1)"三百块钱"是轻贬对象,就是语境决定的,如果换个语境,"三百块钱"也可以是轻贬因素,例如:

(10)三百块钱还,买一条裤子绰绰有余。

例(10)一般出现在这样的语境,某人想买一条裤子,只带了三百块钱,怕不够;说话人觉得带三百块钱足够买一条裤子,就用例(10)这样的句子表达。"三百块钱"对一条裤子来说是轻贬因素,一条裤子是轻贬对象,这是语境决定的。

2.3 行域轻贬和知域轻贬

"X_2还"中 X_2 是轻贬因素,轻贬对象有时出现在句中,有时出现在句外,但都可以用"既然 X_2,就能够……"来表达。例(2)(6)(8)(9)都可以用下列方式表达:

(2')既然你那么有钱,就能够买车。
(6')既然神木人这嗒会儿把那钱不当回事(有钱),就能够做任何事情。
(8')既然你这阵儿把窖也箍起了,就能够做其他事情。
(9')既然火腿肠可以往菜里烩,我就能够把火腿肠烩到菜里。

这些都是行域方面的轻贬,即"既然 X_2,就能够做某事"。知域也有轻贬,即"既然 X_2,就能够知某事"。例如:

(11)你那一头汗还,肯定是热得么。
(12)老麻将还,还不知道你有和没和?

例(11)意为"我既然看见你出了一头汗,就能够知道你很热",例(12)意为"我既然是老麻将,就能够知道你有没有和"。

"X_2还"和推论性因果句有关联,但并非所有的推论性因果句都能够用"X_2还"表达,只有包含轻贬意义的推论性因果句才能用"X_2还"表达。例如:

(13)既然你是大学生,就能够做出这道题。→你是大学生还,肯定能做出这道题么。

(14)既然你是大学生,就要遵守学校纪律。→*你是大学生还,就要遵守学校纪律么。

例(13)(14)都是推论性因果句,但例(13)可以用"X_2还"表达,例(14)不可,就是因为例(13)包含有轻贬意义,轻贬因素是"你是大学生",轻贬对象是"做出这道题",例(14)没有轻贬意义。

3. 语气词"还"的来源

"还"是从副词发展为语气词的,具体说来,由于"还"后面的成分没有说出来,导致"还"处于句末的位置,随着其功能扩展,于是演化为语气词。后面的成分不说出来而导致的句式和语法成分的变化,邢向东(2008)称为"隐含",江蓝生(2008b)称为"句式省缩",这些都是为区别严格意义的"省略"而采用的说法,其实意思都是一样的。我们姑且采用江蓝生(2008b)的说法,并借鉴江蓝生(2008b)关于"S+把+你这 NP"和"S+V+补语标记"的分析方法,对语气词"还"的形成做出分析。

3.1 基础句式:带"还"的反问句

带副词"还"的反问句,是现代汉语极其常见的一种句子类型。反问句对"还"似乎有一种偏好。武果(2009)从历时平面揭示了"还"与反问句的关联,"还"在表示时间持续意义的基础上,发展出反预期意义,其反预期意义发端于疑问句,成熟于反问句,然后扩展到陈述句。可见,反问句是"还"反预期意义形成的重要阶段。胡德明(2010)从共时平面揭示了"还"与反问句的关联。胡德明(2010)对电视连续剧《编辑部的故事》的台词做了统计,11集共13.45万字,共得反问句1341个,其中带"还"的反问句134个,占10%,这个比例是比较高的。胡德明(2010)进一步对"还"和反问句的关联性做出解释:事件a和b有共变关系,如果a发生了变化,b按理也应该变化,但b维持不变是不应该的,"还"表示"维持不变"的意义,就隐含了"不应该"的意义,而反问句也是表达"不应该"意义的,这样二者就具有了语义上的关联性。

带"还"的反问句,如果后接 VP 是肯定的,就是"不应该 VP";如果后接 VP 是否定的,就是"应该 VP"。例如:

(15)十点半还在睡觉?

(16)十点半还不睡觉?

例(15)意思是"十点半不应该睡觉了",例(16)意思是"十点半应该睡觉了",这里的 VP 无论是肯定的还是否定的,都是语义重心,是不能缺少的。因此,一般的带"还"反问句不是"X 还"句的直接来源,但却为"X 还"的形成提供了前提和基础。"X 还"的直接来源是带"还"反问句的下位句式——表示轻贬意义的带"还"的反问句。

3.2 特定句式:表示轻贬意义的带"还"的反问句

表示轻贬意义的带"还"反问句是带"还"反问句的下位句式,是"X 还"的直接来源。这类反问句有两种,只出现轻贬对象的,是"X_1"的直接来源;既出现轻贬对象又出现轻贬因素的,是"X_2"的直接来源。例如:

(17)三百块钱还算个甚嘞?
(18)你那么有钱还买不起个车?

例(17)(18)明显带有轻贬意义。例(17)"三百块钱"不算什么,是轻贬对象。例(18)"你那么有钱"是轻贬因素,"买车"是轻贬对象。

反问句是用于应答的,应答之前有引发语。对例(17)(18)来说,最有可能的引发语和应答是:

(17')A:这条裤子要三百块钱嘞。B:三百块钱还算个甚嘞?
(18')A:我想买个车,就怕买不起。B:你那么有钱还买不起个车?

在一般句子中,VP 是句子的语义重心。但在例(17')(18')B 的回答中,"还"后面的 VP 并不重要,因为上下文语境已经提供了相应的信息,人们只要一听到"三百块钱还""你那么有钱还",不等说话人说完整,就能知道说话人要表达轻贬的意义。根据 Horn(1984)的"关系原则"(R-principle),"要使你的话语只是必需的,不说多于所要求说的话","还"后面的 VP 完全可以不说出来,当 VP 独立为分句甚至脱落以后,"还"就位于句末,成为句末语气词。

3.3 省缩句式:"X 还"

和特定句式最接近的省缩句式是"还"后面出现停顿、其他保持不变的句子:

(17'')三百块钱还,算个甚嘞?
(18'')你那么有钱还,买不起个车?

像例(17)(18)那样的特定句式的句子,都是单句性质的,例(17)是主谓结构,例(18)是紧缩句,紧缩句也具有单句性质,从节律看,句子都是一气呵成说出来的。当说话人有意在"还"后面停顿,句子性质就变了,原来是单句性质,停顿后是复句性质。

那么,为什么"还"后面会出现停顿呢?

首先,单音节副词后面出现停顿,在语言中并不是个别现象,这为"还"后面出现停顿提供了可能性。张伯江(2011)在讨论现代汉语形容词做谓语的问题时,谈到副词"很"后面常常可以有明显的停顿,如:"现在呢,由于,嗯,肯吃苦,也很,勤劳吧。""很"后面停顿和"还"后面停顿虽然在动因、机制等方面未必相同,但至少可以说明,单音节副词后面出现停顿,并非特例。

其次,在特定句式中,VP并不重要,但"还"很重要,没有"还"不足以表达轻贬意义,说话人必须在保留"还"的情况下使VP独立或脱落,这样才能表达轻贬意义。这是"还"后面出现停顿的必要性。

例(17'')(18'')具有复句性质,但还不够典型,还不像严格意义的复句,和例(17)(18)相比只是中间有没有停顿的问题,在意义上没有什么差别。它们之所以可以看作省缩句式,是因为符合省缩句式的条件,"从特定句式到省缩句式是句式省缩的结果,意义基本不变,形式有别"。停顿也是一种形式,因此可以认为是从特定句式发展到省缩句式。

当反问语气消失时,独立为分句的VP需要进行肯定和否定的反转,原来的肯定形式要变为否定形式,原来的否定形式则变为肯定形式:

(17''') 三百块钱还,不算个甚。
(18''') 你那么有钱还,能买起车咋。

这时前后两个分句无法"熔合"(fuse)在一起,例(17''')(18''')已经是严格意义的复句了,"还"已经完全语气词化。

再发展,后面的分句在意义上逐渐远离轻贬意义,甚至只出现单句形式。例如:

(17'''')a.三百块钱还,小意思。
　　　b.三百块钱还,我出也行。
　　　c.三百块钱还!
(18'''')a.你那么有钱还,买个车小菜一碟。
　　　b.你那么有钱还,别那么辛苦了。

c.你那么有钱还！

以上两例,a、b后一分句在意义上逐渐远离轻贬意义,a"小意思""买个车小菜一碟"还带有轻贬色彩,b"我出也行""别那么辛苦了"就没有任何轻贬色彩了。c则是单句,独立表达轻贬意义。

当"X还"独立为分句或单句后,成为省缩句式,所在句式成为一种套话,在人们心理上形成一个"完形"(gestalt),人们不需要知道原来"还"后面的内容,单单根据这种省缩句式就知道句子的轻贬意义,即说话人对X表达轻贬的态度,或以X为轻贬因素对X外的成分表达轻贬的态度。

"X还"是晋语中一种特别常见的句子,在张家口晋语也非常多见,虚化程度很深。"X还"是由于句式省缩而形成的一种句子。根据江蓝生(2008b),"S+把+你这NP"和"S+V+补语标记"都是由于句式省缩形成的,而且这两种句式的形成还导致了"逆语法化"现象。而"X还"所导致的是常规语法化现象,即"还"从语气副词发展为语气词。这应该和"还"自身的性质有关。根据刘丹青(2008),汉语的一些句末语气词是从否定词发展来的,这些否定词本来是向后否定的,由于其语气词化,变成了向前依附的轻声附缀,如普通话的"吗"(来自否定词"无"),山东、东北一些官话方言的"不",上海话、常州话的疑问语气词"哦"等。"还"用在反问句中,具有某种程度的否定性质,表示反预期、不应该等意义,因此"还"发展为句末语气词,是有其语义基础的。"还"的虚化过程和上述否定词一样,都经历了相同的附缀化过程。

第四章　句子研究

第一节　程度句:程度副词修饰 VP 的几种构式

1. 构式系列

先说说程度副词"可"。张家口晋语"可"和共同语"可"的本质区别在于,前者是程度副词,后者是语气副词(吕叔湘主编 1999)。在张家口晋语中,"可"一般不能单用,需要形成"可 X 的嘞"或"可 X 嘞"框架才能使用,只有"可 X"用作定语修饰数量名结构才不用框架形式。例如:

(1)那个猪可大的嘞。(那个猪很大。)
(2)他们家养了可大一个猪。(他家养了很大一个猪。)

河南中原官话"可"可以不用框架形式,"可 X"就等于共同语"很 X"。河南作家乔叶小说中有这样的用例:

(3)"刚才喝茶的时候没注意,把杯子碰落了。"她说:"茶叶可碎,不好拣。"(乔叶《月牙泉》,《西部》2011 年第 2 期)

例(3)"茶叶可碎"就是"茶叶很碎"的意思。
张家口晋语程度副词"可"不仅可以修饰性质形容词,还能修饰状态形容词。例如:

(4)盖服里可热乎乎的嘞。(被子里很热乎。)
(5)刚闹完煤,脸上可黑煤瓦烟的嘞。(刚弄完煤,脸上特别黑。)

张家口晋语程度副词"可"修饰动词或动词短语,也需要形成特定的框架,但从所修饰的动词性成分看,还是比共同语广泛、多样。以下我们分三组论说。

1.1 "可 VP 来"和"可要 VP 嘞"

S_1:可 VP 来;

S_2:可要 VP 嘞。

"可 VP 来"和"可要 VP 嘞"都表示 VP"时间长"或"次数多",但"可 VP 来"和"可要 VP 嘞"具体意义不同。"可 VP 来"表示"VP 了很久"或"VP 了多次"。例如:

(6)夜里可等车来,好不容易等了一辆去城里的车。(昨天等车等了很久,好不容易等了一辆去城里的车。)

(7)他年时可来我们家来,今年一回也没来。(他去年来我们家好多次,今年一次也没来。)

"可要 VP 嘞"表示"会 VP 很久"或"会 VP 多次"。例如:

(8)这雨可要下嘞,非下到明天不行。(这雨会下很久,非下到明天不可。)

(9)儿子过年就毕业了,他可要给儿子跑工作嘞。(儿子明年就毕业了,他会给儿子跑工作跑好多次。)

"可 VP 来"和"可要 VP 嘞"结构都可表示"时间长"("VP 很久")或"次数多"("VP 多次"),VP 类别不同,具体意义也会不同。

1.2 "可 VP 了个 AP"和"可要 VP 个 AP 嘞"

S_3:可 VP 了个 AP;

S_4:可要 VP 个 AP 嘞。

这两个构式在共同语中所对应的是状态补语结构,"可 VP 了个 AP"相当于共同语的"VP 得很 AP","可要 VP 个 AP 嘞"相当于共同语的"会 VP 得很 AP"。例如:

(10)前天去吃请,可吃了个好。(前天去吃请,吃得很好。)

(11)这头可推了个利索。(这头发理得很利索。)

(12)这么洗,可要洗个干净嘞。(这么洗,会洗得很干净。)

(13)过年出去做活,可要挣个多嘞。(明年出去打工,会挣得很多。)

共同语也有"可 VP 了个 AP",但和张家口晋语情形不同,其差异主要还是"可"性质的差异:共同语表示语气,尽管也可能表示程度,但主要还是表达语气;张家口晋语主要用来表达程度。以下是共同语的例子:

(14)不过那一次我们可真喝了个痛快。(《金蔷薇》中译本)
(15)你们在东面打,二小队在西面干,秋头子上,可把敌人打了个苦!(冯志《敌后武工队》)

例(14)(15)表面和张家口晋语情形相同,实际上其程度义是附加的,语气表达才是本质的。例(14)(15)"可"后面还有另外的状语"真""把敌人",在张家口晋语中,这两个状语可以放在"可"的前面,从而使"可"更好地专门表达程度意义:

(14')不过那一次我们真可喝了个痛快。
(15')你们在东面打,二小队在西面干,秋头子上,把敌人可打了个苦!

在表达贬义时,张家口晋语 AP 常用"败性"和"舔球",相当于共同语的"糟糕",表示程度极深。例如:

(16)那两个钱让他可花了个败性。(那两个钱被他花得很糟糕。)
(17)这蛋子可要打个败性嘞。(这冰雹会把庄稼果树打得很糟糕。)
(18)这么好一盘棋,你可下了个舔球。(这么好一盘棋,你下得很糟糕。)
(19)挺好的事儿让他去说,可要说个舔球嘞。(挺好的事儿让他去说,会说得很糟糕。)

"败性""舔球"在这两个构式中还形成比较凝固的结构"可闹了个败性/舔球""可要闹个败性/舔球嘞",表达说话人对事件采取的贬抑、消极的态度。

1.3 "可 VP 了 T"和"可要 VPT 嘞"

S_5:可 VP 了 T;

S_6:可要 VPT 嘞。

T表示时间,是不确定的时间,张家口晋语常用"两"或"几"加动量或时量成分表达,也用"一气"。"两"重读是确定数目"二",轻读是不确定数目"几"。这两个构式都表达时间长的意义,"可VP了T"相当于"VP了很长时间(具体根据T的情况确定)","可要VPT嘞"相当于"会VP很长时间(具体根据T的情况确定)"。例如:

(20)他在我们家可住了好几年。(他在我们家住了很多年。)
(21)外头风可刮了一气。(外面风刮了很长一段时间。)
(22)今年可要冷两个月嘞。(今年会冷好几个月。)
(23)别跟他说,要不可要骂一气嘞。(别跟他说,不然会骂很久。)

共同语也有"很VP了T"结构,但和张家口晋语有不同。先看共同语的例子:

(24)他指导甲乙两组的学生如何去搜集材料,又参与他们的演习,很忙了几天。(茅盾《蚀》)
(25)因她家中只有一个寡母,很艰难了几年,现在寡母又奄奄一息……(刘心武《红楼望月》)

首先,从系统看,共同语的"很VP了T"结构是"很VP了+数量成分"的一种,张家口晋语没有"可VP了+数量成分"结构,张家口晋语的"可VP了T"是程度副词修饰动词的一种构式,因此,两者所在系统是完全不同的。其次,从语义看,共同语"很VP了T"倾向于表达客观多量,而张家口晋语"可VP了T"倾向于表达主观多量,往往被赋予说话人更多的态度和情感。再次,从用法上,共同语的"很VP了T"必须带"了"或"过",只有表示已然事件的构式,没有表示未然事件的构式(张谊生2004),张家口晋语"可要VPT嘞"则可以表达未然事件,这在共同语中没有对应的表达。

为方便行文,我们把S_1、S_3、S_5合为$S_单$,把S_2、S_4、S_6合为$S_双$。

2. 对VP的选择

马庆株(1981)把动词分为非持续性动词和持续性动词两种,其中持续性动词又分为强持续性动词和弱持续性动词两种。相应地,我们可以把VP分为非持续性VP和持续性VP两种,持续性VP又分为强持续性VP和弱持续性VP两种。非持续性VP有的可以重复,是可重复的非持续性 VP；有的不可以重复，是不可重复的非持续性 VP。据此，VP 的类别如下：

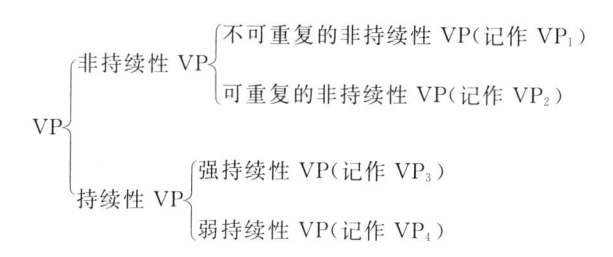

```
        ┌─非持续性 VP ┬─不可重复的非持续性 VP（记作 VP₁）
        │            └─可重复的非持续性 VP（记作 VP₂）
VP ─────┤
        │            ┌─强持续性 VP（记作 VP₃）
        └─持续性 VP ─┤
                     └─弱持续性 VP（记作 VP₄）
```

2.1 VP₁

VP₁（如"死、熟、懂、明白"等）不能进入 S₁、S₂、S₅ 和 S₆ 构式，但能够进入 S₃、S₄ 构式。"可 VP 来"和"可要 VP 了"构式可以表示"时间长"，"可 VP 了 T"和"可要 VPT 嘞"只能表示"时间长"，非持续性和"时间长"意义冲突，因此 VP₁ 不能进入以上四种构式。"可 VP 来"和"可要 VP 了"构式还可以表示"次数多"，不可重复和"次数多"意义冲突，这也导致 VP₁ 不能进入 S₁ 和 S₂ 构式。构件进入构式，一般必须符合构式的基本语义要求，除非出现构式压制（construction coercion），否则不能进入构式。

2.2 VP₂

VP₂（如"断、塌、来、去"等）能进入 S₁～S₄ 构式，不能进入 S₅ 和 S₆ 构式。其中进入 S₁、S₂ 构式只能表示"次数多"，不能表示"时间长"。VP₂ 是可重复的，和"次数多"语义相宜，这是 VP₂ 可以进入 S₁ 和 S₂ 构式并表示"次数多"的语义基础。例如：

(26) 我们家那保险丝，接上断了，接上断了，可断来。（我们家那保险丝，接上断了，接上断了，断了好多次。）

(27) 要是不修的话，村口那桥可要塌嘞。（要是不修的话，村口那桥会塌很多次。）

S₅ 和 S₆ 构式表示"时间长"，和非持续意义冲突，因此 VP₂ 不能进入这两个构式。"来"似乎是个例外，例如：

(28) 三来子可来了好长时间。（三来子来了很长时间了。）
(29) 雪可要来两天嘞。（雪会下好几天。）

例(28)(29)"来"其实并不是 VP₂，而是 VP₃。"来"有两个意思，一是

289

"到达",是 VP$_2$;一是"在、呆",是 VP$_3$。如果是前一个意思,就不能进入 S$_5$ 和 S$_6$ 构式,进入 S$_5$ 和 S$_6$ 构式的只能是 VP$_3$。所以"来"进入 S$_5$ 和 S$_6$ 构式并不是例外。

2.3 VP$_3$

VP$_3$(如"病、等、当、找"等)是强持续性 VP,能进入 S$_1$~S$_6$ 构式。其中进入 S$_1$、S$_2$ 构式既能表示"时间长",又能表示"次数多",但优势理解是"时间长"。例如:

(30)他年时可病来。
(31)他可要等儿子信嘞。

例(30)既可以理解为"他去年病了很长时间",又可以理解为"他去年病了好多次",但前者是优势理解,后者不是。例(31)既可以理解为"他等儿子信会等很长时间",又可以理解为"他等儿子信会等好多次",同样,前者是优势理解后者不是。

强持续性 VP 在意义上包含有"持续时间较长"这样的隐含义(有关隐含义可参看沈家煊 1999),这和"时间长"具有语义的相宜性,从而造成了"时间长"的优势理解。强持续性 VP 也有重复出现的可能,因此也不排除"次数多",但"次数多"显然并不能得到优势理解。

VP$_3$ 进入 S$_3$、S$_4$ 构式表示"程度深"。例如:

(32)他爷爷过年的时候可病了个不轻。(他爷爷过年的时候病得很厉害。)
(33)你那乡长可要当个败性嘞。(你的乡长会当得特别糟糕。)

VP$_3$ 进入 S$_5$、S$_6$ 构式表示"时间长",这和强持续性在语义上是极为相宜的。例如:

(34)他可等了一气才等上火车。(他等了很久才等到火车。)
(35)我抬的东西,可要叫他找两天嘞。(我藏的东西,会让他找好几天。)

2.4 VP$_4$

VP$_4$(如"看、吃、学、买"等)是弱持续性 VP,能进入 S$_1$~S$_6$ 构式。其中

进入 S_1、S_2 构式既能表示"时间长",又能表示"次数多",但优势理解是"次数多"。例如:

(36)那本书我可看来。
(37)这盆杏儿可要吃嘞。

例(36)既可以理解为"那本书看了好多次",也可以理解为"那本书看了一次,一次用了很长时间",但前者是优势理解后者不是,例(37)既可以理解为"这盆杏儿会吃很多次",也可以理解为"这盆杏儿会一次吃很长时间",同样前者是优势理解后者不是。

弱持续性 VP 在意义上包含有"持续时间较短"这样的隐含义,这和"时间长"在语义上不相宜,因而失去了理解优势。但这类 VP 可以重复,因此"次数多"成为优势理解。隐含义具有"可消除性",在特定语境里可以被推翻,(沈家煊 1999)因此弱持续性 VP 在特定语境里也可以获得"持续时间较长"这样的意义,"可 VP 来"和"可要 VP 嘞"也可以理解为"时间长",但不是优势理解。

VP_4 进入 S_3、S_4 构式表示"程度深"。例如:

(38)别看离得远,我可看了个真亮。(别看离得远,我看得特别清楚。)
(39)你这么用功,可要学个好嘞。(你这么用功,会学得很好。)

VP_4 进入 S_5、S_6 构式表示"时间长",由于 VP_4 在特定语境里也能获得"持续时间较长"的意义,因此也能进入 S_5、S_6 构式。例如:

(40)那个马可吃了一气。(那匹马吃了很长时间。)
(41)女人不逛街还好,一逛街可要买一气嘞。(女人不逛街还好,一逛街就会买东西买很久。)

3. 使用条件

3.1 $S_群}$ 用于现实事件

$S_群}$ 总是用于过去已经发生的现实事件,不能用于非现实事件。$S_群}$ 都和过去时间有关,其使用的标记词语也都是反映过去时间的。

S_1 和"来"的使用有关。"来"用于句末,"表示过去发生的动作或事件"(郭校珍 2008)。关于"来"的性质,郭校珍(2008)认为是经历体标记,邢向东(2002)认为是过去时助词。如果从句法位置看,"来"显然具有句末语气词的性质;如果从时间意义看,无论是"经历"还是"过去",都没有问题,都是过去事件的反映。

S_3和S_5和"了"的使用有关。一般认为,词尾"了"是助词,句尾"了"是语气词,S_3和S_5"了"都是助词。助词"了",其语法意义较为复杂,但基本语法意义应该是简明的,具有概括性的,有人概括为"实现",有人概括为"完成"。无论如何,助词"了"的基本语法意义都是和过去事件相关的。

$S_单$既然用于过去已经发生的现实事件,就一定有句法语义上的表现,那就是可以和表示过去时间的词语共现,不能和表示将来时间的词语共现。例如:

(42)这家伙念书那会儿可捣乱来。(这家伙读书的时候捣乱了很久。)

(43)他以前身体不好,可咳嗽来,这会儿好了。(他以前身体不好,咳嗽了很久,现在好了。)

(44)年时风可刮了个败性,今年可以了。(去年风刮得特别厉害,今年好多了。)

(45)夜来孩子可哭了个不像,可能是病了。(昨天孩子哭得特别厉害,可能是病了。)

(46)早那会儿我们家可好了两年,后来入社把我们入穷了。(早以前我们家好了很多年,后来入社把我们入穷了。)

(47)以前那会儿可遭灾穷了好几年。(以前的时候遭灾穷了很长时间。)

"那会儿、以前、年时(去年)、夜来(昨天)、早那会儿、以前那会儿"都是表示过去时间的词语,可以和$S_单$共现,而表示将来时间的"一会儿、以后、过年(明年)、明天"等等都不能和$S_单$共现。

3.2 $S_双$用于非现实事件

$S_双$总是用于非现实事件,不能用于已经成为现实的事件。主要包括三种情况。

首先是将然事件,用于事件将要发生的句子,可以和表示将来时间的词语共现。例如:

(48)你咋把他的收音机弄坏了?他一会儿回来可要骂了。(你怎么把他的收音机弄坏了?他过一会儿回来会骂很久。)

(49)还那么砸机器嘞,可要坏个挺嘞。(还那么砸机器呢,会坏得很厉害。)

(50)他光棍汉一个儿那么老了,可要起不来炕两天嘞。(他光棍汉一个人那么老了,会长时间起不来炕。)

在说话人看来,将然事件都是将要发生的事件,将然句反映了一种心理现实性,而不是基于物理世界的现实性。

其次是惯常事件,就是经常性的、习惯性的事件,可以和表示惯常时间的词语(如"每天、天天、每年、年年"等)共现。例如:

(51)他天天可要跑了,最少也得跑五千米。(他天天会跑很久,最少也得跑五千米。)

(52)小明每天看书可要看个晚嘞。(小明每天看书都会看到很晚。)

(53)老刘年年都可要去看他爹两回嘞,可孝敬了。(老刘每年都要去看他爹好多回,可孝顺了。)

将然事件因为尚未发生,显然属于非现实范畴。而惯常事件,一方面是现实中确实发生的,因此具有现实性;另一方面又不能构成一个特定发生的事件,作为一个特定发生的事件,应该有确定的时间、地点、人物、事实,但惯常事实所反映的,并不具有严格的确定性,因此又具有非现实性。因此惯常范畴在有些语言里用现实范畴的形式标注,在有些语言里用非现实范畴的形式标注。(Givón 1994)

在汉语中,惯常事件应该属于非现实范畴,对此柯理思(2005)做了很好的论证。她认为,从形式看,汉语共同语的惯常动作是用非现实情态形式来标记的,"会、要"本来就是非现实范畴的典型形式;从内容看,惯常句"之所以能属于非现实范畴,是因为我们用[命题P+惯常标记]的时候,并没有陈述命题P在特定的时间和空间发生过,我们只不过基于P所发生的高频性,从而对一个人或物的特征做出某种判断而已"。

最后是虚拟事件,就是现实中永远不会发生的事件。虚拟事件作为非现实事件,是非常明显的。例如:

(54)幸亏他不在,在的话可要叫唤嘞。(幸亏他不在,在的话会吵好久。)

(55) 要不是我抹了泥,下雨可要漏个败性嘞。(要不是我抹了泥,下雨时会漏得特别厉害。)

(56) 要是夜来我去的话,可要说挺长时间嘞。(如果昨天我去的话,会说很长时间。)

$S_双$用于将然事件、惯常事件和虚拟事件,和"要"的性质有关。根据石毓智、白解红(2007),"要"是将来时标记,然后衍生出认识情态的用法,其中包括"事件发生虚拟性"的用法。因此,$S_双$可以用于将然事件、虚拟事件。又根据柯理思(2005),"要"是惯常标记,$S_双$又可用于惯常事件。

现实句和非现实句的区分在人类语言中是比较普遍的。Mithun(1999)认为,现实句描述已经进行过的情景,是已经发生或正在发生,并通过直接的感知获得的认知;而非现实句把情景描绘成纯粹在思想领域仅仅通过想象获得的认知。

4. 形成动因

在张家口晋语中,"可"修饰 VP 比共同语发达得多,形成几种特殊的构式。对 S_3 和 S_4 来说,"可"在句法上修饰的是动词短语,但在语义上却指向 AP,表示 AP 达到了很高的程度。拿例(10)～(13)来说,"可"语义上分别指向"好""利索""干净""多",这些形容词本来就能受程度副词修饰,在张家口晋语中只不过句法上不相邻而已,语义指向并没有变化,因此这种情形是正常的修饰现象。对 S_1、S_2、S_5、S_6 来说,VP 自身并没有"时间长"或"次数多"的意义,为什么在相关的构式中却浮现出这样的意义呢?我们认为,这是语义和语用双重促动导致的结果。以下我们只分析 S_1、S_2、S_5、S_6 的情况。

4.1 语义的促动

VP 自身没有"时间长""次数多"这样的意义,即使是"VP 了 T"和"VPT 嘞"也是如此,VP 所及的时间量并不一定是大量,并非一定是"时间长"。但由于受到程度副词"可"语义的影响,便出现了这样的意义。可以说,程度副词"可"在语义上促动了 VP 意义的浮现。当然,促动因素毕竟是外在条件,它必须通过内部因素才能起作用。"可"促动 VP 意义浮现,首先必须保证 VP 可以被促动,也就是说,VP 必须首先具备一定的意义条件,才能被"可"促动。

VP 的可重复性或持续性是其意义浮现的基础。VP 的可重复性或持续性是潜在的，即使是强持续性动词，在一定语境下也会失去持续意义，如"他等了不到一分钟就不等了"，"等"的持续性几乎为零。VP的可重复性或持续性可以通过两种方式激发出来，一是词汇手段，如"看了三年""看了三次"，"三年"是词汇形式表持续意义，"三次"是词汇形式表重复义；二是语法手段，通过"可"这样的程度副词激发出来。

"可"通过修饰 VP 激发出 VP 的"时间长""次数多"的意义，这是语义的促动。

4.2 语用的促动

单有语义的促动还不能保证 VP"时间长""次数多"的意义完全实现，"可 VP"本身是不自足的，不能独立运用的，"可 VP"必须成为句子，具有述谓性，才能保证 VP"时间长""次数多"的意义完全实现。因此，VP 浮现意义的完全实现还需要语用的促动。张斌（2003）认为："句子既叙述客观现实，又表示说话人对事实的主观态度。主观方面主要是语气，每一个句子必定有特定的语气。客观方面主要是时间因素。"在"可 VP 来"中，"来"兼有表时间和语气两种功能，一方面，"来"表示过去的动作行为，另一方面，"来"表示肯定的语气，因此，"可 VP 来"实现了 VP"时间长""次数多"这样的浮现意义，整个构式表示"VP 了很久"或"VP 了多次"的意义。在"可 VP 了 T"中，"VP 了 T"本身就具有极强的述谓性，表达极强的时间意义，也可以在具体语境中带上说话人的主观态度，从而表达特定的语气，因此整个构式在语用的促动下能够表达"时间长"的意义。在"可要 VP 嘞"和"可要 VPT 嘞"中，"要"的基本用法是将来时标记，因此"要"具有表时间的功能，"嘞"是语气词，具有表语气的功能，因此"可要 VP 嘞"也实现了 VP"时间长"的浮现意义，整个构式表示"会 VP 很久"。"可要 VP 嘞"有时还可以实现"次数多"的浮现意义，整个构式"会 VP 多次"。

5. 结语

本节讨论了张家口晋语程度副词"可"修饰 VP 的几种构式，对这些构式的构式意义、对 VP 的选择、使用条件、形成动因进行了分析。本研究的价值在于，挖掘了方言中程度副词修饰一般动作行为 VP 的现象，并分析了造成这一现象的动因。程度副词所修饰的成分理应具有程度性，形容词是最具有程度性的词类，因此最容易被程度副词修饰；动词本身不具有程度性，但由于具有潜在的重复性或持续性语义，只要加上一定的条件，就可以实现程度义，从而被程度副词修饰。

第二节 焦点句:含焦点标记"让"的句子

"让"是张家口晋语的一个焦点标记词。作为焦点标记词,"让"总是位于焦点成分(简作 F)的前面,用来标记焦点成分。含焦点标记词"让"的句子,可以称为"让+F"句。

"让"标记焦点成分,对焦点成分起着确认的作用。例如:

(1)孩子夜来在学校表现好。(孩子昨天在学校表现好。)
(2)让孩子夜来在学校表现好。(数孩子昨天在学校表现好。)
(3)孩子让夜来在学校表现好。(孩子数昨天在学校表现好。)
(4)孩子夜来让在学校表现好。(孩子昨天数在学校表现好。)

例(1)没有焦点标记词,焦点成分是不确定的,可以是"孩子",可以是"夜来",也可以是"在学校"。例(2)(3)(4)有了焦点标记词"让",焦点成分就被确定下来了,分别是"孩子""夜来""在学校"。

本节谈"让+F"句,共分三个问题:"让+F"句的构成;"让+F"句的类别;"让"作为焦点标记词的理据。

1. "让+F"句的构成

1.1 让

1.1.1 "让"的性质

作为焦点标记词,"让"有如下两个性质:第一,"让"自身不负载实在的意义;第二,"让"是羡余成分,被删除后句子依然可以成立而且句子的基本意义保持不变。例如:

(5)让今年雨水大。(数今年雨多。)
(6)三个人让他最能干。(三个人数他最能干。)

例(5)(6)中的"让"没有实在意义,不表示"转让、使令"等意义,删除后也不影响句子的基本意义:

(5')今年雨水大。
(6')三个人他最能干。

1.1.2 "让"和"数"的差异

张家口晋语的焦点标记词"让"和共同语的焦点标记词"数"在用法上基本一致,二者有时可以相互替换:

(5'')数今年雨水大。
(6'')三个人数他最能干。

但共同语的"数"还可以用作谓语中心语,而"让"不可。例如:

(7)全村最有钱的就数他了。(*全村最有钱的就让他了。)
(8)他不数第一,也数第二。(*他不让第一,也让第二。)

"让"可以用在"心理动词+宾语"短语的前面,而"数"不可。用在"心理动词+宾语"短语前面的"让"仍然是焦点标记,"心理动词+宾语"是焦点成分。例如:

(9)她让待见小儿子。(他最喜欢的是小儿子。)
(10)外父让嫌二女婿穷。(岳父最嫌弃的是二女婿贫穷。)
(11)猫让爱吃耗子。(猫最爱吃的是老鼠。)

"让"比"数"的虚化程度更深,"数"有时还可以用作句子成分,而"让"只能用作焦点标记。

1.2 焦点成分F

作为焦点成分,F有如下两个性质:第一,F在语音上是凸显的,需要重读;第二,F具有离散性质。在"让+F"句中,F总是重读成分。F还须具有离散性质,也就是说,F所代表的事物或动作应该是具有明确起讫点的。例如:

(12)这一堆脏衣裳里头让衬袄难洗。(这一堆脏衣服里头数衬衣难洗。)
(13)磨麦子,让磨第二遍慢。(磨麦子,数磨第二遍慢。)

"衬袄"是具有三维空间的具体事物,有明确的起讫点;"磨第二遍"是用动量词称数的动作,也有明确的起讫点。

1.3 让＋F

从关系上看,焦点标记词"让"和焦点成分 F 有如下性质:第一,"让"必须位于 F 之前;第二,"让"和 F 必须紧邻,不能被其他成分隔开。这符合焦点标记词的性质,"焦点标记词只能焦点化紧邻其后的成分"(石毓智 2005)。

1.4 F 的比较项

作为焦点成分,F 应该有比较项,其比较项有时在"让＋F"句中出现,有时只在上下文中出现,有时需要依靠预设或百科知识来获得信息。例如:

(14)姊妹三个让老三念书最好。(姊妹三个数老三读书最好。)

(15)来了这么多客人,送钱的送钱,给礼的给礼,让他寒碜,啥都没拿。(来了这么多客人,送钱的送钱,给礼的给礼,数他寒酸,啥都没拿。)

(16)他们家让爷爷岁数最大。(他们家数爷爷岁数最大。)

(17)今年就让八月天气最好。(今年就数八月天气最好。)

例(14)的比较项是姊妹三个中的另外两个,是在"让＋F"句中出现的;例(15)的比较项是其他来的客人,是在上下文中出现的;例(16)的比较项是爷爷以外的其他家庭成员,这是通过预设获得的信息,"爷爷"预设着孙子的存在,说明该家庭不可能是只有爷爷一个人的单亲家庭,而且至少还是三世同堂的家庭;例(17)的比较项是今年八月以外的其他十一个月,这是通过百科知识获得的信息。

F 的比较项有如下两个性质:第一,F 的比较项至少应该有两个;第二,F 具有谓语所表示的性质,而 F 的比较项不具有这种性质。拿例(14)来说,"老三"是焦点成分,其比较项至少有两个,如果只有一个,就不能用"让"来焦点化。下面这样的说法是不成立的:

(18)* 姊妹两个让老大念书好。

(19)* 张三和李四让张三优秀。

再说 F 比较项的第二个性质。还拿例(14)来说,"老三"念书最好,说明另外两个很可能念书一般,即使念书好也肯定赶不上老三,不可能最好。这符合认定焦点的性质,只有焦点成分具有谓语所表示的性质,而其他跟它相对的成分不具有这种性质。(袁毓林 2003a)

1.5 谓语

"让＋F"句的谓语一般由性质形容词及其短语、表生理心理的动词及其短语、含形容词的主谓短语构成。"让＋F"句的谓语有如下两个性质：第一，必须具有程度性；第二，和焦点敏感算子"最"兼容，或者直接出现"最"，或者可以添加"最"。例如：

(20)听说让山兑村那个瞎子算命最准。(听说数山兑村那个瞎子算命最准。)

(21)让锄头遍谷子费劲,一窝三圪截。(数锄头遍谷子费劲,蹲下去把身体折叠成三部分。)

"算命准""费劲"都具有程度性,例(20)直接出现了焦点敏感算子"最",例(21)可以添加"最"：

(21')让锄头遍谷子最费劲,一窝三圪截。

2. "让＋F"句的类别

根据句类的不同,"让＋F"句可以分为三类："让＋F"陈述句；"让＋F"疑问句；"让＋F"感叹句。

2.1 "让＋F"陈述句

作为"让＋F"陈述句,焦点成分F可以是名词、名词短语、名词AABB重叠式、双音节方位词、处所词、时间词、表顺序的数量短语、指量短语、人称代词、指示代词、动词、动词短语、同位短语、的字短语等。例如：

(22)家里的东西,让桌子最难搬了。(家里的东西,数桌子最难搬了。F＝桌子)

(23)让那个胖子卖的肉最贵。(数那个胖子卖的肉最贵。F＝那个胖子卖的肉)

(24)你拉的那车货,让瓶瓶罐罐最容易碎。(你拉的那车货,数瓶子罐子最容易碎。F＝瓶瓶罐罐)

(25)这茭树上的苹果,让上头结的多。(这棵树上的苹果,数上头结的多。F＝上头)

(26)咱们这几个村子,让肖家堡有钱。(咱们这几个村子,数肖家堡有钱。F＝肖家堡)

(27)让今年旱得最厉害。(数今年旱得最厉害。F＝今年)

(28)跑一千五百米,让第三圈难跑。(跑一千五百米,数第三圈难跑。F＝第三圈)

(29)你看噢,满天星星让那颗亮。(你看啊,满天星星数那颗亮。F＝那颗)

(30)这辈的孩儿们让他仁义。(这辈的孩子们数他仁义。F＝他)

(31)你要放马就多往那边走走,让那边草多。(你要放马就往那边多走走,数那边草多。F＝那边)

(32)让锄地累得慌。(数锄地最累。F＝锄地)

(33)去矾山让走这条路最近。(去矾山数走这条路最近。F＝走这条路)

(34)那几个村干部让村主任老刘最难揍。(那几个村干部数村主任老刘最厉害。F＝村主任老刘)

(35)镇上做细活的让修手表的挣钱多。(镇上做细活的数修手表的挣钱多。F＝修手表的)

2.2 "让＋F"疑问句

在疑问句中,句子的焦点一般总是落在疑问词上(有时也落在疑问词短语上),因此,疑问词就成了疑问句焦点的显性标志,而且疑问句还可以作为确定陈述句焦点结构的测试手段。(袁毓林2003b)在"让＋F"疑问句中,焦点成分F都是疑问代词。例如:

(36)你们家让谁最能吃?(你们家数谁最能吃?F＝谁)

(37)家具里头让啥值钱?(家具里面数什么值钱?F＝啥)

(38)今年让哪里庄稼长得最好?(今年数哪里庄稼长得最好?F＝哪里)

(39)感冒这几天,你让哪天最难受?(感冒这几天,你数哪天最难受?F＝哪天)

(40)三个媳妇让哪个人性好?(三个媳妇数哪一个人性好?F＝哪个)

(41)你看我让多会儿去北京好?(你看我数什么时间去北京好?F＝多会儿)

(42)她坐月子,我想给点钱,你看让给多少合适?(她坐月子,我想给点钱,你看给多少最合适?F＝给多少)

(43)我今年不想种地,想去北京做活,你看让做啥能挣钱?(我今

年不想种地,想去北京打工,你看做什么工作能挣钱? F=做啥)

(44)我咋说他也不信,你说我让咋闹他才能相信?(我怎么说他也不信,你说我要怎么样他才能相信? F=咋闹)

例(42)~(44)张家口晋语用焦点标记"让",但共同语不能用焦点标记"数",因此"让"和"数"只是大致相同,二者是偏侧关系,不是对等关系。

2.3 "让+F"感叹句

"让+F"感叹句的形式为:让+人称代词+形容词+了!

其特点为:第一,"让"前面不能出现其他语言成分,包括像主语这样的句法成分,像话题这样的语用成分等;第二,人称代词一般都是单数形式;第三,形容词必须是贬义的,不能是中性和褒义的;第四,"了"必须在表层显现。

"让+F"感叹句和F为人称代词的"让+F"陈述句不同,前者没有明确的比较项,因此这类句子意义更加虚化;后者有或显或隐的比较项,其意义比较实在。试比较:

(45)哥儿几个让他窝囊了。(哥儿几个数他窝囊了。)
(46)让他窝囊了!(数他最窝囊!)

例(45)有明确的比较项,认定了"他"最窝囊,就排除了其他哥儿几个最窝囊,其意义比较实在;例(46)没有明确的比较项,说话人主观认定他窝囊,既没有可资比较的对象,又不一定符合客观真实世界(也许"他"根本就不窝囊),因此其意义是虚灵的。

"让+F"感叹句又可分为三类。

第一类,F为第一人称代词。其形式为:让+我+形容词+了!其意义为:表现说话人自嘲或自叹。例如:

(47)你看我干啥?让我难看了!(你看我干啥?数我最难看了!自嘲)
(48)让我可怜了!(数我最可怜了!自叹)

第二类,F为第二人称代词。其形式为:让+你+形容词+了!其意义为:表现说话人对听话人的责骂或抱怨。例如:

(49)你竟然做出这样的事!让你舔球了!(你竟然做出这样的事!

数你最差劲！责骂）

（50）还跟你共事嘞！让你霸道了！（还能跟你共事呢？数你最霸道了！抱怨）

第三类，F为第三人称代词。其形式为：让＋他＋形容词＋了！其意义为：表现说话人对不在场的第三人的不满或不屑。例如：

（51）让他败兴了！（数他倒霉了！不满）
（52）让他土鳖了！（数他窝囊了！不屑）

3. "让"作为焦点标记词的理据

一般地，焦点有两类：自然焦点（也叫常规焦点、信息焦点）和对比焦点。自然焦点在句末的位置，是通过句法手段实现的。对比焦点没有确定的句法位置，需要通过其他手段实现。跨语言的研究表明，有三个因素可能导致对比焦点的实现：词序、结构和语调。（张伯江、方梅1996）大多数语言都使用两种方法来表达对比焦点，其中语调因素最具普遍性。就汉语而言，汉语的对比焦点除了通过语调实现外，还常常通过结构的手段实现，其中最典型的结构手段就是使用焦点标记对焦点成分进行结构提升。汉语最典型的对比焦点标记词是"是"，这是语法学界所公认的事实，而且这也符合人类语言的一般规律：判断词向焦点标记发展是人类语言的共性。（Heine & Kutewa 2002，石毓智2005）此外，汉语还有表极性的对比焦点标记存在，包括"连"（张伯江、方梅1996）、"数"（宗守云2008）等。我们认为，张家口晋语的"让"也是表极性的对比焦点标记。这样看来，汉语的对比焦点标记有两类："是"对比焦点标记和极性对比焦点标记。

我们感兴趣的是，共同语中的"连""数"以及方言中的"让"似乎是毫不相干的几个词，为什么都不约而同地用作极性对比焦点标记呢？这肯定不是偶然的，它们既然都可以用在焦点成分F的前面用作焦点标记，就必然与焦点成分F存在着语义的相宜性。

根据Kiss(1998)的研究，传递预设信息的对比焦点往往是认定焦点(identificational focus)，认定焦点在语义上具有穷尽性和排他性特征（袁毓林2003a，徐烈炯、潘海华2005）。"连、数、让"所标记的成分F在语义上都具有穷尽性和排他性特征，因此都是认定焦点，F具有[＋认定]这样的语义特征。不过，"连、数、让"所标记的焦点成分F在语义上的穷尽性和排他性与一般认定焦点的情形有所不同：它们所谓的穷尽和排他都是针对F的极性意义而言的。例如：

(53)连他都怕老师。
(54)数他怕老师。
(55)让他怕老师。(数他怕老师。)

这三例表达的极性意义是一样的，都是"他最怕老师"，这可以排除别人最怕老师，但不能排除别人怕老师。从极性的角度看，焦点成分F仍然具有穷尽性和排他性，符合认定焦点特征。

"连、数、让"表面看来是毫不相干的，但它们背后隐藏着某种共同的语义特征。它们都来源于动词，根据《现代汉语词典》(第6版)，它们作为动词的主要语义分别为：

连——连接。
数——查点(数目)，逐个说出(数目)。
让——把方便或好处给别人；索取一定的代价，把财物的所有权转移给别人。

它们之间表面上互不相干的语义其实可以用[＋认定]来概括："连"是把事物连接起来，是对事物关系的认定；"数"是查点(数目)，是对事物数量的认定；"让"是把所有权转移给别人，是对所有权的认定。再进一步说，"是"作为判断动词，在认知上也具有[＋认定]的语义特征：对事物进行判断就意味着对事物的认定。这些词从动词发展出焦点标记的用法后，仍然积淀了[＋认定]这样的语义特征，这是它们能够和焦点成分F共现的必要的语义条件，也就是说，它们和焦点成分F具有语义的相宜性。

当然，并非只要动词具有[＋认定]语义特征就可以发展为焦点标记，动词具有[＋认定]语义特征只是能够发展为焦点标记的必要条件，但要实现向焦点标记的转化还需要具备其他条件。对焦点标记所来源动词[＋认定]语义特征的概括只能提供解释，不能提供预测。

第三节 否定句:几种常见的否定句

否定句是做出否定判断的句子。就基本否定形式而言，晋语(包括张家口晋语)和共同语同多异少:都用否定动词或否定副词表达;否定词为"不、没、别"。在张家口晋语中,有一些特殊形式的否定句,有一定的特色。本节就张家口晋语基本否定句和一些有特色的否定句做出描写和分析,有些还指出源流关系。

1. 基本否定句

"不 VP"和"没 VP"是共同语和方言中比较普遍存在的两种最基本的否定结构,这两种基本结构可以形成否定句。

张家口晋语"不 VP"和"没 VP"的特殊用法很少,如果说语音形式可以算特殊用法的话,那么,张家口晋语"不 VP"和"没 VP"有通过语音变化表达强调的用法。在张家口晋语中,"不、没"都是入声字,舒化后增加开口度并拖长以表示强调。例如:

(1)A:他走不走? B:不[pʌʔ]走。(一般表达)不[paː]走。(强调表达)

(2)A:他吃饭没有? B:没[mʌʔ]吃。(一般表达)没[maː]吃。(强调表达)

这种通过语音变化来表达强调的用法,符合数量的象似性,即形式上数量越大,内容上数量越大,开口度增加及时间延长,和对内容的强调相对应。

此外,"不"和"没"在疑问句句末以及应答上也有一定的特殊性,当然这是"不"和"没"的特殊性,不是"不 VP"和"没 VP"结构的特殊性,这里只是顺便提及。在张家口晋语中,"不"用于疑问句句末,是统一的,都是"X 不?"或"X 嘞不?"例如:

(3)咱们喝酒不?(咱们喝酒吗?)
(4)你去北京嘞不?(你去北京吗?)

"没"和"没有"可以用于疑问句句末,涿鹿县城、宣化等地用"没",怀来、涿鹿矾山等地用"没有":

(5)a.他去了没?(涿鹿县城、宣化等)
　　b.他去了没有?(怀来、涿鹿矾山等)

详细情况参看本章第四节疑问句研究。

2. 祈使否定句

在张家口晋语中,表示劝止意义的否定词有两个——"别"和"嫑",形成劝止结构"别/嫑 VP",成为否定祈使句。"别"和"嫑",在怀来话和涿鹿矾山话中失去介音 i,分别读为[pe]和[pə],在其他地区声韵还和共同语一样。"别"和"嫑"有时也说成"别介"和"嫑介",在单独回答问题的时候只能用"别介"和"嫑介",不能单用"别"和"嫑",这和共同语不同。"别/嫑 VP"的基本意义是表示劝止,此外还可以表示警告、担心。

2.1 表示劝止

劝止包括两种情形,一是对正在进行的行为进行劝止,是"现场性劝止";二是对可能出现的行为进行劝止,是"预见性劝止"。"嫑"一般只用于后者,"别"则既可以用于前者,也可以用于后者。例如:

(6)(看见学生正在捣乱)别/*嫑捣乱!

(7)(觉得学生可能会捣乱)别/嫑捣乱啊!

正因为"别"可用于现场性劝止,"嫑"只用于预见性劝止,所以"别"的劝止语气较强,"嫑"的劝止语气较弱。

2.2 表示警告

"别/嫑 VP"还用于警告,相当于"小心"。从构成看,"别/嫑"后面不仅可以是 VP 形式,还可以是小句形式甚至复句形式。例如:

(8)别/嫑摔倒了!(小心摔倒了!)

(9)别/嫑把炕跳塌!(小心把炕跳塌!)

(10)早点去吧,别/嫑他们骂你的!(早点去吧,小心他们骂你的!)

(11)现在就走,别/嫑人家到了你还没到。(现在就走,小心人家到了你还没到。)

北京话"别 VP"也可用于警告,而且"别"后面也可以是小句形式或复句形式。

劝止是针对行为的,警告是针对结果的,而行为和结果总是相关的,这样,"别"在表达劝止和警告意义上就有了相关的联系。例(8)的背景是,说话人发现对方正在冰上行走,或者预见对方会在冰上行走;例(9)的背景是,说话人发现对方正在炕上跳,或者预见对方会在炕上跳。说话人对这样的行为进行劝止,同时还会提醒或警告对方可能会出现某种消极的结果:

  (8')别/憂在冰上走,小心摔倒咾!
  (9')别/憂在炕上跳,小心把炕跳塌!

  如果是对方正在进行某个行为,由于这个行为是交际双方共知的信息,说话人即使不说出来,也不影响交际,因此"在冰上走""在炕上跳"可以不在话语层面出现,两个小句可以整合成一个句子,于是就成为例(8)(9)这样的形式。至于例(10)(11),应该是"别/憂 VP"类推扩展的结果,由 VP 而扩展到小句形式或复句形式,意义在某种程度上也有所弱化,由警告趋向提醒。

2.3 表示担心

  共同语"别 VP"或"别 S"可用于揣测。用于揣测时,常常用"别是"或"别不是"这样的形式,二者正反同辞,而且都已经词汇化。例如:

  (12)他怎么还不回来? 别是出事了吧!
  (13)他怎么还不回来? 别是还在干活吧!

  这两例都表示揣测,但又有所不同,例(12)是消极揣测,例(13)是中性揣测,高增霞(2013)把前者的"别"处理为担心-认识情态标记,后者处理为认识情态标记。把"别"处理为情态标记,是正确的,请看下列事实:

  (14)a.别是他明天在北京举行婚礼吧!
    b.他别是明天在北京举行婚礼吧!
    c.他明天别是在北京举行婚礼吧!
    d.他明天在北京别是举行婚礼吧!

  很明显,这里的"别是"是一个对焦点敏感的算子,在句中位置灵活,可以游移。
  但是,例(12)(13)的差异只是语境赋予的,和"别"的性质无关,因此二者应该都作为认识情态标记,没有必要分出两种不同情形。
  在张家口晋语中,"别/憂 VP"只用于表达说话人担心,不表达揣测意义。例如:

(15)他咋还不回来？别/嫑出事噢！（他怎么还不回来？可别出事啊！）

(16)他咋还不回来？别/嫑还在做活噢！（他怎么还不回来？可别还在做活啊！）

例(15)(16)都是消极事实，无论出事还是在做活，都是说话人不希望发生的，说话人用"别/嫑VP"表达担心的情态。

揣测和担心都是警告隐含义显化导致的。拿例(8)(9)来说，当说话人看到对方在冰上走、在炕上跳，一方面，说话人揣测会出现摔倒、把炕跳塌的结果；另一方面，说话人也担心对方摔倒、炕被跳塌。对说话人来说，可以做出两种选择，一是针对对方，提出警告；一是针对自我，表达揣测、担心。前者"别/嫑VP"用来表达警告意义，后者"别/嫑VP"用来表达揣测、担心意义，只不过在共同语中出现了揣测意义，而在张家口晋语中出现了担心意义。

3. 比较否定句

共同语否定比较句主要有三种形式：X 没有 YW、X 不如 YW 和 X 不比 YW。例如：

(17)张三没有李四高。
(18)张三不如李四高。
(19)张三不比李四高。

例(17)(18)用于非预期否定比较，例(19)用于反预期否定比较（吴福祥2004c）。例(17)倾向口语性，例(18)倾向书面性。

张家口晋语否定比较句主要有两种形式："X 没有 YW"和"X 不像 YW"。前者和共同语用法相同，后者例如：

(20)张三不像李四高。

例(20)既可以用于非预期，也可以用于反预期，都具有较强的主观性色彩。相比之下，例(17)客观性比较强。因此，在张家口晋语中，"X 没有 YW"和"X 不像 YW"的差异在于，前者倾向于客观陈述，后者倾向于主观表达。一般地，在客观陈述性语境中，极其倾向用"X 没有 YW"。例如：

307

(21)扁担长,板凳宽,扁担没有(?不像)板凳宽,板凳没有(?不像)扁担长。

(22)秋天没有(?不像)冬天冷。

但在主观表达性语境中,用"X没有YW"和"X不像YW"都可以。例如:

(23)他可是不像/没有他爹能干。(他确实不如他爹能干。)

(24)教授还不像/没有副教授水平高嘞。(教授还不如副教授水平高呢。)

这是因为,客观性语言成分可以通过语调、重音等手段实现主观化,从而表达主观情态,而主观性语言成分由于已经固定,不适合再用于客观陈述性语境。

4. 情态否定句

张家口晋语涿鹿、怀来话中,有两个表示不允许做某事的情态否定结构"不许VP"和"不高VP",形成情态否定句。"不许VP"和共同语用法相同。"不高VP","高"是记音,不是本字,笔者推测本字可能是"敢",但没有证据;复旦大学陶寰教授告诉笔者应该是"教",无论从语音联系还是语义联系上都说得通。

先说"不许VP"。"不许VP"就是"不允许VP",可以用于规定、约定、威胁、命令等。例如:

(25)用药期间不许吃油腻食物。(规定)

(26)打牌输了不许没好气。(打牌输了不许生气。约定)

(27)不许动!(威胁)

(28)你们不许拿群众一针一线!(命令)

在句法上,"不许"一般后接VP,但也可以在句首,后接S。"不许"还可以作为"提升动词",并作为"焦点敏感算子"在句中游移。例如:

(29)a.不许他们明天回家。

b.他们不许明天回家。

c.他们明天不许回家。

例(29)a"不许"位于句首,后接小句。例(29)b"不许"是提升动词,"他们"本来是小句主语,还存在一个言者主语"我",由于言者主语不出现,小句主语提升为句子主语,即"我不许他们明天回家","他们"提升,"我"脱落,于是成为例(29)b,"不许"为提升动词。例(29)a~c,"不许"在句间游移,位置不同,焦点也不同,因此"不许"还是对焦点敏感的算子。

再说"不高 VP"。"不高 VP"也是"不允许 VP",但只能用于约定,不能用于其他。"不高 VP"用于比赛、游戏、打赌等的约定。例如:

(30)(打牌时)咱们先搞好,不高奸,不高没好气。(咱们先约定好,不许耍赖,不许生气发火。)

用于约定时,"不许 VP"和"不高 VP"可以互换,意义不变:

(30')打牌输了不许/不高没好气。(打牌输了不许生气发火。)

总之,"不许 VP"是泛用性禁止意义结构,"不高 VP"是约定性禁止意义结构,二者用于约定可以互换,其他用法只能用"不许 VP"。

5. 建议否定句

张家口晋语的"不行 VP"有两个用法,其一义同"要不",其二义同"不妨",都是用来表建议的。例如:

(31)他不听话,不行扇他两个逼兜。(他不听话,要不扇他两个耳光。)
(32)反正这会儿没事,咱们不行出去走走。(反正现在没事,咱们不妨出去走走。)

"不行"和"不妨"语源意义恰好相反,"不行"是不可以,"不妨"是可以,但二者表达相同的意义,是很有趣的语言现象。这是"不行"逐步虚化发展所导致的。

"不行"本来是个短语,表示"不可以",可以单独回答问题,也可以做谓语,做分句。"不行"向"要不"义发展,是在一定的句法语义条件下实现的,其句法语义条件是,单独用作假设复句的前分句。例如:

(33)请你相信我,我一定想办法使我们在一起,如果不行,我情愿

回思茅或乡里工作。（CCL 语料库）

(34)我的孩子阿斗，您认为可以辅助，就辅助他；如果不行，您就自己来做一国之主吧。（CCL 语料库）

由于整个复句是正反对照性的，后面是假设性否定，即使"如果"不出现，对方也完全可以理解为假设意义，因此，"如果"可以不出现，"不行"紧附在后一分句上面，成为紧缩句，形式上是一个分句：

(33')请你相信我，我一定想办法使我们在一起，不行我情愿回思茅或乡里工作。

(34')我的孩子阿斗，您认为可以辅助，就辅助他；不行您就自己来做一国之主吧。

例(33')和例(34')不同，前者是决定性言语行为，是说话人的自我表态；后者是建议性言语行为，是说话人向对方做出建议。前者"不行"相当于"不然"，后者相当于"要不"，张家口晋语的"不行 VP"相当于"要不 VP"的用法，正是在后者的基础上产生的。例(34')"不行"处于过渡状态，既可以作为紧缩复句的分句，理解为"如果不行"，也可以作为副词，理解为"要不"。例(34')还是正反对照的句子，如果不在正反对照的语境中，只有单纯的建议，"不行"就彻底词汇化为表示建议的副词，相当于"要不"。"不行"既可以在句首，后接 S，也可以在句中，后接 VP。例如：

(35)不行咱们一起走吧！（不妨咱们一起走吧！）
(36)咱们不行一起走吧！（咱们不妨一起走吧！）

"不行"作为表建议的副词，如果在句中后接 VP，那么 VP 既可以是语气强烈的行为，也可以是语气委婉的行为，前者只能理解为"要不"，后者则可以理解为"不妨"。例如：

(37)不行赶紧离开！（要不赶紧离开！）
(38)咱们不行出去散散步！（咱们不妨出去散散步！）

例(38)也可以理解为"不妨"，而且这是最为适宜的理解，如果理解为"要不"，似乎更适合疑问语气，是征求对方意见的时候。

综上,"不行"本来是表示"不可以"意义的短语,单独用作假设复句前分句的时候,为进一步虚化提供了句法语义基础。当"如果"不出现的时候,"不行"附着在后一分句上成为紧缩句,如果适逢建议性言语行为语境,就可以理解为表建议意义的副词。当离开正反对照语境时,"不行"就彻底副词化,表建议意义。"不行"如果在句中后接 VP,而且语气委婉,就可以理解为"不妨"。

6. 极性否定句

在共同语中,有一种主语为极小量成分、谓语部分带副词"都"或"也"的极性否定句。例如:

(39)一个都不能少。
(40)一个也不能少。

这种极性否定句表达对全量的否定。根据沈家煊(1999),这种否定句和语用推理有关:对一个极小量的否定意味着对全量的否定。

在张家口晋语中,语气副词"还"也可以用于极性否定句中,后面需要有语气词"嘞"结句。例如:

(41)一个还不能少嘞。(一个都不能少呢。)
(42)我一碗还吃不完嘞。(我一碗都吃不完呢。)
(43)那么大了,连句话还不会说嘞。(那么大了,连句话都不会说呢。)
(44)A(唐山人):你有几个妗子?(你有几个舅妈?)B(张家口人):我一个妗子还没有嘞。(我一个舅妈都没有。)

张家口晋语极性否定句也可以用"都"或"也",但没有"还"语气强烈。如果按照语气强烈程度排序的话,以"一个不能少"为例,就是:

一个也不能少＜一个都不能少＜一个还不能少嘞

张家口晋语语气副词"还"可以用于极性否定句,这和语气副词"还"的多功能性有关,"还"可以用于周遍句、强调句等,在意义上相当于"都"和"也",但语气上比"也"和"都"强烈。例如:

(45)A:你怕老师不？B:我谁还不怕他嘞。(我谁都不怕。)
(46)A:你跑两步。B:我走还走不动嘞,还跑嘞。(我走都走不动,还跑呢。)

例(45)(46)共同语只能用"都"或"也",不能用"还",像张家口晋语"还"那样强烈的语气,共同语和其他官话方言都是通过非语段性成分的强调语气表达的。

以上我们讨论了张家口晋语六种否定句,无论是基本否定句还是特色否定句,都尽量讨论其特殊的一面,通过和共同语语法的比较揭示张家口晋语否定句形式和表达的特殊性。否定是一种重要的语义范畴和语用功能(刘丹青编著 2008),挖掘方言中特殊的否定形式和否定表达,不仅可以丰富汉语方言研究的成果,还能够为类型学提供材料,从而促进语言广泛而深入的研究。

第四节　疑问句:特殊的疑问句及其类型学价值

疑问和否定都是人类语言普遍存在的范畴,但二者的本质又有不同,疑问作用于整个句子,而否定作用于谓语中心语。疑问是一种交互性的语言行为,典型的用法是基于话轮转换的一问一答形式,其中问的部分就是由疑问句承担的;否定是基于命题真伪的判断,一般情况下,如果说话人认为命题为伪,即可用否定形式做出判断。(Thompson 1998,张伯江 2005)疑问范畴既然是加在整个句子上的,其使用就必然和全句的语法操作有关,比如语序的变化、语气词的使用、超语段因素的运用等。在汉语中,疑问句的主要影响因素是语调和语气词,有些还涉及形式的变化,但一般不涉及语序的变化。

从疑问句的类型来看,一般疑问句和特殊疑问句的区分比较普遍,英语就是这样的区分。吕叔湘(1982)在为汉语疑问句分类的时候也遵循着这样的区分:首先分为是非问(一般疑问句)和特指问(特殊疑问句),其次是非问下面又分出抉择问(即"选择问句"),反复问(即"正反问句")比较特殊,一方面和抉择问接近,一方面也具有一般是非问的特质。

汉语疑问句一般分为是非问、特指问、选择问和正反问四种。但不同的语法体系又有不同的处理,有的把是非问和正反问归为一大类,邵敬敏(1996)从"选择"的角度着眼对疑问句进行了分类,是非问和正反问都归"是非选择问";有的把选择问和正反问归为一大类,丁力(1998)把选择问称为"列项选择问",正反问称为"正反选择问";有的根据句末语气词的不同把疑问句分为是非问和非是非问(叶蓉 1994),是非问句末语气词为"吗",非是非问句末语气词为"呢"。

疑问句并列四分和其他分类各有各的好处,也各有各的不足。并列四分的好处是容易操作,这对方言疑问句的调查非常有用,不足是系统性不强,分类标准不够清晰,理论性弱。其他分类的好处是理论性强,系统性强,但在面对具体问题时,有时不易处理。本节是关于张家口晋语疑问句研究,以下按照传统的并列四分对张家口晋语的疑问句进行描写分析,最后说明张家口晋语疑问句在方言类型学方面的价值。

1. 是非问疑问句

共同语是非问有两种:语调是非问和"吗"字是非问。(刘月华 1987、1988)张家口晋语也可以用语调承担疑问信息。例如:

(1)你是个坏人?

张家口晋语没有语气词"吗",但有功能上类似的"不是",居于句末,形成"X 不是?"疑问句。例如:

(2)你是学生不是?(你是学生吗?)
(3)你年时在石家庄做活来不是?(你去年在石家庄打过工吗?)
(4)你准备过年去石家庄做活不是?(你准备明年去石家庄打工吗?)

例(2)是正反问形式,但如果从系统看,也不妨认为和(3)(4)一样是是非问,因为张家口晋语的句末"不是"和共同语句尾"吗"功能上一致的。我们对吕叔湘编著(1999)和侯学超(1998)文献中"吗"的用法进行了查检,用"不是"进行替换,发现所有例句在张家口晋语都能接受且意义不变(有些例子需要按照张家口晋语语法规律进行局部改造),说明张家口晋语的"不是"已经具备了共同语"吗"的功能。例(3)(4)分别是过去、将来事件,都不影响"不是"的使用。

张家口晋语还有和共同语带"吧"是非问功能相同的形式"噢"。共同语"吧"疑惑程度较低,信大于疑(邵敬敏 1996),张家口晋语"噢"也是如此。例如:

(5)8号那天没下雨噢?(8号那天没下雨吧?)

(6)你是榆林子的老刘噢?(你是榆林子的老刘吧?)

例(5)(6)说话人认为"8号没下雨""对方是榆林子的老刘"可能性极大,但又不能完全肯定,所以希望通过询问对方得到确定,显然信大于疑。

是非回声问是是非问中的特殊情形,通常是说话人没听清楚对方的话而提出的问句,结构上和前面说话人的句子有明显的联系。(刘丹青编著2008)张家口晋语这类问句很发达,也很有特色,除了没听清楚对方的话这样用,有时候不相信对方的话也这样用。在形式上,张家口晋语的是非回声问句既用语调(升调),也用句末语气词"么",缺一不可。例如:

(7)A:老三爷子死了。B:老三爷子么?(是老三爷子吗?)
(8)A:夜来出西虹(jiàng)来。(昨天西边出过彩虹。)B:夜来么?(是昨天吗?)
(9)A:我们刚刚从上海回来。B:你们从上海么?(你们是从上海吗?)
(10)A:老四家里的母猪又叫圈子嘞。B:又倒叫圈子嘞么?(又已经发情了吗?)

从句法看,是非回声问可以是主语、状语、谓语中心语等,还可以是跨层结构,如例(9)。从意义看,是非回声问可以是施事、时间、处所以及动作行为等。

2. 特指问疑问句

特指问有两个确定指标:疑问代词和句末语气词。

2.1 疑问代词

张家口晋语疑问代词包括:谁、谁们、哪里、多会儿、什么、啥(涿鹿、怀来、赤城、宣化、阳原、沽源,包括"为啥、做啥"等)、甚(张家口市、万全、怀安、张北、尚义、崇礼、康保,包括"为甚、做甚"等)、咋、咋么、咋闹、多、几等。包含这些疑问代词的问句,都可以成为特指问句。包含这些疑问代词的特指问句,大多数和共同语相同,但也有些比较特殊的情形。

2.1.1 "谁"和"谁们"

张家口晋语"谁"和"谁们"都用来问人。"谁"可以做主语、宾语和定语,"谁们"只做定语。如果领有对象为家、孩子等等,更倾向于用"谁们";领有对象为一般事物,用"谁"和"谁们"皆可,后者有强调意味,而不是复数。例如:

(11)这是谁们孩子?(这是谁家孩子?)
(12)你把谁/谁们眼镜打烂了?(你把谁的眼镜打烂了?)

例(11)以"谁们"为常。例(12)"谁们"有强调意味,主观性强于"谁",往往表达说话人责备、不满等情绪。

宾语位置的所谓"谁们"应该不是"谁们",而是"谁么"。山西作家曹乃谦在小说《山丹丹》中有这样一个用例:

(13)他就走近前大声问:"谁们?你是个谁们?"

例(13)"们"应该是语气词"么",在大包片和张呼片晋语中,语气词"么"和"们"读音基本相同,往往使人误以为"么"就是"们"。我们可以用一些平行结构来证明例(13)的"们"就是"么":

(13')a.哪里么?你要去哪里么?(哪里嘛?你要去哪里嘛?)
　　 b.多会儿么?你说得等到多会儿么?(什么时候嘛?你说得等到什么时候嘛?)
　　 c.什么么?你到底要什么么?(什么嘛?你到底要什么嘛?)
　　 d.咋闹么?这该咋闹么?(怎么办嘛?这该怎么办嘛?)

以上这些平行结构在晋语中都可以接受,张家口晋语也是如此,这里"么"都只能是"么",不可能是"们",以此推之,例(13)应该是"谁么",不是"谁们"。也就是说,"谁们"不做宾语。

2.1.2 "什么""啥"和"甚"

涿鹿等区县有"什么"和"啥"两个疑问代词问事物,二者都能做主语、宾语和定语,"什么"倾向于客观报道,"啥"倾向于主观表达。例如:

(14)什么/啥往下掉嘞?(什么往下掉呢?)
(15)你拿了一包什么/啥东西?(他拿了一包什么东西?)
(16)他圪蹴的那里找什么/啥嘞?(他蹲在那里找什么呢?)

一般地,用"什么"是客观询问,用"啥"则包含说话人比较强烈的情感因素,比如,例(14)用"什么"只是询问,用"啥"则有惊奇的意味。这在"啥人"和"什么人"的用法上表现得非常明显。"啥人"一定是主观表达,"什么人"

一般用于客观报道,特殊情况下也可用于主观表达。例如:

(17)a.电影里头高个儿的那个是个什么人?
   b.*电影里头高个儿的那个是个啥人?
(18)a.你说你算个啥人?吃鸡蛋连皮儿吃。
   b.?你说你算个什么人?吃鸡蛋连皮儿吃。

例(17)客观报道性质比较明显,只能用"什么人",不能用"啥人"。例(18)是主观表达,宜用"啥人",不宜用"什么人"。

张家口市等地,多用"甚",少用"什么",二者没有什么差别。

2.1.3 "咋"、"咋么"和"咋闹"

在张家口晋语中,和共同语疑问代词"怎么"相对应的有三个形式——"咋""咋么"和"咋闹","咋"和"咋么"都可以用来询问方式,"咋么"还可以用来询问性状,"咋闹"则用来询问原因。例如:

(19)我明天咋/咋么跟他说嘞?(我明天怎么跟他说呢?询问方式)
(20)莜麦是咋/咋么长出来的?(莜麦是怎么长出来的?询问方式)
(21)新来的那人是咋么个人?(新来的那个人是个怎样的人?询问性状)
(22)这是咋么回事?(这是怎么回事?询问性状)
(23)他咋闹这么高兴?拾了没眼子钱了?(他怎么这么高兴?捡到金银了?询问原因)
(24)咋闹二后生还不出来?还唱的二人台嘞?(怎么二后生还不出来?还唱着二人台呢?询问原因)

询问方式时,"咋"语气较轻,"咋么"语气较重。

"咋"是"怎么"的合音(冯春田 2003),"咋么"的"么"是后加上去的,表面看"咋么"相当于"怎么么",说不通,实际上是由于合音后出现语法化损耗,为了强化而增加语素所致。"咋闹"本来是状中短语,询问将来,相当于"怎么办",询问过去,相当于"怎么搞的"。例如:

(25)病人不给吃饭,我咋闹?(病人不给吃饭,我怎么办?)
(26)(看见对方手流血)你这手是咋闹的么?(你这手是怎么搞的?)

"咋闹"从状中短语词汇化为疑问代词。其词汇化条件是:1)用于询问过去,不用于询问将来;2)"咋闹"放在VP前面。例如:

(26')你这手咋闹流血了?

例(26)"咋闹"处于中间状态,既可以理解为短语"怎么搞得",又可以理解为疑问代词"怎么"。但一般理解为疑问代词,其分布、意义、用法几乎都和疑问代词"怎么"无二。当"咋闹"位于句首,后接一个完整的主谓结构时,"咋闹"就是严格意义的疑问代词,用来询问原因。例如:

(26'')咋闹你这手流血了?

在共同语中,句首"怎么"比句中"怎么"语气强烈,甚至有特殊的语用意义(吕叔湘主编1999,邵敬敏1996,邓思颖2011),因此主观性更强,意味着语法化程度更深。"咋闹"也是如此,居于句首的"咋闹"语法化程度更深,是严格意义的疑问代词。

2.2 句末语气词

共同语特指问句句末语气词是"呢"。张家口晋语特指问句句末语气词是"嘞",功能和共同语"呢"相同。根据邵敬敏(1996),共同语"呢"在疑问句中基本意义表"提醒",派生意义表"深究"。"嘞"一般也有这样的功能,但更多起到语气舒缓的作用:

(27)你是谁?
(28)你是谁嘞?(你是谁呢?)

例(27)显得生硬,例(28)显得舒缓。

在共同语中,有一种"非疑问形式+呢"构成的疑问句,一般都相当于特指问句,有时则相当于选择问句。(陆俭明1982b)根据叶蓉(1994),"非疑问形式+呢"构成的疑问句主要有三种:名词性成分+呢,代词+动词+呢,条件分句+呢。张家口晋语相应的表达是"非疑问形式+来",三种情形都如此。例如:

(29)你爹来?(你爹呢?)
(30)我不待借给他钱,你说来?(我不想借给他钱,你说呢?)

(31)那要药死来？（如果毒死怎么办呢？）

张家口晋语"非疑问形式＋来"都用于或隐或显的对比事实,并带有言域询问的性质。例(29)是隐性对比,言域询问,"你在这里,那么我问你,你爹在哪里呢？"例(30)是显性对比,言域询问,"我征求你的意见,你看呢？"例(31)语境中很可能是显性的,B 说"药不死",A 进行言域询问,"你说药不死,那么我问你,如果药死呢？"共同语"非疑问形式＋呢"应该也是这样的情形。

3. 选择问疑问句

总的来看,张家口晋语选择问比共同语自由。"是 X 还是 Y、是 X 是 Y、X 还是 Y"是常规的选择问构式,在北方各官话方言运用非常普遍。其他构式在共同语以及其他北方官话地区比较受限,但在张家口晋语中都非常自由。

3.1 XY

在没有选择标记的情况下,共同语 XY 仅限于具有反义关系的双音节词语(丁力1998)。张家口晋语则没有这样的限制。例如:

(32)他那媳妇儿丑俊？（他那媳妇儿丑还是俊？单音节反义）

(33)那边那是个碗盘？（那边那是个碗还是盘？单音节类义）

(34)南沙河那块地种玉米种山药？（南沙河那块地种玉米还是种山药？三音节类义）

(35)你光卖这筐桃连筐一起卖？（你光卖这筐桃还是连筐一起卖？五音节类义）

张家口晋语 X 和 Y 可以是单音节的,也可以是双音节或三音节及以上的,X 和 Y 既可以是反义关系,也可以是类义关系,都非常自由。

3.2 是 XY

邵敬敏(1996)认为"是"不能单用,因此不存在"是 XY"这样的选择问形式,也不存在"X 是 Y"这样的选择问形式。丁力(1998)认为"是"能单用,但有很大的限制,"是 XY"的使用需要一定的条件,即:反义关系的双音节词语。张家口晋语不限于反义关系的双音节词语。例(32)～(35)可以在第一个列项前加"是",意义不变,其中例(33)需要进行形式上的调整[意义同(32)～(35)括号内解释]:

(32')他那媳妇儿是丑俊?
(33')那边那个是碗盘?
(34')南沙河那块地是种玉米种山药?
(35')你是光卖这筐桃连筐一起卖?

3.3 X 是 Y

共同语"X 是 Y"选择问,丁力(1998)给出的条件是:X 和 Y 具有矛盾关系,其中 X 是单音节形式,Y 是 X 的否定形式,如"说是不说""去是不去"。张家口晋语没有这样的限制。例(32)~(35)可以在第二个列项前加"是",意义不变。例如[意义同(32)~(35)括号内解释]:

(32'')他那媳妇儿丑是俊?
(33'')那边那是个碗是盘?
(34'')南沙河那块地种玉米是种山药?
(35'')你光卖这筐桃是连筐一起卖?

以上三种选择问构式在运用中都比较自由,说话人可以根据情境任意选择其中的一种进行询问。

4. 正反问疑问句

晋语是非问普遍不够发达,而正反问(反复问)则都非常丰富发达。刘勋宁(1998)对陕北晋语正反问进行了初步考察,邢向东(2006)则做了详尽的描写,邵敬敏、王鹏翔(2003)还从类型学的角度说明,陕北晋语正反问句正在向是非问句过渡。郭校珍(2008)考察了山西晋语的正反问句,把它们概括为七种样式,"晋语反复问句的形式繁复,不同层次相互叠加,使人不易辨别"。

张家口晋语仍然保持了晋语正反问句丰富发达的特征。主要有三种情形。

4.1 能性正反问构式

能性正反问构式主要是由情态动词和能性述补结构构成的构式。情态动词构成的正反问构式,形式和共同语相同,都是"VP 不 VP"形式,否定词限于"不"。例如:

(36)他会不会写字?
(37)你能不能听我一回?

能性述补结构构成的正反问构式和共同语不同,共同语是"V 得 CV 不 C",张家口晋语是"VCV 不 C"。例如:

(38)这个冻萝卜咬动咬不动?(这个冻萝卜嚼得烂嚼不烂?)
(39)你站行站不行?(你能不能继续坚持站下去?)

能性正反问构式反映的是能力的有无,和时间无关。
4.2 现时正反问构式
现时正反问构式反映的是当前情况下某个事件是否发生。现时正反问构式否定词用"不",可以形成如下构式。
4.2.1 VP 嘞不?
VP 可以是光杆动词,也可以是述宾短语。这种正反问在功能上和是非问相同,都是直接提问。例如:

(40)你走嘞不?(你走不走?你走吗?)
(41)黑蛋去他舅舅家嘞不?(黑蛋去不去他舅舅家?/黑蛋去他舅舅家吗?)

这种正反问句在晋语中比较普遍,山西晋语、陕北晋语都有。(郭校珍 2008,邢向东 2006)
4.2.2 VP 不了?
这种正反问句在晋语中也比较普遍,邢向东(2006)对陕北晋语的这种正反问句的说明是,"带上'了'以后,句子问的是某种以前正在进行、持续的行为、事件、状态是否仍然在进行、持续"。说话人所要询问的内容,是原来持续的动作状态是否会继续持续下去,这也属于当前情况下某个事件是否发生。例如:

(42)这会儿还在北京卖酒不了?(现在还在北京卖酒吗?)
(43)外头刮风不了?(外面还在刮风吗?)

"VP 不了"构式常常有"还"共现,例(42)有"还"共现,例(43)可以加"还"意义不变:

(43')外头还刮风不了?

"VP嘞不"构式也可以有"还"共现,但情况和"VP不了"不同。例如:

(44)还吃馒头不了?
(45)还吃馒头嘞不?

例(44)(45)意思都是"还吃馒头吗?",例(44)预设是,对方先前也是吃馒头,"吃了馒头,还吃馒头吗?"例(45)则不一定,对方先前可能吃馒头,也可能吃其他东西。例(45)实际上是个歧义句,可能是"吃了馒头,还吃馒头吗?"也可能是"吃了肉包,还吃馒头吗?"

4.2.3 VP不的嘞?

这种构式用来问对方或让对方询问别人是否现在做某事。例如:

(46)吃饭不的嘞?(现在吃饭吗?)
(47)你问问你娘打麻将不的嘞?(你问问你娘现在打麻将吗?)

这种构式相对比较特殊,郭校珍(2008)对山西晋语正反问的描写中没有这一类,邢向东(2006)对陕北晋语正反问的描写中有"VP不嘞"一类,和张家口晋语"VP不的嘞"情况相同。其他晋语地区有没有这类构式,尚需调查。

4.3 过去正反问构式

过去正反问构式,用来询问过去是否发生过某事件。有三个指标制约着过去正反问构式。1)句中助词/语气词形式;2)否定词形式;3)句末语气词形式。

先看句中助词/语气词形式。句中助词/语气词可以是零形式,也可以是"了"和"来"。"了"和"来"兼有助词和语气词性质。用零形式和"了"的正反问句,用来询问是否完成了某个行为;用"来"的正反问句,用来询问是否实施过某个行为。例如:

(48)洗衣裳(了)没/没有?
(49)洗衣裳来没/没有?

例(48)的预设是,对方应该洗衣裳,但说话人不知道到现在为止对方有没有完成这一行为。例(49)没有对方应该洗衣裳的预设,说话人只是询问对方有没有洗衣裳的经历。比如,说话人想了解对方读大学的时候有没有

过洗衣服的经历,可以这样询问:

(49')你念大学的时候,洗衣裳来没/没有?(你读大学的时候,洗过衣服吗?)

用零形式和"了"的正反问句则没有这样的问法。
再看否定词形式。否定词形式和地区有关,涿鹿县城、张家口市、宣化、阳原、万全、怀安、张北、尚义、崇礼、康保用"没",涿鹿矾山、怀来、赤城、沽源用"没有"。例如:

(50) a.他去了没?(涿鹿县城、宣化等)
　　 b.他去了没有?(涿鹿矾山、怀来等)

最后是句末语气词。过去正反问的句末语气词可以用"嘞",起舒缓语气的作用。例如:

(51)三猴儿走没有?(三猴儿走了吗?)
(52)三猴儿走没有嘞?(三猴儿走了没呢?)

例(51)(52)句义相同,只是语气有差异,例(51)稍显生硬,例(52)相对舒缓。

5. 张家口晋语疑问句的类型学价值

人类语言普遍存在的疑问句基本功能类别有两种:是非问句(一般疑问句)和特指问句(特殊疑问句)。英语疑问句分类就是如此。汉语有比较特殊的疑问句——选择问句和正反问句,其英语中相对应的都是是非问句。正反问句尤其特殊,形式上是选择问性质,功能上却是是非问性质。从普遍语法的角度看,是非问是普遍的功能类别,正反问是特定语言、方言特有的结构形式类别,一种语言或方言可能没有正反问句,但不可能没有是非问句。(刘丹青编著 2008)

从汉语方言的情况看,"VP 不 VP"正反问句分布比较广泛,包括北方官话、大部分西南官话、粤语、闽语以及大部分吴语。(朱德熙1985)另一种疑问句"阿 VP"分布在吴语、西南官话和下江官话的一部分地区,朱德熙(1985)作为另一种反复问处理,刘丹青(编著 2008)认为应该作为是非问处理,这类疑问句和"VP 不 VP"正反问句不在同一种方言共存(朱德熙 1985)。晋语只有"VP 不 VP"正反问句,没有"阿 VP"类疑问句。郭校珍(2008)认为山西晋语"敢 VP"属于"阿 VP"类,但"敢 VP"表无疑而问,是非真性问句。因此我们认为,"敢 VP"严格说来并不是真正意义的疑问句,和"阿 VP"不是同类。

根据朱德熙(1991),"VP 不 VP"正反问句如果 VP 包含宾语,可以分为两种类型,一是"VO-neg-V",分布在从河北、山西、河南北部一直延续到陕西、甘肃、青海广大地区;一种是"V-neg-VO",分布在西南官话、吴语、闽语、客家话以及一部分北方官话(山东话、东北话)。就晋语而言,"大部分山西方言采用'VO-neg-V'和'VO-neg'两种句式,不用'V-neg-VO'式"(朱德熙 1991)。张家口晋语也是如此,一般只用"VO-neg-V"式,即使用"V-neg-VO",也是受共同语影响的结果。

在晋语中,就正反问和是非问情况而言,一般地,正反问非常发达,是非问比较衰微。邵敬敏、王鹏翔(2003)认为陕北晋语句末为否定词的疑问句属于"正反是非问句",是从正反问向是非问过渡的疑问句,属于过渡状态的疑问句类型。邢向东(2006)基于陕北晋语的语言事实认为,疑问句句末的否定词仍然是否定词,没有语法化为语气词,这种构式不是谓词省略导致的,而是本来如此。句末为否定词的疑问句仍然属于正反问句的范畴,尚未向是非问类型发展,还不是过渡状态。

晋语是非问不够发达,但有些地区存在着是非问句的补偿性表达。陕北晋语"是不是 VP"就具有是非问句的功能。(邢向东 2006)当然,陕北晋语的"是不是 VP"肯定还不是典型的是非问句,典型的是非问句应该有和共同语句末疑问语气词大致相同的成分。在张家口晋语中,句末为"不是"的疑问句基本上和共同语句末为"吗"的疑问句相同,此外,还有语调是非问以及带句末语气词"么"的是非回声问,因此,张家口晋语的是非问句,应该比其他晋语地区的是非问句更加丰富。这不奇怪,因为张家口毗邻北京、保定、承德、内蒙古等说官话方言的地区,正处于晋语向官话过渡的区域,因此不免带有过渡地区的类型特征。张家口晋语保留了晋语的基本特征,有非常发达的正反问句,又受到周边官话的影响,有比较发达的是非问句,这才是具有过渡性质的方言类型。从这一现象看,张家口晋语具有方言类型学意义。

参 考 文 献

爱德华·萨丕尔(1985)　语言论,陆卓元译,北京:商务印书馆。
白　丁(1986)　副词连用分析,《中南民族学院学报》第3期。
白维国(1991)　金瓶梅词典,北京:中华书局。
伯纳德·科姆里(2010)　语言共性和语言类型,沈家煊、罗天华译,北京:北京大学出版社。
布龙菲尔德(1980)　语言论,袁家骅、赵世开、甘世福译,北京:商务印书馆。
蔡　瑱(2014)　类型学视野下汉语趋向范畴的跨方言比较——基于"起"组趋向词的专题研究,上海:学林出版社。
曹先擢(2002)　普通话异读词审音,《中国语文》第1期。
曹志耘(1998)　汉语方言里表示动作时序的后置词,《语言教学与研究》第4期。
查尔斯·赫梅尔(2008)　自伽利略之后,闻人杰等译,银川:宁夏人民出版社。
陈　刚(1985)　北京方言词典,北京:商务印书馆。
陈　刚、宋孝才、张秀珍(1977)　现代北京口语词典,北京:语文出版社。
陈茂山(1990)　忻州方言的"动词(形容词)＋顿咾",《语文研究》第3期。
陈　宁(2006)　山东博山方言的子变韵及相关问题,《方言》第4期。
陈前瑞(2008)　汉语体貌研究的类型学视野,北京:商务印书馆。
陈淑静(1996)　河北方言的音变造词,见温端政、沈慧云主编《语文新论——〈语文研究〉15周年纪念文集》,太原:山西教育出版社。
陈卫恒(2004)　古韵之幽交涉与今方言子变韵现象音变原理的一致性,《殷都学刊》第2期。
陈泽平(2000)　方言词汇的同源分化,《中国语文》第2期。
陈　忠(2008)　"V完了"和"V好了"的替换条件及其理据——兼谈"终极图式"的调控和补偿机制,《中国语文》第2期。
程书秋(2014)　东北方言口语中一种特殊的形容词变异格式,《汉语学报》第2期。
储泽祥(1997)　现代汉语方所系统研究,武汉:华中师范大学出版社。
储泽祥(2003)　"一个人"的固化及其固化过程,《华中师范大学学报》第5期。
崔　容(2002)　太原方言的语气词,《语文研究》第4期。
戴维·克里斯特尔(2002)　现代语言学词典,沈家煊译,北京:商务印书馆。
戴耀晶(1998)　"前"的空间意义和时间意义,见范晓、李熙宗、戴耀晶编著《语言研究的新思路》,上海:上海教育出版社。
邓思颖(2011)　问原因的"怎么",《语言教学与研究》第2期。

丁　力(1998)　现代汉语列项选择问研究,武汉:华中师范大学出版社。
丁声树、李　荣(1956)　汉语方言调查,见《现代汉语规范问题学术会议文件汇编》,北京:科学出版社。
董绍克等(1996)　汉语知识词典,北京:警官教育出版社。
董绍克、张家芝主编(1997)　山东方言词典,北京:语文出版社。
董秀芳(2011)　词汇化:汉语双音词的衍生和发展(修订本),北京:商务印书馆。
董秀芳(2014)　代词的主客观分工,《语言研究》第3期。
董正存(2009)　词义演变中手部动作到口部动作的转移,《中国语文》第2期。
杜若明(1996)　内蒙古托克托县话的助词"嘞"与"兰",《语文研究》第4期。
范慧琴(2007)　定襄方言语法研究,北京:语文出版社。
方　梅(1994)　北京话句中语气词的功能研究,《中国语文》第2期。
方　梅(1995)　汉语对比焦点的句法表现手段,《中国语文》第4期。
方　梅(2005)　篇章语法与汉语研究,见刘丹青主编《语言学前沿与汉语研究》,上海:上海教育出版社。
方　梅(2008)　动态呈现语法理论与汉语"用法"研究,见沈阳、冯胜利主编《当代语言学理论和汉语研究》,北京:商务印书馆。
费尔迪南·德·索绪尔(1980)　普通语言学教程,高名凯译,北京:商务印书馆。
冯春田(1996)　近古汉语里"紧"、"打紧"、"紧着(自)"之类虚词的语法分析,《古汉语研究》第1期。
冯春田(2001)　《醒世姻缘传》含"放着"句式的分析,《语言教学与研究》第6期。
冯春田(2003)　合音式疑问代词"咋"与"啥"的一些问题,《中国语文》第3期。
冯春田、梁　苑、杨淑敏(1995)　王力语言学词典,济南:山东教育出版社。
傅雨贤等(1997)　现代汉语介词研究,广州:中山大学出版社。
盖伊·多伊彻(2014)　话/镜,王童鹤、杨捷译,北京:清华大学出版社。
高　峰(2011)　陕北榆林方言"转"的语法化,《北方民族大学学报》第1期。
高　远、李福印主编(2007)　罗纳德·兰艾克认知语法十讲,北京:外语教学与研究出版社。
高增霞(2006)　现代汉语连动式的语法化视角,北京:中国档案出版社。
高增霞(2013)　汉语的担心-认识情态词"怕""看"和"别",《语法研究和探索》(12),北京:商务印书馆。
谷向伟(2007)　河南林州方言的"动"和"动了",《方言》第2期。
谷向伟(2012)　《金瓶梅词话》词语释义商榷——以"狢剌儿""先不先""撺掇""紧着"为例,《语文研究》第2期。
谷衍奎(2003)　汉字源流字典,北京:华夏出版社。
郭风岚(2007)　宣化方言及其时空变异研究,北京:语文出版社。
郭利霞(2011)　山西山阴方言的拷贝式话题句,《中国语文》第3期。
郭　锐(1993)　汉语动词的过程结构,《中国语文》第6期。
郭　锐(2002)　现代汉语词类研究,北京:商务印书馆。
郭　锐(2008)　空间参照理论与汉语方位表达参照策略研究,见沈阳、冯胜利主编《当代语言学理论和汉语研究》,北京:商务印书馆。

郭校珍(2008)　山西晋语语法专题研究,上海:华东师范大学出版社。
哈特曼、斯托克(1981)　语言与语言学词典,黄长著等译,上海:上海辞书出版社。
韩承红(2010)　太白、岐山一带方言的子变韵,《陕西教育学院学报》第1期。
何仕凡(2006)　西班牙语虚拟式中的虚与实,《广东外语外贸大学学报》第1期。
贺登崧(2003)　汉语方言地理学,上海:上海教育出版社。
贺　巍(1989)　获嘉方言研究,北京:商务印书馆。
贺　巍(1996)　晋语舒声促化的类别,《方言》第1期。
贺　阳(1994)　汉语完句成分试探,《语言教学与研究》第4期。
贺　阳(1996)　形容词与不及物动词的区分,见胡明扬主编《词类问题考察》,北京:北京语言文化大学出版社。
侯精一(1985)　晋东南地区的子变韵母,《中国语文》第2期。
侯精一(1999)　现代晋语的研究,北京:商务印书馆。
侯精一、沈　明(2002)　晋语,见侯精一主编《现代汉语方言概论》,上海:上海教育出版社。
侯精一、温瑞政(1993)　山西方言调查报告,太原:山西高校联合出版社。
侯学超(1998)　现代汉语虚词词典,北京:北京大学出版社。
胡德明(2010)　现代汉语反问句研究,合肥:安徽人民出版社。
黄伯荣主编(1996)　汉语方言语法类编,青岛:青岛出版社。
黄伯荣主编(2001)　汉语方言语法调查手册,广州:广东人民出版社。
黄伯荣、廖序东主编(1997)　现代汉语,北京:高等教育出版社。
黄　河(1990)　常见副词共现时的顺序,《缀玉集》,北京:北京大学出版社。
黄　霖(1991)　金瓶梅大辞典,成都:巴蜀书社。
江蓝生(2002)　时间词"时"和"后"的语法化,《中国语文》第4期。
江蓝生(2004)　跨层非短语结构"的话"的词汇化,《中国语文》第5期。
江蓝生(2007)　同谓双小句的省缩与句法创新,《中国语文》第6期。
江蓝生(2008a)　概念叠加与构式整合——肯定否定不对称的解释,《中国语文》第6期。
江蓝生(2008b)　句式省缩与相关的逆语法化倾向——以"S＋把＋你这NP"和"S＋V＋补语标记"为例,《近代汉语研究新论》,北京:商务印书馆。
蒋　琪、金立鑫(1991)　"再"与"还"的重复义比较研究,《中国语文》第3期。
金慧宁(1989)　河北人怎样学习普通话,北京:语文出版社。
金　颖(2008)　常用词"过"、"误"、"错"的历时演变与更替,《古汉语研究》第1期。
柯理思(1995)　北方官话里表示可能的动词词尾"了",《中国语文》第4期。
柯理思(2005)　汉语里标注惯常动作的形式,《现代中国语研究》总第7期。
柯理思(2009)　18世纪以来"往＋谓词(里)"式副词性成分的发展,第五届汉语语法化问题国际学术研讨会论文,上海师范大学。
赖先刚(1994)　副词的连用问题,《汉语学习》第2期。
李崇兴(1998)　元语言词典,上海:上海教育出版社。
李计伟(2012)　论反身代词"身"及复合形式反身代词,《语文研究》第4期。
李建校(2001)　娄烦方言语气词"哩"的功能及参项意义,《山西大学学报》第1期。
李健雪、王　焱(2015)　《构式化与构式演变》评介,《现代外语》第2期。

李临定(1990)　现代汉语动词,北京:中国社会科学出版社。

李　明(2001)　汉语助动词的历史演变研究,北京大学博士学位论文。

李　明(2008)　从"容"、"许"、"保"等动词看一类情态词的形成,《中国语文》第3期。

李　荣(1957)　汉语方言调查手册,北京:科学出版社。

李　荣(1985)　官话方言的分区,《方言》第1期。

李　荣等主编(1987/1989)　中国语言地图集,香港:香港朗文出版有限公司。

李　荣主编(2002)　现代汉语方言大词典,南京:江苏教育出版社。

李如龙(1996)　论汉语方言的类型学研究,《暨南学报》第2期。

李如龙(2001)　汉语方言学,北京:高等教育出版社。

李小凡(2015)　语义地图和虚词比较的"偏侧关系",见李小凡、张敏、郭锐等著《汉语多功能形式的语义地图研究》,北京:商务印书馆。

李小凡、张　敏、郭　锐等著(2015)　汉语多功能语法形式的语义地图研究,北京:商务印书馆。

李小梅(2000)　单音节形容词叠音后缀读55调辨,《中国语文》第2期。

李新魁(1995)　广州方言研究,广州:广东人民出版社。

李行健(1958)　张家口、张北、宣化人怎样学习普通话,北京大学油印稿。

李　焱、孟繁杰(2011)　关联副词"倒"的演变研究,《古汉语研究》第3期。

李宇凤(2010)　反问的回应类型与否定意义,《中国语文》第2期。

李宗江(2003)　句法成分的功能悬空与语法化,《语法化与语法研究》(1),北京:商务印书馆。

李宗江(2010)　"为好"与"的好",《语言研究》第1期。

梁银峰(2007)　汉语趋向动词的语法化,上海:学林出版社。

林　焘、王理嘉编著(1992)　语音学教程,北京:北京大学出版社。

刘丹青(1994)　"唯补词"初探,《汉语学习》第3期。

刘丹青(2001)　语法化中的更新、强化与叠加,《语言研究》第2期。

刘丹青(2002)　汉语类指成分的语义属性和句法属性,《中国语文》第5期。

刘丹青(2003)　语序类型学与介词理论,北京:商务印书馆。

刘丹青(2007)　同一性话题:话题优先语言一项更典型的属性,强星娜译,见徐烈炯、刘丹青《话题的结构与功能》,上海:上海教育出版社。

刘丹青编著(2008)　语法调查研究手册,上海:上海教育出版社。

刘丹青(2011)　"有"字领有句的语义倾向和信息结构,《中国语言》第2期。

刘丹青、徐烈炯(1998a)　焦点与背景、话题及汉语"连"字句,《中国语文》第4期。

刘丹青、徐烈炯(1998b)　普通话与上海话中的拷贝式话题结构,《语言教学与研究》第1期。

刘　坚(2005)　论汉语的语法化问题,见吴福祥主编《汉语语法化研究》,北京:商务印书馆。

刘　坚、曹广顺、吴福祥(2005)　论诱发汉语词汇语法化的若干因素,见吴福祥主编《汉语语法化研究》,北京:商务印书馆。

刘敏芝(2006)　宋代结构助词"底"的新兴用法及其来源,《中国语文》第1期。

刘宁生(1994)　汉语怎样表达物体的空间关系,《中国语文》第3期。

刘若云、赵　新(2007)　汉语方言声调屈折的功能,《方言》第3期。
刘淑学(2000)　中古入声字在河北方言中的读音研究,保定:河北大学出版社。
刘勋宁(1998)　现代汉语研究,北京:北京语言文化大学出版社。
刘月华(1987)　用"吗"的是非问句和正反问句用法比较,见中国社会科学院语言研究所现代汉语研究室编《句型和动词》,北京:语文出版社。
刘月华(1988)　语调是非问句,《语言教学与研究》第2期。
刘月华(1998)　趋向补语通释,北京:北京语言大学出版社。
刘月华、潘文娱、故　桦(2001)　实用现代汉语语法(增订本),北京:商务印书馆。
龙潜庵(1985)　宋元语言词典,上海:上海辞书出版社。
陆丙甫、金立鑫(2015)　语言类型学教程,北京:北京大学出版社。
陆俭明(1980)　汉语口语句法里的易位现象,《中国语文》第1期。
陆俭明(1982a)　现代汉语副词独用刍议,《语言教学与研究》第2期。
陆俭明(1982b)　由"非疑问形式＋呢"造成的疑问句,《中国语文》第6期。
陆俭明(1989a)　"V来了"试析,《中国语文》第3期。
陆俭明(1989b)　说量度形容词,《语言教学与研究》第3期。
陆俭明(2007)　从量词"位"的用法变异谈起——中国语言学发展之路的一点想法,《语言科学》第6期。
陆俭明(2010)　汉语语法语义研究新探索,北京:商务印书馆。
吕叔湘(1979/2007)　汉语语法分析问题,北京:商务印书馆。
吕叔湘(1982)　中国文法要略,北京:商务印书馆。
吕叔湘(1985)　近代汉语指代词,江蓝生补,上海:学林出版社。
吕叔湘(1986)　汉语句法的灵活性,《中国语文》第1期。
吕叔湘(1990)　指示代词的二分法和三分法,《中国语文》第6期。
吕叔湘主编(1999)　现代汉语八百词(增订本),北京:商务印书馆。
罗竹风主编(1991)　汉语大词典,上海:汉语大词典出版社。
马贝加(2009)　原因介词"坐"的产生,《语言研究》第2期。
马　彪(2007)　汉语状态词缀及其类型学特征——兼与其他民族语言比较,中央民族大学博士学位论文。
马启红(2003)　太谷方言副词说略,《语文研究》第1期。
马庆株(1981)　时量宾语和动词的类,《中国语文》第2期。
马庆株(1988)　自主动词和非自主动词,《中国语言学报》第三期。
马庆株(1992)　汉语动词和动词性结构,北京:北京语言学院出版社。
马文熙等(2004)　古汉语知识辞典,北京:中华书局。
马文忠(1987)　大同方言的"动词＋顿儿",《中国语文》第2期。
马　喆(2009)　"往A里V"格式的功能演变及主观化进程,《语言教学与研究》第5期。
马　真(1984)　关于表示程度浅的副词"还",《中国语文》第3期。
马　真(2003)　现代汉语虚词研究方法论,北京:商务印书馆。
孟　琮(1982)　口语里的一种重复——兼谈"易位",《中国语文》第3期。
孟　琮、郑怀德、孟庆海、蔡文兰(2000/2005)　汉语动词用法词典,北京:商务印书馆。
欧阳健等主编(1990)　中国通俗小说总目提要,北京:中国文联出版社。

潘　攀(1998)　"怕不待要"的分合,《辞书研究》第5期。
彭利贞(2007)　现代汉语情态研究,北京:中国社会科学出版社。
齐沪扬(1999)　现代汉语空间问题研究,上海:学林出版社。
强星娜(2008)　知情状态与直陈语气词"嘛",《世界汉语教学》第1期。
强星娜(2011)　上海话过去虚拟标记"蛮好"——兼论汉语方言过去虚拟表达的类型,《中国语文》第2期。
乔全生(1998)　从洪洞方言看唐宋以来助词"着"的性质,《方言》第2期。
乔全生(2000)　晋方言语法研究,北京:商务印书馆。
乔全生(2008)　晋方言语音史研究,北京:中华书局。
覃凤余(2005)　壮语方位词,《民族语文》第1期。
邱闯仙(2012)　平遥方言的助词"动"和"嗓",《语文研究》第2期。
任　鹰(2013)　"个"的主观赋量功能及其语义基础,《世界汉语教学》第3期。
邵敬敏(1996)　现代汉语疑问句研究,上海:华东师范大学出版社。
邵敬敏、王鹏翔(2003)　陕北方言的正反是非问句——一个类型学的过渡格式研究,《方言》第1期。
邵　宜(2005)　介词"往"的语法化过程考察,《华南师范大学学报》第6期。
沈家煊(1999)　不对称和标记论,南昌:江西教育出版社。
沈家煊(2001)　语言的"主观性"和"主观化",《外语教学与研究》第4期。
沈家煊(2002)　如何处置"处置式"?——论把字句的主观性,《中国语文》第5期。
沈家煊(2008)　"移位"还是"移情"?——析"他是去年生的孩子",《中国语文》第5期。
沈家煊(2009)　语言类型学的眼光,《语言文字应用》第3期。
沈家煊(2010)　英汉否定词的分合和名词的分合,《中国语文》第5期。
沈家煊(2011)　语法六讲,北京:商务印书馆。
沈　阳、司马翎(2010)　句法结构标记"给"与动词结构的衍生关系,《中国语文》第3期。
施春宏(2008)　汉语动结式的句法语义研究,北京:北京语言大学出版社。
石　磊、崔晓天、王忠编著(1988)　哲学新概念词典,哈尔滨:黑龙江人民出版社。
石毓智(2000)　语法的认知语义基础,南昌:江西教育出版社。
石毓智(2001)　肯定和否定的对称与不对称(增订本),北京:北京语言文化大学出版社。
石毓智(2003)　现代汉语语法系统的建立:动补结构的产生及其影响,北京:北京语言文化大学出版社。
石毓智(2005)　论判断、焦点、强调与对比之关系,《语言研究》第4期。
石毓智、白解红(2007)　将来时标记向认识情态功能的衍生,《解放军外国语学院学报》第1期。
石毓智、李　讷(2001)　汉语语法化的历程——形态句法发展的动因和机制,北京:北京大学出版社。
史金生(2003)　语气副词的范围、类别和共现顺序,《中国语文》第1期。
史金生(2005)　"要不"的语法化——语用机制及相关的形式变化,《解放军外国语学院学报》第6期。
史金生(2011)　现代汉语副词连用顺序和同现研究,北京:商务印书馆。

史佩信(2004)　汉语时间表达中的"前后式"与"来去式",《语言教学与研究》第2期。
史秀菊(2011)　山西晋语区的事态助词"来""来了""来来""来嘅",《语言研究》第3期。
宋文辉(2007)　现代汉语动结式的认知研究,北京:北京大学出版社。
宋秀令(1994)　汾阳方言的语气词,《语文研究》第1期。
孙宏开(1993)　试论藏缅语中的反身代词,《民族语文》第6期。
太田辰夫(1987)　中国语历史文法,北京:北京大学出版社。
谭景春(1997)　"动＋结果宾语"及相关句式,《语言教学与研究》第1期。
唐正大(2008)　关中方言趋向表达的句法语义类型,《语言科学》第2期。
陶原珂(2008)　广州话趋向范畴的表意分布,见邵敬敏主编《21世纪汉语方言语法新探索——第三届汉语方言语法国际研讨会论文集》,广州:暨南大学出版社。
田希诚(1996)　晋中方言的事态助词"动了"和"时",见陈庆延等编《首届晋方言国际学术研讨会论文集》,太原:山西高校联合出版社。
田希诚、吴建生(1995)　山西晋语区的助词"的",《山西大学学报》第3期。
王灿龙(2011)　试论"不"与"没(有)"语法表现的相对同一性,《中国语文》第4期。
王福堂(1998)　二十世纪的汉语方言学,见刘坚主编《二十世纪的中国语言学》,北京:北京大学出版社。
王福堂(1999)　汉语方言语音的演变和层次,北京:语文出版社。
王辅世(1994)　宣化方言地图,东京:日本国立亚非语言文化研究所。
王国栓(2005a)　河北方言语法现象二则,《中国语文》第4期。
王国栓(2005b)　趋向问题研究,北京:华夏出版社。
王　洪(1990)　唐宋词百科大辞典,北京:学苑出版社。
王继红(2003)　重言式状态词的语法化考察,《语言研究》第2期。
王　力(1943)　中国现代语法,北京:商务印书馆。
王玲玲、何元建(2002)　汉语动结结构,杭州:浙江教育出版社。
王鹏翔、王　雷(2008)　陕北志丹方言的语气副词"该",《广西民族大学学报》第3期。
王　琦、郭　锐(2013)　汉语趋向动词用作方向词现象初探,《语言学论丛》(第四十七辑),北京:商务印书馆。
王文卿(2008)　太原方言语气词"嘞",《太原师范学院学报》第4期。
王希杰(1994a)　略论语音、语义、语法、语用之间的相互制约性,《赣南师范学院学报》第1期。
王希杰(1994b)　修辞学新论,北京:北京语言文化大学出版社。
王晓凌(2009)　非现实语义研究,上海:学林出版社。
王雪梅(2013)　内蒙古晋语凉城话及其变异研究,北京:中国文史出版社。
王宜广、宫领强(2015)　动趋式"V开"的语义扩展路径——基于概念结构理论,《汉语学习》第1期。
威廉·克罗夫特(2009)　语言类型学和语言共性,龚群虎等译,上海:复旦大学出版社。
魏志成(2003)　英汉语比较导论,上海:上海外语教育出版社。
温端正(1997)　试论晋语的特点与归属,《语文研究》第2期。
吴福祥(2010)　汉语方言里与趋向动词相关的几种语法化模式,《方言》第2期。
吴福祥(2003)　关于语法化的单向性问题,《当代语言学》第4期。

吴福祥(2004a)　也谈持续体标记"着"的来源,《汉语史学报》(第四辑),上海:上海教育出版社。

吴福祥(2004b)　近年来语法化研究的进展,《外语教学与研究》第 1 期。

吴福祥(2004c)　试说"X 不比 Y Z"的语用功能,《中国语文》第 3 期。

吴福祥(2005a)　语法化演变的共相与殊相,见沈家煊、吴福祥、马贝加主编《语法化与语法研究》(二),北京:商务印书馆。

吴福祥主编(2005b)　汉语语法化研究,北京:商务印书馆。

武　果(2009)　副词"还"的主观性用法,《世界汉语教学》第 3 期。

武继山(1990)　不止是大同方言说"动＋顿儿",《中国语文》第 2 期。

武玉芳(2010)　山西大同县东南部方言及其变异研究,北京:中国社会科学出版社。

项梦冰(1997)　连城客家话语法研究,北京:语文出版社。

肖奚强、王灿龙(2006)　"之所以"的词汇化,《中国语文》第 6 期。

萧国政(2000)谈"'这么'＋形容词＋'点儿'"格式,《语法研究和探索》(10),北京:商务印书馆。

谢晓明、左双菊(2009)　"难怪"的语法化,《古汉语研究》第 2 期。

解惠全(2005)　论实词的虚化,见吴福祥主编《汉语语法化研究》,北京:商务印书馆。

辛永芬(2006)　河南浚县方言的子变韵,《方言》第 3 期。

邢福义(2001)　汉语复句研究,北京:商务印书馆。

邢福义(2015)　"起去":双音趋向动词语法系统的一个成员,《汉语学报》第 1 期。

邢公畹主编(1992)　语言学概论,北京:语文出版社。

邢向东(1993)　神木话表将来时的"呀",《延安大学学报》第 4 期。

邢向东(1994a)　神木话的结构助词"得来/来",《中国语文》第 3 期。

邢向东(1994b)　内蒙古晋语几个趋向动词的引申用法,《前沿》第 10 期。

邢向东(2002)　神木方言研究,北京:中华书局。

邢向东(2006)　陕北晋语语法比较研究,北京:商务印书馆。

邢向东(2008)　论晋语中句子后部的隐含与句中虚词的语气词化,见邵敬敏主编《21 世纪汉语方言语法新探索——第三届汉语方言语法国际研讨会论文集》,广州:暨南大学出版社。

邢向东(2011)　陕北神木话的趋向动词及其语法化,《语言暨语言学》第 3 期。

徐赳赳(2010)　现代汉语篇章语言学,北京:商务印书馆。

徐烈炯(2005)　焦点的语音表现,见徐烈炯、潘海华主编《焦点结构和意义的研究》,北京:外语教学与研究出版社。

徐烈炯、刘丹青(2007)　话题的结构与功能(增订本),上海:上海外语教育出版社。

徐烈炯、潘海华(2006)　焦点结构和意义的研究,北京:外语教学与研究出版社。

许宝华、宫田一郎主编(1999)　汉语方言大词典,北京:中华书局。

许余龙(2004)　篇章回指的功能语用探索,上海:上海外语教育出版社。

杨　玲、朱英贵(2006)　贬义词词典,成都:四川辞书出版社。

杨　琦(2012)　试析大同方言"V＋转"动趋结构,《励耘学刊》(第二期)。

杨　琦(2012)　试析大同方言动结式"V 起了",《南方语言学》(总第四期)。

杨荣祥(2005)　近代汉语副词研究,北京:商务印书馆。

杨瑞霞(2004)　张家口方言中的子变韵,《张家口职业技术学院学报》第 3 期。
杨文会(2002)　张家口方言的调类及连读变调,《张家口职业技术学院学报》第 2 期。
杨增武(1982)　山阴方言的人称代词和指示代词,《语文研究》第 2 期。
姚振武(1996)　汉语谓词性成分名词化的原因及规律,《中国语文》第 1 期。
叶　蓉(1994)　关于非是非问句里的"呢",《中国语文》第 6 期。
殷何辉(2010)　孝感方言中带句尾成分"它"的主观意愿句,《汉语学报》第 3 期。
尹海良(2015)　一组以"怪"为核心语素表"醒悟"义词语的形式及语法化问题,《语言教学与研究》第 2 期。
袁海林(2008)　山西大同话中的"不 AA 儿"格式,见乔全生主编《晋方言研究》,太原:希望出版社。
袁毓林(2001)　述结式配价的控制——还原分析,《中国语文》第 5 期。
袁毓林(2003a)　从焦点理论看句尾"的"的句法语义功能,《中国语文》第 1 期。
袁毓林(2003b)　句子的焦点结构及其对语义解释的影响,《当代语言学》第 4 期。
曾传禄(2008)　介词"往"的功能及相关问题,《语言科学》第 6 期。
翟　赟(2015)　从语义地图模型看"和"义词的功能,见李小凡、张敏、郭锐等著《汉语多功能语法形式的语义地图研究》,北京:商务印书馆。
张安生(2006)　同心方言研究,北京:中华书局。
张安生(2013)　甘青河湟方言名词的格范畴,《中国语文》第 4 期。
张宝林(1996)　连词的再分类,见胡明扬主编《词类问题考察》,北京:北京语言文化大学出版社。
张　斌(2003)　汉语语法学,上海:上海教育出版社。
张　斌主编(2010)　现代汉语描写语法,北京:商务印书馆。
张　斌、张谊生(2012)　非真值语义否定词"不"的附缀化倾向,《上海师范大学学报》(哲学社会科学版)第 5 期。
张伯江(2002)　施事角色的语用属性,《中国语文》第 6 期。
张伯江(2005)　功能语法与汉语研究,见刘丹青主编《语言学前沿与汉语研究》,上海:上海教育出版社。
张伯江(2009)　从施受关系到句式语义,北京:商务印书馆。
张伯江(2011)　现代汉语形容词做谓语问题,《世界汉语教学》第 1 期。
张伯江、方　梅(1996)　汉语功能语法研究,南昌:江西教育出版社。
张　定(2103)　汉语疑问词任指用法的来源——兼谈"任何"的形成,《中国语文》第 2 期。
张国微(2010)　山西榆次方言"可"的几种特殊语义功能,《晋中学院学报》第 5 期。
张国宪(2006)　现代汉语形容词功能与认知研究,北京:商务印书馆。
张惠清(2015)　昌黎方言"搁"各功能的语义关联,见李小凡、张敏、郭锐等著《汉语多功能语法形式的语义地图研究》,北京:商务印书馆。
张惠英(1985)　《金瓶梅》用的是山东话吗?《中国语文》第 4 期。
张锦玉、时秀娟(2009)　张家口方言响音的鼻化度研究,《河北北方学院学报》第 3 期。
张　黎(2003)　"有意"和"无意"——汉语"镜像"表达中的意合范畴,《世界汉语教学》第 1 期。

张　　敏(1997)　　从类型学和认知语法的角度看汉语的重叠现象,《国外语言学》第 2 期。

张　　敏(1998)　　认知语言学与汉语名词短语,北京:中国社会科学出版社。

张　　敏(2008)　　自然句法理论与汉语语法像似性研究,见沈阳、冯胜利主编《当代语言学理论和汉语研究》,北京:商务印书馆。

张　　敏(2010)　　"语义地图模型":原理、操作及在汉语多功能语法形式研究中的运用,《语言学论丛》(第四十二辑)。

张　　敏(2011)　　汉语方言双及物结构南北差异的成因:类型学研究引发的新问题,《中国语言学集刊》(第 4 辑)。

张文兰(2010)　　汾阳方言语气词"咧",《安康学院学报》第 5 期。

张　　相(1977)　　诗词曲语词汇释,北京:中华书局。

张秀松(2015)　　"毕竟"的词汇化和语法化,《语言教学与研究》第 1 期。

张雪平(2009)　　非现实句和现实句的句法差异,《语言教学与研究》第 6 期。

张谊生(1996a)　　副词的连用类别和共现顺序,《烟台大学学报》第 2 期。

张谊生(1996b)　　副词的篇章连接功能,《语言研究》第 1 期。

张谊生(2000a)　　论与汉语副词相关的虚化机制——兼论现代汉语副词的性质、分类与范围,《中国语文》第 1 期。

张谊生(2000b)　　现代汉语副词研究,上海:学林出版社。

张谊生(2000c)　　现代汉语虚词,上海:华东师范大学出版社。

张谊生(2002)　　助词与相关格式,合肥:安徽教育出版社。

张谊生(2004)　　现代汉语副词探索,上海:学林出版社。

张谊生(2006)　　主观量标记"没、不、好",《中国语文》第 2 期。

张谊生(2010)　　从错配到脱落:附缀"于"的零形化后果与形容词、动词的及物化,《中国语文》第 2 期。

张谊生(2015)　　"X 之于 Y"的结构类型与表达功能——兼论"X 之于 Y"的构式化与"之于"的介词化,《语文研究》第 2 期。

张玉金等(1996)　　古今汉语虚词大辞典,沈阳:辽宁人民出版社。

张云秋、王悦婷(2011)　　汉语儿童主观化表达发展的个案研究,《中国语文》第 5 期。

赵世开主编(1999)　　汉英对比语法论集,上海:上海外语教育出版社。

赵元任(1970)　　国语统一中方言对比的各方面,见《赵元任语言学论文集》,北京:商务印书馆。

赵元任(1979)　　汉语口语语法,北京:商务印书馆。

郑娟曼(2009)　　"还 NP 呢"构式分析,《语言教学与研究》第 2 期。

郑娟曼(2012)　　从贬抑性习语构式看构式化的机制——以"真是(的)"与"整个一个 X"为例,《世界汉语教学》第 4 期。

中国社会科学院语言研究所词典编辑室(2012)　　现代汉语词典(第 6 版),北京:商务印书馆。

周　　磊(1995)　　乌鲁木齐方言词典,南京:江苏教育出版社。

周祖谟(1966)　　问学集・四声别义释例,北京:中华书局。

朱德熙(1956)　　现代汉语形容词研究,《语言研究》第 1 期。

朱德熙(1979)　　与动词"给"相关的句法问题,《方言》第 2 期。

朱德熙(1982)　　语法讲义,北京:商务印书馆。
朱德熙(1985)　　汉语方言里的两种反复问句,《中国语文》第1期。
朱德熙(1991)　　"V-neg-VO"与"VO-neg-V"两种反复问句在汉语方言里的分布——为纪念季羡林先生八十寿辰作,《中国语文》第5期。
朱德熙(1993)　　从方言和历史看状态形容词的名词化兼论汉语同位性偏正结构,《方言》第2期。
朱景松(2007)　　现代汉语虚词词典,北京:语文出版社。
宗守云(1998)　　论语法单位,《张家口师专学报》(社会科学版)第2期。
宗守云(2005a)　　河北涿怀话的两套近指和远指代词,《中国语文》第4期。
宗守云(2005b)　　修辞学的多视角研究,北京:中国社会科学出版社。
宗守云(2008)　　焦点标记"数"及其语用功能,《语言研究》第2期。
宗守云(2009)　　河北万全怀安话的两套指示代词,(日)《现代中国语研究》总第11期。
宗守云(2010)　　张家口方言焦点标记词"让"的句子,《燕赵学术》春之卷。
宗守云(2011a)　　晋冀方言后置原因标记"的过"及其词汇化,《中国语文》第6期。
宗守云(2011b)　　说反预期结构式"X比Y还W",《语言研究》第3期。
宗守云(2013a)　　张家口方言轻量程度副词"可"的逆转性和趋异性,《中国语文》第2期。
宗守云(2013b)　　试论"V＋个＋数量结构"结构,《世界汉语教学》第1期。
宗守云(2013c)　　说"V＋有＋数量结构"构式,《语言教学与研究》第5期。
宗守云(2014)　　从"到家"的演化看终点义到极致义的语义发展途径,《世界汉语教学》第3期。
宗守云(2015a)　　晋方言情态动词"待"及其否定关联和意外性质,《中国语文》第4期。
宗守云(2015b)　　"不知道"的分化及其情态化历程,《语言学论丛(第五十二辑)》,北京:商务印书馆。
宗守云、张素玲(2014)　　社会固有模式对构式的影响——以"放着NP不VP"为例,《汉语学报》第3期。
宗守云、赵东阳(2015)　　量词"道"的基本语义特征及其与"条、根"的差异,《广西师范大学学报》第2期。
Adele E. Goldberg(2007)　　构式——论元结构的构式语法研究,吴海波译,北京:北京大学出版社。
Aikhenvald, Alexandra Y. (2012)　　The essence of mirativity. *Linguistic Typology* 16. 435～485.
Alice C. Harris & Lyle Campbell(2007)　　*Historical Syntax in Cross-Linguistic Perspective*(《历史句法学的跨语言视角》,吴福祥导读),世界图书出版公司影印版。
Anderson, Lloy B. (1982)　　The 'Perfect' as a universal and as a language-particular category. In Paul J. Hopper(ed.). *Tense-Aspect: Between Semantics and Pragmatics*. Amsterdam: Benjamins.
Asifa Majid, Melissa Bowerman, Sotaro Kita, Daniel B. M. Haun and Stephen C. Levinson(2004)　　Can language restructure cognition?—The case for space. *Trends in Cognitive Sciences*. Vol. 8. No 3.
Boucher, J. & C. E. Osgood(1969)　　The Pollyanna hypothesis. *Journal of Verbal*

Leaning and Verbal Behavior（8）.

Brugman, Claudia & Lakoff, George(2012)　Radial network（辐射式网络）. In Dirk Geeraerts(ed.). *Cognitive Linguistics：Basic Reading*.《认知语言学基础》,邵军航、杨波译,上海：上海译文出版社.

Comrie, Bernard(1985)　*Tense*. Cambridge University Press.

Croft，William(2001)　*Radical Construction Grammar*. Oxford University Press.

DeLancey, Scott(1997)　Mirativity：The grammatical marking of unexpected information. *Linguistic Typology* 1：33～52.

Dik, Simon C. (1997)　The theory of Functional Grammar. Part1：The structure of the clause. Ed. By Kees Hengeveld. Second revised version. Berlin & New York：Mouton de Gruyter.

Elizabeth, Closs Traugott & Graeme Trousdale(2013)　*Constructionalization and Constructional Changes*. Oxford University Press.

Fauconnier，Gilles(2000)　*Conceptual Blending and Analogy*. Html version.

Frawley，W. (1992)　*Linguistic Semantics*. Hillsdale, New Jersey：Lawrence Erlbaum Associate.

Givón，Talmy(1994)　Irrealis and the subjunctive. *Studies in Language* 18.

Goldberg，A. E. (2007)　*Constructions：A Construction Approach to Argument Structure*.《构式：论元结构的构式语法研究》,吴海波译,北京：北京大学出版社.

Haboud，Marleen(1997)　Grammaticalization, clause union and grammatical relations in Ecuadorian Highland Spanish. In Givón(ed.). 199～227.

Haiman, J. (1985)　*Natural Syntax*. Cambridge University Press.

Hashimoto，Anne Y. (1965)　Resultative verb and other problems. *Foundation of language* 6. 22～42.

Heine，Bernd(1989)　Adpositions in African Languages. *Linguistique Africaine* 2.

Heine，Bernd & Tania Kuteva(2002)　*World Lexicon of Grammaticalization*. UK，Cambridge University Press.

Heine，Bernd. & Tania Kuteva. (2012)　*World Lexicon of Grammaticalization*.《语法化的世界词库》,龙海平、谷峰、肖小平译,北京：世界图书出版公司.

Hopper，Paul J. and Elizabeth Closs Traugott(1993)　*Grammaticalization*. Cambridge University Press.

Horn，L. (1984)　Toward a new taxonomy for pragmatic inference：Q-based and R-based implicature. In D. Schiffrin(ed.). *Meaning，Form，and Use in Context：Linguistic Applications*. Washington，D. C.：Georgetown University Press.

Huang，C. -T. James(1989)　Pro-drops in Chinese：A generalized control theory. In Osvaldo Jaeggli and Kenneth J. Safia (eds.). *The Null Subject Parameter*. Dordrecht：Kluwer Academic publishers. 185～241.

Kiss，Katalan É(1998)　Identificational focus versus information focus. *Language* 71.

Kuno，Susumo(1976)　Subject，theme and the speaker's empathy—A reexamination of relativization phenomena. In Charles N. Li. (ed.). *Subject and Topic*. New York：

Academic Press.

Kuno, Susumu(1987) *Functional Syntax*: *Anaphora*, *Discourse and Empathy*. University of Chicago Press.

Kuno, S. & E. Kaburaki(1977) Empathy and syntax. *Linguistic Inquiry* 8. 627~672.

Lakoff, George(1987) *Woman*, *Fire*, *and Dangerous Things*: *What Categories Reveal about the Mind*. University of Chicago Press.

Lakoff, G. & M. Johnson(1980) *Metaphors We Live By*. Chicago: University of Chicago Press.

Lambrecht, Knud(1994) *Information Structure and Sentence Form*. Cambridge: Cambridge University Press.

Langacker, Ronald(2007) Dynamicity, Fictivity and Scanning, 见高远、李福印主编《罗纳德·兰艾克认知语法十讲》，北京：外语教学与研究出版社。

Levinson, S. C.(1983) *Pragmatics*. Cambridge: Cambridge University Press.

Liu, Feng-his(1998) A clitic analysis of locative particles. *Journal of Chinese Linguistics*: 26(1):48~70.

Mithun, Marianne(1999) *The Language of Native North America*. Cambridge: Cambridge University Press.

Palmer Frank R.(1986) *Mood and Modality*, Cambridge: Cambridge University Press.

Paul, Schachter & Timothy Shopen(2007) Parts-of-speech systems. In Timothy Shopen. *Language Typology and Syntactic Description*. Second Edition. Cambridge University.

Susumu, Kuno & Etsuko Kaburaki(1977) Empathy and syntax. *Linguistic Inquiry* 8. 4. 627~672.

Svorou, Soteria(1994) *The Grammar of Space*. Amsterdam/Philadelphia: John Benjamins Publishing Company.

Sweetser, Eve(1990) *From Etymology to Pragmatics*: *Metaphorical and Cultural Aspects of Semantic Structure*. Cambridge: Cambridge University Press.

Talmy, Leonard(2000) *Toward a Cognitive Semantics* Ⅱ: *Typology and Process in Concept stvucturing i-viii*. Cambridge: MIT Press. 1~495.

Talmy, Leonard(2012) Grammatical Construal(语法识解). In Dirk Geeraerts(ed.). *Cognitive Linguistics*: *Basic Reading*.《认知语言学基础》，邵军航、杨波译，上海：上海译文出版社。

Thompson, Sandra A.(1998) A discourse explanation for the cross-linguistics differences in the grammar of interrogation and negation. In Anna Siewierska & Jae Jung Song(eds.). *Case*, *Typology*, *and Grammar*. Benjamins. 309~341.

Trask, R. L.(2000) *Historical Linguistic*. 北京:外语教学与研究出版社。

Yeh, Meng(1998) On hai in Mandarin. *Journal of Chinese Linguistics* 26. 2. 237~280.

后　　记

　　我从 2005 年开始发表方言研究的文章，到现在已经 12 年了。有人打趣我，说，先是从修辞转向语法，后来从语法转向方言。似乎方言是后来才开始学习研究的。其实不然。早在读本科的时候，我的学士学位论文就是和方言有关的，做的是《张家口人如何学好普通话》，指导老师是金慧宁老师。金慧宁老师送了我一本她的著作《河北人怎样学习普通话》，并指导我做了一些初步的方言调查工作。我当时以河北师范大学中文系张家口同学为调查对象，做了一些语音、词汇方面的调查工作。后来，我的本科毕业论文获得河北师范大学中文系首届"陈李淦秋奖学金"。在南京大学读硕士的时候，王希杰先生为了让我们有更好的语言学研究基础，特地安排冯爱珍老师给我们讲了一个学期的方言研究课程，冯爱珍老师的方言课程使我们受益匪浅，获益终身。在上海师范大学读博士的时候，张谊生老师给硕士生开设了语法化研究的课程，我跟着硕士生一起系统地学习了和语法化有关的理论和方法，其中也不乏方言语法成分语法化的内容，这也为我的方言语法研究打下了基础，尤其是在方言语法成分源流追溯方面，应该说是完全得益于张谊生老师的语法化课程。因此，我的方言研究，并不是转向，应该是一件水到渠成的工作。

　　本书是国家社科基金后期资助项目成果。立项时名称为《张家口晋语语法成分及其演变研究》，后来根据专家的意见进行了修改，包括题目和内容，结项时题目改为《张家口晋语语法研究》。在此我要感谢五位评审专家，他们对我的成果予以充分的肯定，同时也提出了许多富有建设性的意见，本书正是在这些意见的基础上修改完善的。需要说明的是，本书是一项系统的研究，各个部分虽然比较独立，但整体还是一个系统，就像做家具，看上去是一件一件的，组合起来则是一套完整的组合柜。当然，最系统的研究，应该是一个方言地区的参考语法研究，本书还不是张家口方言的参考语法研究，语法的许多方面还没有涉及，而这正是我们下一步研究的任务，我希望 5 年内自己再拿出一部《张家口晋语参考语法研究》，从而完善张家口晋语语法研究。

　　本书内容多已发表，在成书时，有的保持原貌，有的做了进一步修改完善。有些部分是合作的成果。其中《涿怀话的两个反身代词"一个儿"和"个人儿"》《醒悟义"不X"类副词的知情状态及其熔合演成》《万全话多功能后置词"先"及其演化历程》是我和唐正大先生合作完成，《"往CV"结构的语义性质及形成过程》是我和张素玲博士合作完成。学术合作是一件愉快的事情，彼此可以扬长避短，相互提高，不断进步。

　　本书在申请国家社科基金后期资助项目时，得到导师张谊生教授、好友高万云教授、同事刘泽民教授的推荐，特此致谢。在各级各类杂志发表时，有许多杂志编辑部和匿名审稿人都提出了富有建设性的意见，促进了本项研究的深入。也感谢晋语"两长江"——乔全生教授和邢向东教授，在晋语和西北方言会议上，他们给我做大会报告的机会，让我的成果得以充分展示。也感谢各位发音合作人，他们为本书材料的真实可靠提供了帮助。最后要感谢国家哲学社会科学规划办公室和商务印书馆，他们分别为本书提供了经费来源和出版渠道，这是本书得以面世的保证。

　　我将继续我的学术事业，继续我的张家口晋语研究！